DIE ORTENAUER REICHSRITTERSCHAFT AM ENDE DES ALTEN REICHES

OBERRHEINISCHE STUDIEN

Herausgegeben von der
Arbeitsgemeinschaft für geschichtliche
Landeskunde am Oberrhein e. V.

Band 33

Jan Thorbecke Verlag

DIE ORTENAUER REICHSRITTERSCHAFT AM ENDE DES ALTEN REICHES

Herausgegeben von
Joachim Brüser und Konrad Krimm

Jan Thorbecke Verlag

Gedruckt mit freundlicher Unterstützung
des Landes Baden-Württemberg
der Stadt Karlsruhe
der Stadt Offenburg
der Cronstett- und Hynspergischen evangelischen Stiftung
des Historischen Vereins von Mittelbaden
des Grafen Wilderich von und zu Bodman

Bibliografische Information der Deutschen Nationalbibliothek
Die Deutsche Nationalbibliothek verzeichnet diese Publikation in der Deutschen Nationalbibliografie; detaillierte bibliografische Daten sind im Internet über http://dnb.d-nb.de abrufbar.

www.thorbecke.de

Umschlaggestaltung: Finken & Bumiller, Stuttgart
Umschlagabbildung: Wappen von in der Ortenau immatrikulierten Familien (GLA 69 von Türckheim 1/2933, Ausschnitt, vgl. Tafel I)
Druck: Memminger MedienCentrum, Memmingen
Hergestellt in Deutschland
ISBN 978-3-7995-7834-9

Inhalt

Einführung

VON JOACHIM BRÜSER UND KONRAD KRIMM

Die Geschichte Europas ist in der Zeit zwischen 1789 und 1815 von massiven Umbrüchen in Kirche, Politik und Gesellschaft geprägt. Große Entwicklungen und Traditionen Europas endeten in dieser Phase, zahlreiche, uns heute selbstverständliche Strukturen und Systeme entstanden. 1789 begann mit der Revolution das Ende der absolutistischen Monarchie Frankreichs, gleichzeitig wurden in allen anderen Ländern Europas die Monarchien in Frage gestellt und gerieten in Rechtfertigungszwang. Als 1806 das Heilige Römische Reich Deutscher Nation zusammenbrach, endete ein Staatsgebilde mit über tausendjähriger Tradition, das nicht mehr in die neuen Zeiten zu passen schien und den modernen Verfassungs- und Nationalstaaten weichen musste. Damit endete aber auch ein einzigartiges Gebilde gegenseitiger Rechtsgarantien, das unterschiedlichste Formen von Staatlichkeit zugelassen hatte.

Eine Form dieser vormodernen Staatlichkeit im schützenden Rahmen des Alten Reichs waren die Reichsritter. Ihre Strukturen und Organisationsformen waren im Spätmittelalter aus dem Rittertum entstanden und formten sich im 16. Jahrhundert voll aus. Neben Kurfürsten, Reichsfürsten und Reichsstädten bildeten sie eine eigene Einheit mit eigenen Rechten, Strukturen und Charakteristiken aus und sicherten sich ihre Stellung als reichsunmittelbare Glieder, die nur dem Kaiser in Wien unterstellt waren. Die Reichsritterschaft war nicht in die allgemeine Gliederung des Reichs integriert, war also nicht auf dem Reichstag vertreten und auch nicht Teil der Reichskreise. Sie bildete eigene Ritterkreise aus – Schwaben, Franken, Rheinland – die in Kantone unterteilt waren. Die Schwäbische Reichsritterschaft bestand aus den Kantonen Donau, Hegau-Allgäu-Bodensee, Neckar-Schwarzwald, Kocher und Kraichgau. Eine Sonderrolle spielte die Reichsritterschaft der Ortenau; sie hatte zwar bereits seit 1474 in stetig fortgesetzten Bündnissen eine eigene Form gefunden[1], sich dann aber dem Kanton Neckar-Schwarzwald assoziiert, war also kein selbständiger Kanton.

Durch ihre Privilegien und ihre Reichsunmittelbarkeit waren die kleinen territorialen Gebilde auf der Landkarte des Alten Reichs den benachbarten Reichsfürsten stets

[1] Vgl. zuletzt M. BÜHLER, Bewahrung von Existenz, Freiheit und Rang – Handlungsmuster des spätmittelalterlichen Niederadels am Beispiel der Ortenau (Protokolle der Arbeitsgemeinschaft für geschichtliche Landeskunde am Oberrhein 551) 2015, dazu demnächst die Diss. desselben Verf. Grundlegend E. HILLENBRAND, Die Ortenauer Ritterschaft auf dem Weg zur Reichsritterschaft, in: ZGO 137 (1989), S. 241–257

ein Dorn im Auge. So wurde die von Napoleon ab 1802 initiierte Mediatisierung der Reichsritterschaft und der Reichsstädte für mittlere Reichsfürsten wie Württemberg oder Baden zum Triumph. Der Reichsdeputationshauptschluss beendete eine jahrhundertealte Struktur reichsritterschaftlicher Freiheiten und bereitete gleichzeitig der modernen Staatlichkeit der südwestdeutschen Mittelstaaten den Weg (*Abb. 1*). Als Begründung dafür, hunderte von Kleinstterritorien des Reichs von der Landkarte verschwinden zu lassen, dienten die linksrheinischen Verluste der Mittelterritorien, die sich durch die Einverleibung ehemals geistlicher, reichsfürstlicher, reichsgräflicher, reichsritterschaftlicher und reichsstädtischer Gebiete zum Teil mehr als verdoppeln konnten.

Unter den Reichsritterschaften ist die der Ortenau die am wenigsten erforschte. Während zu fast allen anderen ritterschaftlichen Kantonen Monographien vorliegen, sieht die Literatursituation zur Ortenau deutlich schlechter aus. Dabei verdient die Ortenau in ihrem Sonderstatus als assoziierter Kanton aber besondere Aufmerksamkeit; dazu will unser Band einen Beitrag leisten. Die Tagung der Arbeitsgemeinschaft für geschichtliche Landeskunde am Oberrhein und des Historischen Vereins von Mittelbaden, die im Juni 2013 auf dem Türckheimschen Schloss Altdorf in Ettenheim stattfand, richtete ihren Fokus dabei auf die Umbruchsphase am Ende des Alten Reichs. Im Zentrum des Interesses stand immer wieder die reichsritterschaftliche Familie der Freiherren von Türckheim, deren frisch restaurierter Bibliothekssaal der Tagung den denkbar besten Rahmen verlieh. Anlass für die Tagung und den daraus resultierenden Band der Oberrheinischen Studien war die Erschließung des Archivs der Freiherren von Türckheim im Generallandesarchiv Karlsruhe. Die Familie hatte ihr Archiv 2007 in Karlsruhe deponiert, nachdem bereits Ende des 19. und zu Beginn des 20. Jahrhunderts Unterlagen dorthin gekommen waren. Zwischen 2007 und 2012 wurden diese sehr heterogenen Teile des Archivs zusammengeführt und komplett neu verzeichnet. Ergebnis sind im Generallandesarchiv nun vier Bestände Türckheimscher Provenienz, so dass die Überlieferung eines weiteren Mitglieds der Ortenauer Reichsritterschaft der Forschung vollständig zugänglich und durch online-Inventare erschlossen ist. Gleichzeitig wurde auch das alte Inventar des Kantonsarchivs redigiert und online gestellt.

Neben der Assoziierung mit dem Kanton Neckar-Schwarzwald kann als weiteres Charakteristikum der Ortenauer Ritterschaft ihre enge personelle und institutionelle Verflechtung mit der Ritterschaft des Unterelsass gelten. Der rechtsrheinische Adel tagte über lange Zeit ganz selbstverständlich in Straßburg, für Heiraten stellte der Rhein keinerlei Grenze dar und immer wieder waren linksrheinische Familien auch in den Ortenauer Adelsmatrikeln vertreten. So bedeutet die Vorstellung der Reichsritterschaft der Ortenau, ihrer Mitglieder und ihrer Güter durch KURT ANDERMANN am Anfang unseres Bandes zugleich Grundlagenforschung: Wer gehörte überhaupt dazu? Weder Güterstand noch die Anzahl der immatrikulierten Familien waren über die Jahrhunderte konstant, und gerade die überraschend große Zahl von Familiennamen zeigt, wie fluktuierend Adelsgesellschaften waren – und wie rasch sich Identitätsbewusstsein und historische Erinnerung auch zurückbilden können. JOACHIM BRÜSER zeigt am Beispiel der Freiherren von Türckheim, wie die Aufnahme einer Familie in die Reichsritterschaft am Ende des 18. Jahrhunderts rechtlich geregelt war und konkret ablief. Dass die Familie aus dem Straßburger Stadtregiment herausgewachsen und sowohl links- wie rechtsrheinisch zum güterbesitzenden Landadel wurde, machte sie paradigmatisch für nicht

Abb. 1 Grabstein für Philipp Jakob Reinhard von Berstett (1744-1814), den letzten Präsidenten der Ortenauer Reichsritterschaft, und seine Frau Christiane Leopoldine geb. von Dettlingen, Schmieheim (Aufn. S. Rothmann)

wenige Familien der Ritterschaft am mittleren Oberrhein. Wolfgang Gall nimmt die Perspektive der Reichsstadt Offenburg ein, die wie alle Reichsstädte fremden Herrschaften misstrauisch gegenüberstand, nur ungern und nur vorübergehend Gäste hinter den Schutz ihrer Mauern ließ und schließlich doch die Kanzlei der Ortenauer Reichsritterschaft und deren Ritterhaus beherbergte – wenige Jahre, bevor beide gemeinsam, Adelskorporation wie freie Reichsstadt, ihre Selbständigkeit verloren. Wir betrachten eine Endphase, deren Akteure von diesem Ende nichts wussten, Bedrohung nur ahnten, sich ihrer Identität wie seit Jahrhunderten versicherten und dafür auch neue Formen fanden. So gilt der Beitrag von Henning Volle dem Orden der Reichsritterschaft der

Ortenau, der kaum 10 Jahre vor ihrer Auflösung noch mit kaiserlichem Segen gestiftet wurde, Statuten, Ordenskleidung und Abzeichen erhielt und in seiner Zeichenhaftigkeit und Vergewisserung von Herrschaft doch weit mehr war als nur ein Aphorismus der Kulturgeschichte.

Der Übergang in den modernen, als gewalttätig empfunden Staat des 19. Jahrhunderts war schmerzhaft wie überall, auch wenn ja die meisten Adligen jetzt denselben Fürsten als Landesherrn anzuerkennen hatten, dem sie im Alten Reich als Lehensherrn gehuldigt hatten; die enge Bindung gerade des Ortenauer Adels an den badischen Lehenhof mochte diesen Übergang letztlich doch erträglicher machen als in anderen Mittelstaaten. Trotz gewisser Formen von Mitherrschaft verloren sich Ablehnung oder Misstrauen gegen den großen Leviathan aber nur langsam; MARTIN FURTWÄNGLER untersucht dieses Verhältnis der Mediatisierten zum Großherzogtum Baden in seinen Schattierungen zwischen dem Empfinden von Machtverlust und neuen Karrierewegen, DANIEL MENNNING analysiert eine anonyme Denkschrift aus dem Archiv der Roeder von Diersburg zur Stellung des Adels nach der Mediatisierung und bringt damit eine zeitgenössische Stimme zum Sprechen – eine Stimme, die scheinbar konservativ die Position des Adels im allmächtigen Staat zu wahren sucht, in ihrer Offenheit für Parteibildung tatsächlich aber den Weg zur modernen, politischen Interessenvertretung beschreibt.

Die abschließenden Beiträge von KONRAD KRIMM führen wieder zu den Quellen zurück, zur Forschungsgrundlage für alle Beschäftigung mit der Ortenauer Adelsgeschichte: Er stellt die Geschichte der reichsritterschaftlichen Kanzlei und ihres Archivs vor und verknüpft damit einen Überblick über die Archive der wichtigsten reichsritterschaftlichen Familien. In einem Anhang schließlich rekonstruiert er das reichsritterschaftliche Archiv der Ortenau, wie es vor der Mediatisierung zumindest in seinen Grobformen ausgesehen haben könnte. Es ist eine bewusst pragmatische Annäherung an einen schwierigen Stoff. Das ritterschaftliche Archiv wurde vor der Übergabe an den Staat geteilt und der staatliche Teil wurde im Generallandesarchiv wiederum in viele, bisher kaum mehr nachweisbare Einzelteile zerlegt. Das virtuelle Gesamtinventar will daher vor allem den Zugang zu versprengten Archivalien öffnen und damit – wie alle Beiträge unseres Bandes – zu weiteren Forschungen zur Geschichte der Ortenauer Reichsritterschaft anregen.

Die Reichsritterschaft in der Ortenau.

Zur Entwicklung ihres Mitglieder- und Güterbestands

VON KURT ANDERMANN

Wenn in der von Samuel Pufendorf bekanntlich als Monstrum charakterisierten Verfassung des Alten Reiches schon die freie Reichsritterschaft an sich als Kuriosität gelten konnte[1], so trifft diese Feststellung für die Ortenauer Ritterschaft gewiss einmal mehr zu, denn obgleich auf zahlreichen Burgen und Schlössern in der Ortenau[2] seit dem Mittelalter ein selbstbewusster Ritteradel zuhause war, bildete dieser in der frühen Neuzeit innerhalb des Corpus equestre nicht etwa einen eigenen Kanton, sondern begnügte sich mit einem eigentlich ganz unangemessen marginalen Dasein als bloßer Annex des sehr ausgedehnten Ritterorts Neckar-Schwarzwald[3], der östlich des Schwarzwaldhauptkamms von der oberen Donau bis an die Enz reichte und mit dem der eher dem Elsass zugewandte Adel am mittleren Oberrhein ansonsten keine engeren Beziehungen pflegte[4].

---

1 V. PRESS, Kaiser Karl V., König Ferdinand und die Entstehung der Reichsritterschaft (Institut für Europäische Geschichte Mainz – Vorträge 60), Wiesbaden 21980; V. PRESS, Reichsritterschaften, in: K. G. A. JESERICH/H. POHL/G.-C. VON UNRUH (Hgg.), Deutsche Verwaltungsgeschichte 1: Vom Spätmittelalter bis zum Ende des Reiches, Stuttgart 1983, S. 679–689; V. PRESS, Reichsritterschaft, in: M. SCHAAB/H. SCHWARZMAIER u.a. (Hgg.), Handbuch der baden-württembergischen Geschichte 2: Die Territorien im Alten Reich, Stuttgart 1995, S. 771–813; V. PRESS, Adel im Alten Reich. Gesammelte Vorträge und Aufsätze (Frühneuzeit-Forschungen 4), hg. von F. BRENDLE und A. SCHINDLING, Tübingen 1998; K. ANDERMANN, Reichsritterschaft, in: Historisches Lexikon Bayerns, URL: <http://www.historisches-lexikon-bayerns.de/artikel/artikel_45405>, eingesehen am 13. August 2014.

2 E. BATZER/A. STÄDELE (Hgg.), Burgen und Schlösser Mittelbadens (Die Ortenau 21), Offenburg 1934; H. SCHNEIDER (Hg.), Burgen und Schlösser in Mittelbaden (Die Ortenau 64), Offenburg 1984.

3 D. HELLSTERN, Der Ritterkanton Neckar-Schwarzwald 1560 bis 1805. Untersuchungen über die Korporationsverfassung, die Funktionen des Ritterkantons und die Mitgliedsfamilien (Veröffentlichungen des Stadtarchivs Tübingen 5), Tübingen 1971; G. KOLLMER, Die schwäbische Reichsritterschaft zwischen Westfälischem Frieden und Reichsdeputationshauptschluß. Untersuchung zur wirtschaftlichen und sozialen Lage der Reichsritterschaft in den Ritterkantonen Neckar-Schwarzwald und Kocher (Schriften zur südwestdeutschen Landeskunde 17), Stuttgart 1979; E. HILLENBRAND, Die Ortenauer Ritterschaft auf dem Weg zur Reichsritterschaft, in: Zeitschrift für die Geschichte des Oberrheins 137 (1989) S. 241–257.

4 E. LEHR, L'Alsace noble, suivie de le livre d'or du patriciat de Strasbourg, 3 Bde., Paris 1870; J. KINDLER VON KNOBLOCH, Das goldene Buch von Straßburg, Wien 1885–1886; J. KINDLER

Einem um die Wende des 18. Jahrhunderts in Kreisen der Ortenauer Ritterschaft selbst entstandenen Manuskript zufolge reichten die Grenzen des ortenauischen Ritterbezirks vom Bleichbach zwischen Kenzingen und Herbolzheim im Süden bis zur Murg im Norden und vom Rhein im Westen bis zur Wasserscheide (*Schneeschmelze*) des Schwarzwalds im Osten[5]. Mithin umfassten sie das ganze Gebiet der historischen Ortenau sowie die südliche Hälfte des alten Ufgaus oder – in moderne Verwaltungsgrenzen gefasst – nahezu den ganzen heutigen Ortenaukreis und den südlichen Teil des Landkreises Rastatt samt dem Stadtkreis Baden-Baden[6]. Dabei bleibt zu beachten, dass die Ritterschaft innerhalb dieser Grenzen selbstredend keinerlei territorialen Anspruch erhob, sondern allein ihre fiskalische Zuständigkeit für den in dem genannten Bezirk gelegenen immediaten Adelsbesitz reklamierte und sich damit gegenüber den benachbarten Reichsritterkantonen Elsass[7], Kraichgau[8] und Neckar-Schwarzwald[9] abgrenzte.

Um zu begreifen, weshalb es der Ritterschaft in der Ortenau anders als jener im benachbarten Breisgau, die sich bereits 1368 freiwillig habsburgischem Schutz und Schirm unterstellt hatte[10], auf Dauer gelungen war, ihre Reichsfreiheit zu bewahren, bedarf es eines kurzen Blicks auf die Ortenauer Herrschaftsentwicklung seit dem Ende der Staufer[11]: Die nach dem Interregnum unter König Rudolf von Habsburg aus ehemaligem

---

von Knobloch, Oberbadisches Geschlechterbuch, 3 Bde. (mehr nicht erschienen), Heidelberg 1898–1919; wenig ergiebig: E. Pelzer, Der elsässische Adel im Spätfeudalismus. Tradition und Wandel einer regionalen Elite zwischen dem Westfälischen Frieden und der Französischen Revolution (1648–1790) (Ancien Régime, Aufklärung und Revolution 21), München 1990; K. Andermann, Adel in der nördlichen Ortenau. Streiflichter auf ein vernachlässigtes Thema, in: Die Ortenau 82 (2002) S. 29–44; GLA 69 von Türckheim-3 Nr. 190 (Elsässer Ritterordnung von 1713).

5 GLA 69 von Türckheim-3 Nr. 194: *Beiträge zu einer geschichtlichen Beschreibung des ortenauischen Reichsritter-Bezirks und seiner Verfassung*; vgl. auch 67 Nr. 772 fol. 9.

6 Das Land Baden-Württemberg. Amtliche Beschreibung nach Kreisen und Gemeinden, hg. von der Landesarchivdirektion Baden-Württemberg, 8 Bde., Stuttgart 1974–1983, hier Bd. 6, S. 256–439, und Bd. 5, S. 7–21 und 134–190.

7 A. Overmann, Die Reichsritterschaft im Unterelsaß bis zum Beginn des Dreißigjährigen Krieges, in: Zeitschrift für die Geschichte des Oberrheins 50 (1896) S. 570–637 und 51 (1897) S. 41–82.

8 K. Andermann, Der Reichsritterkanton Kraichgau. Grundlinien seines Bestands und seiner Verfassung, in: Zeitschrift für die Geschichte des Oberrheins 160 (2012) S. 291–338.

9 Hellstern (wie Anm. 3).

10 D. Speck, Die vorderösterreichischen Landstände. Entstehung, Entwicklung und Ausbildung bis 1595/1602 (Veröffentlichungen aus dem Archiv der Stadt Freiburg im Breisgau 29), 2 Bde., 1994, hier Bd. 1, S. 36; GLA 69 von Türckheim-3 Nr. 444 (Breisgauer Ritterordnung von 1666).

11 O. Kähni, Die Landvogtei Ortenau, in: F. Metz (Hg.), Vorderösterreich. Eine geschichtliche Landeskunde, Freiburg [2]1967, S. 491–503; M. Schaab, Herrschaft und Staat [Ortenaukreis], in: Land Baden-Württemberg (wie Anm. 6) 6, S. 268–277; V. Press, Vorderösterreich in der habsburgischen Reichspolitik des späten Mittelalters und der frühen Neuzeit, in: H. Maier/V. Press/D. Stievermann (Hgg.), Vorderösterreich in der frühen Neuzeit, Sigmaringen 1989, S. 1–41; F. Quarthal, Vorderösterreich, in: M. Schaab/H. Schwarzmaier u. a. (Hgg.), Handbuch der baden-württembergischen Geschichte 1,2: Vom Spätmittelalter bis zum Ende des Alten Reiches, Stuttgart 2000, S. 587–780.

Reichsgut neu gebildete Reichslandvogtei Ortenau[12] war im zweiten Viertel des 14. Jahrhunderts vorübergehend an die Markgrafen von Baden verpfändet und gelangte 1351 in den Besitz der Bischöfe von Straßburg. Seit 1405 teilten sich darein je zur Hälfte das Hochstift Straßburg und die Kurpfalz, seit 1504 Straßburg und Fürstenberg und schließlich von 1551 bis 1556 Straßburg und Österreich. Zwischen 1556 und 1703 gehörte die einstige Reichslandvogtei ganz zu Vorderösterreich, zwischen 1703 und 1771 als österreichisches Lehen zur Markgrafschaft Baden-Baden und nach dem Erlöschen der katholischen Markgrafen bis zum Ende des Alten Reiches wieder ganz zu Vorderösterreich. Angesichts derart häufiger Herrschaftswechsel und machtpolitischer Konkurrenzkonstellationen vermag man sich lebhaft vorzustellen, wie es einer auf Eigenständigkeit bedachten Ritterschaft gelingen konnte, sich fürstlichem Zugriff zu entziehen und die eigenen Standesinteressen erfolgreich und dauerhaft zu verteidigen. In scharfem Kontrast dazu steht die seit dem hohen Mittelalter ebenso kontinuierlich wie effektiv betriebene Herrschaftsbildung der Markgrafen von Baden in dem unmittelbar nördlich an die Ortenau grenzenden Gebiet, wo Autonomiebestrebungen des Adels gegenüber einem konsequenten territorial- und landesherrlichen Zugriff keine Chance hatten[13].

In den kritischen Zeiten verstärkter herrschaftlicher Verdichtung[14] bediente sich die Ritterschaft zur Befriedung nach innen und zu gemeinschaftlicher Abwehr äußerer Gefahren des auch anderwärts vielfach genutzten Mittels der Einung[15]. So soll, abgesehen von der Teilnahme Ortenauer Ritter an älteren Adelsgesellschaften[16] wie den Martinsvögeln[17] oder den Löwen[18], ein erster eigener Bund hierzuland bereits 1412 geschlossen worden sein, jedoch liegen darüber keine näheren Informationen vor[19].

Am 28. Juli 1474 kam dann – bemerkenswerterweise unter dem Protektorat des Markgrafen Karl von Baden – eine Landfriedenseinung des Ritteradels in der nördlichen Ortenau zustande, deren Intention es badischerseits war, den regionalen Adel aus dem

---

12 H.-G. Hofacker, Die schwäbischen Reichslandvogteien im späten Mittelalter (Spätmittelalter und Frühe Neuzeit 8), Stuttgart 1980.

13 K. Andermann, Die Markgrafen von Baden und der Adel im südlichen Ufgau und in der nördlichen Ortenau, in: Zeitschrift für die Geschichte des Oberrheins 151 (2003) S. 93–118.

14 P. Moraw, Von offener Verfassung zu gestalteter Verdichtung. Das Reich im späten Mittelalter 1250 bis 1490 (Propyläen Geschichte Deutschlands 3), Berlin 1985.

15 H. Obenaus, Recht und Verfassung der Gesellschaften mit St. Jörgenschild in Schwaben. Untersuchungen über Adel, Einung, Schiedsgericht und Fehde im fünfzehnten Jahrhundert (Veröffentlichungen des Max Planck-Instituts für Geschichte 7), Göttingen 1961; D. Willoweit, Deutsche Verfassungsgeschichte. Vom Frankenreich bis zur Wiedervereinigung Deutschlands, München 52005, S. 143–149; T. Storn-Jaschkowitz, Gesellschaftsverträge adliger Schwureinungen im Spätmittelalter. Edition und Typologie, Berlin 2007.

16 A. Ranft, Adelsgesellschaften. Gruppenbildung und Genossenschaft im spätmittelalterlichen Reich (Kieler Historische Studien 38), Sigmaringen 1994.

17 H. Kruse/W. Paravicini/A. Ranft (Hgg.), Ritterorden und Adelsgesellschaften im spätmittelalterlichen Deutschland (Kieler Werkstücke D 1), Frankfurt a.M. u.a. 1991, S. 71–74.

18 Kruse/Paravicini/Ranft (wie Anm. 17) S. 103–108; S. Zielke, Die Löwen-Gesellschaft. Ein Adelsbund des 14. Jahrhunderts, in: Zeitschrift für die Geschichte des Oberrheins 138 (1990) S. 27–97.

19 GLA 69 von Türckheim-3 Nr. 213.

pfälzischen Klientel- und Satellitensystem herauszubrechen[20]. Wie alle älteren Bündnisse dieser Art war sie befristet und sollte fünfzehn Jahre gelten. Beteiligt waren daran die Bock, Wiedergrün, Hummel und Stoll von Staufenberg, die von Bach und die von Windeck, die Röder von Diersburg, die von Schauenburg, die Pfau von Rüppurr, die von Großweier und die von Neuenstein, alles in allem 25 Personen. Im einzelnen regelte der umfangreiche Vertrag in vielen Punkten die Modalitäten der Friedenswahrung untereinander sowie die Wehrhaftigkeit nach außen. Als Orte, an denen man sich zu allfälligem rechtlichem Austrag versammeln wollte, werden Baden(-Baden), Bühl und Oberkirch genannt. Die Initiative zu dieser Einung hatte indes nicht etwa der Adel selbst ergriffen, sondern der besorgte Markgraf in Anbetracht der Tatsache, dass die Familien der beteiligten Ritter und Edelknechte der Markgrafschaft Baden von altersher auf vielerlei Art verbunden waren, sich aber unter ihnen *gegenwertiglich allerley spenne und irrungen* zutrugen. Dem untätig zuzusehen, konnte für Baden dann gefährlich werden, wenn es den die Markgrafen ohnehin schon von Norden her bedrängenden Pfalzgrafen gelang, als Pfandherren der halben Reichslandvogtei Ortenau den dort ansässigen Adel ihrerseits an sich zu binden und ihn so der Markgrafschaft Baden abspenstig zu machen[21]. Daher war die von Markgraf Karl ausgestellte und von den Adligen mitbesiegelte Ortenauer Einung von 1474 offenbar weniger originär ritterschaftlichen Bedürfnissen entsprungen als vielmehr territorialpolitischem Konkurrenzdenken, und damit wäre sie vergleichbar den pfalzgräflichen Schirmverträgen mit dem Adel im Kraichgau und darüber hinaus[22].

Nach Ablauf des Vertrags von 1474 schlossen die Ortenauer Ritter noch drei weitere Einungen, 1490 mit 24 Mitgliedern auf sieben Jahre[23], 1497 mit zehn Beteiligten auf vier Jahre[24] und 1508 mit zwölf Adligen auf fünf Jahre[25]. An diesen neuerlichen Verträgen waren aber weder der Markgraf von Baden noch ein anderer Fürst oder Übergenosse beteiligt, vielmehr handelte es sich dabei um auf Friedenswahrung bedachte Bündnisse unter Gleichrangigen, die sehr genau darauf achteten, ihre Loyalitätspflichten gegenüber den größeren Territorialherren ihrer Nachbarschaft sorgfältig auszutarieren[26].

---

20 Regesten der Markgrafen von Baden und Hachberg, bearb. von R. Fester/H. Witte/A. Krieger, 4 Bde., Innsbruck 1892–1915, hier Bd. 4, Nr. 10604; GLA 69 von Türckheim-3 Nr. 33 f. und 213; vgl. Hillenbrand (wie Anm. 3) S. 249–251; K. Krimm, Baden und Habsburg um die Mitte des 15. Jahrhunderts. Fürstlicher Dienst und Reichsgewalt im späten Mittelalter (Veröffentlichungen der Kommission für geschichtliche Landeskunde in Baden-Württemberg B 89), Stuttgart 1976, S. 32–44; H. Carl, Der Schwäbische Bund 1488 bis 1534. Landfrieden und Genossenschaft im Übergang vom Spätmittelalter zur Reformation (Schriften zur südwestdeutschen Landeskunde 24), Leinfelden-Echterdingen 2000, S. 112; K. Andermann, Die adlige Klientel der Pfalzgrafen bei Rhein im späten Mittelalter, in: V. Rödel (Hg.), Der Griff nach der Krone. Die Pfalzgrafschaft bei Rhein im Mittelalter (Schätze aus unseren Schlössern. Eine Reihe der Staatlichen Schlösser und Gärten Baden-Württemberg 4), Regensburg 2000, S. 117–126.

21 Hillenbrand (wie Anm. 3) S. 245–249.

22 A. G. Kolb, Die Kraichgauer Ritterschaft unter der Regierung des Kurfürsten Philipp von der Pfalz, in: Württembergische Vierteljahrshefte für Landesgeschichte NF 19 (1910) S. 1–154.

23 GLA 31 Nr. 2–6.

24 GLA 31 Nr. 8 f.

25 GLA 31 Nr. 10–12 und 13 f.

26 Hillenbrand (wie Anm. 3) S. 249–255.

Dem widerspricht es nicht, wenn an den Rittertagen um die Wende des 15. Jahrhunderts wiederholt Grafen von Eberstein teilnahmen, die zu jener Zeit auch mit dem Neckar-Schwarzwälder Ritteradel vergesellschaftet waren[27]. Aber das alles waren noch Einungen einer mehr oder minder eigenständigen Ritterschaft in der Ortenau. Mit der Organisation der späteren Reichsritterschaft am mittleren Oberrhein hatten diese Einungen noch nicht viel zu tun.

Der Beginn der im engeren Sinn reichsritterschaftlichen Organisation in der Ortenau lässt sich präzise datieren auf den 7. Juli 1542, als neunzehn in Straßburg versammelte Ortenauer Ritter beschlossen, ihren Anteil an der auf dem Reichstag in Speyer ausgeschriebenen Türkensteuer *in das viertel der ritterschaft und des adels am Neckar und Schwarzwald* [zu] *erlegen* und sich auch in anderen Angelegenheiten mit den Neckar-Schwarzwälder Standesgenossen zu verabreden[28]. Wie wir seit den Forschungen Volker Press' wissen, ist von den Verhandlungen über die Türkensteuer des Jahres 1542 der entscheidende Impuls für die Entstehung der freien Reichsritterschaft im engeren Sinn ausgegangen[29], und die Entscheidung der Ortenauer, den von ihnen erwarteten Obolus über die Ritterschaft am Neckar und im Schwarzwald abzuführen, war der Beginn einer mehr als 250 Jahre währenden, aber nie in letzter Konsequenz institutionalisierten Zusammenarbeit der Ritterschaften diesseits und jenseits des Schwarzwalds.

Es mag ja sein, dass die Ortenauer ihren Beitrag zur Türkenhilfe von 1542 tatsächlich für zu gering hielten, um ihn dem Kaiser eigens zu überreichen. Es scheint aber doch, als hätten sie darüber hinaus eine gewisse Scheu gehegt, sich mehr als nötig zu organisieren, einerseits um die althergebrachte Unabhängigkeit und Eigenständigkeit des einzelnen Ritters nicht über Gebühr zu gefährden, und andererseits um sich dem fiskalischen Zugriff, den die reichsritterschaftliche Organisation anfangs so gut wie ausschließlich bezweckte, nach Möglichkeit zu entziehen. Entsprechende Vorbehalte findet man auch bei anderen Ritterorten[30], und bekanntlich hat selbst der Reichstag – gewiss aus vergleichbaren Gründen – nur ein einziges Mal eine Reichsmatrikel zuwege gebracht, die dann so genannte »allzeit neueste Matrikel« von 1521[31]. Man muss also wohl zur Kenntnis nehmen, dass die reichsritterschaftliche Organisation sich erst mit der Zeit und nur ganz allmählich aus einem argwöhnisch beäugten Instrument der kaiserlichen Steuerrequisition zu jener angesehenen, Prestige vermittelnden und die Rechte Mindermächtiger wahrenden Standesvertretung entwickelte, als die sie uns namentlich aus dem 18. Jahrhundert geläufig ist[32]. Der natürliche Widerwille, mit dem man seinen Obolus entrich-

---

27 K. Andermann, »Ein furnem und namhafts Geschlecht in unsern Landen«. Glanz und Niedergang der Grafen von Eberstein, in: K. Andermann/C. Joos (Hgg.), Grafen und Herren in Südwestdeutschland vom 12. bis ins 17. Jahrhundert (Kraichtaler Kolloquien 5), Epfendorf 2006, S. 195–215; K. O. Müller, Zur wirtschaftlichen Lage des schwäbischen Adels am Ausgang des Mittelalters, in: Zeitschrift für württembergische Landesgeschichte 3 (1939) S. 285–318.

28 GLA 31 Nr. 46 f. und 69 von Türckheim-3 Nr. 194.

29 Press, Kaiser Karl V. (wie Anm. 1).

30 Andermann, Reichsritterkanton Kraichgau (wie Anm. 8) S. 299–302.

31 K. Zeumer, Quellensammlung zur Geschichte der deutschen Reichsverfassung in Mittelalter und Neuzeit, Tübingen 21913, Nr. 181; vgl. dazu Willoweit (wie Anm. 15) S. 137, 143 und 192.

32 Andermann, Reichsritterkanton Kraichgau (wie Anm. 8) S. 316.

tete, kommt nicht zuletzt darin zum Ausdruck, dass, nachdem anfangs jedem anheimgestellt war, nach eigenem Gutdünken in die Ritterkasse zu steuern, schließlich Mitte der 1560er Jahre auf einem Tag in Bühl ein fixer Beitrag von sechs Gulden pro Mitglied beschlossen werden musste[33].

Auf einem Konvent in Offenburg, an dem Graf Wilhelm von Fürstenberg, damals Landvogt der halben Ortenau, sowie 21 weitere Vertreter *gemeiner ritterschafft* teilnahmen, beschloss man am 3. Januar 1543[34], sich mit dem Kanton Neckar-Schwarzwald unter der Voraussetzung zu verbünden (*in deren bindtnuß man sich geben will*), dass in den für den dortigen Adel erwirkten Privilegien die Ortenau stets eigens genannt werde. Nur für den Fall, dass sich dieses nicht erreichen ließ, wollte man darauf hinwirken, *daß die ritterschafft in der Ortenauw auch in daß schwäbisch viertel gebracht und daß selbig vierthel erweitert* – sprich: die Ortenau als eigener Ritterort konstituiert – werde. Für die diesbezüglichen Verhandlungen berief man einen sechsköpfigen Ausschuss.

Die gestellten Bedingungen wurden offensichtlich erfüllt. Also nahmen die Ortenauer 1560 die schwäbische Ritterordnung an, seit 1564 trafen sie sich mit den Neckar-Schwarzwäldern zu gemeinsamen Konventen, und sie lieferten ihre Beiträge auch weiterhin zu der schwäbischen Rittertruhe, aber eine förmliche Vereinigung beider Ritterorte fand ebensowenig statt wie eine gänzliche Separation. In den 1740er Jahren sahen die Ortenauer sich sogar einmal gezwungen, beim Reichshofrat in Wien gegen die Neckar-Schwarzwälder zu klagen, allerdings konnte der dafür ursächliche Streit 1749 mit einem Vergleich beigelegt werden[35].

Die Neigung der Ortenauer, eigene Wege zu gehen, kommt auch darin zum Ausdruck, dass um die Wende des 16. Jahrhunderts ihre Vertreter wiederholt an Versammlungen des ihnen als Nachbarn aus vielerlei Gründen nahestehenden landständischen Adels im Breisgau, Sundgau und Elsass teilnahmen, ohne dass ihr reichsunmittelbarer Status dabei Schaden genommen hätte. Zu internen *verdrießlichkeiten* kam es immer wieder, wenn die in den Reichsstädten Straßburg, Schlettstadt, Offenburg, Zell und Gengenbach wohnhaften und verbürgerten Ritter es verständlicherweise ablehnten, sich außer von den dortigen Magistraten auch noch von der Ritterschaft besteuern zu lassen.

Ein sich durch die Jahrhunderte hinziehendes Continuo war der Ärger mit den Markgrafen von Baden, die von den Ortenauer Rittern nicht von ungefähr für ihren *gröste*[n] *feind und verfolger* gehalten wurden. Zwar gelang es 1722 und 1755, mit dem Haus Baden-Baden Vergleiche auszuhandeln, aber in der Praxis änderte sich dadurch nichts an der feindseligen Politik der Markgrafen gegenüber der reichsfreien Ritterschaft, weder in bezug auf die Korporation als Ganzes noch in bezug auf die ritterschaftlichen Individuen. Es änderte sich zunächst auch nichts, als die seit 1535 geteilte Markgrafschaft seit 1771 wiedervereinigt war, aber 1776 wurde einmal mehr ein Vertrag geschlossen, in dem Markgraf Karl Friedrich sich immerhin bereitfand, die in seinem Besitz befindlichen Rittergüter fortan ordnungsgemäß bei der Ritterschaft zu versteuern[36].

---

33 GLA 69 von Türckheim-3 Nr. 527, fol. 98 f.
34 GLA 31 Nr. 70 f.
35 GLA 69 von Türckheim-3 Nr. 194.
36 GLA 69 von Türckheim-3 Nr. 194.

Nicht zufällig handelte es sich bei den an der Einung von 1474 beteiligten Adligen durchweg um markgräflich badische Vasallen, um Angehörige von Geschlechtern, die von altersher auf der rechten Seite des mittleren Oberrheins bodenständig waren[37], und auch an den darauf folgenden Bündnissen waren nur Ortenauer im engeren Sinn beteiligt, 1508 abgesehen von dem aus Franken stammenden Reichserbküchenmeister Philipp von Seldeneck, der von seinem Schwager, dem letzten Herrn von Großweier, bereits 1484 dessen Güter käuflich erworben hatte[38]. Indes finden sich schon in den Teilnehmerlisten der gewöhnlich in Offenburg veranstalteten Ortenauer Rittertage des ausgehenden 15. Jahrhunderts vereinzelt Namen aus anderen Regionen, so etwa 1491 ein Arnsberg aus dem Elsass, ein Haller von Hallerstein aus Nürnberg, ein Breder von Hohenstein aus dem Taunus, ein Bombast von Hohenheim aus Schwaben und ein Endingen vom Kaiserstuhl, 1494 ein Mey von Lambsheim aus dem Wormsgau, ein Zeiskam aus dem Speyergau und zwei Sickingen aus dem Kraichgau oder später noch die Münch von Rosenberg aus dem Bauland, die von Kronberg aus dem Taunus, die Kämmerer von Worms genannt von Dalberg vom Mittelrhein, die von Ow vom oberen Neckar und die Schenk von Winterstetten aus Schwaben[39]. Teils waren Angehörige dieser Geschlechter durch Heirat und Erbschaft in die Ortenau gekommen, wie beispielsweise die Zeiskam über eine Eheverbindung mit den Mollenkopf vom Rieß in die Ganerbschaft Bosenstein[40] und die Kronberg und die Dalberg über Allianzen mit denen von Bach nach Neuweier bei Baden-Baden[41], teils hatten fürstliche Dienste sie hierher geführt, wie etwa die Haller von Hallerstein[42] und die Breder von Hohenstein[43] auf die Rohrburg bei Durmersheim, die seit dem späteren 15. Jahrhundert nahezu kontinuierlich als Sitz häufig wechselnder, ihrem Ursprung nach landfremder markgräflicher Beamter diente und die in dieser

37 B. Theil, Das älteste Lehnbuch der Markgrafen von Baden (1381). Edition und Untersuchungen. Ein Beitrag zur Geschichte des Lehnwesens im Spätmittelalter (Veröffentlichungen der Kommission für geschichtliche Landeskunde in Baden-Württemberg A 25), Stutgart 1974, S. 70–144.

38 Kindler von Knobloch, Oberbadisches Geschlechterbuch (wie Anm. 4) Bd. 1, S. 477; O. von Alberti/F. Frhr. von Gaisberg-Schöckingen, Württembergisches Adels- und Wappenbuch, 2 Bde., Stuttgart 1899–1916, hier Bd. 2, S. 726; G. Keil/V. Schmidtchen, Philipp von Seldeneck, in: Die deutsche Literatur des Mittelalters. Verfasserlexikon, begr. von W. Stammler, hg. von K. Ruh u.a., Bd. 7, Berlin und New York 21989, Sp. 611–614.

39 GLA 69 von Türckheim-3 Nr. 306.

40 J. Bader, Urkunden-Regeste über das ehemalige Ganerbe Bosenstein, in: Zeitschrift für die Geschichte des Oberrheins 23 (1871) S. 90–128; K. Andermann, Die Herren von Zeiskam. Porträt einer Familie des pfälzischen Niederadels, in: Mitteilungen des Historischen Vereins der Pfalz 98 (2000) S. 97–117.

41 Der Stadtkreis Baden-Baden (Kreisbeschreibungen des Landes Baden-Württemberg), bearb. von der Außenstelle Karlsruhe der Abteilung Landesforschung und Landesbeschreibung in der Landesarchivdirektion Baden-Württemberg, hg. von der Landesarchivdirektion Baden-Württemberg in Verbindung mit der Stadt Baden-Baden, Sigmaringen 1995, S. 158 f.; W. Ronner, Die Herren von Kronberg und ihr Reichslehen 1189 bis 1704. Regesten und ergänzende Texte, Frankfurt a.M. 1999; K. Andermann (Hg.), Ritteradel im Alten Reich. Die Kämmerer von Worms genannt von Dalberg (Arbeiten der Hessischen Historischen Kommission NF 31), Darmstadt 2009.

42 Kindler von Knobloch, Oberbadisches Geschlechterbuch (wie Anm. 4) Bd. 1, S. 524.

43 J. M. Humbracht, Die höchste Zierde Teutschlands und Vortrefflichkeit des teutschen Adels, vorgestellt in der reichsfreyen Rheinischen Ritterschaft, Frankfurt a.M. 1707, Tfl. 98.

Funktion geradezu als Satellit der nahen Residenz Baden(-Baden) gelten kann[44]. Angehörige der Münch von Rosenberg waren hierzuland bereits im späteren 14. Jahrhundert zugange, in Diensten der Markgrafen von Baden, der Grafen von Fürstenberg und später auch des Klosters Gengenbach[45].

Eine stärkere Fluktuation im Mitgliederbestand von Ritterschaften ist an sich nichts Ungewöhnliches. Erwin Riedenauer hat dieses Phänomen schon vor mehr als vierzig Jahren am Beispiel des fränkischen Ritterkreises in der frühen Neuzeit detailliert beschrieben[46]. Inwieweit freilich eine Fluktuation größeren Ausmaßes bereits für das Mittelalter vorausgesetzt werden kann und nur infolge zunehmender Schriftlichkeit[47] erst mit dem Anbruch der Neuzeit deutlicher hervortritt oder ob sie in dieser Größenordnung überhaupt nur ein nachmittelalterliches Phänomen ist, mag fürs erste dahingestellt bleiben.

Das Aussterben der einen, so namentlich der Bach[48] und der Windeck[49], und die Erbfolge der anderen, in diesen Fällen der Kronberg, Dalberg und Knebel von Katzenelnbogen beziehungsweise der Fleckenstein und Hüffel, ist im Grunde ein ganz natürlicher Vorgang, der hier nur wegen der klangvollen, auch aus anderen Kontexten bekannten Namen Aufsehen erregt. Dass freilich auch die allermeisten Äste und Zweige der einst

---

44 Der Landkreis Rastatt (Kreisbeschreibungen des Landes Baden-Württemberg), bearb. von der Außenstelle Karlsruhe der Abteilung Landesforschung und Landesbeschreibung in der Landesarchivdirektion Baden-Württemberg, hg. von der Landesarchivdirektion Baden-Württemberg in Verbindung mit dem Landkreis Rastatt, 2 Bde., Stuttgart 2002, hier Bd. 1, S. 516 f.

45 J. G. Biedermann, Geschlechtsregister der reichsfrey unmittelbaren Ritterschaft Landes zu Francken, löblichen Orts Ottenwald, Kulmbach 1751, Tfl. 392 f.; Kindler von Knobloch, Oberbadisches Geschlechterbuch (wie Anm. 4) Bd. 3, S. 153 und 161; Der Neckar-Odenwald-Kreis (Kreisbeschreibungen des Landes Baden-Württemberg), bearb. von der Abteilung Landesbeschreibung des Generallandesarchivs Karlsruhe, hg. von der Landesarchivdirektion Baden-Württemberg in Verbindung mit dem Neckar-Odenwald-Kreis, 2 Bde., Sigmaringen 1992, hier Bd. 2, S. 540.

46 E. Riedenauer, Kontinuität und Fluktuation im Mitgliederstand der fränkischen Reichsritterschaft. Eine Grundlegung zum Problem der Adelsstruktur in Franken, in: Gesellschaft und Herrschaft. Forschungen zu sozial- und landesgeschichtlichen Problemen vornehmlich in Bayern. Festgabe für Karl Bosl, München 1969, S. 87–152.

47 K. Andermann, Pragmatische Schriftlichkeit, in: W. Paravicini (Hg.), J. Hirschbiegel/J. Wettlaufer (Bearbb.), Höfe und Residenzen im spätmittelalterlichen Reich 3: Hof und Schrift (Residenzenforschung 15,3), Ostfildern 2007, S. 37–60.

48 K. H. Frhr. Roth von Schreckenstein, Aus dem Lehens- und Adelsarchive, in: Zeitschrift für die Geschichte des Oberrheins 38 (1885) S. 321–363, hier S. 337–346; Kindler von Knobloch, Oberbadisches Geschlechterbuch (wie Anm. 4) Bd. 1, S. 25–27; K. Hanss, Geschichte der Ortenau in Dokumenten, Bd. 1: Klerus und Adel, Offenburg 1995, S. 158–161; R. Fischer, Die Herren von Bach, in: Bühler Heimatgeschichte 12 (1998) S. 75–110 und 13 (1999) S. 12–40.

49 H.-P. Sattler, Die Ritterschaft der Ortenau in der spätmittelalterlichen Wirtschaftskrise, in: Die Ortenau 42 (1962) S. 220–257, 44 (1964) S. 22–39, 45 (1965) S. 32–57 und 46 (1966) S. 32–58, hier v. a. 42 (1962) S. 244–247 und 46 (1966) S. 52–57; F. Kober, Stammtafel des Rittergeschlechtes von Windeck, in: Die Ortenau 43 (1963) S. 177–186; S. Gartner, Die Windecker und ihre Burgen, Bühl 1991; Regesten der Herren von Windeck bei Bühl 1148/49 bis 1500. Sammlung aus dem Nachlass von K. Reinfried, neu bearb. und ergänzt von S. Gartner, Bühl 2011.

so überaus zahlreichen Familie Röder nach und nach verblühten und zum Schluss nur noch die Diersburger Linie blieb[50], fällt wegen der Fortdauer des Namens und Wappens gar nicht weiter auf. Aber auch in diesem Fall dürfte das Erbe der abgestorbenen Zweige weit gestreut haben, sowohl in hierzuland altansässige als auch in erst später zugezogene Familien. So nimmt es nicht wunder, dass in den seit dem 16. Jahrhundert zahlreich überlieferten Präsenzlisten von Rittertagen[51] immer mehr neue Namen auftauchen, teils von näher, teils von weiter her. Dabei kamen Elsässer wie die Wurmser, Ramstein, Zorn, Böcklin, Kageneck, Andlau, Müllenheim, Rathsamhausen, Fleckenstein, Hüffel und andere, wie es scheint, erst ganz allmählich hinzu. Am Ende des 16. Jahrhunderts war Graf Ernst von Mansfeld, der nachmalige protestantische Heerführer im Dreißigjährigen Krieg[52], Bezieher von Einkünften aus der Herrschaft Oberkirch[53] und nahm als solcher wohl auch mehrmals an Ortenauer Rittertagen teil. Zu Beginn des 17. Jahrhunderts begegnen überdies Namen, die man aus dem Kontext des rheinischen Stiftsadels kennt[54], darunter die Sötern, die Stadion, die Flach von Schwarzenberg, die Knebel von Katzenelnbogen, die Eltz und wiederum die Sickingen, außerdem vom Niederrhein die von Kerpen, aus Bayern die von Sandizell und manche andere von weiter her. Am Ende des 18. Jahrhunderts findet man überdies die Bodeck aus Thorn an der Weichsel, die Brandenstein aus Thüringen, die Bibra, Erthal und Franckenstein aus Franken oder die Blittersdorff vom Niederrhein[55]. Zumeist erklärt sich deren Zugehörigkeit zur Ortenauer Ritterschaft, wie bereits erwähnt, aus Besitznachfolge aufgrund von Erbschaft oder aus Dienstnahme bei benachbarten Fürsten. Den Sötern hingegen ging es aus standespolitischen Gründen um den käuflichen Erwerb eines Reichslehens, in diesem Fall des bei der Ortenauer Reichsritterschaft immatrikulierten Dorfs Bühl[56]. Je jünger die Mitgliederverzeichnisse sind, desto vielfältiger und teilweise geradezu fremd muten die darin aufgeführten Namen an.

Zuwachs erfuhr die Ortenauer Ritterschaft indes nicht allein von auswärts, vielmehr gesellten sich ihr auch immer wieder »neue Leute« zu, denn die anfangs vornehmlich der Steuereintreibung dienende Organisation wandelte sich nun doch mehr und mehr zu einer Standesvertretung, der zuzugehören nicht zuletzt für soziale Aufsteiger höchst

---

50 Kindler von Knobloch, Oberbadisches Geschlechterbuch (wie Anm. 4) Bd. 3, S. 551–595; M. Burkhardt/K. Krimm, Archiv der Freiherren Roeder von Diersburg. Urkundenregesten 1310 bis 1812 (Inventare der nichtstaatlichen Archive in Baden-Württemberg 35), Stuttgart 2007.

51 GLA 69 von Türckheim-3 Nr. 306.

52 R. R. Heinisch, Mansfeld 4: (Peter) Ernst II., in: Neue Deutsche Biographie, hg. von der Historischen Kommission bei der Bayerischen Akademie der Wissenschaften, Bd. 16, Berlin 1990, S. 80 f.

53 GLA 169 Nr. 71 (1597).

54 P. Hersche, Die deutschen Domkapitel im 17. und 18. Jahrhundert, 3 Bde., Bern 1984; C. Duhamelle, L'Héritage collectif. La noblesse d'Église rhénane, 17e et 18e siècles (Recherches d'histoire et de sciences sociales 82), Paris 1998.

55 GLA 74 Nr. 6842 fol. 88–98' (1790).

56 Landkreis Rastatt (wie Anm. 44) Bd. 1, S. 408; vgl. auch V. Rödel, Die Walderdorff als Burgmannen zu Friedberg und als Mitglieder der Reichsritterschaft, in: F. Jürgensmeier (Hg.), Die von Walderdorff. Acht Jahrhunderte Wechselbeziehungen zwischen Region, Reich, Kirche und einem rheinischen Adelsgeschlecht, Köln 1998, S. 19–30, hier S. 26–28.

attraktiv war. Wenn es nämlich gelang, ein in fürstlichen Verwaltungs- oder Kriegsdiensten erlangtes oder in einem einträglichen Gewerbe erwirtschaftetes Vermögen in einem bei der Ritterschaft immatrikulierten Gut anzulegen, eröffnete dies dem Besitzer die Möglichkeit, sich *wie der meusdreck under den pfeffer* zu mischen[57], sich dem Adel zunächst zu assoziieren und mit langem Atem schließlich in ihm aufzugehen. Nur beispielhaft seien hier die Bademer von Rohrburg genannt[58]. Wie ihr Name verrät, entstammte die Familie der Bürgerschaft von Baden(-Baden). Seit der Mitte des 16. Jahrhunderts fungierten ihre Angehörigen als markgräfliche Amtleute in Kuppenheim, Bühl und Steinbach. Nach dem Dreißigjährigen Krieg gelang es Hans Dietrich Bademer, das zwar ruinierte, aber von der Markgrafschaft Baden-Baden ritterlehnbare Schloss Rohrburg bei Durmersheim sowie weiteren, von altersher bei der Ortenauer Ritterschaft immatrikulierten Besitz in Bühl, Freienhöfen und Unzhurst zu erwerben[59]. Damit steuerte er zur Ritterschaft, wurde in die Rittermatrikel aufgenommen, und am Ende wuchs die Familie buchstäblich in den Adel hinein. Vergleichbare Fälle gab es schon davor und natürlich auch danach, erinnert sei nur an die Ingolt, Datt, Veus, Aschmann, Krebs von Bach, Varnbüler und viele andere[60]. Aufs Ganze gesehen, gewinnt man den Eindruck, als sei der Ritterbezirk Ortenau, vielleicht auch aufgrund der Nähe der Frei- und Reichsstädte Straßburg, Offenburg und Gengenbach hinsichtlich der Rezeption von Aufsteigern sehr viel weniger restriktiv verfahren als andere Ritterkantone, die in der Regel – wie vor allem der Kraichgau[61] – auf strikte Exklusivität hielten.

Innerhalb der eingangs beschriebenen Grenzen verteilten sich die Ortenauer Rittergüter nach dem Dreißigjährigen Krieg zwischen Neuweier und Lichtenau im Norden sowie Rust und Ettenheim im Süden; Extrempunkte im Osten bildeten Ottenhöfen und Ramsteinweiler bei Haslach; im Westen wurde der Rhein nicht überschritten[62]. Die größte Dichte ist in und um Oberkirch und Gaisbach festzustellen, außerdem um Steinbach, Neuweier und Bühl. Im übrigen verteilten sich die Güter zum größten Teil locker gestreut über die Rheinebene und die Vorhügelzone. Ausreißer im Norden waren Zehntrechte in Au am Rhein und die Rohrburg bei Durmersheim, im Süden ein Schloss samt zugehörigen Gütern in Riegel am Kaiserstuhl.

Alles in allem waren bei der Ortenauer Ritterschaft 14 ½ Dörfer immatrikuliert – von Süden nach Norden – Rust, Orschweier, Altdorf, Wallburg, Schmieheim, Reichenbach, Wittenweier, Nonnenweier, Allmannsweier, Meißenheim, Niederschopfheim, Hofweier, Gaisbach, Kehl und halb Bühl, außerdem die Herrschaften Staufenberg und Diersburger Tal[63]. Nicht selten teilten sich in die Obrigkeit in diesen Orten mehrere,

---

57 Die Chronik der Grafen von Zimmern, hg. von H.-M. Decker-Hauff und R. Seigel, 3 Bde., Sigmaringen 1966–1972, hier Bd. 3, S. 31.

58 Kindler von Knobloch, Oberbadisches Geschlechterbuch (wie Anm. 4) Bd. 1, S. 27; Frhr. Roth von Schreckenstein (wie Anm. 48), S. 349–353; Landkreis Rastatt (wie Anm. 44) Bd. 1, S. 517.

59 GLA 69 von Türckheim-3 Nr. 306.

60 Andermann, Markgrafen (wie Anm. 13) S. 116 f.

61 Andermann, Reichsritterkanton Kraichgau (wie Anm. 8) S. 308 f.

62 Das Folgende nach GLA 69 von Türckheim-3 Nr. 306 (um 1663/66) und 527 (1664); vgl. auch 67 Nr. 772 (1717).

63 GLA 67 Nr. 772 fol. 55–65'; 69 von Türckheim-3 Nr. 307.

mitunter sogar viele Angehörige der Ritterschaft. Ansonsten entfaltet sich das ganze Spektrum ritteradligen Besitzes, wie man es auch aus anderen Kontexten kennt[64], darunter Burgen, Schlösser und Häuser – letztere vor allem in den Städten Lichtenau, Oberkirch, Offenburg, Gengenbach und Lahr –, sodann Ackerhöfe und insbesondere viele Rebhöfe sowie sonstige Immobilien und nutzbare Rechte. Wald wird in der Matrikel nicht eigens erwähnt, war aber ganz ohne Zweifel Pertinenz von Schlössern und Dörfern und vielleicht auch von diesem oder jenem Acker- respektive Rebhof. Darüber hinaus sind jene Güter nicht zu vergessen, die der Ortenauer Ritterschaft im Lauf der Zeit und aus vielerlei Gründen abhanden gekommen waren[65], darunter das Schloss in Staffort südwestlich von Bruchsal (!), die Dörfer Großweier, Leiberstung und Altdorf sowie ein Wasserhaus bei Mahlberg, weil diese mit dem Aussterben ihrer Besitzer den jeweiligen Lehnsherren heimgefallen und von diesen einbehalten worden waren, das Dorf Rüppurr, weil die Pfauen es an die Durlacher Markgrafen verkauft, oder ein Haus in Ettlingen, das die von Zylnhardt an die Jesuiten veräußert hatten. Man erkennt an der Belegenheit dieser Objekte auch, dass die Ortenauer Ritterschaft, wenn es darum ging, allfällige Ansprüche vor der Vergessenheit zu bewahren, vor allem und nicht von ungefähr die nördliche Grenze ihres Bezirks – eigentlich die Murg – durchaus auszudehnen vermochte.

Summa summarum umfasste die Ortenauer Rittermatrikel am Ende des Alten Reiches mehr als 180 Schlösser, Häuser, Höfe und Güter, darunter 79 Positionen in adliger Hand, 78 in fremder Hand, aber zur Ritterschaft steuernd, zwanzig in »toter Hand« beziehungsweise nicht steuernd und sechs im Besitz von Korporationen, die nur schwer zu besteuern waren[66]. Obendrein gab es 1790 bei der Ortenauer Ritterschaft sechs Personalisten, das heißt adlige Standesgenossen, die zwar dazugehörten, aber im Bezirk über keine steuerbaren Güter verfügten[67]. Generell stellten Rittergüter, die in nichtritterschaftliche Hände gelangt waren, ein Problem dar, weil die neuen Inhaber es nicht selten ablehnten, an die Ritterschaft zu steuern, so beispielsweise das Kloster Allerheiligen mit zwei Rebhöfen bei Oberkirch, die (Baden-)Badner Jesuiten mit ihren Rebhöfen in Ebenung oder die Stadt Gengenbach mit einem nicht näher lokalisierten Gut vermutlich auf ihrer eigenen Gemarkung. Und besonders kritisch stand es diesbezüglich naturgemäß um einstige Rittergüter, die in die Hände der ritterfeindlichen Markgrafen von Baden gefallen waren.

Dass die Markgrafen überdies ritterschaftlichen Besitz, der – ohne dazuzugehören! – von badischem Territorium umschlossen war, schon frühzeitig zu mediatisieren und selbst zu besteuern trachteten, sei hier nur am Rande erwähnt; die Reichsritter in Neuweier, Bühl und Steinbach hatten unter solcher Zudringlichkeit immer wieder besonders zu leiden[68]. Das Untere Schloss in Neuweier galt um die Mitte des 16. Jahrhunderts als

---

64 K. Andermann, Adlige Wirtschaften auf dem Land. Zu den ökonomischen Grundlagen der Ritterschaft in der frühen Neuzeit, in: K. Andermann (Hg.), Rittersitze. Facetten adligen Lebens im Alten Reich (Kraichtaler Kolloquien 3), Tübingen 2002, S. 167–190.

65 GLA 67 Nr. 772 fol. 181–185'.

66 GLA 69 von Türckheim-3 Nr. 194.

67 GLA 69 von Türckheim-3 Nr. 194; 74 Nr. 6842 fol. 88–98'.

68 Andermann, Markgrafen (wie Anm. 13) S. 106–109 und 111 f.; Stadtkreis Baden-Baden (wie Anm. 41) S. 158–160 und 168 f.; Landkreis Rastatt (wie Anm 44) Bd. 1, S. 408–412.

freyer edelmannssitz[69]. Im Tal von Neuweier zu Füßen der markgräflichen Yburg hatte sich seit dem Ausgang des hohen Mittelalters eine ganze Reihe ritteradliger Burg- respektive Gefolgsleute der Markgrafen niedergelassen[70], mehrere Schlösser errichtet und in Konkurrenz untereinander, aber auch mit dem Fürsten eine immer weiter um sich greifende Herrschaftsbildung betrieben[71]. Konflikte über die jeweils beanspruchten Kompetenzen konnten so nicht ausbleiben, und schließlich einigte man sich 1453 auf neutralem Boden in Worms unter Vermittlung des Erzbischofs von Mainz dahingehend, dass die Hörigen der Edelleute in den umliegenden Waldungen gleiche Rechte haben sollten wie die der Markgrafen, dafür aber auch von den Markgrafen zu Steuern und Diensten herangezogen werden durften.[72] 1505, 1555 und 1587 wurden diese Rechtsverhältnisse aus verschiedenen Anlässen nochmals vertraglich bestätigt[73] – 1555 mit der vielsagenden Titulierung des damaligen Neuweirer Schlossherrn Philipp Kämmerer von Worms genannt von Dalberg[74] als markgräflicher Landsass –, und folgerichtig entzündeten sich immer wieder Konflikte an Fragen der badischerseits sehr extensiv ausgelegten Leibherrschaft[75], der Huldigungseinnahme und der Frondienste, des Jagdrechts, des Zoll- und des Steuerrechts sowie des Salzmonopols und des Trauergeläuts[76]. Faktisch gelang es den Markgrafen, ihre Landeshoheit über das Tal durchzusetzen. Schließlich, bei der Übernahme der Markgrafschaft Baden-Baden durch Baden-Durlach 1771, glaubten die Beamten des neuen Landesherrn, im Dorf Neuweier auch von den Schlössern und adligen Gütern obrigkeitlich Besitz ergreifen zu dürfen[77]. Ein daraufhin vor dem Reichshofrat in Wien angestrengter Prozess endete 1782 mit einem Urteil, das freilich den damaligen Schlossherrn Knebel von Katzenelnbogen, der inzwischen nicht allein das Untere, sondern auch das Obere Schloss besaß, keinesfalls zufriedenstellen konnte. Zwar wurde die Reichsunmittelbarkeit beider Schlösser samt zugehörigen Häusern, Höfen und Gütern bestätigt. Gleichwohl aber sollten dem Markgrafen von Baden nicht

69 GLA 66 Nr. 5881.

70 Stadtkreis Baden-Baden (wie Anm. 41) S. 136 f.; W. Rösener, Ministerialität, Vasallität und niederadelige Ritterschaft im Herrschaftsbereich der Markgrafen von Baden vom 11. bis zum 14. Jahrhundert, in: J. Fleckenstein (Hg.), Herrschaft und Stand. Untersuchungen zur Sozialgeschichte im 13. Jahrhundert (Veröffentlichungen des Max Planck-Instituts für Geschichte 51), Göttingen 1977, S. 40–91.

71 GLA 229 Nr. 74448 f.; Stadtkreis Baden-Baden (wie Anm. 41) S. 158–161; T. von Glaubitz, Das obere Schloß Neuweier, in: Batzer/Städele (wie Anm. 2) S. 173–175; T. von Glaubitz, Das untere Schloß Neuweier, in: Batzer/Städele (wie Anm. 2) S. 176–182; K. Schwab, Das obere Schloß Neuweier, in: Schneider (wie Anm. 2) S. 139–142; W. Daferner, Das untere Schloß Neuweier, in: Schneider (wie Anm. 2) S. 142–146.

72 Regesten der Markgrafen von Baden (wie Anm. 20) Bd. 3, Nr. 7503.

73 GLA 37 Nr. 4516 f. (1505 November 6) und 3103 (1587 Oktober 29) sowie 66 Nr. 5881, fol. 128'–131' (1555 Juli 1).

74 Andermann, Ritteradel im Alten Reich (wie Anm. 41).

75 K. Andermann, Leibeigenschaft in der Markgrafschaft Baden an der Wende vom Mittelalter zur Neuzeit, in: P. Freedman/M. Bourin (Hgg.), Forms of servitude in Northern an Central Europe. Decline, resistance an expansion (Medieval texts and cultures of Northern Europe 9), Turnhout (Belgien) 2005, S. 197–211.

76 GLA 134 Nr. 237–240; 229 Nr. 74401, 74417, 74424, 74438, 74440, 74460–74474, 74481, 74500 f., 74503, 74520 und 74540–74543; 69 von Türckheim-3 Nr. 313.

77 GLA 229 Nr. 74475.

allein in Tal und Dorf, sondern auch bezogen auf die Edelmannssitze die seit dem späten Mittelalter hergebrachten Rechte der Hochgerichtsbarkeit und des militärischen Aufgebots zustehen[78]. Dem der freien Reichsritterschaft zugehörigen Freiherrn Knebel von Katzenelnbogen genügte das zwar nicht, weil aber ein 1784 ins Auge gefasster Verkauf seiner Gerechtsame an die ihm unbequeme Landesherrschaft nicht zustandekam[79], dauerten die Konflikte zwischen Schloss- und Landesherrschaft noch weitere zwei Jahrzehnte fort bis zur endgültigen Mediatisierung Neuweiers in napoleonischer Zeit[80].

Aber das Haus Baden war natürlich nicht der einzige unbequeme Nachbar[81]. Die Ortenauer Ritterschaft hatte *mit allen zu kämpfen, sogar mit dem fast nichts bedeutenden Reichsstättgen Zell am Harmersbach, welches sich an ihr* rieb. Entsprechende Prozesse waren im ausgehenden 18. Jahrhundert auch noch anhängig mit Hanau-Lichtenberg, Nassau-Usingen (wegen Lahr), dem Hochstift Straßburg und – nach 1771 – mit Vorderösterreich, weil die Räte und Beamten aller dieser Landesherren *sich vom principio territorii clausi träumen* ließen und dabei die Macht hatten, *viae facti zu verfahren.*

Was aber unterschied nun eigentlich die Ortenauer Ritterschaft von anderen Orten und Kantonen der freien Reichsritterschaft? Sie hatte ihren eigenen Bezirk, hatte zahlreiche Mitglieder[82], veranstaltete eigene Rittertage in Offenburg, Oberkirch, Durbach, Ichenheim, Altenheim und Straßburg, sie hatte ihre eigenen Hauptleute, Ausschüsse und Räte[83], ja sogar ihre eigene Ritterkanzlei mit Syndicus, Sekretär, Kassier, Marschkommissar, Kanzlisten, Boten und gelegentlich einem *referendarius in causis privatorum*; ihre Direktorialkonvente fanden seit der Mitte des 18. Jahrhunderts immer in Kehl statt. Und doch macht die Ortenauer Ritterschaft bis zum Schluss einen ganz merkwürdig unentschlossenen, ja unfertigen Eindruck. Ihre Kanzlei war nie an einem Ort beisammen; alle ihre Syndici und Konsulenten wohnten in Straßburg und standen, weil sie von den Ortenauer Ritterdiensten allein nicht leben konnten, auch noch in anderen Diensten[84]. Im 16. Jahrhundert aus fiskalischen Gründen zum Zusammenschluss gedrängt und zu den Neckar-Schwarzwälder Standesgenossen ausgewichen, erkannten die Ortenauer – wie andere Reichsritterschaften – mit der Zeit, spätestens aber nach dem Dreißigjährigen Krieg, auch die sozialen und politischen Vorteile einer ritterschaftlichen Standesvertretung, vor allem ihre Unentbehrlichkeit im Kampf gegen die Hegemonialbestrebungen größerer und kleinerer Nachbarn. Deshalb hielten sie bei minimalem Organisationsgrad nolens, volens zusammen – wie ein kleines bündisches »Staatswesen« mit ausgelagerter Finanzverwaltung.

---

78 GLA 229 Nr. 74462.
79 GLA 229 Nr. 74515.
80 GLA 229 Nr. 74458, 74476 und 74497.
81 GLA 69 von Türckheim-3 Nr. 194.
82 GLA 69 von Türckheim-3 Nr. 453 (um 1800) und 532 (1772).
83 GLA 69 von Türckheim-3 Nr. 349.
84 GLA 69 von Türckheim-3 Nr. 194.

Anhang 1: Mitglieder und Güter des Ortenauer Ritterbezirks nach der Matrikel von 1664[85]

Vorbemerkung: *Ein schloß oder wohnhauß ist angelegt umb 1 reichsthaler, ein acker- oder rebhoff umb 1 gulden.* (fol. 1)

Immatrikulierte Adlige und ihre Güter

(1) Friedrich vom Stein
- das Obere Schloss zu Neuweier mit vier Rebhöfen Horbach (zwei), *Riximbach* und Vormberg sowie dem Ackerhof Hartung (Vorbesitzer: Knebel von Katzenelnbogen, Kastner, Konrad vom Stein, Samson vom Stein, Philipp vom Stein, Friedrich vom Stein)
- das Gut Bosenstein im Kappeler Tal mit vier Ackerhöfen (Vorbesitzer: von Bosenstein, Schweickard und Ludwig von Sickingen, Pfau von Rüppurr, die Grafen Philipp, Haubrecht und Bernhard von Eberstein, Kaspar Pfau von Rüppurr, Reinhard Mey von Lambsheim, Gebhard Rohart von Neuenstein, Mollenkopf vom Rieß, Rudolf von Zeiskam, von Hattstein zu Kirrweiler, Eberhard von Sickingen, Friedrich vom Stein)

(2) Hermann Dietrich von Neuenstein
- ein Haus zu Oberkirch und die beiden Rebhöfe *Rohrberg* und *Kebelsberg*
- das Felver'sche Haus zu Oberachern (Vorbesitzer: von Schwabach, von Freispach, Hans Adam von Neuenstein)
- ein Haus und *Ackerhoffhub Acker*

(3) Franz Christoph von Wangen (Unterelsässer; verheiratet mit einer von Neuenstein)
- ein Rebhof gen. *Hellenhoff*
- die Felver'schen Güter, darunter ein Ackerhof im Illenbach
- ein Rebhof in der Liehenbach (Vorbesitzer: von Lützelburg)

(4) Hans Reinhard von Schauenburg und seine Ehefrau Walpurga Bonn von Wachenheim
- ein Haus in Gaisbach mit zehn Rebhöfen und Anteil am Haus Schauenburg

(5) Philipp Hannibal von Schauenburg
- ein Haus in Oberkirch, zwölf Rebhöfe in Gaisbach und Anteil am Haus Schauenburg

(6) Karl von Schauenburg
- ein Hof in Gaisbach und Anteil am Haus Schauenburg

---

85 GLA 69 von Türckheim-3 Nr. 527. – Nicht identifizierte topographische Namen werden kursiv wiedergegeben; die Schreibung von Familiennamen orientiert sich an KINDLER VON KNOBLOCH (wie Anm. 4) und an VON ALBERTI u. a. (wie Anm. 38).

(7) Wolf Ludwig von Neuenstein
- das Schloss Rodeck mit den beiden Rebhöfen *Heßle* und Ziegelhof (Vorbesitzer: Röder von Rodeck; badisches Mannlehen)
- ein Meierhof gen. Freschenhof
- ein Haus zu Oberkirch und die beiden Rebhöfe im Schlatten und Tiergarten (im Besitz des Obristen Johann Ulrich Goldt, der mit einer von Neuenstein verheiratet ist)

(8) Jakob Heinrich von Neuenstein
- ein Haus gen. zum Rieß (Vorbesitzer: Mollenkopf zum Rieß, Knebel von Katzenelnbogen)
- der Rebhof im Schlatten bei Oberkirch

(9) Georg Wilhelm von Neuenstein
- ein Meierhof zu Oberkirch und ein Haus zu Fernach (Vorbesitzer: von Habsberg)

(10) Georg Friedrich Röder von Diersburg
- ein Drittel des Hauses Diersburg samt dem Tal
- ein Haus zu Lahr (Vorbesitzer: Mussler, vom Stein)

(11) Georg Wolf Röder von Diersburg und seine Ehefrau Susanne Zorn von Plobsheim
- ein Drittel des Hauses [und Tals] Diersburg mit einem halben Hof
- ein Hof im Burggraben in Niederschopfheimer Bann (ist nicht frei)

(12) Ernst Ludwig Röder von Diersburg
- ein Drittel des Hauses und Tals Diersburg
- ein Ackerhof zu Rohrburg (gehört seiner verwitweten Mutter Anna Elisabeth geb. von Kageneck); Vorbesitzer: Erlin von Rohrburg, Hans Peter von Firdenheim)
- ein halber Hof [zu Diersburg]

(12) Röder von Diersburg
- *Daß thal Dierspurg ist allen dreyen Rödern gemein, und werden die unterthanen absonderlich zur rittercassa angelegt.*

(14) Jakob Christoph Böcklin von Böcklinsau
- ein Haus zu Rust, Güter zu einem Ackerhof und Anteil am halben Dorf Schmieheim (Vorbesitzer: von Geroldseck)

(15) Klaus Jakob Böcklin von Böcklinsau
- die Hälfte des halben Dorfs Schmieheim

(16) Konrad Ulman Böcklin von Böcklinsau zu Mörburg
- das Haus Mörburg mit Gütern zu einem Ackerhof

(17) Böcklin von Böcklinsau
- die drei vorgenannten Böcklin haben gemeinsam das Dorf Rust, *undt werden die underthanen absonderlich zur rittercassa angelegt*, außerdem Anteil an den Dörfern Kehl, Allmannsweier und Wittenweier

(18) Friedrich Christian Bock von Bläsheim (Unterelsässer)
- ein Haus zu Schmieheim samt dem halben Dorf sowie wegen seiner Ehefrau von Lützelburg ein Rebhof gen. *Altzenhoff* (das Dorf Schmieheim wird separat zur Ritterkasse veranlagt)

(19) Johann Friedrich Pleuer von und zu Ramsteinweiler
- das Haus Ramsteinweiler samt Gütern zu einem Ackerhof

(20) Philipp Jakob Hüffel
- ein Haus zu Freistett und Güter zu einem Ackerhof (Vorbesitzer: Ebolt)
- ein Hof gen Hursterhof bei Ettenheim (Vorbesitzer: von Endingen; hanau-lichtenbergisches Mannlehen)
- ein Haus zu Bühl samt Gütern zu einem Ackerhof
- die drei Rebhöfe Kratteneck, Lauf und Vorderer Riegelhof
- das Schloss Windeck (*ist gantz eingangen*) und der Rebhof im Lochhof
- *die von Windeck haben alle hifflische undt fleckensteinische giter gehabt*

(21) Jakob Hüffel
- ein Haus zu Bühl und drei Rebhöfe gen. Waldmatt im Hennengraben

(22) Jakob Wilhelm von Brombach
- ein Haus zu Oberweier

(23) Anna Magdalena geb. von Firdenheim, Witwe des Wolf Philipp von Brombach, bzw. deren einzige, mit Karl Frhr. vom Stein verheiratete Tochter
- ein Haus zu Lahr

(24) Eva Salome von Firdenheim
- ein Haus mit wenigen Äckern und Gärten zu Lichtenau

(25) Anton von Lützelburg, Obrist
- ein Haus zu Oberkirch (derzeit im Besitz des Frhr. von Tauben wegen dessen Ehefrau geb. von Lützelburg)
- ein Rebhof *in der Dorffhalden* (derzeit im Besitz Ernst Friedrich von Lützelburgs)
- ein Rebhof *im Alberspach* (derzeit im Besitz Maria Claudia [von Lützelburgs])
- ein Rebhof *in der Lihenbach* (derzeit im Besitz Franz Christoph von Wangens)
- der Rebhof *Altzenhoff* zu Lauf (derzeit im Besitz Friedrich Christian Bocks zu Bläsheim wegen dessen Ehefrau geb. von Lützelburg)
- ein Rebhof auf der *Kraftenecke* im Gericht Ottersweier (derzeit im Besitz des Laufer Bürgers Matthias Huck)

(26) Wilhelm Hermann von Orselaer zu Staufenberg
- das Haus Staufenberg mit zehn Rebhöfen (Vorbesitzer: Hummel von Staufenberg, Stoll von Staufenberg, Bock von Staufenberg, Wiedergrün von Staufenberg; badisches Mannlehen)
- die Mühle [zu Staufenberg] (Vorbesitzer: von Landenberg)
- das Haus Wiedergrün (badisches Mannlehen)

(27) Friedrich Philipp Streiff von Lauenstein
- ein Haus und wenige Güter zu Lahr
- Anteil am Dorf Kehl

(28) Heinrich Ernst Streiff von Lauenstein
- Anteil am Dorf Kehl

(29) Johann Reinhard von Hornberg
- hat weder Haus noch Güter in der Ortenau

(30) Albrecht Otto von und zu Merlau
- das Schlösslein Waldsteg mit einem Rebhof (Vorbesitzer: von Waldsteg, von Karpfen, Senft von Sulburg, von Hoheneck)

(31) Hans Dietrich Bademer von Rohrburg
- ein Haus vor dem Flecken Bühl mit etlichen Äckern und Gärten sowie ein Rebhof zu Freienhöfen
- ein Ackerhof zu Unzhurst (Vorbesitzer: Sebastian Pfau von Rüppurr, Kraft)
- Schloss Rohrburg auf der Hardt bei Rastatt [Durmersheim]

(32) Wilhelm Friedrich Hahn zu Rohrburg, Rittmeister (außer Landes; verheiratet mit Margarethe Magdalene geb. Dubadlin)
- das halbe Gut Rohrburg, Schlösslein und Güter zu einem Ackerhof (Vorbesitzer: Erlin von Rohrburg, Hans Peter von Firdenheim)

(33) Oswald von Glaubitz, Obristleutnant
- ein Haus zu Lichtenau (gehörte zum Teil seinem Schwiegervater von Hornberg)

(34) Otto von Ow zu Felldorf
- ein Rebhof zu Neuweier (badisches Mannlehen)

(35) Hans Georg von Wernau zu Dießen
- ein Rebhof zu Neuweier (Vorbesitzer: vom Stein, von Steineck)

(36) Moritz Vinther zu Lahr
- ein Haus zu Lahr mit geringen Gefällen zu Burgheim in der Herrschaft Lahr (Vorbesitzer: Stoll von Staufenberg; badisches Mannlehen)

(37) Hans Philipp von Müllenheims hinterlassene Kinder und Witwe geb. von Oberkirch
- ein Ackerhof zu Rohrburg (Vorbesitzer: Erlin von Rohrburg, Hans Peter von Firdenheim)

(38) Maria Salome Chanofzky geb. Wetzel von Marsilien
- ein Haus mit wenigen Äckern und Gärten zu Lahr (Vorbesitzer: Blasius von Müllenheim, ihr Vater Johann Wetzel von Marsilien)

(39) Maria Magdalena Frfr. von Mersi geb. von Flachsland, Witwe
- ein Haus gen. Freihof in der Stadt Gengenbach (Vorbesitzer: Marschall von Zimmern)
- ein Rebhof in Gaisbach

(40) Hans Sigmund von Götzen (aufgenommen beim Rittertag zu Straßburg am 29. Juni [1664])
- ein Haus und geringe Güter zu Lahr (Vorbesitzer: von Müllenheim)

(41) Johann Christoph von der Grün, Obrist, wohnhaft zu Nonnenweier (aufgenommen am 10. März 1666)
- das Dorf Nonnenweier
- ein freiadliges Wohnhaus zu Nonnenweier
- je ein Drittel an den Dörfern Allmannsweier und Wittenweier

(42) Johann Balthasar von Herd
- zwei Ackerhöfe zu Waltersweier (Vorbesitzer: Rebstock oder Sandizell, von Fleckenstein)
- zwei Rebhöfe *im Raspersberg* bei Offenburg (Vorbesitzer: Wurmser)

(43) Maria Magdalena Volmar von Bernshofen, Johann Friedrichs hinterlassene Tochter
- ein Haus zu Lahr (Vorbesitzer: von Bern)

(44) Hans Daniel und Hartmann von Kronberg
- ein Haus zu Lahr mit etwa 100 Tagwerk Matten (nassauisches Mannlehen von der Herrschaft Lahr)

(45) Kraft Adolf Otto von Kronberg
- das Dorf Orschweier
- das halbe Dorf Niederschopfheim

(46) Wolf Eberhard Frhr. von Dalberg
- ein Haus in Offenburg
- das Haus Binzburg
- das Dorf Hofweier
- das halbe Dorf Niederschopfheim

- das Dorf Schutterwald (will damit nicht zur Ritterschaft steuern)
- Anteil an den Dörfern Allmannsweier und Wittenweiler
- ein Meierhof zum Haus Binzburg

(47) Friedrich Wolf Frhr. von Fleckenstein, Feldmarschall
- ein Haus zu Bühl mit den drei Rebhöfen Schweighof, Hinterer Riegelhof und Altwindeck (Vorbesitzer: von Windeck)
- ein Rebhof zu Waldmatt

(48) Heinrich Jakob Frhr. von Fleckenstein
- ein Schloss zu Renchen mit Gütern zu einem Ackerhof (Vorbesitzer: von Windeck)
- ein Rebhof in Riegelbach (Vorbesitzer: von Windeck)

(49) die Erben Johann Eberhard Herrn zu Eltz
- das Untere Schloss zu Neuweier halb mit drei kleinen, darum gelegenen Rebhöfen (Vorbesitzer: von Dalberg)
- ein halber Rebhof zu Haft und ein weiterer halber im *Lehenkopf* (Vorbesitzer: von Dalberg)
- ein Rebhof *im Dangraben* (Vorbesitzer: von Dalberg)

(50) die Erben Johann Philipp Knebels von Katzenelnbogen
- das Untere Schloss zu Neuweier halb mit drei kleinen Rebhöfen
- ein Rebhof *im Dangraben*
- ein halber Rebhof zu Haft

(51) Philipp Frhr. von Sötern
- kein Haus oder Güter in der Ortenau, sondern ein Reichslehen zu Bühl, Untertanen (Vorbesitzer: von Windeck)

(52) Philipp Jakob Holzapfel von Herxheim, Obrist zu Lauterburg
- Anteil an Allmannsweier und Wittenweiler (Vorbesitzer: von Kageneck, Johann von Karpfen)

(53) Dominicus von Bodeck
- ein Schloss zu Berghaupten mit Gütern zu einem Ackerhof (Vorbesitzer: Holdermann von Holderstein)

(54) Ludwig Zorn von Bulach (Unterelsässer, verstorben)
- das Haus Grol [im Durbacher Tal] halb mit zwei Rebhöfen (badisches Mannlehen)

(55) Ferdinand Zorn von Bulach
- Anteil am Haus Grol mit zwei Rebhöfen

(56) Franz Jakob von Andlau
- ein Haus und Güter zu Ettenheim (Vorbesitzer: Ludwig Zorn von Bulach)

(57) die Erben Johann Reinhard Voltz' von Altenau
– ein Rebhof in Unterspring (Vorbesitzer: von Neuenstein; Mannlehen der Herrschaft Oberkirch)

(58) Philipp Dietrich Zorn von Plobsheim (verstorben) und seine Geschwister sowie sein Sohn Philipp Leopold
– die Rebhöfe Weidenhof und Fischenhäuserhof

(59) Jakob Christoph von Botzheim und Konsorten
– ein Rebhof im Tiergarten

(60) [Georg Wilhelm] von Bettendorff, Rat, Stallmeister und Obervogt zu Rastatt
– zwei Teile am Zehnt zu Au a. Rh.

(61) Philipp Albrecht Bernholt, Stättmeister zu Straßburg
– ein Rebhof gen. Pfaffenbach (Vorbesitzer: von Schauenburg)

(62) Franz Ruprecht von Ichtersheim
– zwei Rebhöfe (Vorbesitzer: *Porechter*)

(63) Johann Bernholt
– eine abgebrannte Hofstatt zu Lichtenau

(64) Egon von Gail
– Burg und Haus Sternenberg (Vorbesitzer: 1500 bis 1548 Florian, Hans Jakob, Hans Ludwig und Hans Rudolf von Endingen, 1559 Prosinger, Walter von Diedenheim, 1600 bis 1610 von Giffon, bis 1662 Johann von Giffon)

Edle und Unedle,
die zwar freie Güter besitzen,
aber nicht in die Rittermatrikel aufgenommen sind

(65) Konrad Heinrich von Selmnitz, Präsident zu Durlach
– ein Schlösslein zu Berghausen im Amt Durlach (Vorbesitzer: Ludwig von Stadion, Ernst Kolb von Wartenberg)

(66) Schenken von Winterstetten
– ein Hof gen. Weilerhof samt Gütern (ist eingefallen; Vorbesitzer: von Keppenbach)

(67) Garnier, Generalwachtmeister, Gouverneur zu Freiburg
– ein Schloss zu Riegel samt Gütern zu einem Ackerhof (Vorbesitzer: von Blumeneck, Wolf Dietrich von Rathsamhausen, Generalmajor Schütz)

(68) die Witwe Philipp Hauthumbs zu Baden
– ein Rebhof gen. Vormberg (jetzt im Besitz Hans Jakob Brombachs)

(69) Elogius Schwarz zu Baden(-Baden)
- ein Haus mit Garten zu Steinbach (ist verbrannt und wieder erbaut; Vorbesitzer: Landschad von Steinach, Johann Weiß, Amtmann zu Baden und Steinbach)

(70) Johann Adolf Krebs von Bach, baden-badischer Geheimer Rat und Kanzler (aufgenommen am 28. August 1665)
- Schloss Bach und Güter zu einem Ackerhof dabei sowie zwei Rebhöfe zu Waldmatt (Vorbesitzer: von Bach, von Schauenburg, Zorn von Plobsheim)

(71) Hans Jakob Brombach zu Baden
- das Schloss Tiefenau (Vorbesitzer: Held von Tiefenau, vom Stein, von Schauenburg, Varnbüler, Datt)

(72) Martin Andreas König in Straßburg (verstorben) bzw. Johann Jakob Zeisolfs Erben und Johann Daniel Wid daselbst
- ein Haus zu Helmlingen mit Gütern zu einem Ackerhof (Vorbesitzer: von Helmlingen, Bertram von Hersbach)

(73) der Prälat von Allerheiligen zu Oberkirch
- zwei Rebhöfe (Vorbesitzer: von Schauenburg)

(74) Wilhelm Friedrich Ingold zu Straßburg (verstorben) bzw. Georg Friedrich Ingold, Soldat, daselbst
- zwei Rebhöfe gen. im Durbach und Bottenau (badisches Lehen)

(75) Hans Franz Georg von Ostein
- ein Haus und etliche Güter zu Ettenheim (Vorbesitzer: von Kippenheim, von Sandizell, Rebstock)

(76) die Erben Dr. med. Johann Kieffers
- fünf Rebhöfe zu Durbach (Vorbesitzer: von Müllenheim, Pfau von Rüppurr)
- Schloss Ullenburg mit zwei Rebhöfen (Vorbesitzer: Graf von Mansfeld, *von Herwenstein*, von Blumeneck, von Botzheim)
- wegen eines Rebhofs zu Durbach, den er von denen von Rathsamhausen käuflich erworben hat und der bei der Ritterschaft immatrikuliert ist, erklärte Dr. Kieffer 1659 Dezember 10 (Straßburg), er sei bereit, diesen *in der alten qualitaet zu continuiren*

(77) Hans Ernst Varnbüler
- zwei Rebhöfe, der eine zu Durbach, der andere der Höllhof (badisches Lehen)

(78) Jesuiten-Kolleg zu Baden(-Baden)
- Ebenung mit zwei Rebhöfen und einem Ackerhof (Vorbesitzer: vom Stein, Peter von Schwarzenberg)

(79) Hans Ulrich Hauck, markgräflich baden-badischer Amtmann zu Großweier, wohnhaft zu Baden(-Baden)
- ein Haus mit Garten zu Steinbach und ein Rebhof zu Umweg (Vorbesitzer: Röder von Rodeck, vom Stein, Peter von Schwarzenberg)

(80) die Erben Ernst Friedrich Möllingers zu Straßburg bzw. Dr. Ursinus
- ein Rebhof zu Durbach gen. Herbstkopf (Vorbesitzer: von Müllenheim, von Kippenheim)

(81) Andreas Scheidt
- ein Haus gen. Gröbern mit Gütern zu einem Ackerhof (Vorbesitzer: von Gröbern, Kloster Ettenheimmünster)

(82) Hans Georg Gans von Umstadt und Hans Kaspar Scheidt (je zur Hälfte)
- ein Haus zu Freistett mit einem Ackerhof (Vorbesitzer: Flach von Schwarzenberg, von Schmidtberg)

(83) die Witwe Hans Georg Frobergers zu Offenburg bzw. ihr Sohn
- ein Rebhof bei Lauf gen. Hinterer Aspich (Vorbesitzer: Grafen von Eberstein)

(84) Wolf Siegel
- ein Rebhof bei Oberkirch gen. im Liehenbach (Vorbesitzer: von Kippenheim, von Lützelburg)

(85) Hans Adam Sigler
- ein Haus zu Lichtenau mit Freigütern dabei

(86) Johann Casimir Hermann, Münzmeister zu Straßburg
- ein Hof bei Lichtenau (Vorbesitzer: von Heildorf, von Botzheim)
- eine abgebrannte Hofstatt in Lichtenau (Vorbesitzer: Volmar von Bernshofen)

(87) Dr. Kirchmann und Rollwagen oder Johann Karl Baur zu Straßburg
- ein Ackerhof zu Renchenloch

(88) Jakob Küst zu Neuweier bzw. Johann Weiß, Amtmann zu Baden(-Baden) und Steinbach
- ein Rebhof zu Neuweier (Vorbesitzer: von Botzheim)
- ein Freigut zu Neuweier gen. die Berbach mit neuem Rebhaus, Garten, Wiesen, Wald und Busch sowie 10 Steckhaufen Reben

(89) Abraham von Steinkell
- ein Haus zu Gengenbach und Güter um Gengenbach, im einzelnen ein Haus gen. Hubhof mit Hof, Scheunen, Garten, Matten, Äckern, Reben, Weiher und 18 Tagwerk Matten zu Berg bei Önsbach (Vorbesitzer: Bernhard von Endingen, Adam von Remchingen, Zorn von Bulach, Schöner von Straubenhardt)

(90) Stadt Gengenbach
- das Gut Schlauch (Vorbesitzer: von Endingen, von Remchingen, Obrist von Lützelburg)

(91) die Erben der Witwe Maria Reichlin [von Meldegg] zu Renchenloch
- ein Haus zu Renchenloch und ein Ackerhof (Vorbesitzer: Stesser, Pfau von Rüppurr)

(92) Faber zu Stuttgart
- ein Rebhof gen. Unterspring im Amt Oberkirch (ist den Faber zu Lehen gegeben worden, als der Herzog von Württemberg das Amt Oberkirch innehatte; als der Bischof von Straßburg 1664 das Amt Oberkirch zurücklöste, zog er dieses Lehen zu seiner Kammer, daher abgängig)

(93) Johann Briende, Metzger zu Oberkirch
- ein Haus in Oberkirch (Vorbesitzer: von Neuenstein)

(94) Martin Geppert, Gerber zu Oberkirch
- ein schauenburgisches Haus zu Oberkirch (Vorbesitzer: Rudolf von Neuenstein)

(95) von Orselaer
- Herrschaft Staufenberg (Vorbesitzer: Frhr. von Greiffen)

(96) Böcklin von Böcklinsau
- das Dorf Rust

(97) Wurmser von Vendenheim
- das Dorf Meißenheim

(98) Röder von Diersburg
- das Tal Diersburg

(99) Bock von Bläsheim, zwei Söhne Jakob Christoph Böcklins und Klaus Jakob Dagobert Wurmser
- das Dorf Schmieheim

(100) Graf von Kronberg bzw. von Jost, Kanzler zu Zabern
- das Dorf Orschweier

(101) [Kämmerer von Worms gen.] von Dalberg
- das Dorf Niederschopfheim

(101) [Kämmerer von Worms gen.] von Dalberg
- das Dorf Hofweier

Anhang 2: Dörfer unter ritterschaftlicher Ortsherrschaft 1664[86]

Mahlberg
- ein Teil ist markgräflich badisches Lehen im Besitz von Johann Adolf Krebs von Bach, Kanzler zu Baden
- der andere Teil ist gräflich nassauisches Lehen von der Herrschaft Lahr, derzeit im Besitz des Markgrafen von Baden-Durlach, kontribuiert nicht

Altdorf
- ein Teil ist Lehen vom Hochstift Straßburg und derzeit wegen der Kontribution strittig
- ein Teil ist gräflich nassauisches Lehen von der Herrschaft Lahr, derzeit im Besitz des Markgrafen von Baden-Durlach, kontribuiert nicht
- ein Teil ist im Besitz des Markgrafen von Baden[-Baden], kontribuiert

Gaisbach
- sollen die von Schauenburg in der Kontribution zur Ritterkasse vertreten

Kehl
- beteiligt daran sind die Stadt Straßburg, die Böcklin von Böcklinsau und die Streiff

Wittenweier
- im gemeinschaftlichen Besitz des Obristen Grin, der Böcklin [von Böcklinsau], der Holzapfel [von Herxheim] und der [Kämmerer von Worms genannt von] Dalberg, werden zur Ritterkasse nicht eigens veranlagt; Obrist Grin wurde erst am 10. März 1666 zur Ritterschaft rezipiert

Allmannsweier
- wie Wittenweier

Nonnenweier
- durch Obrist Grin 1663 von der Stadt Straßburg käuflich erworben und der Rittermatrikel inkorporiert

Unterhausen (zu Nonnenweier gehörig?)
- österreichisch und von der Landvogtei besteuert

Reichenbach
- zur Hälfte im Besitz der Röder von Diersburg
- die andere Hälfte gehört dem Grafen von Kronberg

86 GLA 69 von Türckheim-3 Nr. 527.

Bühl

- die von Windeck hatten in Bühl etwa hundert Untertanen als Reichslehen inne und haben diese bis zu ihrem Erlöschen bei der Ritterschaft versteuert; die von Sötern als derzeitige Inhaber des Lehens weigern sich, zur Ritterkasse zu kontribuieren; 1667 hat der Reichshofrat das Steuerrecht der Ritterschaft bestätigt und den Markgrafen von Baden-Baden diesbezüglich *zu commissario ad exequendum constituirt*

Anhang 3: zur Ortenauer Ritterschaft gehörige Personen und Geschlechter vom 15 bis ins 17. Jahrhundert[87]

1491 – Tag zu Offenburg; Hauptmann: Hans Röder
- Heinrich von Arnsberg
- Christoph Haller von Hallerstein
- Jakob Bube von Neuweier
- Egenolf Röder
- Hans Röder
- Ludwig Röder
- Anton Röder
- Dietrich Röder
- Dietrich Röder
- Daniel Röder
- Albrecht von Kröwelsau
- Hans Hund von Bernshofen
- Bernhard von Schauenburg
- Friedrich von Schauenburg
- Melchior von Schauenburg
- Philipp von Schauenburg
- Jakob von Schauenburg
- Kaspar Scharf von Freudenberg
- Kaspar Wiedergrün von Staufenberg
- Melchior Wiedergrün von Staufenberg
- Dietrich Hummel von Staufenberg
- Kaspar Stoll von Staufenberg
- Diebold Pfau von Rüppurr zu Bosenstein
- Arnold Pfau von Rüppurr zu Bosenstein
- Melchior Pfau von Rüppurr zu Bosenstein
- Hans Bombast
- Hans Hefinger [von Schauenburg], 1387 [!] zu Oberkirch
- die von Bosenstein
- Reinhard von Windeck zu Bühl
- Jakob von Windeck zu Bühl
- Reinhard von Windeck zu Bühl
- Georg von Blumenau
- Jakob von Blumberg
- Christoph [Schnewlin] Bernlapp von Jechtingen
- Michael von Blumeneck
- Konrad von Bach zu Bach
- Egenolf von Waldsteg zu Waldsteg
- Hans Helt von Tiefenau zu Tiefenau
- Hans von Schmalenstein
- Konrad vom Stein
- Hans von Brombach zu Oberweier
- Jakob von Brombach zu Oberweier
- Hans Mollenkopf zum Rieß
- Stephan Mollenkopf zum Rieß
- Otto von Bosenstein
- Konrad von Brandeck
- die Breder von Hohenstein
- die von Endingen zu Ettenheim

1494 – Tag zu Offenburg; Hauptmann: Daniel Röder
- Egenolf Röder
- Anton Röder
- Daniel Röder
- Hans Röder
- Ludwig Röder
- Dietrich Röder
- Dietrich Röder
- Georg Bock von Staufenberg
- Graf Bernhard von Eberstein
- Reinhard Mey von Lambsheim
- Hans Reinhard von Schauenburg
- Friedrich von Schauenburg
- Philipp von Schauenburg
- Melchior von Schauenburg

[87] GLA 69 von Türckheim-3 Nr. 527. – Die Schreibung von Familiennamen orientiert sich an Kindler von Knobloch (wie Anm. 4) und an von Alberti (wie Anm. 38).

- Jakob von Schauenburg
- Rudolf von Zeiskam
- Kaspar Wiedergrün von Staufenberg
- Melchior Wiedergrün von Staufenberg
- Jakob Wiedergrün von Staufenberg
- Dietrich Hummel von Staufenberg
- Kaspar Stoll von Staufenberg
- Marquard von Yberg
- Reinhard d. Ä. von Windeck
- Reinhard d. J. von Windeck
- Jakob von Windeck
- Swicker von Sickingen
- Ludwig von Sickingen
- Hans Mollenkopf zum Rieß
- Stephan Mollenkopf zum Rieß
- Hans von Brombach
- Jakob von Brombach
- Hans von Neuenstein
- Gebhard Rohart von Neuenstein
- Konrad von Bach zu Bach
- Sifrit Pfau von Rüppurr
- Arnold Pfau von Rüppurr
- Kaspar Pfau von Rüppurr
- Melchior Pfau von Rüppurr
- Burkart Pfau von Rüppurr
- Diebold Pfau von Rüppurr
- Rudolf Pfau von Rüppurr
- Konrad vom Stein
- Egenolf von Waldsteg zu Waldsteg
- Hans von Bosenstein
- Obrecht von Bosenstein
- Stoffel von Bosenstein
- Elisabeth Bock von Staufenberg

1495–1499 – Tage zu Offenburg; Hauptmann: Daniel Röder

- Heinrich Röder
- Egenolf Röder
- Anton Röder
- Daniel Röder
- Hans Röder
- Ludwig Röder
- Dietrich Röder
- Dietrich Röder
- Friedrich [Streiff] von Lauenstein
- Georg [Streiff] von Lauenstein
- Hans Reinhard von Schauenburg
- Friedrich von Schauenburg
- Philipp von Schauenburg
- Melchior von Schauenburg
- Jakob von Schauenburg
- Kaspar Wiedergrün von Staufenberg
- Melchior Wiedergrün von Staufenberg
- Jakob Wiedergrün von Staufenberg
- Dietrich Hummel von Staufenberg
- Kaspar Stoll von Staufenberg
- Reinhard d. Ä. von Windeck
- Reinhard d. J. von Windeck
- Jakob von Windeck
- Hans Mollenkopf zum Rieß
- Stephan Mollenkopf zum Rieß
- Hans von Brombach
- Jakob von Brombach
- Hermann von Kindweiler
- Hans von Neuenstein
- Jakob von Neuenstein
- Sebastian Körner von Wagenburg
- Heinrich zum Weier
- Arnold Pfau von Rüppurr
- Melchior Pfau von Rüppurr
- Diebold Pfau von Rüppurr
- Georg Pfau von Rüppurr
- Konrad von Bach zu Bach
- Burkart Hefinger [von Schauenburg]
- Konrad vom Stein
- Graf Jakob von Eberstein
- Egenolf von Waldsteg zu Waldsteg
- Hartmann Drescher
- Zorn von Bulach im Groll
- Adam von Staffort zu Staffort
- Jakob von Gröbern zu Gröbern
- Rudolf von Zeiskam
- Stoffel von Bosenstein
- Hans von Ow
- Georg von Ow
- Wendel von Ow
- Pleuer von und zu Ramsteinweiler

- Peter von Durlach zu *Plüttheim*
- Böcklin von Böcklinsau zu Rust
- Otto Heinrich von Randeck
- die von Kippenheim zu Oberkirch
- Wilhelm von Denkingen
- Gabriel Rebstock zu Fürsteneck
- Philipp von Enzberg
- die von Blumeneck zu Ullenburg und Riegel
- Georg Christoph von *Dratzingen* gen. Edelmann
- Wurmser zu Meißenheim
- die von Keppenbach zum Wasserhaus bei Mahlberg
- Volmar von Brandeck
- Daniel von Zeiskam
- Philipp [Pleiß] von Dautenstein
- Bock von Gerstheim zu Schmieheim
- die von Kronberg
- die [Kämmerer von Worms gen.] von Dalberg

1500–1548 – Tage zu Oberkirch und Offenburg; Hauptleute: Hans von Neuenstein, Gabriel Rebstock zu Fürsteneck, Bernhard von Schauenburg
- der junge Herr von Geroldseck (1510)
- Jakob von Gröbern zu Gröbern (sind ausgestorben mit Werner von Gröbern, Schultheiß in Zell am Harmersbach)
- die Wiedergrün von Staufenberg
- die Stoll von Staufenberg
- Jakob Münch von Rosenberg zu Haslach
- Jost Münch von Rosenberg zu Haslach
- Jakob Schenk von Winterstetten
- die von Rohrburg bei Durmersheim
- Hans Heinrich Röder von Rodeck
- Samson vom Stein
- die von Blumeneck
- Jakob von Neuenstein
- Ehrentraud von Neuenstein (Jakobs Schwester)
- Maria Rohart von Neuenstein
- Zorn von Bulach im Groll
- Eucharius Erlin von Rohrburg
- Hans Werner Pleiß zu Dautenstein (ausgestorben)
- Adam von Remchingen
- die von Staffort zu Staffort
- Hans von Schmalenstein
- die Mollenkopf zum Rieß
- die Pfau von Rüppurr
- die von Windeck
- die von Neuneck
- Wolf von Renchen
- die von Brombach
- die von Bach
- die Helt von Tiefenau
- Hans vom Stein
- die Zehenden
- die von Zylnhardt
- Hans Michael von Hornberg (Hans Dietrichs Bruder)
- Hans Dietrich von Hornberg (Hans Michaels Bruder)
- Jakob Mundt zu Ettlingen
- Klaus Marschall von Zimmern, Schultheiß zu Gengenbach
- die Böcklin von Böcklinsau
- Hans Schöner von Straubenhardt zu Berghaupten
- Veit Schöner von Straubenhardt zu Berghaupten
- Georg Schöner von Straubenhardt zu Berghaupten
- die Wurmser
- Melchior von Schauenburg
- Maximin Harthart
- Thomas von Karpfen zu Waldsteg
- Florian Hans von Endingen (Jakobs und Hans Ludwigs Bruder)
- Jakob von Endingen (Florian Hans' und Hans Ludwigs Bruder)
- Hans Ludwig von Endingen (Florian Hans' und Jakobs Bruder)

- Hans Rudolf von Endingen
- die Pleuer von und zu Ramsteinweiler
- die von Kronberg
- die [Kämmerer von Worms gen.] von Dalberg
- die Kraft von Krafteneck
- die Feurer von Oberachern
- Pankraz von Rust
- Balthasar von Rust

1551–1559 – Tage zu Offenburg und Ichenheim; Hauptmann: Samson vom Stein
- die von Herrenstein
- Georg Rechberger
- Jakob Ettlin als Vormund von Gottfried Pleißens Sohn Hans Werner Pleiß von Dautenstein
- Hans Georg von Bern
- Hans Matthäus Mußler
- Georg von Bern
- die von Hattstein zu Kindweiler
- Kaspar Wolf von Renchen
- die von Botzheim zu Neuweier
- Christoph von Habsberg zu Fernach
- Johann Münch von Rosenberg
- die von Gröbern
- Eucharius Erlin von Rohrburg
- Peter von Staufenberg
- Ulrich Langenmantel
- Gregorius von Nellinger
- Konrad von Kröwelsau
- Ägidius Kastner zu Neuweier
- Hans Ulrich von Dürrmenz
- Gabriel Rebstock zu Fürsteneck
- Rudolf von Endingen
- Hans Rudolf von Endingen
- die Zorn von Bulach im Groll
- die von Zylnhardt zu Ettlingen
- Hans Heinrich Röder
- Eberhard Röder
- Andreas Röder
- der Brandtschiedt zu Windeck
- Ludwig von Windeck
- Jakob von Windeck
- Hans Peter Nix von Hoheneck
- Hugo von Kindweiler
- Hans Rudolf von Neuenstein
- Hans Adam von Neuenstein
- Rudolf von Neuenstein
- Hans Georg von Neuenstein
- Reichart von Neuenstein
- Hans vom Stein zu Talheim
- Melchior von Schauenburg
- Hans Jakob Schorp
- Sebsatian von Landsberg, Vicedom im Elsass, als Vormund von Philipp von Kronbergs Kindern
- Adolf Baumann zu Offenburg
- von Müllenheim zu Offenburg
- Böcklin von Böcklinsau zu Rust
- Hartmut von Kronberg
- Heinrich von Zeiskam
- Albrecht von Kippenheim
- Paulus von Selbach
- Georg von Hattstein
- Marquard von Hattstein
- Jakob von Seldeneck
- Georg Ebolt zu Freistett
- Reinbolt von Kageneck
- Hans Jakob von Kageneck
- Balthasar von Schauenburg
- Hans Georg von Schauenburg
- Eberhard von Schauenburg
- Hans Jakob von Brombach
- Hartmann von Brombach
- Hans Volmar von Bernshofen
- die Schwabach von Oberachern
- die Wurmser zu Meißenheim
- die Prosinger auf dem Sternenberg
- Adam von Freispach zu Oberachern
- Graf Philipp von Eberstein
- Graf Haubrecht von Eberstein
- Hans Matthäus Mußler
- Franz Bock von Staufenberg

- Graf Ernst von Mansfeld
- die Bock von Gerstheim
- die [Kämmerer von Worms gen.] von Dalberg
- Konrad Letzle von Kehl
- die von Hattstein zu Kirrweiler
- Georg von Sickingen

1562, 1564, 1565 – Tage zu Oberkirch und Bühl; Ausschuss: Hans Matthäus Mußler

- Eberhard von Schauenburg
- Balthasar von Schauenburg
- Ulrich Diebold von Schauenburg
- Philibert vom Stein
- Jakob von Windeck
- Georg von Windeck
- Hans Ludwig von Windeck
- Melchior Wiedergrün von Staufenberg
- die Zylnhardt zu Ettlingen
- Hans Jakob Münch von Rosenberg
- Hans Jakob von Kageneck
- Philipp von Kageneck
- Moritz von Kageneck
- Hans Dietrich Prosinger auf dem Sternenberg
- Rudolf Rohart von Neuenstein
- Hans Adam Rohart von Neuenstein
- Hans Georg Rohart von Neuenstein
- Reinhard Rohart von Neuenstein
- Thomas von Karpfen von Hohenkarpfen zu Waldsteg
- Hartmann von Brombach
- Hans Jakob von Brombach
- Nikolaus Röder von Diersburg
- Franz Röder von Diersburg
- Johann Volmar von Bernshofen
- die von Endingen
- Hans Diebold Rebstock
- Sebastian Zorn von Bulach im Groll
- Sebastian von Andlau
- Hans Schöner von Straubenhardt

1574–1589 – Tage zu Offenburg und Altenheim; Ausschuss: Reichart Rohart von Neuenstein

- Bernhard von Schauenburg
- Reinhard von Schauenburg
- Ulrich Diebold von Schauenburg
- die Wiedergrün von Staufenberg
- Rudolf von Neuenstein
- Sebastian von Andlau
- die Baumänner
- die Wurmser
- der von Müllenheim
- Wilhelm Streiff von Lauenstein
- die von Endingen zu Ettenheim
- die von Hattstein zu Kirrweiler
- Blasius von Müllenheim
- Hans Jakob von Kageneck
- Philipp von Kageneck
- Moritz von Kageneck
- Philipp vom Stein
- Georg vom Stein
- Sebastian Zorn von Bulach im Groll
- Nikolaus Röder von Diersburg
- Franz Röder von Diersburg
- Daniel Röder von Rodeck
- die von Landenberg
- Hans Peter von Firdenheim
- Keppenbach zu Wasserhaus
- die Schwabach zu Oberachern
- die Karpfen zu Waldsteg
- die Botzheim zu Neuweier
- die Zylnhardt zu Ettlingen
- die [Kämmerer von Worms gen.] von Dalberg zu Neuweier
- die von Seldeneck
- die von Windeck zu Bühl
- die Varnbüler zu Tiefenau
- die Riesen von Sulzbach
- die von Kronberg

1590–1599 – Tage zu Offenburg, Oberkirch, Altenheim und Straßburg; Räte und Ausschüsse: Hans Reinhard von Schauenburg, Philibert vom Stein

- Melchior Wiedergrün zu Staufenberg
- die von Blumeneck
- Wolf Dietrich von Rathsamhausen
- Georg von Rathsamhausen
- der von Pöblitz
- die Schwester des verstorbenen Christoph Lentzle zu Kehl
- Georg von Windeck
- Bernhard von Schauenburg
- Ulrich Diebold von Schauenburg
- Friedrich Bock [von Gerstheim] zu Schmieheim
- die Riesen von Sulzbach
- Hans Christoph von Freispach zu Oberachern
- Bastian Zorn von Bulach im Groll
- Georg Zorn von Bulach im Groll
- Hans Wilhelm von Botzheim
- Hans Adam von Neuenstein
- Georg Landschad von Steinach
- Hans Dietrich Röder von Rodeck
- Hans Christoph von Zylnhardt zu Ettlingen
- Hans Ludwig von Endingen
- der von Keppenbach zum Wasserhaus
- Johann Pleuer von und zu Ramsteinweiler
- Hans Philipp von Kippenheim zu Oberkirch
- Graf Ernst von Mansfeld
- Wurmser zu Gengenbach
- die Ingoldt

1600–1610 – Tage zu Straßburg, Oberkirch und Altenheim und Straßburg; Räte und Ausschüsse: Philibert vom Stein, Hans Peter von Firdenheim, Wilhelm Streiff von Lauenstein, Hans Reinhard von Schauenburg

- Münch von Rosenberg
- der Wurmser zu Gengenbach
- Johann von Kerpen
- Baumann
- Wurmser zu Offenburg
- der von Müllenheim
- Jost von Schauenburg
- Matthias von Schauenburg
- Ulrich von Schauenburg
- Diebold von Schauenburg
- Klaus von Schauenburg
- Hans Heinrich Hüffel zu Bühl
- Friedrich von Fleckenstein
- Holdermann von Holderstein
- Münch von Rosenberg
- Sebastian Zorn von Bulach im Groll
- Georg Zorn von Bulach im Groll
- Reinhard Sebastian von Hattstein
- Ludwig Gottfried von Hattstein
- Hans Philipp von Kippenheim zu Oberkirch
- Hans Dietrich von Kippenheim zu Oberkirch
- die von Sötern zu Bühl
- Georg vom Stein zu Steinbach
- der von Landenberg
- Ernst Ludwig von Stadion
- Georg von Helldorff
- Sebastian [Pfau] von Rüppurr
- Wolf Ludwig Böcklin
- Hans Konrad Böcklin
- Philipp Dietrich Böcklin
- Böcklin zu Rust
- Herr Aschmann, Kanzler zu Baden
- die von Botzheim zu Neuweier
- Ursula Holzapfel [von Herxheim], Witwe
- Emmerich Gottfried von Hornberg
- Hans Friedrich Volmar von Bernshofen
- Hans Adam Volmar von Bernshofen
- Johann Philipp Flach von Schwarzenberg
- Jakob Varnbüler
- Hans von Brombach
- Hans Simon von Brombach

- Herr Vinther zu Lahr
- Hans Burkart von Müllenheim zu Lahr
- Eberhard von Neuenstein zu Rheinau
- Hans Jakob von Neuenstein zu Rheinau
- Hans Konrad von Neuensteins Witwe
- Hans Breiteneck zum Wasserhaus
- Melchior Schenk von Winterstetten
- der von Güffen auf dem Sternenberg
- Klaus Röder von Diersburg
- Engelhard Mundt zu Gröbern
- Philipp Knebel zum Rieß
- Johann Pleuer von und zu Ramsteinweiler
- Sebastian Christoph von Freispach
- Dr. Johner
- die von Kippenheim zu Oberkirch
- Witwe Rebstock
- Ortolf von Sandizell
- die Wurmser zu Meißenheim
- die Wurmser zu Friesenheim
- die [Kämmerer von Worms gen.] von Dalberg
- die von Kronberg
- Franz Frhr. von Mersi
- Eberhard zu Eltz
- die Ingoldt
- Rudolf von Endingen
- Graf Ernst von Mansfeld
- Philipp Wiedergrün [von Staufenberg]
- Eberhard von Sickingen
- Eberhard von Wallburg

1611–1662 – Tage zu Offenburg, Oberkirch, Durbach und Straßburg; Räte und Ausschüsse: Hans Peter von Firdenheim, Jakob von Endingen, Friedrich Volmar von Bernshofen, Wilhelm und Philipp Streiff von Lauenstein, Franz Röder von Diersburg, Obrist Rudolf von Neuenstein, Obrist Johann Reinhard von Schauenburg, Georg Friedrich Röder von Diersburg, Friedrich vom Stein, Hans Georg von Neuenstein

- Karl von Schauenburg
- Jost Matthias von Schauenburg
- Ulrich Diebold von Schauenburg
- Melchior von Schauenburg
- Klaus von Schauenburg
- Hans Christoph von Helldorff
- Hans Heinrich Hüffel
- Friedrich von Fleckenstein
- Münch von Rosenberg
- Wurmser, Reichsschultheiß zu Gengenbach
- Wurmser zu Meißenheim
- Wurmser zu Friesenheim
- Johann von Kerpen
- Wurmser zu Offenburg
- Baumann zu Offenburg
- der von Müllenheim zu Offenburg
- Holdermann von Holderstein zu Berghaupten
- Sebastian Zorn von Bulach im Groll
- Georg Zorn von Bulach im Groll
- Reinhard Sebastian von Hattstein zu Kirrweiler auf Bosenstein
- Hans Philipp von Kippenheim zu Oberkirch
- Hans Dietrich von Kippenheim zu Oberkirch
- die von Sötern wegen des windeckischen Reichslehens Bühl
- Georg vom Stein zu Steinbach
- Friedrich Landschad von Steinach
- der von Landenberg wegen der Mühle zu Durbach
- Ernst Ludwig von Stadion zu Berghausen
- Georg von Helldorff zu Lichtenau
- Wolf Ludwig Bock [von Gerstheim] zu Schmieheim
- Klaus Friedrich Bock [von Gerstheim] zu Schmieheim
- Hans Konrad Böcklin zu Mörburg
- Philipp Dietrich Böcklin zu Mörburg

- Konrad Ulman Böcklin zu Mörburg
- Jakob Christoph Böcklin zu Rust
- die Wiwe Ursula Holzapfel [von Herxheim] geb. von Kerpen wegen Allmannsweier und Wittenweier
- Emmerich Gottfried von Hornberg zu Lichtenau
- Hans Adam von Bernshofen zu Lichtenau
- Hans Friedrich von Bernshofen zu Lichtenau
- Johann Philipp Flach von Schwarzenberg wegen seines Guts zu Freistett
- Hans von Brombach
- Hans Simon von Brombach
- Eberhard von Neuenstein
- Hans Jakob von Neuenstein
- Hans Konrad von Neuenstein
- Johann Georg von Neuenstein
- Georg Wilhelm von Neuenstein
- Heinrich Jakob von Neuenstein
- Hermann Dietrich von Neuenstein
- Hans Burkart von Müllenheim zu Lahr
- Melchior Schenk von Winterstetten wegen Weilerhof
- Philipp Knebel von Katzenelnbogen
- Johann Pleuer von und zu Ramsteinweiler
- Johann Friedrich Pleuer von und zu Ramsteinweiler
- Gabriel Rebstock
- Ortolf von Sandizell
- die [Kämmerer von Worms gen.] von Dalberg
- die von Kronberg
- Franz Frhr. von Mersi
- Eberhard zu Eltz
- Rudolf von Endingen
- Graf Ernst von Mansfeld
- Philipp Wiedergrün zu Staufenberg
- Bock von Erlenburg
- Wilhelm Hermann Frhr. von Orselaer zu Staufenberg
- Hans Philipp von Müllenheim zu Rohrburg
- Wilhelm Friedrich Hahn zu Rohrburg
- Philipp Dietrich Röder von Diersburg
- Ernst Ludwig Röder von Diersburg
- Georg Wolf Röder von Diersburg
- Ernst Friedrich Streiff von Lauenstein
- Heinrich Ernst Streiff von Lauenstein
- Philipp Jakob Hüffel
- Jakob Hüffel
- Peter Frhr. von Schwarzenberg
- Wolf Philipp von Brombach
- Jakob Wilhelm von Brombach
- Johann Werner Mundt, Reichsschultheiß zu Zell
- Johann Reinhard von Hornberg
- die Witwe Maria Magdalena Frfr. von Mersi geb. von Flachsland
- die Witwe Anna von Firdenheim geb. von Kageneck
- Eva Salome von Firdenheim zu Lichtenau
- die Witwe Anna Magdalena von Brombach geb. von Firdenheim
- Ferdinand Franz Frhr. von Schwarzenberg
- Obrist Anton von Lützelburg
- Otto von Ow zu Felldorf
- Hans Georg von Wernau zu Dießen
- Johann Dominicus von Bodeck zu Berghaupten
- Friedrich Wolfgang Frhr. von Fleckenstein
- Jakob Heinrich Frhr. von Fleckenstein
- Obrist Philipp Jakob Holzapfel [von Herxheim] wegen Allmannsweier und Wittenweier
- Johann von Güffen auf dem Sternenberg
- Johann Jakob Bernholt
- Philipp Albrecht Bernholt
- Ferdinand Zorn von Bulach im Groll
- Ludwig Zorn von Bulach im Groll

- Wolf Dietrich von Rathsamhausen
- Beat von Rathsamhausen
- Hans Reinhard Voltz von Altenau
- Philipp Dietrich Zorn von Plobsheim
- Jakob Christoph von Botzheim
- Hans Kaspar von Ambringen
- Johann Balthasar von Herten
- Johann Friedrich Volmar von Bernshofen
- Kanzler Aschmann zu Baden wegen des landschadischen Hauses und Gütern zu Steinbach
- Jakob Varnbüler wegen Tiefenau
- Jakob Vinther zu Lahr
- Moritz Vinther zu Lahr
- Dr. Johner wegen der feurischen Güter zu Oberachern
- Sebastian von Freispach wegen der feurischen Güter zu Oberachern
- die Ingoldt wegen ihrer Lehenhöfe zu Durbach
- Obrist Bertram von Herspach wegen seines Guts zu Helmlingen
- Martin Andreas König in Straßburg wegen des bertrumbischen Hauses zu Helmlingen
- Philipp Hauthumb zu Baden
- Johann Jakob Datt von Tiefenau
- die Breitenacker'schen Erben
- Kanzler Johann Adolf Krebs von Bach zu Baden
- der Propst zu Allerheiligen
- die Jesuiten zu Baden
- Christoph Drotter zu Gröbern
- Strohm zu Lahr
- Elogius Schwartz zu Baden
- Hans Ulrich Hauck zu Baden
- die Faber zu Stuttgart
- Feurer zu Oberachern
- Hans Kaspar Scheidt
- Abraham Gall zu Oberkirch
- Herr Froberger zu Offenburg
- Ingoldt in Durbach
- Dr. med. Johann Kiefer
- Herr von Passevant zu Steinbach
- Ernst Friedrich Mollinger
- Frau Reichlin [von Meldegg] zu Renchenloch
- Sigel zu Straßburg
- Springauf zu Waldsteg
- Varnbüler

1663 – Tag zu Oberkirch; Räte und Ausschüsse: Friedrich vom Stein, Hermann Dietrich von Neuenstein

- Johann Reinhard von Schauenburg
- Karl von Schauenburg
- Philipp Hannibal von Schauenburg
- Wolf Ludwig von Neuenstein
- Jakob Heinrich von Neuenstein
- Georg Wilhelm von Neuenstein
- Georg Friedrich Röder von Diersburg
- Georg Wolf Röder von Diersburg
- Ernst Ludwig Röder von Diersburg
- Konrad Ulman Böcklin zu Mörburg
- Jakob Christoph Böcklin von Böcklinsau
- Klaus Jakob Böcklin von Böcklinsau
- Philipp Jakob Hüffel
- Jakob Hüffel
- Johann Friedrich Pleuer von und zu Ramsteinweiler
- Wilhelm Hermann von Orselaer
- Friedrich Philipp Streiff von Lauenstein
- Heinrich Ernst Streiff von Lauenstein
- Johann Reinhard von Hornberg
- Albrecht Otto von und zu Merlau
- Ernst Friedrich von Lützelburg
- Jakob Wilhelm von Brombach
- Rittmeister Wilhelm Friedrich Han
- Oswald von Glaubitz
- Moritz Vinther zu Lahr
- Hans Dietrich Bademer von Rohrburg

- Hans Sigmund von Götzen
- die Witwe Maria Magdalena Frfr. von Mersi geb. von Flachsland
- die Witwe Maria Salome Kanoffsky geb. Wetzel von Marsilien
- Eva Salome von Firdenheim zu Lichtenau
- Johanna Philippa von Brombach
- Johann Friedrich Volmar von Bernshofen
- Johann Balthasar von Herten
- Hans Daniel von Kronberg
- Hartmann von Kronberg
- Johann Eberhard Frhr. [Kämmerer von Worms gen.] von Dalberg
- Friedrich Wolf Frhr. von Fleckenstein
- Heinrich Jakob Frhr. von Fleckenstein
- die Erben des Johann Eberhard von Eltz
- die Erben des Philipp Knebel von Katzenelnbogen
- Philipp Frhr. von Sötern
- Philipp Jakob Holzapfel [von Herxheim]
- Dominicus von Bodeck
- Ludwig Zorn von Bulach
- Ferdinand Zorn von Bulach
- die Erben des Johann Reinhard Voltz von Altenau
- die Erben des Philipp Dietrich Zorn
- Friedrich Christian Bock von Bläsheim
- Jakob Christoph von Botzheim
- Philipp Albrecht Bernholt, Stättmeister zu Straßburg
- Franz Ruprecht von Ichtersheim
- Egon von Gail
- Franz Christoph von Wangen
- Frhr. von Tauben
- Konrad Heinrich von Selmnix
- Obrist Garnier zu Riegel
- die Schenken von Winterstetten
- Hans Franz von Ostein
- Obrist Johann Ulrich Goldt
- Abraham von Steinkell
- Frau Hauthumb zu Baden
- Kanzler Johann Adolf Krebs zu Baden
- Elogius Schwartz
- Hans Jakob Brombach
- Martin Andreas König zu Straßburg
- der Prälat zu Oberkirch
- Wilhelm Friedrich Ingoldt
- Dr. med. Johann Kiefer
- Varnbüler
- die Jesuiten zu Baden
- die Erben Ernst Friedrich Mollingers
- Andreas Scheidt
- Gans zu Umstadt
- Kaspar Scheidt
- Frobergers Witwe
- Wolf Sigel
- Hans Adolf Sigler
- Jakob Kust zu Neuweier
- die Stadt Gengenbach
- Maria Reichlin [von Meldegg] zu Renchenloch
- Bauer zu Straßburg
- Alexander Kirchmann
- Rollwagen
- Johann Beyerle
- Martin Geppert
- Faber zu Stuttgart

Anhang 4: Die Mitglieder der Ortenauer Ritterschaft im Jahr 1790

- Franz Reinhard Hannibal Albertini von Ichtratzheim
- Franz Karl Albertini von Ichtratzheim
- Markgraf von Baden
- Ludwig Karl von Berkheim
- Christian Ludwig von Berkheim
- Philipp Friedrich von Berkheim
- Philipp Jakob Reinhard von Berstett
- Ludwig Karl von Bibra
- Franz Johann von Bodeck und Ellgau
- Leopold Fidelis von Bodeck und Ellgau
- Franz Friedrich Sigmund August Böcklin von Böcklinsau
- Friedrich Ludwig von Botzheim
- Thaddäus von Brandenstein
- Wilhelm von Brandenstein
- Friedrich von Dungern
- Franz Christian Frhr. Eckbrecht von Dürckheim
- Christian Friedrich Frhr. Eckbrecht von Dürckheim
- Friedrich Karl Frhr. Eckbrecht von Dürckheim
- Friedrich Graf Eckbrecht von Dürckheim
- Lothar Franz Michael Frhr. von und zu Erthal
- Johann Friedrich Karl Joseph Xaver von und zu Franckenstein
- Johann Philipp Anton Franz von und zu Franckenstein
- Franz Christoph Karl Philipp Hugo von und zu Franckenstein
- Dionysius Joseph Andreas von Gail
- Ludwig Franz von Gail
- Heinrich Franz von Gail
- Ludwig Wilhelm Friedrich Frhr. Gayling von Altheim
- Christian Heinrich Frhr. Gayling von Altheim
- Heinrich Jakob Frhr. Gayling von Altheim
- Philipp Franz Knebel von Katzenelnbogen
- Johann Heinrich von Meyershofen zu Gröbern
- Leopold Frhr. von Neuenstein
- Heinrich Anton Friedrich von Neuenstein
- Johann Baptist von Neuenstein
- Franz Konrad von Neveu von Windschläg
- Karl Siegfried von Oberkirch
- August Samson von Oberkirch
- Karl Adolf Friedrich von Blittersdorff
- Christian Samson von Rathsamhausen
- Christoph Philipp von Rathsamhausen
- Ludwig von Ried
- Ferdinand Maria Joseph Hermann Ignatius von Ried
- Ludwig Karl Friedrich Röder von Diersburg
- Christian Ernst Röder von Diersburg
- Ferdinand August Röder von Diersburg
- Philipp Ferdinand Röder von Diersburg
- Karl Ferdinand Röder von Diersburg
- Ludwig Egenolf Christian Röder von Diersburg
- Georg Röder von Diersburg
- Franz Joseph Wilhelm Eusebius von und zu Schauenburg
- Karl von und zu Schauenburg
- Joseph Wilhelm Jakob von und zu Schauenburg

[88] Nach GLA 74 Nr. 6842 fol. 88–98'. – Die Schreibung von Familiennamen orientiert sich an Kindler von Knobloch (wie Anm. 4) und an von Alberti (wie Anm. 38).

- Alexius Balthasar von und zu Schauenburg
- Peter von und zu Schauenburg
- Michael Philipp von und zu Schauenburg
- Franz Melchior Anton von und zu Schauenburg
- Joseph Rudolf Aloisius von und zu der Schleiß
- Gervasius Heinrich Karl Ludwig Adam von Serpes
- Johannes Frhr. von Türckheim
- Ludwig Hermann Anstatt Frhr. Waldner von Freundstein
- Gottfried Graf Waldner von Freundstein
- Joseph Andreas von Weitersheim
- Ferdinand Christian von Weitersheim
- Friedrich Ludwig Reinhard Frhr. Wurmser von Vendenheim
- Dagobert Sigmund Graf Wurmser von Vendenheim
- Franz Otto Wurmser von Vendenheim
- Maximilian Konstantin Wurmser von Vendenheim
- Franz Matern Frhr. Zorn von Bulach zu Groll
- Franz Siegfried August Frhr. Zorn von Bulach zu Groll
- Anton Joseph Frhr. Zorn von Bulach zu Groll

Unter den Schutz von Kaiser und Reich. Die Aufnahme in die Reichsritterschaft am Beispiel der Rezeption der Freiherren von Türckheim in die Reichsritterschaft der Ortenau 1790

VON JOACHIM BRÜSER

Einleitung – Die Reichsritterschaft der Ortenau

Die Reichs-Ritterschafft ist ein mit gewissen Ordnungen und vilen Freyheiten versehenes geschlossenes Corpus, oder Gesellschafft, von vilen ursprünglich herr- und adelichen, nun aber zum Theil Gräflichen, meistens aber Freyherrlichen und adelichen Familien, welche (ordentlicher Weise nebst ihren Gütern) unmittelbar unter dem Kayser und Reich stehen.[1] Die Reichsritterschaft war aus spätmittelalterlichen Rittereinungen und -gesellschaften hervorgegangen und hatte sich im Zuge der Türkensteuererhebung Kaiser Karls V. 1542 und 1544 institutionalisiert[2].

---

1 J. J. MOSER, Von denen teutschen Reichs-Ständen, der Reichs-Ritterschafft, auch denen übrigen unmittelbaren Reichsgliedern …, Frankfurt am Main 1767, S. 1249.

2 Vgl. allgemein zur Reichsritterschaft: MOSER (wie Anm. 1), S. 1241–1471; K. H. ROTH VON SCHRECKENSTEIN, Geschichte der ehemaligen freien Reichsritterschaft in Schwaben, Franken und am Rheinstrome, 2 Bde., Tübingen 1859/71; J. G. WEISS, Die Reichsritterschaft beim Ende des alten Reichs, in: ZGO 47 (1893), S. 289–311; V. PRESS, Reichsritterschaften, in: K. G. A. JESERICH/H. POHL/G.-C. VON UNRUH (Hgg.), Deutsche Verwaltungsgeschichte 1: Vom Spätmittelalter bis zum Ende des Reiches, Stuttgart 1983, S. 679–689; V. PRESS, Reichsritterschaft, in: M. SCHAAB/H. SCHWARZMAIER (Hgg.), Handbuch der baden-württembergischen Geschichte 2: Die Territorien im Alten Reich, Stuttgart 1995, S. 771–813; V. PRESS, Die Reichsritterschaft im Reich der Frühen Neuzeit, in: F. BRENDLE/A. SCHINDLING (Hgg.), Adel im Alten Reich – Gesammelte Vorträge und Aufsätze (Frühneuzeit-Forschungen 4), Tübingen 1998, S. 205–231; B. SUTTER, Kaisertreue oder rationale Überlebensstrategie? – Die Reichsritterschaft als habsburgische Klientel im Reich, in: H. DUCHHARDT/M. SCHNETTGER (Hgg.), Reichsständische Libertät und habsburgisches Kaisertum (Veröffentlichungen des Instituts für europäische Geschichte Mainz 48), Mainz 1999, S. 258–307; G. HAUG-MORITZ, Ritterschaftliche Organisation zwischen Westfälischem Frieden und Ende des Alten Reiches, in: K. ANDERMANN/S. LORENZ (Hgg.), Zwischen Stagnation und Innovation – Landsässiger Adel und Reichsritterschaft im 17. und 18. Jahrhundert (Schriften zur südwestdeutschen Landeskunde 56), Ostfildern 2005, S. 9–21; K. ANDERMANN, Reichsritterschaft, in: Historisches Lexikon Bayerns: http://www.historisches-lexikon-bayerns.de/artikel/artikel_45405 (aufgerufen am 30. März 2013).

Trotz ihrer Reichsunmittelbarkeit waren die Reichsritter nicht auf dem Reichstag vertreten und nicht in den Reichskreisen inkorporiert, sondern bildeten eigene Organisationsformen aus. So entstanden die drei Ritterkreise Schwaben[3], Franken[4] und am Rhein[5] mit jeweils sechs schwäbischen und fränkischen sowie drei rheinischen Kantonen. Innerhalb des Schwäbischen Ritterkreises spielte der nur lose angebundene Kanton Ortenau eine gewisse Sonderrolle, so wie auch die Reichsritterschaft im Unterelsass[6] nur lose an die Reichsritterschaft am Rhein angeschlossen war.

---

3 K. Freiherr von Neuenstein, Reichsritterschaft in Schwaben, insbesondere die Wappen der Mitglieder der Gesellschaft zum Leithund, Karlsruhe 1897; G. A. Kolb, Die Kraichgauer Ritterschaft unter der Regierung des Kurfürsten Philipp von der Pfalz, in: Württembergische Vierteljahrshefte 19 (1910), S. 1–154; F. W. Ruch, Die Verfassung des Kantons Hegau-Allgäu-Bodensee der unmittelbaren freien Reichsritterschaft, Mainz 1955; K. J. Svoboda, Aus der Verfassung des Kantons Kraichgau der unmittelbaren freien Reichsritterschaft in Schwaben unter besonderer Berücksichtigung des territorialen Elements, in: ZGO 116 (1968), S. 253–289; W. Danner, Die Reichsritterschaft im Ritterkantonsbezirk Hegau in der zweiten Hälfte des 17. und im 18. Jahrhundert – Sozialgeschichtliche Untersuchungen über die Reichsritterschaft im Hegau auf Grund von Familienakten der Freiherren von Bodman, der Freiherren von Hornstein und der Freiherren von Reischach, in: Hegau 15/16 (1970/71), S. 7–105; D. Hellstern, Der Ritterkanton Neckar-Schwarzwald 1560–1805 – Untersuchungen über die Korporationsverfassung, die Funktionen des Ritterkantons und die Mitgliedsfamilien, Tübingen 1971; G. Kollmer, Die schwäbische Reichsritterschaft zwischen Westfälischem Frieden und Reichsdeputationshauptschluß – Untersuchung zur wirtschaftlichen und sozialen Lage der Reichsritterschaft in den Ritterkantonen Neckar-Schwarzwald und Kocher (Schriften zur südwestdeutschen Landeskunde 17), Stuttgart 1979; V. Press, Die Ritterschaft im Kraichgau zwischen Reich und Territorium 1500 bis 1623, in: ZGO 122 (1974), S. 35–98; T. Schulz, Der Kanton Kocher der Schwäbischen Reichsritterschaft 1542–1805 – Entstehung, Geschichte, Verfassung und Mitgliederstruktur eines korporativen Adelsverbandes im System des alten Reiches (Esslinger Studien 7), Sigmaringen 1986; C. Rehm/K. Krimm (Hgg.), Zwischen Fürsten und Bauern – Reichsritterschaft im Kraichgau, Sindsheim 1992; V. Press, Die Ritterschaft am Neckar und Schwarzwald, in: F. Brendle/A. Schindling (Hgg.), Adel im Alten Reich – Gesammelte Vorträge und Aufsätze (Frühneuzeit-Forschungen 4), Tübingen 1998, S. 233–263; V. Press, Die Kraichgauer Reichsritterschaft in der Barockzeit – Der Feldmarschall Eberhard Friedrich Freiherr von Neipperg als Direktor der Kraichgauer Reichsritterschaft (1707–1725), in: F. Brendle/A. Schindling (Hgg.), Adel im Alten Reich – Gesammelte Vorträge und Aufsätze (Frühneuzeit-Forschungen 4), Tübingen 1998, S. 281–297; K. Andermann, Der Reichsritterkanton Kraichgau – Grundlinien seines Bestandes und seiner Verfassung, in: ZGO 160 (2012), S. 291–338.

4 W. von Stetten, Die Rechtsstellung der unmittelbaren freien Reichsritterschaft, ihre Mediatisierung und ihre Stellung in den neuen Landen – Dargestellt am fränkischen Kanton Odenwald (Forschungen aus Württembergisch Franken 8), Schwäbisch Hall 1973; H. Neumaier, »Daß wir kein anderes Haupt oder von Gott eingesetzte zeitliche Obrigkeit haben« – Ort Odenwald der fränkischen Reichsritterschaft von den Anfängen bis zum Dreißigjährigen Krieg (Veröffentlichungen der Kommission für geschichtliche Landeskunde in Baden-Württemberg Reihe B 161), Stuttgart 2005.

5 W. D. Godsey, Nobles and Nation in Central Europe – Free Imperial Knights in the Age of Revolution 1750–1850, Cambridge 2004.

6 A. Overmann, Die Reichsritterschaft im Unterelsass bis zum Beginn des dreissigjährigen Krieges, in: ZGO 50 (1896), S. 570–637 und 51 (1897), S. 41–87.

Die Wurzeln der Reichsritterschaft der Ortenau gehen in die zweite Hälfte des 15. Jahrhunderts zurück[7]. 1474 schlossen sich 27 Vertreter aus acht Familien unter dem Schutz des Markgrafen von Baden zusammen[8]. Dieser Vertrag wurde zur Basis weiterer Einungen 1490, 1497 und 1508. Im Zuge der kaiserlichen Türkensteuerforderungen auf dem Speyerer Reichstag 1542 traten die Ortenauer Ritter mehrfach zusammen und erreichten so schließlich die Bestätigung ihrer ritterschaftlichen Rechte und ihre gleichberechtigte Anerkennung neben dem Kanton Neckar-Schwarzwald im Schwäbischen Ritterkreis. Damit hatte sich ein spätmittelalterlicher Personenverband in eine neuzeitliche Organisation der Reichsritterschaft entwickelt[9].

Die Familien der Ortenauer Reichsritterschaft kamen nicht nur aus der Ortenau selbst, sondern auch aus dem benachbarten Elsass. Ungewöhnlich im Vergleich zu den anderen Kantonen der Reichsritterschaft war die enge Verbindung zahlreicher Familien zum reichsstädtischen Patriziat. So entstammten beispielsweise die Böcklin von Böcklinsau, die Türckheim, die Wurmser von Vendenheim und die Zorn von Bulach ursprünglich dem Straßburger Patriziat[10].

Die Zeit der Reichsritterschaft endete mit den napoleonischen Umwälzungen zu Beginn des 19. Jahrhunderts. Zwar hatte der Reichsdeputationshauptschluss 1803 noch den Bestand der Reichsritter garantiert, wenig später mediatisierten die verbleibenden und nun deutlich gestärkten süddeutschen Fürsten diese mindermächtigen Territorien. Den Auftakt machte im Oktober 1803 der Kurfürst von Bayern, ihm folgte im Januar 1804 der Kurfürst von Württemberg. Im württembergischen Einflussbereich war die Mediatisierung im Dezember 1805 abgeschlossen, im selben Monat zog auch der Kurfürst von Baden nach. So blieb der Reichsritterschaft im Januar 1806 nichts anderes übrig, als beim Reichstag in Regensburg ihre Auflösung anzuzeigen[11].

---

7 Vgl. zur Entstehung der Reichsritterschaft der Ortenau: H. Röder von Diersburg, Zur Geschichte der Reichsritterschaften, im Speciellen die Gründung des Ritterkantons der Ortenau, in: Vierteljahrsschrift für Heraldik, Sphragistik und Genealogie 9 (1881), S. 38–47; K. Freiherr von Neuenstein, Der Reichsritter-Verein Ortenau, insbesondere die Wappen der Mitglieder, Karlsruhe 1895; K. T. von Glaubitz, Die Reichsritterschaft der Ortenau, in: Die Ortenau 11 (1924), S. 66–71; M. Krebs, Politische und kirchliche Geschichte der Ortenau, in: Die Ortenau 40 (1960), S. 158f; H.-P. Sattler, Die Ritterschaft der Ortenau in der spätmittelalterlichen Wirtschaftskrise, in: Die Ortenau 42 (1962), S. 220–255, 44 (1964), S. 22–37, 45 (1965), S. 32–57 und 46 (1966), S. 32–58; E. Hillenbrand, Die Ortenauer Ritterschaft auf dem Weg zur Reichsritterschaft, in: ZGO 137 (1989), S. 241–257; K. Andermann, Adel in der nördlichen Ortenau – Streiflichter auf ein vernachlässigtes Thema, in: Die Ortenau 82 (2002), S. 29–44.

8 Einungsbrief der Reichsritterschaft der Ortenau vom 28. Juli 1474; GLAK 31 Nr. 1 und 69 von Türckheim 3 Nr. 213.

9 Hillenbrand (wie Anm. 7), S. 257.

10 von Glaubitz (wie Anm. 7), S. 70; Andermann, Adel (wie Anm. 7), S. 37.

11 Press, Reichsritterschaft (wie Anm. 2), S. 808–810.

1. Die Aufnahme in die Reichsritterschaft

1.1 Normative Regelungen zur Rezeption

Grundsätzlich ist bei der Aufnahme eines neuen Mitglieds in die Reichsritterschaft zu unterscheiden zwischen Rezeption, Immatrikulation, Admission und Readmission. Die Rezeption bezeichnet die Neuaufnahme einer Familie, die Immatrikulation die Aufnahme eines Mitglieds in die Rittermatrikel nach Erreichen der Volljährigkeit. Die Admission ist die Aufnahme einer bereits in einem anderen Kanton oder Kreis inkorporierten Person, die Readmission die Wiederaufnahme eines Mitgliedes nach Ausschluss oder die Wiederaufnahme einer Person, deren Familie in früheren Zeiten Mitglied des Kantons war[12].

Die Aufnahme neuer Mitglieder in den Kreis der Reichsritterschaft wurde sowohl im Laufe der Jahrhunderte, als auch von Kanton zu Kanton unterschiedlich gehandhabt. Teilweise wurden sechzehn adlige Vorfahren verlangt, manchmal lediglich vier. Stets wurde ritterschaftlicher Besitz vorausgesetzt. Die Ausnahme von der Besitzklausel bildeten so genannte Personalisten, die bei ihrer Aufnahme allerdings den baldigen Erwerb eines Ritterguts versprechen mussten. Im 16. Jahrhundert wurden Aufnahmeanträge eher restriktiver behandelt. Das änderte sich nach dem Dreißigjährigen Krieg, als größere Lücken in den Reihen der Reichsritterschaft geschlossen werden mussten, um den Stand vor dem Aussterben zu bewahren. Im Allgemeinen gerierte sich der Fränkische Ritterkreis großzügiger als der Schwäbische[13].

Wegen Annahm neuer Mitglieder zu dem Corpore der Reichs-Ritterschafft ist in denen Reichs-Gesezen und Kayserlichen der R[eichs]*-Ritterschafft ertheilten Privilegien nichts enthalten; mithin ist es darinn bißhero auf ihre eigene Ordnungen und Gutbefinden angekommen*[14]. Die frühen Ritterordnungen des 16. Jahrhunderts enthielten in der Regel keine Bestimmungen zur Aufnahme neuer Mitglieder. Erst ab Mitte des 17. Jahrhunderts tauchen erste Rezeptionsregelungen auf – zum Beispiel 1643 im Kanton Kocher[15] oder 1649 im Kanton Neckar-Schwarzwald[16]. Am Ende des Jahrhunderts führte der Schwäbische Ritterkreis die Bestimmung ein, dass bei Rezeptionen alle Kantone des Kreises zustimmen mussten[17], ab 1715 mussten sogar alle Kreise zustimmen. Während der Rezeptionsvorgang in der Mitte des 17. Jahrhundert noch wenig normativ erfasst war, änderte sich dies im Laufe der folgenden einhundert Jahre. Dies betraf alle Einzelregelungen – den Besitz eines Ritterguts als Aufnahmevoraussetzung, die Rezeptionsgebühren und das Rezeptionsverfahren[18].

---

12 Hellstern (wie Anm. 3), S. 193.

13 Ebd., S. 193; von Stetten (wie Anm. 4), S. 81–84; Schulz (wie Anm. 3), S. 244–248.

14 Moser (wie Anm. 1), S. 1326.

15 Kocherisches Rezeptionsstatut vom 21. November 1643; StAL B 575 III Bü 74. Schulz (wie Anm. 3), S. 244f.

16 Protokoll des Plenarkonvents der Reichsritterschaft im Kanton Neckar-Schwarzwald vom 21. September 1649; HStAS B 579 Bü 764.

17 Auszug aus dem Fünf-Orts-Rezess des Schwäbischen Ritterkreises vom 28. Juni 1694, HStAS B 579 Bü 1328.

18 Hellstern (wie Anm. 3), S. 193–197.

Abb. 1 Siegel der Reichsritterschaft der Ortenau, Nachzeichnung 1768 (GLA 127/283)
Das Siegelbild zeigt den Heiligen Georg als Drachentöter. Er gilt als Patron der Ritter im Allgemeinen und als Patron des Deutschen Ritterordens im Besonderen.

Auf dem Heilbronner Korrespondenztag der drei Ritterkreise im Juni 1750 wurde die Rezeption eines neuen Mitglieds der Reichsritterschaft von Grund auf neu geregelt und im Heilbronner Rezeptionsstatut fixiert. Mit wenigen kleineren Änderungen blieben diese Regelungen von 1750 bis zum Ende der Reichsritterschaft zu Beginn des 19. Jahrhunderts gültig[19] (*Abb. 1*).

In der Präambel des Statuts formuliert der Korrespondenztag der Reichsritterschaft einleitend Inhalt und Ziel desselben, nämlich dass *solche Personen, welche von dapfern und guten Qualitäten, auch ihren Ritter- und Adelsstand wohl hergebracht, oder von Ihro kais*[erlichen] *Majestät in selbigen erhoben seynd, in die Zahl Ritterlicher Mitglieder auf- und angenommen, und sodurch den Abgang derer, nach Gotteswillen erloschenen Altadelichen, und durch lobwürdige Thaten sich berühmt gemachten Geschlechter, hinwiederum ersetzet werden*[20] sollten.

Das Heilbronner Rezeptionsstatut regelte die Aufnahme neuer Mitglieder in zehn Paragraphen. Ein Beitrittswilliger musste einige Voraussetzungen erfüllen, um aufgenommen werden zu können: So soll *derselbe von adelichem Herkommen, oder sonsten von Ihro kais*[erlichen] *Maj*[estät] *in den Reichsadelsstand erhoben, auch darneben gleubwürdig darzuthun und zu erweisen schuldig seyn, daß keiner von seinen Voreltern bis in den 4ten Grad inclusive von geringer Profession und verächtlicher Condition gewesen,* [...] *insonderheit aber der Herr Aspirant seinen etwa habenden bürgerlichen Nexum vorhero aufzugeben schuldig seyn solle*[21].

---

19 Heilbronner Rezeptionsstatut vom 16. Juni 1750; GLAK 69 von Türckheim 3 Nr. 304, Nr. 218, Nr. 332 und Nr. 417; HStAS B 574 M Bü 39; B 579 Bü 1334; StAL B 575 III Bü 699. Gedruckt in: F. HERRMANN, Juristische Abhandlung von der Aufnahme in die Reichsritterschafftliche Genossenschafft – Zur Erläuterung des Heilbronn. Rezeptionsstatuts v. J. 1750 und des allg. Heilbr. Koresp. Abschieds v. J. 1762, Mainz 1792, S. IV-VIII.
Vgl. zum Heilbronner Rezeptionsstatut und zur Aufnahme in die Reichsritterschaft: Ebd.; HELLSTERN (wie Anm. 3), S. 193–199; VON STETTEN (wie Anm. 4), S. 81–88; SCHULZ (wie Anm. 3), S. 242–256.

20 Heilbonner Rezeptionsstatut vom 16. Juni 1750; gedruckt in: HERRMANN (wie Anm. 19), S. IVf.

21 § 3 Heilbonner Rezeptionsstatut vom 16. Juni 1750; gedruckt in: HERRMANN (wie Anm. 19), S. VI.

Das Rezeptionsstatut von 1750 machte also keinen Unterschied zwischen altem und neuem Adel oder zwischen altem und stiftsmäßigem Adel, auch die zitierten Adjektive gering und verächtlich wurden nicht genauer definiert. Erst im Kontext einer Zulassung zu aktivem und passivem Votum in den Gremien der Reichsritterschaft unterscheidet das Statut altadelig und neuadelig anhand von acht oder vier adligen Ahnen[22]. Bei einem Aufnahmeantrag in die Reichsritterschaft wurde ein Angehöriger des alten Adels einem Angehörigen des neuen Adels gegenüber folglich nicht bevorzugt behandelt[23].

Einige Jahre später wurde auf Drängen des Schwäbischen Ritterkreises das Rezeptionsstatut auf Ebene der Kantone minimal geändert – beispielsweise 1762 im Kanton Kocher[24] und 1766 im Kanton Hegau-Allgäu-Bodensee[25]. Als persönliche Voraussetzungen waren von nun an vier bzw. acht adlige Ahnen explizit notwendig[26].

Neben neu geadelten Männern bestand auch für Beisitzer des Reichshofrats und des Reichskammergerichts, für Amtsadelige, für Reichsstände oder für bürgerliche Patrizier, die Möglichkeit in die Reichsritterschaft aufgenommen zu werden[27]. Patrizier, also Angehörige ratsfähiger Geschlechter der Städte, waren bereits in den Ritterordnungen des 15. Jahrhunderts als turnierfähig definiert worden. Sie durften sich nur durch *Misheurathen nicht mit dem gemeinen Bürgerstande vermischt haben*[28]. Bei der Aufnahme in die Reichsritterschaft wurde zwar die Aufgabe des Bürgerrechts gefordert, dies geschah allerdings nicht zwangsweise. Vor allem im Elsass fanden sich zahlreiche Reichsritter, die an ihrem Bürgerrecht beispielsweise in Straßburg oder Colmar festhielten. Undenkbar war allerdings ein bürgerlicher Erwerbsberuf. Die Aufnahme bürgerlicher Patrizier in die Reichsritterschaft war nicht unumstritten[29].

Eine grundsätzliche weitere Voraussetzung zur Immatrikulation bei einem Kanton der Reichsritterschaft war der Besitz eines Ritterguts. Besaß der Antragsteller kein Rit-

---

22 § 5 Heilbonner Rezeptionsstatut vom 16. Juni 1750; gedruckt in: HERRMANN (wie Anm. 19), S. VI.

23 HERRMANN (wie Anm. 19), S. 18–27.

24 Korrespondenztagsrezess vom 27. Mai 1762; StAL B 575 III Bü 699. Vgl.: SCHULZ (wie Anm. 3), S. 249.

25 § 3 Rezeptions- und Readmissionsstatut des Kantons Hegau-Allgäu-Bodensee vom 7. Dezember 1766; HStAS B 574 M Bü 40. Gedruckt in: RUCH (wie Anm. 3), S. 83–93.

26 Vgl. zu ritterschaftlichen Ahnenproben in der Frühen Neuzeit: J. SCHNEIDER, Die Ahnenprobe der Reichsburg und Ganerbschaft Friedberg in der Vormoderne – Überlieferung, Praxis und Funktion, in: E. HARDING/M. HECHT (Hgg.), Die Ahnenprobe in der Vormoderne – Selektion, Initiation, Repräsentation (Symbolische Kommunikation und gesellschaftliche Wertesysteme 37), Münster 2011, S. 209–232; J. MATZERATH, Die Einführung der Ahnenprobe in der kursächsischen Ritterschaft in der zweiten Hälfte des 17. Jahrhunderts, in: E. HARDING/M. HECHT (Hgg.), Die Ahnenprobe in der Vormoderne – Selektion, Initiation, Repräsentation (Symbolische Kommunikation und gesellschaftliche Wertesysteme 37), Münster 2011, S. 233–245; A. MÜLLER, Die Praxis der Ahnenprobe im deutschen Adel des 18. Jahrhunderts – Das Beispiel der Ritterschaft des kurkölnischen Herzogtums Westfalen, in: E. HARDING/M. HECHT (Hgg.), Die Ahnenprobe in der Vormoderne – Selektion, Initiation, Repräsentation (Symbolische Kommunikation und gesellschaftliche Wertesysteme 37), Münster 2011, S. 247–266.

27 HERRMANN (wie Anm. 19), S. 27–33.

28 Ebd., S. 30–32, Zitat S. 30.

29 Ebd., S. 30–32 und 44–46.

tergut, hatte er beim Kanton Kapital zu hinterlegen, das ihm zurückerstattet wurde, sobald er den Erwerb eines Ritterguts mit einem Mindestwert von 6.000 Reichtalern nachweisen konnte. Die zu hinterlegende Summe betrug für einen altadligen Antragsteller 500 Gulden, für einen neuadligen 750.[30]

Solange sich kein Rittergut im Besitz des neu aufgenommenen Mitglieds befand, hatte er weder aktives noch passives Wahlrecht im Ritterkanton. Nachdem er den Erwerb eines solchen nachgewiesen hatte, erhielt das altadlige Mitglied aktives und passives Votum, das neuadlige lediglich aktives[31].

Die Immatrikulation in einen Kanton der Reichsritterschaft galt für den aufgenommenen Ritter sowie für seine Kinder und Enkel[32].

1.2 Ablauf eines Aufnahmeantrags

Paragraph 1 des Heilbronner Rezeptionsstatuts regelte den konkreten Ablauf eines Rezeptionsgesuchs. Der Antrag war an den Kanton zu richten, in den die Aufnahme angestrebt wurde. Dem Antrag waren der Adelsbeweis und der Nachweis über ritterschaftlichen Besitz beizulegen[33]. Die Zugehörigkeit zum alten Adel wurde über acht ritterbürtige, turniermäßige Ahnen nachgewiesen, die Zugehörigkeit zum neuen Adel über vier. Der neuadlige Antragsteller musste zudem nachweisen, dass seine Familie bis einschließlich der Großeltern keinem niedrigen Stand angehört und kein niedriges Gewerbe ausgeübt hatte. Letzterer hatte zudem ein kaiserliches Nobilitätsdiplom vorzulegen. Die Ahnenprobe geschah über eine auf Pergament gezeichnete Ahnentafel inklusive Wappen. Die Ahnenprobe musste durch Dokumente nachgewiesen werden – also durch vom zuständigen Pfarrer beglaubigte Auszüge aus Kirchenmatrikeln, durch Abschriften von Adelsdiplomata oder durch Bescheinigungen der Ritterbürtigkeit oder Stiftsmäßigkeit durch entsprechende ritterschaftliche Gremien[34].

Anhand der vorgelegten Unterlagen wurde nun vom Ortsdirektorium geprüft, ob die persönlichen Voraussetzungen zur Immatrikulation vorlagen. War dies der Fall, wurde der Antrag an das Kreisdirektorium weitergeleitet. Dieses wiederum holte die Zustimmung der anderen Kantone im Kreis und der beiden anderen Kreise ein. Voraussetzung zu einer Rezeption war die Zustimmung aller drei Ritterkreise[35]. Diese koordi-

---

30 § 4 Heilbonner Rezeptionsstatut vom 16. Juni 1750; gedruckt in: HERRMANN (wie Anm. 19), S. VI.
Ebd., S. 51–55; HELLSTERN (wie Anm. 3), S. 195f.

31 § 5 Heilbonner Rezeptionsstatut vom 16. Juni 1750; gedruckt in: HERRMANN (wie Anm. 19), S. VI.

32 § 9 Heilbonner Rezeptionsstatut vom 16. Juni 1750; gedruckt in: HERRMANN (wie Anm. 19), S. VII. HELLSTERN (wie Anm. 3), S. 197.

33 Vgl. zum Ablauf eines Rezeptionsantrags: HERRMANN (wie Anm. 19), S. 37–58 und S. 72–83; HELLSTERN (wie Anm. 3), S. 197; VON STETTEN (wie Anm. 4), S. 84–87; SCHULZ (wie Anm. 3), S. 249.

34 HERRMANN (wie Anm. 19), S. 37–43.

35 §§ 1 und 2 Heilbonner Rezeptionsstatut vom 16. Juni 1750; gedruckt in: HERRMANN (wie Anm. 19), S. V.

nierende Funktion übernahm im Schwäbischen Ritterkreis ab 1694 die Kanzlei des Kantons Donau in Ehingen[36].

Nach erfolgter Zustimmung aller drei Kreise entrichtete der neu zu Rezipierende die fälligen Gebühren. Deren Höhe orientierte sich am alt- oder neuadligem Status des Kandidaten. Ein Altadliger hatte an den aufnehmenden Kanton und dessen Ritterhauptmann je 300 Gulden zu entrichten. Für den neuadligen Kandidat fielen die Gebühren deutlich höher aus: 2.000 Gulden an den Kanton, 400 Gulden an den Ritterhauptmann, 50 Gulden an die Bibliothek des Kantons und 100 Gulden an die Ritterkanzlei[37].

Daraufhin hatte der Kandidat einen Eid zu schwören und einen Revers zu unterzeichnen. Darin verpflichtete er sich, die kaiserliche Autorität zu achten, der Reichsritterschaft die Treue zu halten und ein ehrenvolles Leben zu führen[38]. Das neue Mitglied der Reichsritterschaft hatte nun ein Anrecht auf die Anrede *Vetter, Oheim, und Schwager* und auf die Titulatur *reichsfreiwohlgebohren*[39].

1.3 Rezeptionen im Kanton Ortenau

Im April 1790 – also ungefähr zu dem Zeitpunkt, als die Familie von Türckheim aufgenommen wurde – umfasste die Reichsritterschaft der Ortenau 32 Familien und insgesamt 69 immatrikulierte Mitglieder[40].

Im Kanton Ortenau wurden zwischen 1551 und 1804 insgesamt 33 Familien aufgenommen, nach Inkrafttreten des Heilbronner Rezeptionsstatuts wurden achtzehn Familien in der Ortenau immatrikuliert[41] (*Tafel I*). Dies waren in chronologischer Reihenfolge folgende Familien: von Berkheim (1751), Gailing von Altheim (1751), von Berstett (1751), von Brandenstein (1762), von Ried (1765), Eckbrecht von Dürckheim (1785), von Blittersdorf (1786), Albertini von Ichtrazheim (1786), von Weitersheim (1787), von Neveu (1787), von Bibra (1788), Serpes von Lafage (1789), von Ritz (1790), von Türckheim (1790), Vogt von Hunoldstein (1795), von Bock (1795), von Leykam (1795) und von Branca (1795)[42].

---

36 Hellstern (wie Anm. 3), S. 197.

37 §§ 7, 8 und 10 Heilbonner Rezeptionsstatut vom 16. Juni 1750; gedruckt in: Herrmann (wie Anm. 19), S. VIIf.
Ebd., S. 46–53; Hellstern (wie Anm. 3), S. 196.

38 § 9 Heilbonner Rezeptionsstatut vom 16. Juni 1750; gedruckt in: Herrmann (wie Anm. 19), S. VII.
Ebd., S. 56–58; Hellstern (wie Anm. 3), S. 197.

39 § 6 Heilbonner Rezeptionsstatut vom 16. Juni 1750; gedruckt in: Herrmann (wie Anm. 19), S. VII.

40 Verzeichnis samtlicher Reichs Ritterschaffftlich Ortenauischer incorporirt- und immatriculirter Herren Mitgliedere vom April 1790; GLAK 69 von Türckheim 3 Nr. 453.

41 Der Familien- und Personenbestand der Reichsritterschaft im Kanton Ortenau ist bisher nicht aufgearbeitet. In den verschiedenen Beständen des Generallandesarchivs Karlsruhe liegen zahlreiche Personen- und Gütermatrikel der reichsritterschaftlichen Ortenau aus der Zeit zwischen 1474 und 1804. Vgl. dazu: GLAK 67 Nr. 772; 69 von Türckheim 3 Nr. 306, 307, 453, 527, 532; 127 Nr. 213, 218, 304, 306, 307, 318, 332, 349, 417, 453, 527, 532.

42 Matricula Personalis Ortenavica anni 1794 Mense Februar; GLAK 127 Nr. 283. Verzeichnis samtlicher Herren Mitglieder des Ortenauischen Reichs-Ritterbezircks im Mertz 1789; GLAK 127 Nr. 270. Verzeichnis aller bei Rittertagen anwesenden Ritter 1609–1791; GLAK

Im Kanton Neckar-Schwarzwald, an den der Kanton Ortenau lose angebunden war, wurden zwischen 1640 und 1805 insgesamt 59 Familien aufgenommen – 48 von 1640 bis 1750 und nach Einführung des Heilbronner Rezeptionsstatuts elf Familien[43]. Im Kanton Kocher zwischen 1643 und 1805 insgesamt 71 Familien aufgenommen – 61 von 1643 bis 1750 und zehn nach 1750[44]. Die restriktive Tendenz ist in allen Kantonen offenkundig. Vor allem die Aufnahme armer Neuadliger wurde nach Möglichkeit vermieden.

2. Die Freiherren von Türckheim im Elsass und in der Ortenau

2.1 Familiengeschichte der Freiherren von Türckheim

Die Freiherren von Türckheim waren also trotz des späten Rezeptionsdatums nicht die letzte in die Reichsritterschaft der Ortenau aufgenommene Familie. Ihnen folgten – wie dargestellt – zwischen 1790 und 1795 noch fünf weitere Familien[45].

Wie viele Ortenauer Reichsritter waren die Türckheim keine Familie aus der Ortenau, sondern waren zuvor in Straßburg und im Elsass ansässig gewesen. Die Wurzeln der Familie im Mittelalter sind etwas unklar. Es existierten verschiedene Familien dieses Namens, was die Zuordnung erschwert. Erst im 15. Jahrhundert wird die Familie konkret greifbar mit Simon Duringsheim und seinem Sohn Hannemann Türingheim gen. Türck aus Bitsch in Lothringen, die 1442 und 1459 das Straßburger Bürgerrecht erwarben[46]. Ab dem 16. Jahrhundert übernahmen immer wieder Nachkommen Hannemanns Ämter der Stadt Straßburg. Vom 16. zum 18. Jahrhundert entwickelte sich die Familie zu einer angesehenen und erfolgreichen Patrizier- und Bankiersfamilie Straßburgs.

---

127 Nr. 271. Freiherr von Neuenstein, Reichsritter-Verein Ortenau (wie Anm. 7), S. 110–119.

43 Hellstern (wie Anm. 3), S. 197f.

44 Schulz (wie Anm. 3), S. 245 und 251.

45 Matricula Personalis Ortenavica anni 1794 Mense Februar; GLAK 127 Nr. 283. Verzeichnis samtlicher Herren Mitglieder des Ortenauischen Reichs-Ritterbezircks im Mertz 1789; GLAK 127 Nr. 270. Verzeichnis aller bei Rittertagen anwesenden Ritter 1609–1791; GLAK 127 Nr. 271. Freiherr von Neuenstein, Reichsritter-Verein Ortenau (wie Anm. 7), S. 110–119.

46 Vgl. zur Familiengeschichte: J. C. Siebenkees, Geschlechts- und Wappenbeschreibungen zu dem Tyroffischen neuen adelichen Wappenwerk 1,2, Nürnberg 1808, S. 55–57; F. Cast, Historisches und genealogisches Adelsbuch des Grossherzogthums Baden, Stuttgart 1845, S. 188–191; E. Lehr, L'Alsace noble suivie de le livre d'or du patriciat de Strasbourg 3, Paris 1870, S. 164–173; E. H. Kneschke, Neues allgemeines deutsches Adels-Lexicon 9, Leipzig 1870, S. 307–309; J. Kindler von Knobloch, Das goldene Buch von Straßburg, Wien 1885, S. 378–380; E. von der Becke-Klüchtzner, Stammtafel des Adels des Großherzogtums Baden, Baden-Baden 1886, S. 488–492; J. Naudascher, Die elsässischen Freiherren von Türckheim in der Ortenau und im Breisgau; aus: Annuaire de la Société d'Histoire des Quatre Cantons 11 (1993), S. 135–145; P. de Turckheim/S. von Krosigk, Türckheim, in: C. Franke (Hg.), Genealogisches Handbuch der freiherrlichen Häuser 23 (Genealogisches Handbuch des Adels 136), Limburg 2005, S. 539–568; S. von Krosigk, Geschichte der badischen Reichsfreiherren von Türckheim zu Altdorf und ihr elsässischer Ursprung, masch. 2012.

1552 ließen sich die Brüder Nikolaus und Ulrich von Türckheim ihr Wappen und ihre Adelsrechte bestätigen. Die Urkunde stellte Wilhelm Böcklin von Böcklinsau aus, Hofpfalzgraf Kaiser Karls V.[47] 1782 erhob Kaiser Joseph II. die Türckheim zu Reichsfreiherren (*Tafel IIa*). Ungewöhnlich an dieser Standeserhebung war ein privilegium de non usu, das den Familienmitgliedern die Möglichkeit gab, weiter als Bürgerliche an der Stadtregierung der ehemaligen freien Reichsstadt Straßburg mitzuwirken[48].

Wegen der beginnenden Französischen Revolution siedelte 1789 Freiherr Johann V. von Türckheim von Straßburg in die Ortenau über und nahm seinen Wohnsitz dauerhaft auf seinen Gütern in Altdorf. Sein Bruder Bernhard Friedrich entschied sich, zunächst in Straßburg zu bleiben und floh erst mit der einsetzenden Terreur. Er kehrte allerdings nach Beruhigung der Verhältnisse wieder nach Straßburg zurück.[49] Folge dieser Entscheidungen der beiden Brüder wurde die Teilung der Familie von Türckheim in eine Ortenauer – ab 1804 badische – Linie und eine elsässische Linie, die beide bis auf den heutigen Tag fortbestehen.

2.2 Besitzgeschichte der Freiherren von Türckheim in der Ortenau

Grundvoraussetzung für eine Aufnahme in die Reichsritterschaft war der Besitz reichsritterschaftlicher Güter. Die ersten Güter der Familie von Türckheim lagen im Elsass und wurden von Hannemann Türingheim gen. Türck zur Mitte des 15. Jahrhunderts erworben. Den Grundstein der rechtsrheinischen Besitzungen der Familie und für deren Aufnahme in die Reichsritterschaft legte Freiherr Johann V. ab den achtziger Jahren des 18. Jahrhunderts. Er hatte 1778 die Tochter des nicht unvermögenden Bankiers Johann Michael von Seufferheld geheiratet und sah sich so in der Lage, zahlreiche Ländereien links und rechts des Rheins zu erwerben.

Die elsässischen Besitzungen waren von relativ kurzer Dauer. Im Zuge der Französischen Revolution wurde Türckheim enteignet und verlor seine linksrheinischen Güter endgültig. Auch unter Napoleon wurde sein Besitz nicht restituiert, er bekam erst nach der Bourbonenrestauration einige Wälder im Elsass zurückerstattet. Verloren hatte er die 1785 erworbene Herrschaft Kalenberg im Wasgau, seine Rechte am Dorf Ittlenheim im Kochersberg und verschiedene Liegenschaften in der Ganzau bei Straßburg[50].

---

47 Urkunde des Hofpfalzgrafen Wilhelm Böcklin von Böcklinsau für die Brüder Nikolaus und Ulrich von Türckheim vom 21. März 1552; GLAK 69 von Türckheim 2 Nr. 14. Beglaubigung der Urkunde von 1552 durch den Straßburger Notar Johann Friedrich Reichel vom 3. Oktober 1781; GLAK 69 von Türckheim 2 Nr. 132.

48 Erhebung Johanns IV. und seiner Nachkommen zu Reichsfreiherren durch Kaiser Joseph II. vom 18. März 1782; GLAK 69 von Türckheim 2 Nr. 128. Beglaubigung der Urkunde von 1782 durch den Straßburger Notar Johann Friedrich Reichel vom 6. September 1783; GLAK 69 von Türckheim 2 Nr. 133.

49 Vgl. zu Bernhard Friedrich von Türckheim: J. KELLER, Bernard-Frédéric de Turckheim (1752–1831) – Episodes de la Révolution française et de l'Empire en Alsace vus à travers les écrits inédits du fonds de Turckheim, Straßburg 2007.

50 Erklärung Johann von Türckheims über seine in der Revolution im Elsass verlorenen Güter aus dem Jahr 1797; GLAK 69 von Türckheim 1 Nr. 3086. Verlustberechnung des Freyherrn von Türkheim im Elsaß, ohne Datum; GLAK 69 von Türckheim 1 Nr. 352.

Grundlage für die Aufnahme der Freiherren von Türckheim in die Reichsritterschaft bildeten aber dessen rechtsrheinische Besitzungen[51]. Die bedeutendste Erwerbung war das Rittergut Altdorf, dessen Teile er 1783, 1786 und 1788 kaufte[52]. 1784 kam das Rittergut Rohrburg bei Altenheim[53], 1787 die Rittergüter Bosenstein und Horbach in seinen Besitz[54]. 1790 erwarb er den Margarethen-Hof zwischen Kehl und Marlen[55], 1791 das Rittergut Orschweier[56].

Der ritterschaftliche Charakter und die Reichsunmittelbarkeit der von Johann von Türckheim erworbenen Güter Altdorf[57], Bosenstein[58] und Rohrburg[59] war nicht immer unumstritten, letztlich konnte sich aber der neue Besitzer mit seiner Position rechtlich durchsetzen. Im 19. Jahrhundert gelang es den Freiherren von Türckheim ihren Besitz in der Ortenau und in anderen Regionen Badens zu arrondieren[60].

---

51 Vgl. zu den rechtsrheinischen Erwerbungen: Verzeichnis der von Freiherr Johann V. von Türckheim erkauften Ortenauer Rittergüter vom 28. März 1788; GLAK 69 von Türckheim 1 Nr. 104. NAUDASCHER (wie Anm. 46), S. 137f

52 Kaufurkunde über das nassauische Lehen Altdorf aus dem Besitz der Witwe Maria Franziska von Auffenberg vom 12. April 1783 als Insert in der reichsritterschaftlichen Bestätigungsurkunde vom 10. September 1783; GLAK 69 von Türckheim 2 Nr. 55. Kaufurkunde über das badische Lehen Altdorf aus dem Besitz der Freiherren von Gail vom 13. März 1786 als Insert in der reichsritterschaftlichen Bestätigungsurkunde vom 4. April 1791; GLAK 69 von Türckheim 2 Nr. 64. Kaufurkunde über das Straßburger Lehen Altdorf aus dem Besitz der Freiherren von Gail vom 4. März und 16. Mai 1788 als Insert in der reichsritterschaftlichen Bestätigungsurkunde vom 4. April 1791; GLAK 69 von Türckheim 2 Nr. 65. Unterlagen zum Verkauf Altdorfs in: GLAK 72 Nr. 8440, 8441, 8449, 8450, 8456, 8457 und 8462. Vgl. auch: F. VON TÜRCKHEIM, Schloß Altdorf, in: E. BATZER/A. STÄDELE (Hgg.), Burgen und Schlösser Mittelbadens (=Die Ortenau 21(1934)), Offenburg 1934, S. 542–547; H. SCHNEIDER, Das Schloß zu Altdorf, in: Die Ortenau 64 (1984), S. 360–362.

53 Unterlagen zum Kauf Rohrburgs in: GLAK 69 von Türckheim 1 Nr. 592, 908, 1003 und 2986. Vgl. auch: W. MARX, Abgegangene Siedlungen in der Altenheimer Gemarkung; in Die Ortenau 63 (1983), S. 44–68, hier: S. 62–68.

54 Kaufurkunde über Horbach und andere Besitzungen aus dem Besitz der Erben des Ludwig Friedrich von Stain vom 12., 15., 17. und 20. Februar 1787 als Insert in der reichsritterschaftlichen Bestätigungsurkunde vom 21. März 1787; GLAK 69 von Türckheim 2 Nr. 58. Unterlagen zum Kauf Bosensteins in: GLAK 69 von Türckheim 1 Nr. 491, 505, 506, 507, 508, 952 und 953. Vgl. auch: H.-M. PILLIN, Die Burg Bosenstein, in: Die Ortenau 64 (1984), S. 185–190.

55 Vgl. die Unterlagen zum Kauf des Margarethen-Hofs in: GLAK 69 von Türckheim 1 Nr. 642, 643 und 1266.

56 Unterlagen zum Kauf Orschweiers in: GLAK 69 von Türckheim 1 Nr. 2322 und 2677; GLAK 72 Nr. 8461. Vgl. auch: A. KÖBELE/K. SIEFERT, Ortssippenbuch Mahlberg-Orschweier (Badische Ortssippenbücher 39), Grafenhausen 1977, S. 438.

57 Vgl. zu Altdorf: GLAK 69 von Türckheim 1 Nr. 162.

58 Vgl. zu Bosenstein: GLAK 69 von Türckheim 1 Nr. 474, 475, 493, 502, 512, 950 und 2505.

59 Vgl. zu Rohrburg: GLAK 69 von Türckheim 1 Nr. 201, 620 und 2491.

60 Vgl. dazu v.a. die zahlreichen Unterlagen im Familienarchiv: GLAK 69 von Türckheim 1.

2.3 Freiherr Johann V. von Türckheim (1749–1824)

Freiherr Johann V. von Türckheim war nicht nur derjenige, der den Grundstock des Familienbesitzes in der Ortenau legte, er war auch derjenige, der die Aufnahme der Familie in die Reichsritterschaft der Ortenau erfolgreich betrieb[61] (*Tafel IIb*).

Er wurde 1749 in Straßburg geboren, studierte an der dortigen Universität Jura – zeitgleich mit dem jungen Goethe – und entschied sich dann gegen eine Tätigkeit im väterlichen Bankhaus und für eine Laufbahn in der Regierung der Stadt Straßburg. Zunächst übernahm er Ämter in der renommierten Zunft zum Spiegel, dann in der Stadtverwaltung, 1776 wurde er Ammeister – also Bürgermeister. Er vertrat die Stadt 1787 in der Provinzialversammlung des Elsass und 1789 in der Nationalversammlung in Versailles.

Mit Beginn der Französischen Revolution zog sich Türckheim 1789 von allen seinen Straßburger Ämtern zurück und begab sich auf seine rechtsrheinischen Besitzungen in der Ortenau. Die letzten Jahre des Heiligen Römischen Reichs Deutscher Nation verbrachte er als Gesandter in den Diensten verschiedener sächsischer und hessischer Reichsfürsten. 1814/15 nahm er als Abgeordneter Hessen-Darmstadts am Wiener Kongress teil, 1819 ging er als Gesandter der protestantischen deutschen Mittelstaaten nach Rom im Kontext der Errichtung neuer Diözesen nach der Säkularisation. Neben seinen politischen Ämtern war er stets kulturell interessiert und aktiv. In Straßburg war er prägend am spätaufklärerischen Geistesleben der Stadt beteiligt, später in der Ortenau wurde er schriftstellerisch aktiv[62]. Er starb 1824 im Alter von 74 Jahren auf seinem Gut Altdorf in der Ortenau.

---

61 Vgl. zu seiner Biographie: F. VON WEECH, Johann Freiherr von Türckheim, in: ders. (Hg.), Badische Biographien 2, Heidelberg 1875, S. 364–366; J. RATHGEBER, Elsässische Geschichtsbilder aus der französischen Revolutionszeit – Ein Beitrag zur elsässischen Sittengeschichte, Basel 1886, S. 187f; J. RATHGEBER, Der große Markgraf und seine elsässischen Minister – Von Andlaw, von Berckheim, von Berstett, von Gayling von Altheim und von Türckheim, Straßburg 1887, S. 45f; A. KRIEGER, Johann Freiherr von Türckheim, in: ADB 54/1908, S. 717–719; E. SITZMANN, Dictionnaire de biographie des hommes célèbres de l'Alsace depuis les temps les plus reculés jusqu'à nos jours 2: K-Z, Rixheim 1910, S. 896f; J. KELLER, Réflexions à l'Assemblée Nationale du premier député de Strasbourg, Jean de Turckheim et présentation des lettres à sa famille (6 mai - 7 octobre 1789), in: Révolution Française 1988–1989 (Actes des 113e et 114e congrès nationaux des sociétés savantes – Section d'histoire moderne et contemporaine), Paris 1991, S. 397–403; J. KELLER, Jean de Türckheim, un Européen convaincu, un démocrate déçu, in: H. WUNDERLICH/J. MONDOT (Hgg.), Deutsch-französische Begegnungen am Rhein 1700–1789 (Beiträge zur Geschichte der Literatur und Kunst des 18. Jahrhunderts 12), Heidelberg 1994, S. 133–146; J. KELLER/H. GEORGER-VOGT, Turckheim, in: J.-P. KINTZ (Hg.), Nouveau dictionnaire de biographie alsacienne 37, Straßburg 2001, S. 3921–3924; J. BRÜSER, Eine ehrenvolle aber fürchterliche Aufgabe – Freiherr Johann von Türckheim als Straßburger Abgeordneter auf der Nationalversammlung 1789 in Versailles, in: ZGO 160 (2012), S. 411–435; J. BRÜSER, Zwei zerstrittene Gesandte – Die Gesandtschaft der Freiherren Johann V. von Türckheim und Philipp Moritz von Schmitz-Grollenburg nach Rom 1819 zur Errichtung der Oberrheinischen Kirchenprovinz, in: Freiburger Diözesanarchiv 132 (2012), S. 25–58; J. BRÜSER, Freiherr Johann V. von Türckheim – Straßburger Ammeister, Ortenauer Reichsritter und deutscher Diplomat – 1749–1824, in: R. BRÜNING/R. KEYLER (Hgg.), Lebensbilder aus Baden-Württemberg 24, Stuttgart 2013, S 128–153.

62 J. VON TÜRCKHEIM, Tablettes généalogiques des illustres maisons des ducs de Zaeringen, margraves et grands-ducs de Bade, Darmstadt 1810; J. VON TÜRCKHEIM, Histoire généalo-

3. Die Rezeption der Freiherren von Türckheim 1790

3.1 Der Rezeptionsantrag des Freiherr Johann V. von Türckheim 1788

Am Ende des Jahres 1787 kündigte Freiherr Johann von Türckheim dem reichsritterschaftlichen Direktorium der Ortenau an, dass er beabsichtigte, einen Aufnahmeantrag zu stellen. Er fühlte vorsichtig vor, ob die Aufnahme seiner Familie in die Reihen der Reichsritterschaft befürwortet würde und reichte erste Ahnenproben ein. Das Direktorium teilt ihm sofort mit, dass es seiner Aufnahme zustimmen würde[63]. Am 25. Februar 1788 wandte sich Johann V. von Türckheim von Straßburg aus an die Reichsritterschaft der Ortenau und bat nun offiziell um Aufnahme in deren Reihen: *Seit dem ich mehrere Güter in Euer Hochwürden, Hoch- und Hochwohlgebohren Ritter-Bezirk erkauft, so habe ich immer zum letzten Ziel meiner Wünsche den Vorzug gesetzt, mein Geschlecht in die Anzahl des unmittelbahren Reichs-Adels aufgenommen zu sehen*[64]. Dem eigentlichen Antrag legte er ein ausführliches Gutachten über seine Abstammung seit 1126, eine Ahnenprobe in Folio und Abschriften von drei Standeserhebungsdiplomen bei – für die Familie von Türckheim aus den Jahren 1552 und 1782, sowie für die Familie von Seufferheld, die Familie seiner Frau, aus dem Jahr 1711[65]. Zu guter Letzt fehlte natürlich auch nicht die Auflistung der ritterschaftlichen Güter, die sich in seinem Besitz befanden samt den Angaben über deren Wert[66].

Johann von Türckheim legte dar, dass seine Familie *im 15ten Jahrhundert nach Straßburg gekommen und zweyen Brüdern, die daselbst um die Mitte des 16ten* [Jahrhunderts] *obrigkeitliche Würden begleitet, ihr Adel durch offentliche Urkunden* [...] *bestätigt und erneuert worden*[67]. Dem Verdienst seines Vaters sei es dann zu danken gewesen, dass diesem *kayserliche Majestät nicht nur das Incolat und den alten Adel erneuert, sondern auch ihn und seine Nachkommen vor mehreren Jahren in den Reichs-Freyherren-Stand* [...] *erhoben hat*[68]. Auch der Familie seiner Gemahlin Johanna Klara Magdalena Dorothea von Seufferheld, die mit ihrem Vater ausgestorben sei, sei vor wenigen Jahren *der volle Genuß adelicher Vorrechte bestätigt worden*[69].

Allerdings konnte er die geforderte adlige Abstammung nicht vollständig vorweisen, was er auch in seinem Aufnahmeantrag einräumte: *Ich weiß, daß meinem Geschlecht ohnerachtet kayserlicher Erhebung in den Freyherren-Stand die Probe ebenbürtiger turniermäßiger Abstammung, somit die statutenmäßigen Ahnen abgehen, daß ich selbst*

---

gique de la maison souveraine de Hesse depuis les temps les plus reculés jusqu'à nos jours, 2 Bde., Straßburg 1819.

63 Protokoll des Kantons Ortenau vom 3. Dezember 1787; GLAK 69 von Türckheim 1 Nr. 104.

64 Aufnahmeantrag des Freiherrn Johann V. von Türckheim an den Kanton Ortenau vom 25. Februar 1788; GLAK 69 von Türckheim 1 Nr. 104, 2488 und 2490; HStAS B 572 Au Bü 954.

65 GLAK 69 von Türckheim 1 Nr. 2488 und 2490; HStAS B 572 Au Bü 954.

66 Verzeichnis der von Freiherr Johann V. von Türckheim erkauften Ortenauer Rittergüter vom 28. März 1788; GLAK 69 von Türckheim 1 Nr. 104.

67 Aufnahmeantrag des Freiherrn Johann V. von Türckheim an den Kanton Ortenau vom 25. Februar 1788; GLAK 69 von Türckheim 1 Nr. 104 und 2488.

68 Ebd.

69 Ebd.

noch in bürgerlichen, obwohl ehrenvollen Verhältnißen stehe, deren Aufgab eine stillschweigende Bedingnuß meiner Aufnahm seyn müßte[70]. In guter Kenntnis der geltenden Rechtslage berief er sich aber auf Paragraph 3 des Heilbronner Rezeptionsstatuts, der auch die Aufnahme neugeadelter Freiherren ermöglichte, und bat um Aufnahme. Er unterstützte diese rechtliche Argumentation auch durch politische Argumente: So habe er die Rittergüter Altdorf und Rohrburg aus dem Besitz Badens und Nassaus erworben und so wieder aus reichsfürstlichen in ritterschaftlichen Besitz überführt[71].

Eigentlich forderte das Aufnahmeverfahren beglaubigte Urkundenabschriften, um die Abstammung des Aufnahmekandidaten zu belegen. Türckheim hoffte zunächst auf einen Dispens von dieser Regel und wurde in diesem Ansinnen auch in der Reichsritterschaft unterstützt. Als dann aber der fränkische Kanton Gebürg darauf beharrte, blieb ihm nichts anderes übrig, als die geforderten Urkunden beizubringen. Dies stellte sich dann allerdings als nicht ganz unproblematisch dar: So schrieb er im November 1788 an die Reichsritterschaft, er könne den Taufschein seines Großvaters mütterlicherseits Johann Bernhard Henneberg nicht beibringen. Nach Auskunft des Durlacher Pfarrers seien die dortigen Taufbücher 1678 im Holländischen Krieg verbrannt. Alle anderen vierzehn Urkunden über Hochzeiten und Taufen in der Familie von Türckheim zwischen 1552 und 1749 hinterlegte er im November 1788 in Kehl[72], die dortige ritterschaftliche Kanzlei besorgte die beglaubigten Abschriften[73].

Keinerlei Probleme bereitete Türckheim die Aufnahmevoraussetzung, Besitzer eines Ritterguts innerhalb des Kantons Ortenau zu sein. Er übergab der Ritterschaft eine ausführliche Liste aller von ihm im Kanton erworbenen Rittergüter und deren Wert. Das wichtigste und größte Gut in seinem Besitz war Altdorf. Dieses war zuvor auf drei Besitzer aufgeteilt, Johann Türckheim vereinigte es nun wieder in der Hand eines einzelnen Besitzers. 1783 hatte er von der Familie von Aufenberg Gut und Burg mit Gärten, sowie ein Viertel des Dorfs aus Nassauer Lehen gekauft, 1786 von der Familie von Gail ein Viertel des Dorfs aus badischem Lehen. Über den Kauf des verbleibenden halben Dorfs aus Straßburger Besitz wurde 1788 noch verhandelt. Für die bereits abgeschlossenen Käufe hatte er insgesamt 62.714 Gulden bezahlt, in Meliorationen hatte er 10.000 Gulden investiert und den Straßburger Kauf schätzte er auf 50 bis 60.000 Gulden[74].

Das Rittergut Rohrburg hatte er 1784 vom Grafen von Weilnau für 41.500 Gulden erworben und für 18.000 Gulden dessen Gebiet arrondiert. Die Rittergüter Bosenstein und Horbach kamen 1787 für 14.800 Gulden aus dem Besitz der Freiherren von Stain an die Familie von Türckheim[75]. Ein Rittergut mit dem Mindestwert von 6.000 Reichsta-

70 Ebd.
71 Ebd.
72 Schreiben des Freiherrn Johann V. von Türckheim an den Kanton Ortenau vom 20. November 1788; GLAK 69 von Türckheim 1 Nr. 104; HStAS B 572 Au Bü 954.
73 Beglaubigte Abschriften der vierzehn Abstammungsurkunden und der Ahnenprobe vom 20. Dezember 1788; HStAS B 572 Au Bü 954.
74 Verzeichnis der von Freiherr Johann V. von Türckheim erkauften Ortenauer Rittergüter vom 28. März 1788; GLAK 69 von Türckheim 1 Nr. 104.
75 Ebd.

lern[76] nachzuweisen, stellte also für Johann von Türckheim 1788 kein Problem dar. 6.000 Reichstaler entsprachen 9.000 Gulden. Die Türckheimschen Rittergüter hatten insgesamt einen Wert von etwa 200.000 Gulden, also etwa 132.000 Reichstalern und damit mehr als das Zwanzigfache des geforderten Mindestwerts. Türckheim selbst bezifferte deren Wert in seinem Aufnahmeantrag lediglich auf 100.000 Reichstaler[77].

Knappe zwei Jahre nach seinem Aufnahmeantrag reichte Johann von Türckheim eine Aufstellung weiterer erworbener Rittergüter nach. Inzwischen habe er den Hörder- oder Margarethen-Hof zwischen Kehl und Marlen aus dem Besitz des Straßburger Agnes- und Margarethenklosters[78] *mit schwerem Geld erkauft*[79] und damit vor den Begehrlichkeiten Hessen-Hanaus für die Reichsritterschaft gerettet[80]. Gleichzeitig mit seinem Aufnahmeantrag bat Johann von Türckheim auch den Markgrafen Karl Friedrich von Baden um Unterstützung bei seinen Bemühungen, in die Reichsritterschaft der Ortenau aufgenommen zu werden. Diese bekam er aus Karlsruhe auch zugesichert[81].

3.2 Der Genehmigungsablauf in den Kreisen und Kantonen der Reichsritterschaft

Der im Februar 1788 gestellte Antrag ging im März bei der Reichsritterschaft der Ortenau ein und wurde auf der nächsten Direktoriumssitzung am 29. März 1788 in Schmieheim beraten[82]. Zu diesem Zeitpunkt bestand das Direktorium der Ortenauer Reichsritterschaft aus dem präsidierenden Direktorialrat Franz Ludwig Waldner von Freundstein und den vier Ritterräten Christian Ludwig Wurmser von Vendenheim, Leopold von Neuenstein, Christian Samson von Rathsamhausen und Johann Franz Heinrich Nikolaus von Bodeck und Elgau. Die ritterschaftliche Kanzlei befand sich in Kehl[83].

---

76 § 4 Heilbonner Rezeptionsstatut vom 16. Juni 1750; gedruckt in: HERRMANN (wie Anm. 19), S. VI.
Ebd., S. 51–55; HELLSTERN (wie Anm. 3), S. 195f.

77 Aufnahmeantrag des Freiherrn Johann V. von Türckheim an den Kanton Ortenau vom 25. Februar 1788; GLAK 69 von Türckheim 1 Nr. 104 und 2488.

78 Das Dominikanerinnenkloster St. Agnes und St. Margaretha entstand 1474 aus der Zusammenlegung der beiden Klöster St. Agnes und St. Margaretha. Zu Beginn der Französischen Revolution wurde das Kloster aufgelöst und sein Besitz zerschlagen, wovon Johann von Türckheim profitieren konnte. Vgl.: S. SCHMITT, Geistliche Frauen und städtische Welt – Kanonissen – Nonnen – Beginen und ihre Umwelt am Beispiel der Stadt Straßburg im Spätmittelalter (1250–1525) (ungedr. Habilitationsschrift), Mainz 2001.

79 Schreiben des Freiherrn Johann V. von Türckheim an den Kanton Ortenau vom 26. Januar 1790; GLAK 69 von Türckheim 1 Nr. 104.

80 Vgl. die Unterlagen zum Kauf in: GLAK 69 von Türckheim 1 Nr. 642, 643 und 1266.

81 Schreiben des Freiherrn Johann V. von Türckheim an den Markgrafen Karl Friedrich von Baden, o. D., und Antwortschreiben des Hof- und Regierungsrats Karl Friedrich Seubert vom 5. Mai 1788; GLAK 69 von Türckheim 1 Nr. 105.

82 Protokoll des Kantons Ortenau vom 29. März 1788; GLAK 69 von Türckheim 1 Nr. 104.

83 Herzoglich-wirtembergisches Adreß-Buch auf das Jahr 1788, nebst einem Anhang der freyen Reichritterschaft in Schwaben, Stuttgart 1788, S. 332; Herzoglich-wirtembergisches Adreß-Buch auf das Jahr 1789, nebst einem Anhang der freyen Reichritterschaft in Schwaben, Stuttgart 1789, S. 331. Auflistung aller Direktoriumsmitglieder der Reichsritterschaft der Ortenau zwischen 1474 und 1790; GLAK 69 von Türckheim 3 Nr. 349.

Das Direktorium prüfte nach Eingang den Antrag Johann von Türckheims und stellte fest, *daß er bey nahe 100 Tausend Thaler Besitzungen im Ritter-Bezürck habe*[84] und sich vorbildlich um diese Besitzungen kümmerte. Außerdem nahm das Direktorium die Abschriften der drei Adelsdiplome zur Kenntnis und kam zu dem Ergebnis Johann von Türckheim zur Aufnahme in die Reichsritterschaft zu empfehlen. Daraufhin leitete das Direktorium der Ortenau den Türckheimschen Antrag weiter nach Ehingen, also an das Direktorium des Kantons Donau, das innerhalb des Schwäbischen Ritterkreises koordinierende Aufgaben wahrnahm. Johann von Türckheim wurde nachdrücklich zur Aufnahme empfohlen: *Die in demselben* [Antrag] *angeführte Beweg-Gründe sind völlig wahr, mit Bescheidenheit vorgetragen u*[nd] *nicht geringe Verdienste um unser Ritter-Weßen*[85]. Eine schnelle Aufnahme sei wünschenswert, da sonst Gefahr bestehe, dass Türckheim das Interesse an der Reichsritterschaft verlieren und sich dem Fürsten von Nassau-Usingen als Vasall verpflichten könnte, dessen Geheimrat er bereits war. Von Ehingen aus wurde der Antrag mit der Empfehlung des Direktoriums der Ortenau an die anderen schwäbischen Kantone und an den fränkischen Ritterkreis weitergereicht[86]. Letzterer sollte die Unterlagen an die rheinische Direktion und die einzelnen fränkischen Kantone weiterleiten, was auch wenige Tage später geschah[87]. Damit war der im Februar in Kehl eingereichte Antrag Türckheims Ende Mai an alle Kantone der Reichsritterschaft in Schwaben, Franken und am Rhein weitergeleitet.

Im Laufe des Abstimmungsverfahrens ergaben sich auch Nachfragen. So monierte der fränkische Kanton Gebürg, dass Türckheim zwar seine Abstammung in einer Abhandlung und einer Ahnenprobe dargestellt, nicht aber *mit den erforderlichen Taufscheinen oder andern gleichgeltenden Bescheinigungen*[88]. belegt habe. Erst wenn diese vorlagen, wollte Gebürg seine Zustimmung geben[89]. Die Schwierigkeiten bei der Beschaffung dieser Belege sind bereits dargestellt worden. Türckheim reichte aber – soweit dies möglich war – die entsprechenden Belege nach[90]. Der Kanton Donau trat den fränkischen Kantonen gegenüber dafür ein, ob man *zu Beförderung dieser dem Löbl*[ichen] *Bezirk Ortenau sehr angelegenen Reception hierüber hätte hinausgegangen werden wollen*[91]. Die Ausnahme, auf die Belege zu verzichten, sei vertretbar, da *Chef, Kanzley und viele Mitglieder* [der Ortenauer Reichsritterschaft] *ihren Siz in Straßburg haben, den*

---

84 Protokoll des Kantons Ortenau vom 29. März 1788; GLAK 69 von Türckheim 1 Nr. 104.

85 Schreiben des Kantons Ortenau an den Kanton Donau vom 29. März 1788; HStAS B 572 Au Bü 954.

86 Schreiben des Kantons Donau an das fränkische Generaldirektorium und an die schwäbischen Kantone vom 10. Mai 1788; HStAS B 572 Au Bü 954.

87 Schreiben des fränkischen Generaldirektoriums an das rheinische Direktorium und die fränkischen Kantone vom 24. Mai 1788.

88 Schreiben des Kantons Gebürg an das fränkische Generaldirektorium vom 21. Juni 1788; HStAS B 572 Au Bü 954.

89 Schreiben der Kantone Odenwald und Gebürg an den Kanton Donau vom 28. Juni und 4. Juli 1788; GLAK 69 von Türckheim 1 Nr. 104.

90 Schreiben des Freiherrn Johann von Türckheim an den Kanton Ortenau vom 20. November 1788 mit beglaubigten Abschriften von 14 Urkunden und einer Ahnenprobe; HStAS B 572 Au Bü 954.

91 Schreiben des Kantons Donau an den Kanton Odenwald vom 19. Juli 1788; GLAK 69 von Türckheim 1 Nr. 104.

H[errn] *Aspirant persönlich kennen und von dessen Herkunft verlässige Wissenschaft haben*[92]. An anderer Stelle betonte das Direktorium der Ortenau, dass *seine Meriten, seine Gelehrsamkeit und Tugenden sattsam bekandt* [seien], *so daß an seiner Person nichts auszusezen ist*[93]. Und schließlich formulierte der Kanton Donau ganz direkt, dass es der Kanton Gebürg mit dieser Forderung *ein bisgen zu weit getrieben* habe.[94]

Wie bereits dargestellt, hinterlegte Johann von Türckheim im November 1788 vierzehn Urkunden über Hochzeiten und Taufen in der Familie von Türckheim zwischen 1552 und 1749 bei der Reichsritterschaft der Ortenau[95]. Diese ließ Abschriften anfertigen und beglaubigen[96]. Wie auch der ursprüngliche Antrag wurden die Urkundenabschriften nach Ehingen in die Kanzlei des Kantons Donau übersandt[97] und von dort nach Franken weitergeleitet[98], *wodurch dann das Desiderium des löblichen Cantons Gebürg erfüllet*[99] war.

Bis Juli 1788 hatten alle schwäbischen Kantone dem Aufnahmeantrag zugestimmt[100] und so konnte der Kanton Donau dem Kanton Ortenau mitteilen, *daß über das freyherrl*[iche] *von Türckheimsche Receptions-Gesuch die schwäb*[ischen] *Abstimmungen einhellig zu Gunsten des Herrn Aspiranten* [...] *ausgefallen«*[101] waren. Als Bedingung wurde Türckheim aufgegeben, *sich von dem bürgerl*[ichen] *Nexu zu Colmar und Straßburg loszumachen*[102]. Bis Ende August 1788 hatten bis auf den Kanton Gebürg, der auf dem Nachweis der Abstammungsurkunden insistierte, auch alle fränkischen Kantone der Aufnahme zugestimmt[103].

Im Januar 1790 – also knapp zwei Jahre nach dem Aufnahmeantrag – wandte sich Johann von Türckheim wieder an das Direktorium der Ortenau und bat um Beschleu-

---

92 Ebd.

93 Protokoll des Kantons Ortenau vom 3. Dezember 1787; GLAK 69 von Türckheim 1 Nr. 104.

94 Schreiben des Kantons Donau an den Kanton Ortenau vom 19. Juli 1788; GLAK 69 von Türckheim 1 Nr. 104; HStAS B 572 Au Bü 954.

95 Schreiben des Freiherrn Johann V. von Türckheim an den Kanton Ortenau vom 20. November 1788; GLAK 69 von Türckheim 1 Nr. 104; HStAS B 572 Au Bü 954.

96 Beglaubigte Abschriften der vierzehn Abstammungsurkunden und der Ahnenprobe vom 20. Dezember 1788; HStAS B 572 Au Bü 954.

97 Schreiben des Kantons Ortenau an den Kanton Donau vom 20. Dezember 1788; HStAS B 572 Au Bü 954.

98 Schreiben des Kantons Donau an das fränkische Generaldirektorium vom 15. Januar 1788; HStAS B 572 Au Bü 954.

99 Schreiben des Kantons Ortenau an den Kanton Donau vom 20. Dezember 1788; HStAS B 572 Au Bü 954.

100 Schreiben des Kantons Kraichgau an den Kanton Donau vom 4. Juni 1788, Schreiben des Kantons Hegau-Allgäu-Bodensee an den Kanton Donau vom 21. Juni 1788, Schreiben des Kantons Kocher an den Kanton Donau vom 30. Juni 1788, Schreiben des Kantons Neckar-Schwarzwald an den Kanton Donau vom 4. Juli 1788, Schreiben des Kantons Donau an den Kanton Neckar-Schwarzwald vom 19. Juli 1788; GLAK 69 von Türckheim 1 Nr. 104; HStAS B 572 Au Bü 954.

101 Schreiben des Kantons Donau an den Kanton Ortenau vom 19. Juli 1788; GLAK 69 von Türckheim 1 Nr. 104; HStAS B 572 Au Bü 954.

102 Schreiben des Kantons Donau an den Kanton Ortenau vom 19. Juli 1788; GLAK 69 von Türckheim 1 Nr. 104; HStAS B 572 Au Bü 954.

103 Schreiben des Kantons Odenwald an den Kanton Donau vom 30. August 1788; GLAK 69 von Türckheim 1 Nr. 104.

nigung des Aufnahmeverfahrens. Er begründete dies wiederum mit den *nicht unbeträchtlichen Besizungen, die ich nach und nach mit schwerem Geld in Euer Freyhochwohlgebohren Ritterbezirk erworben und zum Theil aus fürstlichen Händen gerettet habe*[104]. Außerdem habe sich sein Bürgerrecht, dessen Aufgabe die Aufnahme in die Reichsritterschaft voraussetzte, ohnehin erledigt *durch Folge der traurigen Zeitläuften*[105] – also durch die Französische Revolution. Die Kanzlei des Kantons Donau stellte daraufhin fest, dass *allein noch das Votum des lobl*[ichen] *Canton Mittel-Rhein ausständig*[106] sei. Der Grund für die Verzögerung war recht banal: Das Zustimmungsschreiben des Kantons Mittelrhein war in der Post verloren gegangen. Während die anderen beiden Kantone Oberrhein und Niederrhein im April 1789 ihre Zustimmung gaben[107], hatte der Kanton Mittelrhein bereits im August 1788 entschieden[108]. Die Mitteilung der Zustimmung ging allerdings verloren, so dass sie auf Nachfrage im April 1790 nachgereicht wurde[109].

3.3 Die Türckheimsche Rezeption 1790

So zog sich die Antragsbearbeitung insgesamt über zwei Jahre hin. Johann von Türckheim hatte seinen Antrag am 25. Februar 1788 offiziell eingereicht – nach einer inoffiziellen Anfrage im November oder Dezember 1787. Die Genehmigung des Schwäbischen Ritterkreises wurde nach etwa fünf Monaten am 19. Juli 1788 erteilt, die des Fränkischen nach etwa sechs Monaten am 30. August 1788. Nachdem dann Ende April 1790 die erneut erteilte Genehmigung des Rheinischen Ritterkreises in der Ortenau eintraf, konnten Johann von Türckheim und seine Familie im Mai 1790 nach etwa 26 Monaten Antragsbearbeitung in die Reichsritterschaft der Ortenau aufgenommen werden.

Am 3. Mai 1790 leistete Johann von Türckheim in Kehl den in den Statuten der Reichsritterschaft vorgeschriebenen Handeid[110] und unterzeichnete das entsprechende Revers. Im Protokoll der Reichsritterschaft der Ortenau ist für den 3. Mai 1790 nachzulesen, Johann von Türckheim habe *das gewöhnliche Hand-Gelöbniß* [...] *abgelegt*[111], woraufhin er und seine Nachkommen in die Reichsritterschaft der Ortenau aufgenommen worden seien. Damit verpflichtete er sich, dem Kaiser *als dem alleinigen Oberhaupt*

---

104 Schreiben des Freiherrn Johann V. von Türckheim an den Kanton Ortenau vom 26. Januar 1790; GLAK 69 von Türckheim 1 Nr. 104; HStAS B 572 Au Bü 954.

105 Ebd.

106 Auszug aus dem Protokoll des Kantons Donau vom 11. Februar 1790; HStAS B 572 Au Bü 954.

107 Schreiben des Kantons Niederrhein an das fränkische Generaldirektorium vom 16. Juli 1789; GLAK 69 von Türckheim 1 Nr. 104; HStAS B 572 Au Bü 954.

108 Schreiben des Kantons Mittelrhein an den Kanton Niederrhein vom 22. August 1788; GLAK 69 von Türckheim 1 Nr. 104; HStAS B 572 Au Bü 954.

109 Schreiben des Kantons Mittelrhein an den Kanton Niederrhein vom 21. April 1790; GLAK 69 von Türckheim 1 Nr. 104; HStAS B 572 Au Bü 954.

110 Vorgeschrieben durch § 86 des ritterschaftlich Ortenauer Direktorialrezesses vom 1. Februar 1740; GLAK 69 von Türckheim 3 Nr. 218.

111 Protokoll des Kantons Ortenau vom 3. Mai 1790; GLAK 69 von Türckheim 1 Nr. 104.

der ohnmittelbaren freyen Reichs-Ritterschaft[112] Treue und Gefolgschaft zu leisten, die Rechte der Reichsritterschaft zu wahren und zu fördern sowie ein ehrenhaftes rittermäßiges Leben zu führen.

Daraufhin wurde ihm die Pergamenturkunde über seine Aufnahme in die Reichsritterschaft der Ortenau überreicht[113]. Darin wird er betont als Herr vierer reichsunmittelbarer Güter genannt – Altdorf, Rohrburg, Bosenstein und Kalenberg. Weiter ist dort zu lesen, dass er *bei unserm Bezirk mit ansehnlichen Rittergütern bereits angesessen und willens ist, sich noch weiters zu begütern, überhaupt auch zu des Reichs Ritterschaft Ersprießlichkeit seines Orts alles mögliche beizutragen geneigt und erbietig ist*[114]. Auch alle weiteren Aufnahmevoraussetzungen neben reichsunmittelbarem Gutsbesitz werden aufgeführt: Antragstellung, Gebührenentrichtung und adlige Herkunft. Mit der Aufnahme erhielt er Sitz und Stimme auf den Ritterkonventen der Ortenau und verpflichtete sich zur Zahlung der reichsritterschaftlichen Steuern.

Somit hatte Freiherr Johann V. von Türckheim nach einem Verfahren von über zwei Jahren die Aufnahme seiner Familie in die Reichsritterschaft der Ortenau erreicht. Profitieren konnte die Familie von dieser Statuserhöhung im Rahmen des Alten Reichs nicht mehr allzu lange. Ihre reichsunmittelbare Stellung verloren sie nach gut fünfzehn Jahren mit der Mediatisierung im Dezember 1805 und wurden so zu einer Familie des landsässigen Adels des zu gründenden badischen Großherzogtums. Viele ihrer Vorrechte als Mitglieder der ehemaligen Reichsritterschaft konnte die Familie allerdings noch bis 1824 bzw. 1848 ausüben[115].

112 Revers des Freiherrn Johann V. von Türckheim auf die Reichsritterschaft vom 3. Mai 1790; GLAK 69 von Türckheim 1 Nr. 103, 104 und 105.

113 Urkunde über die Aufnahme der Freiherren von Türckheim in die Reichsritterschaft der Ortenau vom 3. Mai 1790; GLAK 69 von Türckheim 1 Nr. 105.

114 Ebd.

115 M. Furtwängler, Die Standesherren in Baden (1806–1848) – Politische und soziale Verhaltensweisen einer bedrängten Elite (Europäische Hochschulschriften Reihe 3/693), Frankfurt am Main 1996.

Späte Ehre.
Das Ordens-Kreuz der Schwäbischen Reichsritterschaft

VON HENNING VOLLE

Von »alten Zeiten« [1] her wurde von der schwäbischen Reichsritterschaft ein Ritterzeichen getragen Es bestand aus einer goldenen Kette, an welcher der St. Georgschild und unter diesem das Kantonszeichen hing. Auf dem Rittertag in Ulm am 15. Juli 1789 wurde die Einführung einer Uniform beschlossen und die Absicht zum Ausdruck gebracht »für das Ritterzeichen Einförmigkeit einzuführen«. Mit der Stiftung des Zeichens am 16. Juli 1793 wurde das Vorhaben realisiert, »für die Bestätigung der Statuten und die

1 F. von GAISBERG-SCHÖCKINGEN, Die Schwäbischen Adelsdekorationen. Aktenauszüge aus dem Reichsritterschaftlichen Archiv zu Ludwigsburg und aus dem Ministerium des Innern zu Stuttgart,.Berlin 1898,S. 1f, hier auch die nächsten Zitate. Im Folgenden soll es lediglich um Aussehen und Überlieferung des Ordenskreuzes gehen. Die Errichtung des Ordens an sich, die Selbstvergewisserung des reichsunmittelbaren Adels am Ende des Alten Reichs, die Verknüpfung traditioneller adliger Tugendlehren mit den Idealen der Aufklärung (wie sie die Ordensstatuten von 1794 ausführlich formulierten) ließe sich nur im weiteren Rahmen der allgemeinen Geschichte des reichsfreien Adels darstellen. Der Ortenauer Ritterschaftsbezirk musste zwar nicht nur die Rituale von Qualifikationsnachweis, Aufnahme, äußeren Formen (Uniform, Platzierung des großen und kleinen Zeichens, Trauerregeln usw.) für sich umsetzen, sondern hatte ebenso die philantropischen Anforderungen des Ordens zu erfüllen, die Errichtung eines Fräuleinstifts und einer Knaben-Erziehungsanstalt – und hier war die Zurückhaltung während der Kriegsjahre doch größer als in manchen anderen Kantonen, die entweder schon Stifte besaßen (wie Kocher oder Kraichgau, vgl. TH. SCHULZ Der Kanton Kocher der Schwäbischen Reichsritterschaft 1542–1805 (Esslinger Studien 7), Sigmaringen 1986, S. 256ff. bzw. K. KRIMM/H. MAAG, Adler und Dornenkranz. 275 Jahre Kraichgauer Adeliges Damenstift, Bretten 1993) oder dafür bis 1805 zumindest beträchtliche Summen sammelten (wie Odenwald, vgl. W. von STETTEN, Die Rechtsstellung der unmittelbaren freien Reichsritterschaft, ihre Mediatisierung und ihre Stellung in den neuen Landen, dargestellt am fränkischen Kanton Odenwald (Forschungen aus Württembergisch Franken 8), o.O., o.J. Diss. Würzburg 1972, S. 99ff.). Trotzdem war auch in der Ortenau der Andrang groß; bereits bei der ersten Sitzung vom 4. Oktober 1794, auf der sich die fünf Direktorialräte feierlich als Ordenskapitel konstituierten, warteten 8 Aspiranten, weitere 18 reichten ihr Aufnahmegesuch schriftlich ein (vgl. GLA 69 von Türckheim-3 Nr. 330) und noch bis zum Februar 1805 rissen die Aufnahmeanträge nicht ab (vgl. a.a.O. Nr. 333 und 334). Ein Indiz für die besondere Bedeutung des Ordens im Selbstverständnis der Ritterschaft dürfte auch sein, dass die Ordensakten des Ortenauer Bezirks bei der Mediatisierung nicht dem Staat überlassen, sondern mit wichtigen Teilen des Archivs nach Altdorf in das Türckheimsche Archiv gerettet wurden.

Abb. 1 Muster des Ordenskreuzes im Dekret Kaiser Franz' II. vom 16. Juli 1793 (GLA 69 von Türckheim-3 Nr. 329)

Ertheilung eines Kaiserlichen Ordenzeichens« wurde am 27. Januar 1794 eine Taxe von 10.000 fl bezahlt. Nach Eingang des Kaiserlichen Diploms wurden von diesem Abschriften angefertigt und den einzelnen Kantonen sowie dem Bezirk Ortenau übergeben. Einer Farbtafel konnte das Aussehen des Ordenskreuzes entnommen werden[2]. Über die Maße des Kreuzes wurden keine Angaben gemacht. Das Ordenskreuz wurde beschrieben *als nemlich ein weisses goldeingefasstes weißes Maltheser-Kreuz, auf der Vorderseite belegt mit dem schwarzen doppelten, und mit der Kaiserl. Hauss-Krone be-*

2 Ebda. S. 14.

Abb. 2 Zweites Siegel des Ortenauer Ordenssekretariats, 1795 (GLA 69 von Türckheim-3 Nr. 330)

deckten Reichs-Adler, das blose Schwerdt, mit goldenem Griffe in der rechten, und dem goldenen Scepter in der linken goldenen Klaue haltend, und auf dessen Brust der heil. Ritter Georg, einen Drachen erlegend, von gediegenem Golde, auf einer blau goldeingefassten Schmelz Arbeit erscheint. Die Rückseite ist mit einem runden blauen mit Golde eingefassten Schild belegt, worinn jeden Kantons Wappen zu stehen kommt, und auf welchem zwischen den zwey goldenen Einfassungen die Worte: »Standhaft, und Aufrichtig« im Gold zu lesen sind[3] (*Abb. 1*).

Die Ordenskreuze wurden von den Kantonen angeschafft und gegen Erstattung der Kosten ausgegeben:

Wenn das Große Kreuz begehrt wird, dafür	*88 fl.*
Wird aber nur das kleine verlangt, dafür	*55 fl.*
Für 1 1/2 Ehle breites Ordens-Band à 2 fl. 8 kr	*3 fl. 12 kr*
1 ½ Ehle schmales à 1 fl. 4 kr.	*1 fl. 36 kr.*[4]

Nach dem Vorbild des Ordenskreuzes ließ der Ritterbezirk Ortenau auch die Siegel seiner Ordenskanzlei anfertigen (*Abb. 2*).

3 Zit. nach K.-H. Roth von Schreckenstein, Geschichte der ehemaligen freien Reichsritterschaft in Schwaben, Franken und am Rheinstrome, Bd. 2,1, Tübingen 1862,. S. 589. Der Bezirk Ortenau bezog seine Kreuze aus der badischen Silbermetropole, aus Pforzheim; beim ersten Kapitel im Oktober 1794 stand die Lieferung noch aus, vgl. GLA 69 von Türckheim-3 Nr. 330.

4 Zit. nach Gaisberg-Schöckingen (wie Anm. 1), S. 16/22.

Nur etwas mehr als ein Jahrzehnt konnten sich die Reichsritter der Auszeichnung erfreuen. Infolge der politischen Umwälzungen zu Beginn 19. Jahrhunderts endete deren reichsunmittelbare Stellung de jure 1806 durch die Rheinbundakte. Bereits zuvor hatten sich die Königreiche Württemberg und Bayern sowie die Großherzogtümer Baden, Hessen und Würzburg mit französischer Hilfe, ohne österreichische Einmischung befürchten zu müssen, die reichsritterlichen Besitzungen zwangsweise einverleibt. Der Wille der neuen Landesherren, das Selbstbewusstsein der Mediatisierten zu brechen, war ausgeprägt.[5], noch stärker als in Baden in Württemberg, wo die Ordenszeichen 1806 eingezogen wurden. So haben sich nur wenige Ordenskreuze bei den Eigentümern erhalten, etwa im Besitz der Freiherren von Ow zu Wachendorf (*Tafel III a+b*).

Wohl als Ersatz stiftete König Friedrich von Württemberg 1806 eine Adelsdekoration für die ehemaligen Reichsritter und den landsässigen Adel. Das sehr bescheiden gestaltete Kreuz wurde noch bis 1817 verliehen, eine besondere Auszeichnung für den Adel in Württemberg gab es dann nicht mehr. Komfortablere Absichten hatte Großherzog Karl Friedrich von Baden. In den Jahren 1807/1808 wurde die Errichtung eines Ordens für den grundherrlichen Adel im Großherzogtum Baden geplant und ein aufwendig gestaltetes Halskreuz mit Bruststern entworfen, doch das Projekt dann nicht weiter verfolgt[6].

Dem Verfasser sind aktuell acht Kreuze bekannt, entweder real vorhanden oder fotografisch dokumentiert[7]. Neben den in den Statuten beschriebenen Ausführungen –die Halsdekoration mit ca. 40 mm Breite und die Kopflochdekoration mit ca. 28 mm – sind auch Kreuze mit 48 mm Breite bekannt. Sie werden als Kreuze für Familienoberhäupter bezeichnet, wofür Quellen allerdings fehlen. In den Statuten ist das Aussehen der Kreuze beschrieben, jedoch sind Abweichungen bekannt: Dem Adler der Vorderseite kann die Nimbierung fehlen, die Hauskrone kann »modernisiert« sein. Die Inschrift *Standhaft, und Aufrichtig* der Rückseite kann um das Medaillon mit dem Wappen des betreffenden Kantons oder auf den Kreuzarmen angebracht sein (*Tafel IV a–d*). Warum im Ow'schen Exemplar auf der Rückseite statt des Kantonswappens ein Kavalier mit Hund und Schmetterlingen zu sehen ist, ist noch zu deuten.

Abweichend von den Kreuzen der anderen Kantone ist bei dem des Ritterbezirks Ortenau auf dem Revers-Medaillon die Inschrift R[eichs]/ RITTER/ SCHAFT/ ORTENAU angebracht. Das Wappen des Bezirks entsprach der Darstellung auf der Avers-Seite (Doppeladler mit Krone). Offensichtlich wollte man zwei gleiche Darstellungen vermeiden und verwendete die Inschrift. Zwei Kreuze dieser Art sind aus der Ortenau bekannt (*Tafel V–VI*)[8].

---

5 Vgl. beispielhaft K. ANDERMANN, In Angelegenheiten der Ritterschaft. Das Leben des Reichsritters Philipp von Gemmingen-Guttenberg [1702–1785] im Spiegel seiner Guttenberger Chronik,. Obrigheim 1986, S. 18–19.

6 Vgl. GLA 60/1086.

7 Für freundliche Hilfsbereitschaft bei Recherche, Identifikation und Aufnahmen danke ich Jörg Lusch, Dr. Matthias Ohm (Württembergisches Landesmuseum), Burkhard von Ow-Wachendorf, Sven Rothmann und Hans Eberhard von Türckheim zu Altdorf.

8 Abb. 7–8 in Privatbesitz, Abb. 9–10 aus H. HUBER, Wappenbuch Ortenaukreis, Konstanz 1987, Tafel. I und II. Die Vorlage aus dem Besitz des verstorbenen fürstenbergischen Archivars Georg Goerlipp ist heute verschollen.

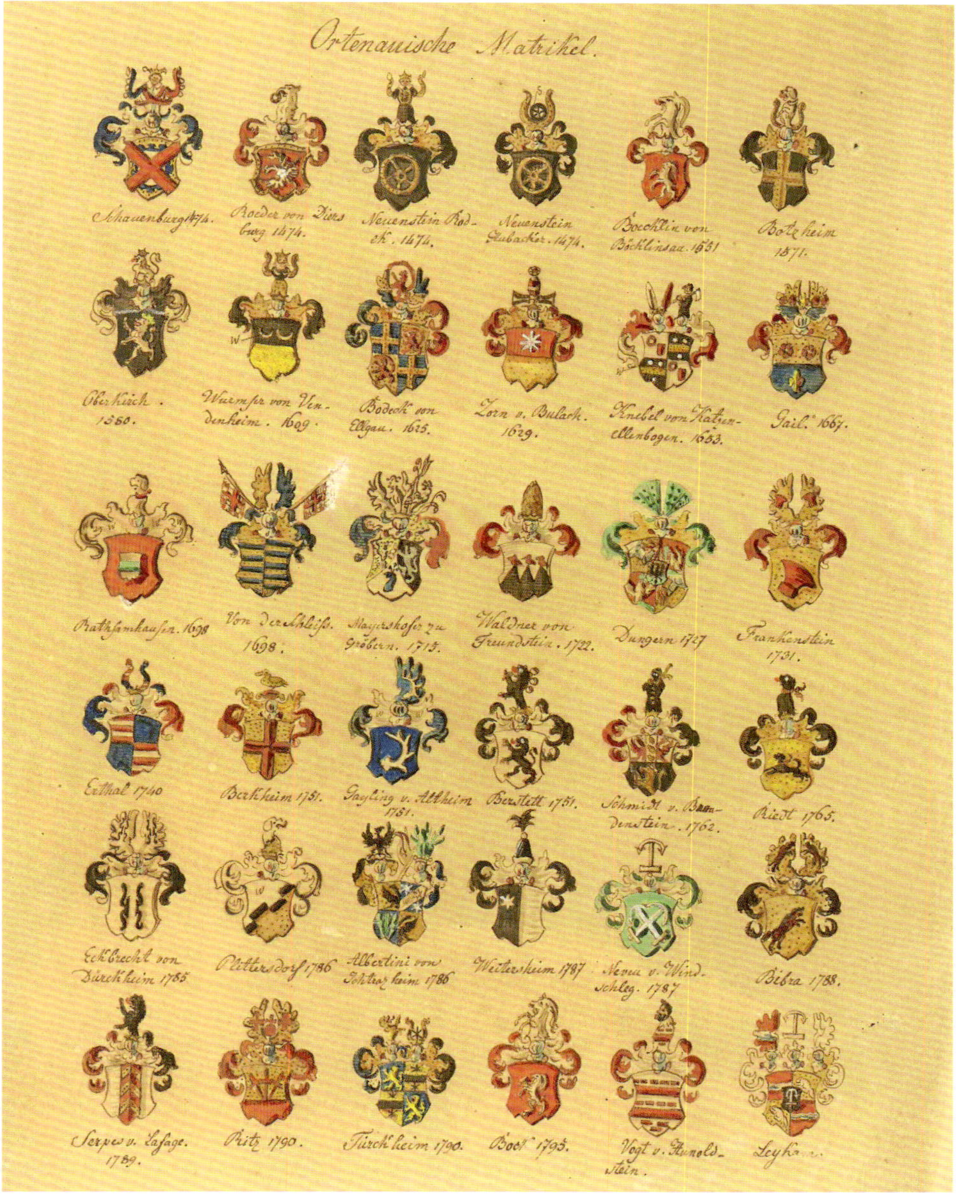

Tafel I Wappen von in der Ortenau immatrikulierten Familien (GLA 69 von Türckheim 1/2933) Die 36 Wappen – vielleicht von Johann V. von Türckheim gemalt – zeigen Familien, die zwischen 1474 und 1795 in die Reichsritterschaft der Ortenau immatrikuliert wurden (Türckheim: unterste Reihe, 3. v.l.).

Tafel II a Wappen der Reichsfreiherren von Türckheim, 1782 (GLA 69 von Türckheim 2/128) Kaiser Joseph II. erhob die Familie von Türckheim zu Reichsfreiherren. Teil der Urkunde zur Standeserhebung ist das Familienwappen mit Helmzier und Freiherrenkrone.

Tafel II b Freiherr Johann V. von Türckheim (Lithographie von (Franz Xaver?) Winterhalter nach einem Gemälde, um 1830, Privatbesitz) Johann V. verließ Straßburg 1789 und ließ sich im rechtsrheinischen Altdorf nieder. 1790 erreichte er für seine Familie die Aufnahme in die Reichsritterschaft.

Tafel III a+b Ordenskreuz für Reichsfreiherr Josef Wunibald von Ow-Wachendorf (1747–1814), Fürstbischöflich Konstanzer Geheimer Rat und Hofmarschall, kurfürstlich-mainzischer Kämmerer zu Meersburg, verliehen am 14. März 1795. Avers: Nimbierter Doppeladler mit realistischer Darstellung der kaiserlichen Hauskrone. Revers: Schrift auf den Kreuzarmen, Wappen des Kantons Neckar-Schwarzwald. Ovales Medaillon, Breite 48mm (Privatbesitz)

Tafel IV a–d Ordenskreuze im Bestand des Württembergischen Landesmuseums mit dem Wappen des Kantons Donau auf der Rückseite.
Provenienz: Familie Schertel von Burtenbach.
Links: Halsdekoration, ca. 40 mm breit, Adler nicht nimbiert, Schrift „Standhaft, und Aufrichtig“ um das Medaillon
Rechts: Verkleinerte, im Knopfloch zu tragende, Ausführung des Kreuzes, ca. 28 mm breit. Besonderheiten wie vor.

Tafel V a+b Ordenskreuz der Reichsritterschaft in der Ortenau mit nicht-nimbierten Adler mit einer weiter veränderten Hauskrone. Die Inschrift „Standhaft, und Aufrichtig“ ist auf den Kreuzarmen angebracht. Privatbesitz

Tafel VI a+b Ordenskreuz der Reichsritterschaft in der Ortenau mit nicht-nimbierten Adler mit einer weiter veränderten Hauskrone. Die Inschrift „Standhaft, und Aufrichtig“ ist um das Medaillon angebracht. Original verschollen (s. Anm. 8), Nachdruck der Abb. mit freundlicher Genehmigung der SÜDKURIER GmbH

Tafel VII Einung der Ortenauer Ritterschaft von 1474, in den Ecken Nagellöcher zur Wandbefestigung in der Ritterschaftkanzlei (Gla 69 von Türckheim-3 Nr. 31, Aufn. GLA Karlsruhe)

Tafel VIII a Rust, Schloss der Böcklin von Böcklinsau, ehem. Archivgewölbe, 16. Jh. (Aufn. K.-H. Debacher, 2013)

Tafel VIII b Altdorf, Schloss der von Türckheim, Archivgewölbe, 18. Jh. (Aufn. H.-E. von Türckheim)

Späte Gäste. Die Ortenauer Reichsritter in der Reichsstadt Offenburg

VON WOLFGANG M. GALL

Vor über 25 Jahren, am 8. September 1989, traf im Offenburger Rathaus ein außergewöhnliches Schreiben ein. Der Adressat war kein geringerer als der damalige französische Staatspräsident François Mitterrand. Der Tag war für die Offenburger Stadtpolitik ein ganz besonderer: nach einer vierjährigen Umbauphase konnte das Ritterhaus in neuem Glanz mit Archiv und Museum wiedereröffnet werden. Der Eröffnungstermin war bewusst gewählt worden, denn 300 Jahre zuvor hatte die Stadt mit der völligen Zerstörung durch die Truppen des französischen Königs Ludwig XIV. ihre größte Katastrophe erleben müssen. Mitterands Schreiben bekam damit eine besondere europäische Note, zumal er explizit an dieses Ereignis mahnend erinnerte und gleichzeitig die Wichtigkeit der deutsch-französischen Versöhnung hervorhob[1]. Dass der symbolische Rückgriff auf das Datum des Stadtbrandes von 1689 darüber hinaus auch mit dem Schicksal des Ritterhauses und der Ortenauer Reichsritterschaft in Verbindung stehen hätte können, will der vorliegende Beitrag zeigen.

Eigentlich residierte die Ritterschaft in ihrem Ritterhaus-Domizil nur drei Jahre lang, zwischen 1804 bis 1806, dennoch hinterließ sie in der Offenburger Bürgerschaft einen nachhaltigen Eindruck. Trotz dieses recht kurzen Aufenthalts und zahlreicher »Nachmieter« blieb der Name »Ritterhaus« bis heute erhalten. 1822 änderten die Stadtoberen im Rahmen der Straßennamensreform sogar die wenig attraktive »Hundsgasse« in Ritterstraße um; ein Name, der zugegebenermaßen etwas vornehmer klingen mag[2]. Seit 1960 haben das städtische Museum und das Archiv im Ritterhaus ihr Zuhause gefunden, das Gebäude verwahrt heute die schriftliche und dingliche Überlieferung der Stadtgeschichte, das Ritterhaus ist im Bewusstsein der Bevölkerung heute stark verwurzelt[3].

---

1 StaO (Stadtarchiv Offenburg) 21/194. Glückwunschschreiben des Präsidenten der Republik Frankreich François Mitterand an die Stadt Offenburg zur Wiedereröffnung des Offenburger Museums.

2 Zur Geschichte des Ritterhauses: O. Kähni, Das Ritterhaus-Museum der Stadt Offenburg, in: Die Ortenau 50 (1970), S. 151–179.

3 Vgl. W.M. Gall, Städtische Kulturgeschichte(n) im Museum im Ritterhaus 2006 bis 2011, in: Badische Heimat 4 (2011), S. 600–610.

Trotz dieses nur etwa dreijährigen Aufenthalts führt der Titel des Beitrags »Späte Gäste« etwas in die Irre, denn Gäste waren die Ritter bereits in früheren Zeiten[4]. Seit Mitte des 18. Jahrhunderts unternahm das Direktorium der Ortenauer Reichsritterschaft mehrere Versuche, ein Ritterhaus in der Ortenau bzw. in der Reichsstadt Offenburg zu kaufen, zu mieten oder zu bauen. Tragischerweise führte die Immobiliensuche mit dem Kauf des Anwesens des verstorbenen Schultheißens von Rienecker erst zum Erfolg, als den Rittern unmittelbar das Schicksal der Mediatisierung drohte.

Um die Hintergründe für die »Ritterhaussuche« der Ortenauer Reichsritterschaft besser zu verstehen, ist es notwendig, zunächst einen kurzen Abstecher in die allgemeine politische Lage in der Region zu unternehmen. Die Ortenauer Reichsritterschaft verfügte über sowohl ausgeprägte rechts- als auch linksrheinische Beziehungen. 15 der 29 Familien des Ritterbezirks Ortenau stammten aus dem Elsass. Ein Großteil von ihnen besaß rechts und links des Rheins Besitz, darunter befanden sich Geschlechter, die gleichzeitig Mitglied in der nieder-elsässischen Ritterschaft waren, sowie Ritter, die in der Stadt Straßburg wohnten oder in Diensten des französischen Königs bzw. der Stadt Straßburg waren[5], wie beispielsweise Franz Carl Bock von Bloeßheim, der Stättmeister von Straßburg, Universitätskanzler und Mitglied der nieder-elsässischen Ritterschaft[6].

Der niedere Adel des Unterelsass hatte nach dem Westfälischen Frieden von 1648 zunächst bei den übrigen deutschen Ritterschaftsvereinigungen Rückhalt gesucht, um sich den französischen Forderungen zu entziehen. Als sich diese Hoffnungen zerschlugen, arrangierten sie sich unter Anerkennung der realpolitischen Gegebenheiten im Dezember 1680, noch vor der Einnahme Straßburgs, mit dem neuen Souverän. Alle Rechte und Pflichten blieben bewahrt und wurden im Mai 1779 erneut bestätigt[7]. Folglich gab es mit der französischen Krone im Laufe des 18. Jahrhundert keine größeren Probleme. Die für das Elsass typische Grenzkonstellation erlaubte es Adeligen bis zum Ausbruch der französischen Revolution, zwischen Habsburg und Bourbon in sozialer Hinsicht zu lavieren. Im pränationalistischen Jahrhundert wurde eine temporäre Loyalität geduldet, Parteienwechsel gehörte zur Normalität, Deutsche konnten am französischen Hof reüssieren und umgekehrt[8]. Das Selbstverständnis der adligen Familien war vor der franzö-

---

4 Siehe E. HILLENBRAND, Die *Ortenauer* Ritterschaft auf dem Weg zur Reichsritterschaft, in: *ZGO* 137 (1989), S. 241–257.

5 1790 wohnten 30% der Ortenauer Ritter in Straßburg, 24% waren in französischen Diensten. Die Angaben stammen aus dem im Familienarchiv von Neveu befindlichen *Verzeichnis sämtlicher Reichs-Ritterschaftlichen Ortenauischen incorborirt und immatriculirten Herren, Mitglieder nach alphabetischer Ordnung gefertigt Mense Aprilis 1790*, aus: StaO 23/625.

6 F. VARRENTRAP, Neues genealogisch-schematisches Reichs- und Staats-Handbuch auf das Jahr 1756, Frankfurt 1756, S. 505.

7 Am 1. August 1681 erkannten Kaiser und Reich vertraglich die Ausübung von *tous les droits de Souveraineté* durch Frankreich an, der Frieden von Rijswijk vom 30. Oktober 1697 bestätigte die Abtretung des Elsass in seiner gesamten politisch-geographischen Ausdehnung völkerrechtlich bindend. Vgl. D.-E. KHAN, Die deutschen Staatsgrenzen. Rechtshistorische Grundlagen und offene Rechtsfragen, Tübingen 2004, S. 528–546.

8 Vgl. E. PELZER, Der elsässische Adel im Spätfeudalismus. Tradition und Wandel einer regionalen Elite zwischen dem Westfälischen Frieden und der Revolution (1648–1790) (Ancien Régime Aufklärung und Revolution Bd. 21), München 1990, S. 47–58. Zur Besonderheit des nieder-elsässischen Ritterschaft vgl. A. OVERMANN, Die Reichsritterschaft im Unterelsass

sischen Revolution primär nicht national bestimmt, sondern orientierte sich, um den britischen Historiker Wiliam D. Godsey zu zitieren, auch am Kaiser[9]: »The chief organisational link for the he Lower Alsatian noblesse immédiate that in the seventeenth century had passen under French sovereignty and that had vague but real imperial ties.«

Will man den Akten der Ortenauer Reichsritterschaft Glauben schenken, befand sich deren Archiv zu Beginn des 18. Jahrhundert weiterhin in Straßburg[10]. Godsey vermutet, dass sich die Ortenauer Reichsritter in dem Ritterhausdirektorium des »corps de la noblesse immédiate de la basse-Alsace« aufhielten. »The »Crossfertilization occurred as well through the directorate of Ortenau, whose members mostly lived in Strasbourg, simultaneously sat on the directoire there, held patents in the French army, or owned estates in Alsace«[11].

Das Ritterhaus der nieder-elsässischen Reichsritter befand sich bis 1681 in Straßburg und für etwa ein Jahr auf dem Schloss zu Niederehenheim, nachdem die Ritter König Ludwig XIV. um eine Verlegung gebeten hatten. Der Beweggrund bestand darin, dass Straßburg im Gegensatz zum übrigen Elsass nicht unter dem Einfluss des Königs gestanden hatte[12]. Nach »Einverleibung der Stadt Straßburg in das Elsaß« beantragten die elsässischen Ritter am 7. Juli 1682 die Rückverlegung ihres Hauses nach Straßburg, *allwo es zu allen Zeiten gewesen und dessen meisten officianten sowol dem gemeinen Wesen zum Besten als zu ihrem eigenen Vortheil ihre ordinari Wohnungen allda haben (...)*[13]. 1685 verkauften die Ritter ihr Ritterhausgebäude, da ihnen der Platz nicht mehr ausgereicht hatte, und erwarben ein neues. Es handelt sich höchstwahrscheinlich um den Bau des heutigen Foyer de l'Etudiant Catholique an der place Saint-Étienne, die um 1763 *place du directoire de la Noblesse* hieß[14] und früher das *Ancien hotel Boecklin de Boecklinsau, puis du Directoire de la Noblesse de Basse-Alsace à Strasbourg Bas Rhin* war.

---

bis zum Beginn des Dreissigjährigen Krieges, in: ZGO 50 (1896), S. 570–637 sowie 51 (1897), S. 41–84.

9 W. D. Godsey, Nobles and Nation in Central Europe. Free Imperial Knights in the Age of Revolution, 1750–1850, Cambridge 2004, S. 7.

10 GLA 74/6841 a, vgl. *Pro Memoria* 29. Juli 1790.

11 Godsey, Nobles (wie Anm. 10), S. 82.

12 Vgl. J. P. Stupfel, Die Oberherrschaft und Oberlehensfähigkeit Kaisers und Reichs über die Reichsstädtische Landen, unmittelbare Territorien und Reichsstädte in Elsaß und Lothringen blos aus öffentlichen Acten und Friedensschlüssen bewiesen mit praktischen Anmerkungen über das Reichsgutachten vom 6. August 1791, Teutschland im November 1791, S. 11.; Königliches Patent wegen Verlegung des Unterelsäßischen Ritter-Rathes oder Directorii in die Stadt Straßburg, in: Statuts et privilèges de la noblesse franche et immediate de la basse Alsace, accordes par les anciens empereurs, confirmes et augmentes par le roy. Frey ohnmittelbare Ritterschaft im Untern Elsaß adeliche Ritter-Ordnung und theils kayserliche theils königliche ertheilte confirmirte und erweiterte PRIVILEGIA und Recripta, Straßburg 1753, S. 141; 146–147; S. 161ff.

13 STUPFEL, Die Oberherrschaft (wie Anm. 12), S. 146f.

14 Das alte Strassburg, vom 13. Jahrhundert bis zum Jahre 1870; geschichtliche Topographie nach den Urkunden und Chroniken, bearb. von A. Seyboth (1890) S. 233; vgl. auch Almanach d´Alsace pour l´année 1783, Straßbourg 1783, S. 197–199. In dem Haupt-Register für das Teutsche Reichs-Archiv, Leipzig 1722, S. 637 wird erwähnt, dass die niederelsässischen Reichsritter 1682 ihr Direktorium wieder nach Straßburg verlegten und 1685 das Gebäude verkauften und eine neues *Conventshaus* erwarben.

Erste Überlegungen der Ortenauer Ritterschaft, ein festes Domizil in der Ortenau zu suchen, führen ins Jahr 1766. Bereits zehn Jahre lang befand sich dort eine *Canzley im Dorf Kehl*, die im »Neuen genealogisch-schematischen Reichs- und Staats-Handbuch aus dem Jahr 1756« erstmals erwähnt wird[15]. 1766 beklagte sich der ritterschaftliche Sekretär Josef Stoll darüber, dass es in Kehl *alda theuerer* als in allen anderen Orten zu wohnen sei[16]. Kehl war für die Reichsritter kein feines Pflaster. Die Bewohner seien nicht begütert und müssten ihre Nahrung *von anderen Orten herholen*. Fremde Leute, *welche nach Straßburg ihren Handel führen und Kehl passieren*, seien meistens *teils mit Commissionen*, welche sie *für Straßburg zu machen haben*, beladen. Geschäfte seien daher nur *überteuert zu machen*. Außer den Wirtshäusern gäbe es nach Stolls Ansicht in Kehl keine Gebäude, in denen man wohnen könne und wenn, dann nur für teures Geld. Tatsächlich galt die Festung Kehl zu dieser Zeit weder als Wohnort noch für geschäftliche Niederlassungen attraktiv. Abgesehen von der fehlenden Infrastruktur besaß Kehl auch in anderen Belangen keinen guten Ruf. Versumpfte Festungsgräben verursachten in den Sommerzeiten regelmäßig gefährliches Fieber, von vielen Diebstählen war die Rede. Den größten Wirtschaftsbereich bildeten die 18 Wirtshäuser, die die größtenteils aus Straßburg stammenden Gäste beherbergten und bewirteten, in einigen trafen sich die Ritter zu ihren Konferenzen, so 1751 im Gasthaus »Zum Pflug«, 1787 im Gasthaus »Adler«. Nicht unbekannt blieb die Zusammenarbeit zwischen Wirten, wie der Wirt des »Schwarzen Ochsen«, und den örtlichen Diebesbanden. Die Ritter waren zudem unzufrieden mit den hohen Kosten der Unterbringung des Secretarius im Gebäude des markgräflichen Amtmanns Ignaz Boll, es kostete 1500 Gulden Miete, obwohl es nicht mehr als ein Drittel so viel wert gewesen war. Zudem war Boll so verschuldet, dass sein Haus versteigert wurde und er sich nach einer neuen Bleibe umsehen musste. Der Secretarius beabsichtigte daher, sein Domizil in Offenburg aufzuschlagen, von wo er auch bequemer zu seinen Gütern in Stadtnähe kommen könne. Zu den Kehler Konferenzen der Reichsritter glaubte Stoll von Offenburg aus über die Landstraße problemlos hinzukommen. Ein Umzug des Direktoriums nach Offenburg kam nicht zustande, da die Schreiben des Direktoriums in den Folgejahren weiterhin aus Kehl verschickt wurden.

1784 unternahm das Direktorium der Ortenauer Reichsritter einen konkreteren Versuch, ein rechtsrheinisches Ritterhaus zu bauen bzw. zu mieten[17]. Aus einem Schriftstück vom 9. Oktober 1784 geht hervor, dass die Reichsritter danach trachteten, so bald als möglich ein eigenes Ritterhaus anzuschaffen. Der namentlich nicht bekannte Verfasser spielte alle möglichen Alternativen durch und gab nebenbei eine aufschlussreiche Beschreibung des baulichen Zustands der Stadt Offenburg etwa hundert Jahre nach dem verheerenden Stadtbrand von 1689 ab.

---

15 F. VARRENTRAP, Handbuch (wie Anm. 6), S. 506 sowie laut F. VARRENTRAP, Neues genealogisch-schematisches Reichs- und Staats-Handbuch auf das Jahr 1770, Frankfurt 1770, S. 409, wird die Kanzlei 1770 im *Hornwerk Kehl* benannt.

16 GLA 127/337 *Verhandlungen über die Errichtung eines Ritterhauses in Kehl oder Offenburg*, hier: Schreiben des Secretarius Josef Stoll an den Präsidenten der Ortenauer Reichsritterschaft vom 19. Juli 1768.

17 GLA 127/337 (wie Anm. 16).

Der erste Vorschlag betraf das Wasserschloss Sternberg in Oberweier bei Friesenheim[18], das zum Verkauf stand. Dessen Bewohner waren im 14. Jahrhundert Lehensleute der Geroldsecker. In der Mitte des 17. Jahrhunderts wurde das Gebäude, immer noch umgeben von Mauer und Wassergraben, vermutlich neu errichtet oder instandgesetzt und 1791 zusammen mit den dazu gehörigen Liegenschaften versteigert. Als Nachteil Sternenbergs betrachteten die Ritter die zu geringe Größe. Ein weiterer Nachteil war die Übernachtungssituation, denn bei Versammlungen hätten die Ritter in dem eine halbe Stunde entfernten Dorf Friesenheim logieren müssen.

So gelangten die Ritter zur Überzeugung, dass ein Ritterhaus in einem der ritterschaftlichen Dörfer nicht gebaut werden könne, da die Ritter in Bauernhäusern übernachten und sich Möbel aus der Stadt besorgen müssten, was natürlich auf Dauer mit sehr vielen Umständen verbunden gewesen wäre. Auch die Lebenshaltungskosten auf dem Land störten die Ritter, heute würde man dies als »Standortfaktoren« bezeichnen: die Lebensmittel seien teurer, die Krankheitskosten höher und die Erziehung der Kinder der Officianten schwieriger. Bessere Bedingungen erwartete man in einer Ortenauer Stadt. Für die Stadt Lahr sprach die Existenz mehrerer ritterschaftlicher Häuser, die als Ritterhaus dienen könnten. Pech war für die Ritter, dass sich die Hochfürstliche Nassauische Regierung zu Wiesbaden bereits mehrfach negativ gegenüber einem Ritterhaus-Projekt geäußert hatte. Inzwischen wandten sich die Ritter auch wieder Kehl zu, nachdem sich dort die wirtschaftliche Lage spürbar verbessert hatte[19]. Für Kehl sprach die Vermutung der Ritter, dass der Markgraf den Rittern alle Freiheiten gewähren würde, die Kirchen und Schulen stünden für beide Konfessionen zur Verfügung. Außerdem würden die Anwälte aus Straßburg und die elsässischen Ritter die recht kurze Anreise sicherlich begrüßen. Das wichtigste Argument sprach gegen Kehl: dort fehlte die geeignete Immobilie. Schließlich blieb für die Ritter die Reichsstadt Offenburg übrig. Als Pluspunkte empfand man die günstige Lage und den geschützten Status der Stadt sowie die Tatsache, dass bereits drei ritterschaftliche Amtsleute in Offenburg wohnhaft waren. Das entscheidende Haupthindernis war jedoch die fehlende Religionstoleranz der Reichsstadt, da *kein anderer als der christlich-katholische Gottesdienst gehalten werden durfte* und die Beerdigung von Protestanten auf dem Friedhof untersagt war. Bereits 1591 hatte der Rat einstimmig beschlossen, nur noch demjenigen das Bürgerrecht zu verleihen, der sich zur *wahren römischen Kirche* bekannte[20]. Grundvoraussetzung für die gemischtkonfessionellen Ortenauer Ritter blieb die Erlaubnis, einen evangelischen Gottesdienst in dem geplanten Ritterhaus halten zu dürfen. Die Stadt, so die Ritter, würde *immer ein vorgebliches kaiserliches Privileg* vorschieben, wonach die Stadt die Erlaubnis habe, *nur katholisch zu sein*. Der Schultheiß sei aber ein toleranter Mensch[21]. Die schwierigere Frage war, den Offenburger Rat für sich zu gewinnen, da er, nach Aussage der Ritter, dem Aufenthalt der Reichsritterschaft in der Stadt gegenüber skep-

18 O. Kohler, Friesenheim, in: Die Ortenau 48 (1968), S. 87.

19 H. Stuewe, Festung, Stadt und Dorf Kehl 1771 bis 1815: Aufstieg, Blütezeit und Fall, in: Die Ortenau 80 (2000), S. 358–390.

20 Vgl. W.M. Gall, Kleine Geschichte der Stadt Offenburg, Karlsruhe 2013, S. 62.

21 Vgl. I. Schwanke, Fremde in Offenburg. Religiöse Minderheiten und Zuwanderer in der Frühen Neuzeit, Konstanz 2005 S. 45–52.

tisch eingestellt war. Die Stadt hatte mit der Landvogtei Ortenau, die in dem 1717 neu errichteten Königshof residierte, dauernd rechtliche Streitereien, das gleiche befürchteten die Räte im Falle des Einzugs der Reichsritter. Der Königshof zählte zu den nach dem Stadtbrand von 1689 neu errichteten Gebäuden. Die Stadt hatte 1689 nicht nur eine völlige bauliche Zerstörung, sondern *auch* einen enormen Bevölkerungsschwund zu verkraften[22]. Um 1700 zählte Offenburg 1620 Einwohner gegenüber ca. 2600 im Vergleich vor dem Stadtbrand und es sollte über ein Jahrhundert dauern, bis Offenburg den alten Bevölkerungsstand wieder erreichte. Die geflüchteten Einwohner, die in den benachbarten Tälern Schutz gesucht hatten, kehrten nur zögerlich in die Ruinen ihrer Stadt zurück. Mehrere öffentliche Gebäude wie »die Pfalz«, »die Laube«, die Stadttrotte, die »Obere Rossmühle« und die »Obere Badstube« konnten aus Geldmangel nicht mehr neu errichtet werden. Der Wiederaufbau privater Wohngebäude ging sehr schleppend voran, da die Bevölkerung völlig verarmt war. Im Ostteil der Stadt, zwischen Langer Straße und Stadtmauer gab es häufig nur mit Stroh gedeckte, einstöckige Häuschen, die über den erhalten gebliebenen Kellern schnell errichtet worden waren. Das 1697 zunächst als Provisorium errichtete Rathaus wurde 1741 endlich neu gebaut. Der Wiederaufbau der Pfarrkirche, deren gotischer Chor überdauert hatte, erstreckte sich über 90 Jahre und wurde erst 1791 mit der feierlichen Konsekration durch den Straßburger Weihbischof vollendet. Das über Jahrzehnte anhaltende kriegerische Debakel hinterließ in Offenburg nicht nur im baulichen, sondern auch im sozialen Bereich sichtbare Spuren. Im Gegensatz zur – wenn auch nicht gerade friedliebenden – spätmittelalterlichen Zeit, in der viele Händler am Fern- und Regionalhandel beteiligt waren, stieg die Stadt im Laufe des 18. Jahrhunderts zu einer typisch ländlichen Ackerbürgerstadt ab: Die 164 Handwerker produzierten fast ausschließlich für den städtischen Markt und die nähere Umgebung, die vermögende Oberschicht war stark dezimiert. 1702 zählten sich lediglich acht Mitglieder zur so genannten *adelichen gesellschaft*, wenn man bedenkt, dass auch Mediziner und Geistliche zu finden sind[23].

Dem Papier ist nebenbei zu entnehmen, dass sich vor dem Stadtbrand zwölf ritterschaftliche Häuser in der Stadt befanden. Von diesen sei lediglich das ehemalige *von Dahlbergische«*[24], jetzt *Frankensteinsche Anwesen*, erhalten geblieben, alle übrigen Hausplätze lagen 1784 noch *in Brandstätten* und überdies so, *dass sie für ein Ritterhaus nicht schicklich* wären. Da die Ritterschaft finanziell nicht in der Lage war, sich einen Neubau zu leisten, setzten sie ihre Immobiliensuche fort. Das erwähnte *Frankensteinsche Anwesen* verfügte nach Ansicht der Ritter über genügend Platz und lag günstig an der Hauptstraße. Man fand in der Bauruine einen *schön gewölbten Keller* vor und intakte Hauptfundamente. Auf dem Grundstück lagen zudem *viele Steine von verfallenen*

---

[22] vgl. E. Wolgast, Der Weg zum Pfälzischen Erbfolgekrieg und der Zerstörung der Stadt Offenburg und der Ortenau im Jahr 1689, in: Die Ortenau 69 (1989), S. 235–254 sowie W. M. Gall, Offenburg (wie Anm. 20), S. 80–90. Der Brand vom 9. September 1689 hatte lediglich das Kapuzinerkloster, zwei Häuser in der Kesselstraße sowie einzelne Gebäudeteile der Kirchen und Klöster unversehrt gelassen. Vgl. auch B. Jenisch, A. Gutmann, Archäologisches Stadtkataster Baden-Württemberg, Bd. 33, Offenburg 2007, S. 38–41.

[23] I. Schwanke (wie Anm. 22), S. 36.

[24] vgl. K. Andermann, Adel in der nördlichen Ortenau, in: Die Ortenau 82 (2002), S. 30; Kindler von Knobloch, Oberbadisches Geschlechterbuch, Bd. 1, Heidelberg 1898, S. 191f.

Mauern, allerdings fanden die Ritter in den Kellern noch *Hofweirer und Niederschopfheimer Weine*. Der Garten werde zudem von den Beamten *in locum solarii* genossen. Von Seiten der Stadt erwarteten die Ritter keine Schwierigkeiten, da der Platz als *ritterschaftlich* anerkannt sei und die Stadtoberen es sicherlich angesichts der finanziellen Gegebenheiten gerne sähe, wenn diese Brandstätte wieder aufgebaut werden würde.

Das zweite anvisierte Anwesen befand sich im Besitz des Reichsritters General von Ried[25]. Es war *nicht so weitläufig*, würde den ritterschaftlichen Bedürfnissen jedoch genügen, da es über *einen viel schöneren Hof und mehr Stallungen* verfügte. Das Gebäude befand sich in einer *großzügigen Lage* und man könne es mit den vorhandenen Möbeln kaufen. Das dritte, in der Hundsgasse gelegene Anwesen gehörte keinem Reichsritter, sondern dem vermögenden und einflussreichen Schultheißen Franz Georg Rienecker, das dieser im gleichen Jahr für sich erbauen ließ und neu bezogen hatte[26]. Das Haus sei nach Ansicht der Ritter sehr solide gebaut worden und verfüge über 17 Fenster. Man müsse nur die Scheuern verändern, Stallungen schaffen und einige Veränderungen am Garten vornehmen. Allerdings waren sich die Ortenauer Reichsritter im Klaren, dass Rienecker sein eben bezogenes pompöses Anwesen nicht ohne weiteres verkaufen würde. Die Reichsritter spekulierten eher auf die Zeit nach dessen Tod, denn sie kamen zur Ansicht, dass keines der sechs Kinder ein solch großes Haus dann übernehmen könnte. Das war eine kluge Einschätzung, denn nach dem Tod Rieneckers im Jahr 1800 trat dieser Fall tatsächlich ein.

Nach dieser eher ernüchternden Immobilienprüfung fassten die Reichsritter die Rahmenbedingungen für das Ritterhaus-Projekt nochmals zusammen. Das Ritterhaus sollte *ganz in Stein* gefasst sein, über einen *gewöhnlichen Hof* verfügen, in welchem *mehrere Equipagen* Platz hätten. Dazu verlangte man geräumige Stallungen, Heubühnen, Schöpfe, eine große Küche, Speisekammer und eine große Gesindestube für Versammlungen, einen schönen Speisesaal, einen Konferenzsaal, ein Archivgewölbe, Raum für die Kasse und schließlich eine Kanzleistube und ein Kabinett daneben. Zum Forderungskatalog gehörte ein zusätzlicher Wohnraum für fünf Personen, insbesondere für das ritterschaftliche Direktorium, drei Zimmer für deren Bedienstete, ein Schlafzimmer, ein *Cabinet* sowie eine Wohnung für zwei *Officianten* mit ihren Familien inklusive eine Wohnung für den Ritterboten. Doch die Pläne scheiterten, der Schriftverkehr des Direktoriums kam weiterhin aus Kehl, wo auch die Konvente weiterhin tagten.

Nach dem Ausbruch der französischen Revolution drei Jahre später veränderten sich die politischen Rahmenbedingungen grundlegend insbesondere für die niederelsässischen Ritter sowie die in Straßburg wohnenden Ortenauer Adligen. Mit dem Dekret vom 1. Oktober 1790 beseitigte die französische Nationalversammlung alle Enklaven, am 6. August 1791 hob sie die Ritterorden auf und stellte deren Mitglieder den anderen

---

25 G. Rommel: Die Freiherren von Ried in der Ortenau, Ortenau, 36 (1956), S. 206.

26 Zur Bedeutung der Familie Rienecker: R. Schimpf, Offenburg 1802–1847. Zwischen Reichsstadt und Revolution, Offenburg 1997, S. 39ff. Franz Georg Rienecker (1720–1800) machte schließlich von 1765 bis 1800 als Schultheiß Karriere und wurde 1792 in den Adelsstand erhoben. Er war es auch, der 1740 das spätere Ritterhaus in der Hundsgasse errichten ließ.

Untertanen gleich[27]. Die elsässischen Ritter sahen sich vor die Wahl gestellt, französische Staatsbürger zu werden oder deutsche Reichsritter zu bleiben. Die meisten zogen sich auf ihre rechtsrheinischen Güter zurück oder suchten in Deutschland Asyl. Nach dem Feldzug in der Champagne setzte Robespierre ihre Namen auf die Liste der Emigranten, die als Hochverräter mit dem Tode bedroht wurden. Ihre Güter wurden zunächst sequestriert, dann konfisziert, um den zugesagten Ersatzansprüchen aus dem Wege zu gehen. Alle Anverwandten der Emigranten mussten ihnen in die Verbannung folgen, ihre Beamten wurden für vogelfrei erklärt[28]. Der Versuch, die Ritter von der Emigrantenliste zu streichen scheiterte, nachdem das Direktorium des Niederrheinischen Departements am 22. April 1793 beschlossen hatte, dass die Streichung nur für diejenigen Adeligen gelten sollte, die seit dem 9. Mai 1792 ununterbrochen in Frankreich wohnten.

Die Kommunikation zwischen Straßburg und Kehl war nach der Verschärfung der Lage nur noch schwierig möglich und damit die Mitwirkung der elsässischen Ritter an den Entscheidungen des Direktoriums. Nachdem *wegen der französischen Verwirrungen* Direktorialrat von Bodeck sich in Worms und Direktorialrat von Berstett in Zweibrücken niedergelassen hatten, kommunizierten die Ortenauer Ritter links und rechts des Rheins nur noch über den in Straßburg wohnhaften Präsidenten von Neuenstein[29] sowie die beiden Direktorialräte von Berckheim[30] und von Schleiß.

Am 5. Juli 1792 hatte sich die Lage völlig verändert, als die Rheinbrücke auf der Straßburger Seite abgedeckt wurde[31]. Erst einige Tage später konnte ein Fahrtschiff eingerichtet werden. Die Überfahrt ging nur *mit guten Pässen, viel Aufwand und hohen Kosten*. Am 10. Juli schreibt von Berckheim aus Straßburg, dass die Ritter in ritterschaftlichen Angelegenheiten *besonders in publicis* nicht mehr votieren könnten und *dieser Abgang suppliert*, also ergänzt, werden müsse. Die beiden in Straßburg wohnenden Direktoriumsmitglieder von Neuenstein und von Berckheim berichten zwar, dass der Briefverkehr zwischen Straßburg und Kehl noch problemlos funktioniere und die Briefe von den französischen Behörden nicht kontrolliert werden würden. Der Ritterbote wusste wohl besser Bescheid, da er inzwischen seine von Kehl stammende Post auf dem *Straßburger Gemeindshaus* den Behörden vorlegen musste.

---

27 H. Müller, Der letzte Kampf der Reichsritterschaft um ihre Selbständigkeit (1790–1815), Berlin 1910; V. Press, Reichsritterschaft, in: Handbuch der Baden-Württembergischen Geschichte Bd. 2. Die Territorien des Alten Reichs, (Kommission für geschichtliche Landeskunde Baden-Württemberg) Stuttgart 1995, 808ff; E. Pelzer, Adel (wie Anm. 8), S. 282ff.

28 GLA 69 von Türckheim-3 Nr. 532 Verzeichnis der Mitglieder der Ritterschaft der Ortenau; Memoire der vertriebenen französischen Adligen. Es handelte sich um die Reichsritter Philipp Jacob Reinhard von Berstett, Franz Johann von Bodeck, Gervasius Heinrich Carl Ludwig Adam Serpes von Lafage, August Samson, Oberkirch, Christoph Philipp von Rathsamhausen, Johannes von Türckheim, Maximilian Constantin von Wurmser, Franz Otto von Wurmser, Dagobert Sigismund von Wurmser, R. Wangen, Domherr zu Arlesheim.

29 vgl. Kindler von Knobloch, Oberbadisches Geschlechterbuch Bd. 3, Heidelberg 1919, S. 206ff.

30 vgl. ebda. Bd. 1., Heidelberg 1898, S. 55ff.

31 GLA 69 von Türckheim-3 Nr. 343 Berichte des Konsulenten Christian Friedrich Sahler über die Auswirkungen der Französischen Revolution auf die Reichsritterschaft im Elsass, hier vom 30. August 1792; GLA 69 von Türckheim-3 Nr. 532 (wie Anm. 28).

Nicht allein die erschwerten Kommunikationsbedingungen und politischen Verwerfungen links des Rheins machten den Ortenauer Rittern zu schaffen. Sie erhielten jetzt starken politischen Druck aus Wien für ihr laxes Verhalten. Der in Offenburg wohnende Ortenauer Ritter General von Ried bekam dies bei seinem dortigen Aufenthalt zu spüren, als er sehr kritisch darauf angesprochen wurde, dass die *Ortenauer Directioriales und officiales* noch in Straßburg wohnten und selbst das Archiv dort verwahrt werde, obwohl zwei Jahre zuvor Baron von Schleiß versprochen hatte, nicht mehr mit Straßburg zu kommunizieren, bevor nicht Kanzlei und Archiv ins Deutsche Reich geschaffen wurden und sich nicht mehr in *Feindesland* befänden.

Nun musste die Ritterschaft unter dem Druck der Ereignisse handeln. Sie fassten Beschlüsse, die faktisch zu einer Trennung von den in Frankreich verbliebenen elsässischen Rittern führten. Aufgrund der Umstände wurden die Voten der in Straßburg und im Elsass wohnhaften *Ritterglieder, Directoriale, Ausschüsse* und auch des Syndikus Schoell suspendiert. Künftig sollten Protokolle und Akten nach Worms und Zweibrücken geschickt werden, wo sich die Freiherren von Berstett und von Bodeck aufhielten. Um handlungsfähig zu bleiben, entschied man sich, dass die ritterschaftlichen Entscheidungen künftig Direktorialrat von Schleiß und Ausschussmitglied von Röder *mit Zuzug von drei weiteren anwesenden Ritterschaftsmitgliedern* mehrheitlich treffen sollten. Bei Anwesenheit der beiden Direktorialräte von Bodeck und von Berstett sollten diese gemeinsam mit von Röder und von Schleiß bestimmen.

Nach der Zuspitzung der Lage in Straßburg war es für die Ortenauer Reichsritter um so dringlicher, eine schnelle Lösung bei der Immobiliensuche für ein rechtsrheinisches Ritterhaus zu finden. Zunächst sollten die Städte Lahr und Offenburg zur *Lehnung eines Ritter- oder Canzleyhauses* in Augenmerk genommen werden. Die Lage war verfahren, man bekommt den Eindruck, Ratlosigkeit und planloser Aktionismus machte sich breit. Aus einer anderen Quelle ist zu erfahren, dass sich der Ritterpräsident bereits 1789 an die Reichsstadt Offenburg mit der Bitte gewandt hatte, ein Ritterhaus bauen oder mieten zu können. Sein Ansinnen lehnte Offenburg weiterhin kühl ab: Diese wolle *keine Edelleute und keine anderen als der römisch katholischen Religion verwandte einnehmen*[32].

Der Ritterkonvent beschloss nun, 24.000 Gulden für den Kauf zur Verfügung zu stellen. Und ein weiteres Mal begannen die Ritter die Vor- und Nachteile der in Frage kommenden Standorte gegeneinander abzuwägen, obwohl sich die Lage über dem Rhein inzwischen weiter verschärft hatte. Die Ritter brachten jetzt die Kehler Buchdruckerei Beaumarchais neu ins Spiel, doch die sei baulich nicht tragbar und das *daselbst neu erbaute Pavillon, welches für die ritterschaftliche einstweilige Niederlassung hinlänglich wäre, ist leer.* Es bliebe lediglich die Möglichkeit, in Kehl zur Miete in einem markgräflichen Haus unterzukommen. Was die Religionstoleranz betraf, wiederholten die Ritter die Vorteile Kehls. In der Reichsstadt Offenburg favorisierten sie erneut das General

---

32 Familienarchiv der Freiherren von Neveu StaO 23/624 *Auftrag des Direktoriums an Freiherrn von Neveu, in Offenburg eine Wohnung für den Kanzler zu suchen*, hier: Notiz über ein Schreiben des Freiherrn Anton von Neveu an Schultheiß Franz Rienecker vom 25. März 1789. Zur Geschichte der Familie von Neveu: O. Kähni, Die Freiherren von Neveu und deren Familienarchiv in Durbach, in: Die Ortenau 36 (1956), S. 116–123.

Josef von Ried'sche Anwesen, das nach dessen Tod 1780 frei stand: Das General Ried-sche Haus mit Garten und Möbel wäre ideal, man sollte überlegen, es zu kaufen. Es biete für alle ritterschaftlichen Erfordernisse ohne kostbare Veränderungen Platz.

Tatsächlich ging das herrschaftliche Anwesen nach dem Tod des Ortenauer Reichsritters Josef von Ried an den Reichsritter Karl Adolph Friedrich von Blittersdorf und Ferdinand von Ritz, die seit 1792 das Gebäude bewohnten. Die Tochter von Rieds, Maria Anna Josepha, war mit Karl Adolph von Blittersdorf[33] verheiratet, der seit 1785 das kaiserliche Postamt in Offenburg leitete und selbst Zugeordneter der Reichritterschaft war. Er beabsichtigte, das Anwesen zu verkaufen, was den Ortenauer Rittern aber nichts nützte. Die Stadt Offenburg hielt weiterhin an der ablehnenden Haltung fest. Schultheiß und Rat nahmen zwar mit *besonderem Vergnügen* die Bitte der Reichsritterschaft zur Kenntnis, eine *Niederlassung* in Offenburg zu gründen, doch sie änderten ihre Meinung nicht, weil sie befürchteten, die französischen Truppen damit auf sich zu ziehen. Schließlich sprach der Magistrat die Verwunderung aus, dass die Reichsritter sich am 30. August 1792 zu einem Ritterkonvent in der Stadt getroffen hätten, ohne die Stadtoberen vorher zu informieren[34]. Hintergrund der unverhohlenen Kritik an den Rittern war die Tatsache, dass seit 1791 eine große Anzahl von Angehörigen des Straßburger Adels und Klerus in der Stadt Offenburg Zuflucht suchten. Im Ratsprotokoll von 1791 ist der Anstieg der Aufnahmegesuche aus Straßburg dokumentiert: Freifrau von Helmstatt bezog ein Haus des Zimmermeisters Martin Spät mit 13 Zimmern, Madame La Hoge, die Witwe des Reichsritters Freiherr von Neuenstein, erbat ein Quartier unter Verzicht auf ihre adligen Privilegien. Der Präbendar mit dem gesamten Straßburger Domkapitelchor, die Stiftsdame von Montjoye und 20 Geistliche fanden Unterschlupf im Franziskanerkloster[35]. Offenburg genoss im revolutionären Frankreich inzwischen den Ruf als zweiten konterrevolutionären Stützpunkt neben der Stadt Ettenheim, in die der geflohene Kardinal von Rohan geflohen war. So ist es nicht verwunderlich, dass der Kardinal im Januar 1791 bei seinem Besuch des Offenburger Sonntagsgottesdienstes mit Böllerschüssen empfangen wurde[36]. Der Magistrat duldete zunächst wohlwollend den Zuzug der adligen Asylsuchenden, denn die Flüchtlinge waren nicht nur Gegner der Revolution, sondern auch nicht gerade unvermögend. Zwischen den royalistischen Emigranten und den »guten Familien« der Stadt entstanden enge Kontakte, bei der breiten Bevölkerung waren die französischen Gäste jedoch nicht besonders beliebt. Ein anonymer Autor bat gar im »Courier de Strasbourg« 1792 die revolutionären Franzosen, Offenburg von diesen *Straßenräubern* zu befreien[37].

Die adeligen Neueinwohner und die Kleriker nahmen in Offenburg sofort antirevolutionäre Aktivitäten auf. Zeitweise befand sich in der Reichsstadt das Hauptquartier des von der emigrierten Baronin von Reich geführten royalistischen Agentenklubs *Les*

---

33 (1732–1805); Freiherr von Ritz war Ehemann von Alexandrine, geb. von Blittersdorf.
34 StaO 23/183 *Hausverpachtung in Offenburg.*
35 StaO 10/30/59 *Ratsprotokoll der Stadt Offenburg für das Jahr 1791.*
36 Wie Anm. 35.
37 Schimpf, Offenburg (wie Anm. 26), S. 58ff.

Fédérés[38]. Sie war die Witwe des Chefs der nieder-elsässischen Ritter und Bischöflichen Oberjägermeisters François Conrad de Reich, ihr Mädchenname war Freifrau Maria Elenore Cécile Böcklin von Böcklinsau[39]. In ihrer Offenburger Wohnung in der Prädikatur organisierte die Gruppe die Agentenpost, die auf verschiedenen Kanälen über den Rhein nach Offenburg gelangte und zu den französischen Emigranten und den österreichischen Korrespondenten übermittelt wurde. Ihre Büromannschaft setzte sich aus dem Priester Abbé Zaepfel, Münsterpfarrer Jaeglé und ihrem Schwager August Serpes de La Fage[40] zusammen, der im Stadthaus des Ortenauer Ritters Anton von Neveu zur Miete wohnte.

Die Bedeutung Offenburgs als royalistische Hochburg blieb den französischen Nachbarn nicht verborgen. Nicht ohne Grund wählte die Revolutionsarmee die Stadt nach dem Rheinübergang im Juni 1796 zu einem ihrer ersten Ziele. Schlimme Erinnerungen an den Stadtbrand von 1689 erwachten daher in der Bevölkerung. Offenburg blieb in den Folgejahren zwar weitgehend verschont, der geschätzte Schaden lag immerhin bei 11.882 Gulden. Ende April 1797 folgte ein zweiter Überfall. Ultimativ verlangte General Vandamme die Zahlung von 11.000 Gulden innerhalb weniger Stunden. In höchster Not retteten die wohlhabenden Bürger die Stadt, indem sie 6.600 Gulden zur Verfügung stellten. Für den Rest bürgte Kaufmann Johann Baptist Guerra mit einem Schuldschein. Nicht genug, der Oberkommandierende der französischen Rhein- und Mosel-Armee schlug in Offenburg das Hauptquartier der französischen Deutschlandarmee auf, von wo aus von jetzt an alle Fäden zur Revolutionierung des deutschen Südwestens zusammenliefen. In der Ortenau und im Breisgau brachen Unruhen gegen das alte Herrschaftssystem aus, wobei in Offenburg es hingegen ruhig blieb, da der Unmut der Bevölkerung sich nun weniger gegen die eigene Obrigkeit und viel mehr gegen die Franzosen richtete, die als Verursacher der sich verschlechternden wirtschaftlichen Verhältnisse betrachtet wurden. Die Kosten der französischen Besatzung führte nämlich Offenburg in ein finanzielles Desaster, so beliefen sich die Kosten für das luxuriöse Logieren der Revolutionstruppen nach nur drei Wochen auf 4.000 Gulden.

Die Offenburger Agentengeschichte ging 1804 mit einem Schlag zu Ende. Napoleon ließ die Baronin von Reich samt ihrer Helfer in der Nacht zum 16. März 1804 mittels eines militärischen Aufgebots von 1.000 Mann und einigen Kanonen festnehmen und nach Straßburg in Gewahrsam nehmen. Reichsschultheiß Franz Leopold Witsch[41] musste dem zuständigen Offizier die Emigrantenhäuser zeigen. Danach wurden die

---

[38] Mehr dazu: E. Dittler, Karl Schulmeister (1770–1853) in der Erinnerung des Freiherrn von Hornmayer zu Hortenburg, in: Die Ortenau 70 (1990), S. 259ff. Zu dem Agentenring gibt es zahlreiche Drucke, wie z. B. von dem Onkel der Baronin von Reich, General Johann Jakob Joseph von Klinglin, der 1791 verdächtigt wurde, die Flucht König Ludwig XVI. begünstigt zu haben. Die Baronin kam 1791 nach Offenburg.

[39] Kindler von Knobloch, Geschlechterbuch 1 (wie Anm. 29) S. 133. (1737–1811)

[40] Die Familie Serpes de la Fage kam aus der Gascogne. Ludwig von Serpes war Ritter des französischen St.-Ludwigs-Ordens, ehemaliger Husaren-Rittmeister und unterelsässischer Ritter. Seine Tochter Maria Eleonore Franziska (geb. 1768) heiratete Karl von Ried 1759. Er wurde 1789 in die Ortenauer Reichsritterschaft aufgenommen; vgl. G. Rommel, Die Freiherren von Ried in der Ortenau, in: Die Ortenau 37 (1957), S. 132.

[41] 1748–1827.

Agenten um die Baronin in seiner Wohnung gesammelt und nach Frankreich entführt. Den Schultheiß zwangen die französischen Militärs außerdem, die in der Offenburger Kanzlei deponierten geheimen Papiere auszuhändigen.[42]

Als Napoleon zu seinem Gegenschlag ausholte, hatten sich die Reichsritter bereits elf Jahre in Offenburg auch ohne eigenes Ritterhaus eingerichtet, nachdem sie 1793 ihre Kanzlei aus Kehl infolge eines französischen Angriffs auf die Stadt auflösen mussten. Kehl erlebte im September 1793 ein dreitägiges Bombardement durch die französische Artillerie, das die Festung so gut wie zerstörte. Von Blittersdorf schreibt am 29. Januar 1793 an von Neveu[43], dass das Direktorium wegen der *vorhandenen Gefahr der Franken eines Überfalles in Kehl* für den Konsulenten Sahler einen *andersartigen Aufenthalt* verschaffen wolle. Aufgrund der gefährlichen militärischen Lage hatte der Magistrat der Stadt Offenburg ihm erlaubt, in Offenburg zu wohnen und dort *die monatliche Ritter Session* zu halten. Tatsächlich befand sich ab diesem Zeitpunkt die ritterschaftliche Kanzlei in der Reichsstadt, denn in den Staats- und Adressbüchern des Schwäbischen Reichskreises ist jetzt von einer Direktion und Kanzlei in der Reichsstadt Offenburg die Rede[44]. Sahler kam zunächst in dem leerstehenden, heute jedoch nicht mehr lokalisierbaren *Geppertschen Haus* unter, bis dieses verkauft wurde. Von Blittersdorf bat schließlich bei dem in Mannheim wohnenden Reichsritter von Neveu[45] an, ob dieser nicht sein Stadthaus in der Hauptstraße zur Miete zur Verfügung stellen könne, nachdem das Haus nach dem Tod des bisherigen Mieters, des Ortenauer Landvogtes von Wellenberg, frei geworden war. Wellenberg hatte jedoch das Haus an den oben erwähnten emigrierten elsässischen Ritter Ludwig Freiherr von Serpes untervermietet, der partout nicht weichen wollte. Ungeachtet der sich zuspitzenden politischen Situation fanden die Ortenauer Ritter genügend Zeit, sich intensiv mit der Frage zu beschäftigen, ob *alle Ordens-Glieder, ohne Unterschied, nach Belieben das größere Ordens-Kreuz am Hals, oder das kleinere am Knopfloch tragen dürften*, wie der im Archiv der Ortenauer Ritterfamilie von Neveu erhaltene Briefwechsel dokumentiert[46].

In den Folgejahren wurde aus dem provisorisch gedachten Aufenthalt der Ritter ein dauerhafter. Der Lunéviller Frieden vom 9. Februar 1801 bestätigte die Abtretung des linken Rheinufers an Frankreich und besiegelte das Schicksal der dortigen Ritter, in Bayern und anderen Gebieten brach der sogenannte »Rittersturm« aus, der in einer Beschlagnahme der Rittergüter endete. Die andernorts drohenden Gefahren hielten die Ortenauer Ritter nicht von ihrer Ritterhaus-Idee ab. 1803 begannen sie mit einem letzten Versuch, in Offenburg ein Ritterhaus zu etablieren. Die Stadt hatte seit dem 8. September 1802 ihren Reichsstadtstatus endgültig verloren und war nun kurbadisch, nachdem sich in Regensburg die vom Reichstag eingesetzte Deputation für die Mediatisierung fast

---

42 C.H. STECKNER, Caulaincourt auf der Kehler Brücke, in: Die Ortenau 69 (1989), S. 173.

43 StaO 23/183 (wie Anm. 34), hier: Schreiben von Freiherr Anton von Neveu an von Freiherr von Blittersdorf vom 29.1.1793.

44 Z.B. im Staats- und Adresshandbuch des Schwäbischen Reichskraises auf das Jahr 1799, 2. Bd., Ulm 1799, S. 286.

45 Oberforstmeister Freiherr Anton von Neveu (1751–1837) war der Neffe und Universalerbe des vermögenden Fürstbischofs von Basel, Franz Xaver Josef von Neveu.

46 StaO 23/627 *Das Tragen von Uniform und Ehrenzeichen.*

aller noch verbliebener Reichsstädte eingesetzt hatte[47]. Während die allgemeine politische Lage sich verdüsterte, erhielten die Ritter mit dem badischen Markgrafen Karl Friedrich einen neuen Verhandlungspartner: einen protestantischen Fürsten statt eines katholischen, bürgerlichen Schultheißen. Da die Erbauung eines neuen Hauses wegen des fehlenden Bauplatzes nicht möglich war und aufgrund der vielen französischen Emigranten in der Stadt zudem ein adäquates Mietobjekt fehlte, spekulierten die Ritter wiederum auf die herrschaftliche Immobilie des inzwischen verstorbenen ehemaligen Schultheißen Franz Rienecker, die dessen Witwe 1801 an Johann Josef Reichsgraf von Nostitz, einen in Prag lebenden Königlich Preußischen Kämmerer und ehemaligen königlich-französischen General, verkauft hatte. Das Haus befand sich nur unweit des Rathauses und Königshofes in der Hundsgasse. Es bestand aus zwei Höfen, einem Garten, Scheuer und Stallungen und wurde von der Ritterschaft als geräumig und möbliert beschrieben. Sie wandten sich deshalb an den Sohn des Reichsgrafen, der von seinem Vater als Bevollmächtigter eingesetzt worden war. Am 3. Oktober 1803 entsprach der Markgraf dem Gesuch des Direktoriums der Reichsritterschaft, *den bleibenden Aufenthalt in unserer Stadt Offenburg zu gestalten*[48]. Beide Seiten vereinbarten, *Wohnsitz, Kanzlei und Archiv in Offenburg aufzuschlagen*. Der Kurfürst bestand allerdings darauf, dass in dem Fall, dass die Kanzleistelle mit einer Person besetzt werde, die gegen das kurfürstliche Haus stehe, *eine Inquisition verhängt werden könne*. Während der monatlichen Sitzungen und anderen Zusammenkünften unterstanden die beteiligten Ritter der Jurisdiktion der Ritterschaft. Die Familien der *Officialen* genossen ferner Steuerfreiheit (mit Ausnahme der Liegenschaften). Alle Bewohner des Ritterhauses waren zudem von allen *Jurisdiktionen außerhalb des Ritterdirektoriums* befreit und durften keinerlei Gewerbe betreiben. Der Kurfürst sicherte sich ferner eine uneingeschränkte Quartierfreiheit in Kriegszeiten zu. Alle Bewohner des Ritterhauses mussten die städtischen Polizeiverordnungen auf das Genaueste beachten, im Übertretungsfall war das Ritterdirektorium für die Untersuchung und Bestrafung zuständig. Wurde ein Bewohner *in flacranti* außerhalb des Ritterhauses bei einer Tat erwischt, war das Direktorium verpflichtet, von dem Täter sofort das Strafgeld einzufordern und der zuständigen Kasse zu übergeben[49]. Die protestantischen Ritterhausbewohner erhielten *gemäß der bekannten Religions-Duldungs-Grundsätze* das Recht, innerhalb des Ritterhauses einen protestantischen Geistlichen zu bestellen. Dies bedeutete einen Bruch mit der seit 1592 in

47 SCHIMPF, Offenburg (wie Anm. 26), S. 15–20.

48 GLA 127/187 *Verhandlungen der ortenauischen Ritterschaft mit dem Markgrafen Karl Friedrich über die Erlaubnis zur Niederlassung in einem Hause zu Offenburg und Erwerbung des von Rienecker'schen Hauses in der Hundsgasse daselbst durch die Ritterschaft*; StaO 10/3072 Ratsprotokoll der Stadt Offenburg für das Jahr 1803..

49 GLA 216/382 *Aufenthaltsbewilligung für das Direktorium und die Kanzlei der Ortenauer Ritterschaft in Offenburg. Irrungen wegen der ritterschaftlichen Jurisdiktion*, hier: Schreiben des Oberamtes Offenburg an die Kanzlei der Ortenauer Reichsritterschaft vom 17. Juli 1804 sowie mehrere dem Schreiben folgende Schriftstücke. 1804 setzten sich Stadt und Oberamt mit dem Direktorium auseinander. Die Magd des Consulenten hatte einen Eimer mit Fäkalien in einen städtischen Brunnen geschüttet und wurde *in flacranti* erwischt, wurde wohl im Ritterhaus von einem Polizisten zur Rede gestellt und zur Zahlung einer Strafe unsanft genötigt. Während die Stadt sich im Recht befand, pochten die Ritter auf ihre eigene Rechtssprechung.

Offenburg geltenden restriktiven Konfessionsregelung, denn erstmals seit über 200 Jahren konnten evangelische Gläubige ihren Gottesdienst wieder in der Stadt abhalten. Bei Sterbefällen von Ritterhausbewohnern war das Ritterdirektorium zuständig, falls der Verstorbene das Offenburger Bürgerrecht besaß, musste eine städtische Magistratsperson hinzugezogen werden.

Nach der Zustimmung des Kurfürsten kauften die Reichsritter, bevollmächtigt war deren Präsident von Berstett, ein Jahr später, am 25. Oktober 1804, das Nostitzsche Anwesen. Zuvor waren alle Ortenauer Ritter um ihre Zustimmung gebeten worden. Sie stimmten dem Kauf einstimmig zu, wobei lediglich Freiherr von Türckheim seine Skepsis äußerte, die sich einige Jahre später tatsächlich als richtig bewahrheitete[50]. Er befürchtete, dass bei möglichen Spannungen mit dem Kurhaus Baden der Kauf eines Hauses die Situation der Reichsritter verschlimmern könnte[51].

Den Hauskauf finanzierten die Ortenauer Ritter durch den Einzug ausgeliehener Kapitalien (Aktivkapitalien) in Höhe von ca. 22.000 Gulden, die das Direktorium von sechs Schuldnern, vor allem Angehörige der Reichsritter, zurückforderte. Für den Verkauf seines Anwesens verlangte von Nostitz 24.000 Gulden. Er machte zur Bedingung, im Gegenzug ein Ersatzgebäude von den Rittern zu erhalten, sodass die Ritter von Maurermeister Jakob Fuchs ein Haus in der benachbarten Hospitalgasse für 6.800 Gulden erwarben und diesem weitere 1.200 Gulden für Renovierungsarbeiten entrichteten. Von Nostitz erhielt ein zusätzliches *Aufgeld* von 10.000 Gulden und weitere 6.000 Gulden für das Mobiliar.

1804 bezogen die Ritter schließlich ihr lang ersehntes Ritterhaus. Von dort aus führten sie unter der Präsidentschaft Reinhard von Berstetts in den noch verbleibenden Monaten einen aussichtslosen Kampf gegen das nahende Ende ihrer Vereinigung. Der 50jährige ehemalige Straßburger Stettmeister, er hatte nach seinem Rücktritt 1791 auf die französische Staatsangehörigkeit verzichtet, hatte 1794 sein Präsidentenamt als Ortenauer Reichsritterschaft angetreten[52]. Da sein Name auf der Emigrantenliste stand, verlor er alle auf französischer Seite befindlichen Güter. Von Offenburg aus nahm er als Gesandter der Ortenauer Ritterschaft am Rastatter Kongress 1797/99 teil. Nachdem der Lunéviller Friede vom 9. Februar 1801 die Abtretung des linken Rheinufers an Frankreich das Schicksal der elsässischen Ritter besiegelt hatte, zog er nach Offenburg und bekam in der Stadt das Aufenthaltsrecht[53]. Von hier aus betrieb er alle Bemühungen um eine Rückerstattung des Besitzes an jene Adligen, die, wie er selbst, auf die Emigranten-

---

50 GLA 127/187 (wie Anm. 48) Schreiben von Türckheim vom 27. Oktober 1803.

51 Wie Anm. 50.

52 Ausführlich zur Biografie von Berstett: D. MENNING (Hg.), Kampf gegen den Untergang. Die Tagebücher des reichsritterschaftlichen Gesandten Reinhard von Berstett (1802–1806), Baden-Baden 2013. Von Berstett wurde als erstes von drei Kindern 1744 in Straßburg geboren, war zunächst Leutnant im Infanterieregiment Nassau-Saarbrücken, studierte später Jurisprudenz und trat danach in die Dienste der Stadt Straßburg. war seit 1782 Zugeordneter der niederelsässischen Ritterschaft, 1784 Ritterrat, erbte sieben Grundherrschaften im Elsass und besaß in Straßburg zwei Häuser. Nach Ausbruch der Revolution blieb er im Magistrat und wurde letzter Stettmeister Straßburgs. 1791 quittierte er den Dienst, u.a. wegen der Krankheit seiner Tochter, verzog nach Zweibrücken und trat in den Dienst des Pfalzgrafen.

53 StaO 10/30/69 *Ratsprotokoll der Stadt Offenburg für das Jahr 1801.*

liste aufgenommen wurden. Im August 1802 ging von Berstett nach Regensburg, um bei dem dortigen Kongress seine Anliegen zu vertreten. In Bayern und anderen deutschen Gebieten brach derweil der sogenannte »Rittersturm« aus, der in einer Beschlagnahme der Rittergüter endete. Während sich ihr Präsident politisch bei den Verhandlungen und Gipfeltreffen für ein gutes Ende der Ritterschaft einsetzte, trugen die evangelischen und katholischen Ritter der Ortenau noch einen erbitterten Streit um die konfessionelle Ämterbalance zwischen beiden Konfessionen aus[54]. Die Auseinandersetzung konnte nicht zu Ende geführt werden, denn bereits am 3. Dezember 1805 benachrichtigte der Markgraf Carl das Ortenauer Direktorium darüber, dass *die Pflicht der Selbsterhaltung und des Gleichgewichts* ihn zwinge, die ritterschaftlichen Gebiete *unter landesherrlichen Schutz und Schirm* zu nehmen[55]. Mit der Rheinbundakte vom 12. Juli war das Los der Ortenauer Ritterschaft endgültig besiegelt. Am 1. August zeigten die Rheinbundstaaten ihren Austritt aus dem Reichsverband an, Kaiser Franz II. legte seine Krone nieder. Drei Wochen später publizierte das abgesetzte Direktorium ein gedrucktes Zirkular mit folgendem Text[56]: *Unter allen Ritter-Kantonen und Bezirken ist Ortenau der einzige, dessen Direktorium und Mitglieder sich bis auf den letzten Augenblick in dem Besitz aller ihrer Unmittelbarkeits-Gerechtsame und Funktionen erhalten, ja sogar deutsches Kaiserthum, Reichs-Verfassung, Reichs-Hofrath und Reichs-Kammergericht darinn überlebt haben. Wir sind stolz darauf, es durch treue Erfüllung unserer Pflichten dahin gebracht zu haben, dass wir nun wenigstens als Männer von Ehre von dem Schauplatz abtreten können … Wir schließen dieses Schreiben mit der Versicherung, dass wir nichts unversucht lassen werden, was etwas dazu beitragen kann, unsere Herren Mitgliedern und Güterbesitzer eine ehrenvolle Existenz für die Zukunft zu verschaffen und verharren hochachtungsvoll Offenburg, den 22. September 1806, dienstbereitwilligste der ortenauischen Ritterschaft erbetene Direktorial-Räthe und Ausschüsse auch Ausschüsse und Räthe.* Am 11. Oktober vollzog Ritter-Präsident von Berstett seine letzte Amtshandlung: *Nach der Übergabe des Ortenauer Ritterbezirks ist das Direktorium als aufgelöst und erloschen zu erklären*[57].

Reinhard von Berstett informierte die Ritterglieder und Gutsbesitzer über die Forderung *des Landesherren*, per Unterschrift und Besieglung ihr zu huldigen. Dem Schreiben war ein entsprechendes Formular angefügt, das Ritterhaus ging in Landesbesitz über. Von Berstett verblieb, ausgestattet mit einer Pension des badischen Staates[58], mit

---

[54] In StaO 23/628 *Besetzung der Direktorialratsstelle im Ritterbezirk Ortenau mit Beilagen* sowie StaO 23/629 *Denkschrift über die katholische Beilegungsversuche gegen protestantische Übergewichtsbestrebungen im ortenauischen Reichsritterschaftsbezirk* ist der teilweise heftige Schriftwechsel zwischen den katholischen und evangelischen Rittern dokumentiert.

[55] StaO 23/632 *Übergang der Reichsritterschaft unter die Souveränität des großherzoglichen Badischen Hauses* (1806).

[56] (wie Anm. 55), hier: *Circulare der Directorial-Räthe und Ausschüsse der Ortenauer Reichs-Ritterschaft, Offenburg, den 22. September 1806* sowie StaO 23/631 *Großherzoglich badische Occupation der ritterschaftlichen Besitzungen im allgemeinen und das dem Adel erteilte Constitutionsedict vom 22. Juli 1807.*

[57] (wie Anm. 55), hier: Schreiben von Berstetts an die Ortenauer Reichsritter.

[58] Er erhielt eine Pension von 1.200 Gulden jährlich und das Wohnrecht im ehemaligen Ritterhaus im Gegenwert von 350 Gulden jährlich. Grund war, dass er kein Wohnhaus mehr besaß (GLA/69 Holzing-Berstett, A76.); vgl. MENNING, Untergang (wie Anm. 52), S. 21. Zu der

seiner Ehefrau bis zu seinem Tod am 1. April 1814 als Mieter in seiner Wohnung im »Ritterhaus«. 1808 musste sich das Ehepaar das Haus mit neuen Mitbewohnern teilen, denn das Revisorat des Oberamts Offenburg zog in das Gebäude und erhielt Wohnungen für die Oberamtmänner und ihre Familien. Von Berstetts Witwe wohnte bis zu ihrem Tod 1822 weiterhin im Ritterhaus. Danach wurden in den Räumen Ämter untergebracht. In den folgenden Jahrzehnten beherbergte das Ritterhaus unterschiedliche Behörden. 1864 zog das großherzogliche Haus- und Hofgericht in das Ritterhaus ein, später das Schwur- und Landgericht. 1960 kaufte die Stadtverwaltung das Ritterhaus und verlegte dorthin das städtische Archiv und Museum, 1989 erfolgte die Wiedereröffnung der beiden Institutionen nach einer vierjährigen Generalsanierung. Bis heute trägt das Museum den Namen »Museum im Ritterhaus«, dessen Ausstellungen jährlich zwischen 20.000 und 25.000 Besucher anziehen und gemeinsam mit dem Stadtarchiv Offenburgs das Gedächtnis der Stadt bewahren.

weiteren Nutzung des Ritterhauses vgl. GLA 197 314/1979–1983, GLA 237/9142, GLA 236/8703 u. GLA 4241/44.

Opposition und Fürstendienst. Ortenauer Reichsritter nach ihrer Mediatisierung und ihr Verhältnis zum Großherzogtum Baden

VON MARTIN FURTWÄNGLER

Thomas Nipperdey beginnt seine Deutsche Geschichte des 19. Jahrhunderts mit dem Satz: »Am Anfang war Napoleon«[1]. In Bezug auf die Reichsritter im Heiligen Römischen Reich Deutscher Nation müsste er lauten: Am Ende war Napoleon. Jahrhundertelang hatten sich diese kleinen und kleinsten Territorialherren erfolgreich gegen ihre Mediatisierung durch mächtigere Fürsten gewehrt. Doch mit dem Aufstieg des revolutionären Frankreich zur Hegemonialmacht in Europa ging die schrittweise Auflösung des Reiches einher. Die politische Existenz der meisten Reichsglieder wurde Zug um Zug dem Expansionsdrang und dem Machthunger der deutschen Verbündeten des französischen Kaisers geopfert: zunächst die Reichsstädte und die geistlichen Territorien, dann die Reichsritter, der sogenannte Reichsadel, und schließlich auch eine Reihe mindermächtiger Reichsfürsten. Zwar hatte der Reichdeputationshauptschluss von 1803 die Autonomie des Reichsadels formal noch einmal garantiert, doch war diese Zusicherung wenig mehr Wert als das Papier, auf dem sie geschrieben stand. Ohne sich um das Reichsrecht zu kümmern, begann zunächst Bayern im Oktober 1803, ritterschaftliche Enklaven und an sein Staatsgebiet grenzende Ritterterritorien in Besitz zu nehmen, andere Landesherren wie die von Württemberg und Hessen folgten[2]. Von diesem sogenannten »Rittersturm« blieben nur wenige Ritterbezirke verschont, darunter derjenige in der Ortenau. Denn Kurfürst Karl Friedrich von Baden (1728/1738–1811) als der angrenzende größere Territorialherr beteiligte sich neben Sachsen und dem Kurerzkanzler zunächst nicht an dem allgemeinen »Ritterlegen«. Nach dem Einschreiten von Kaiser Franz II. (1768/1792–1835) in Wien 1804 mussten die deutschen Fürsten ihre Inbesitznahme ritterschaftlicher Gebiete zwar zumindest de iure noch einmal zurücknehmen, doch der Sieg Napoleons (1769/1804–1821) über die antifranzösische Koalition 1805

[1] Th. NIPPERDEY, Deutsche Geschichte 1800–1866. Bürgerwelt und starker Staat, München [4]1987, S. 11.

[2] Vgl. hierzu und zum Folgenden V. PRESS, Reichsritterschaft, in: H. SCHWARZMAIER u. a. (Hgg.), Handbuch der baden-württembergischen Geschichte 2: Die Territorien im Alten Reich, Stuttgart 1995, S. 808 ff.; Th. SCHULZ, Die Mediatisierung des Adels, in: Baden und Württemberg im Zeitalter Napoleons 2, Stuttgart 1987, S. 158–161.

besiegelte schließlich das Schicksal der Reichsritter. Nun bekamen die Verbündeten Frankreichs freie Hand. Ja, Napoleon wies die französischen Militärkommandanten sogar explizit an, seinen süddeutschen Bundesgenossen Baden, Bayern und Württemberg bei der Besetzung ritterschaftlicher Gebiete militärische Hilfe zu leisten[3]. In dieser Situation gab auch Baden seine Zurückhaltung auf und erließ am 3. Dezember 1805 ein Besitzergreifungspatent. In einem Schreiben an die Direktorien der Ritterkantone Kraichgau, Odenwald, Hegau und Ortenau führte der Kurfürst als Begründung an, *die Pflicht der Selbsterhaltung und des Gleichgewichts* zwinge ihn, die ritterschaftlichen Gebiete *unter landesherrlichen Schutz und Schirm* zu nehmen[4]. Nennenswerten Widerstand gegen die badische Inbesitznahme gab es nicht. Den Räten der Ortenauer Ritterkorporation blieb nur übrig, gute Miene zum bösen Spiel zu machen. Am 12. Dezember äußerten sie in einem Schreiben an die badische Seite die Hoffnung, dass wenn man schon die Reichsunmittelbarkeit verliere, *die Reichsritterschaft Ortenauischen Bezirks* [...] *ein ganz besonderes Glück darinn finden würde,* [...] *unter den milden und beglükenden Sieglen Seiner Curffürstlichen Durchlaucht zu Baden geführt zu werden*[5]. Im Januar 1806 konnte das ritterschaftliche Generaldirektorium dem Reichstag nur noch offiziell die Auflösung der reichsritterschaftlichen Korporationen anzeigen[6]. Damit war die Geschichte der Reichsritter als eigenständige staatliche Einheiten beendet.

In jedem Ende wohnt jedoch ein Anfang inne, und so war es auch beim Reichsadel. Zwar sollte er nie mehr seine Unabhängigkeit wieder erlangen, doch das hieß nicht, dass er als rechtliche, politische, wirtschaftliche und gesellschaftliche Größe aufgehört hätte zu existieren. Zumindest bis zum Ende der Monarchie 1918 sollte der Adel insgesamt und damit auch der ehemalige Reichsadel eine nicht unbedeutende Rolle in Deutschland spielen. Im folgenden Beitrag soll am Beispiel der Reichsritterschaft der Ortenau verdeutlicht werden, wie sich das Verhältnis des Reichsadels zu Baden als dem neuen Souverän entwickelte. Dabei wird es zunächst um die Frage gehen, wie sich der ritterschaftliche Adel in die neuen staatlichen Verhältnisse eingefunden hat, wie also seine staatsrechtliche Stellung im Großherzogtum Baden ausgestaltet war. Das gegenseitige Verhältnis Ritter – Souverän lässt sich jedoch nicht nur in rechtlichen Kategorien beschreiben. Ein Gradmesser für die Intensität der wechselseitigen Beziehungen zwischen Adel und Landesherr war zum Beispiel, inwieweit der Souverän als Dienstherr frequentiert wurde. Deshalb soll abschließend auch nach der Funktion Badens als Karriereort für die Mitglieder des Ortenauer Reichsadels gefragt werden.

Wenngleich der Verlust der eigenen Unabhängigkeit für die Reichsritter keineswegs völlig überraschend kam, riss dieser Vorgang doch eine tiefe Wunde in das Selbstwertgefühl der Betroffenen. Vielen fiel es sichtbar schwer, dieses Schicksal anzunehmen[7]. Johann

---

3 SCHULZ (wie Anm. 2), S. 162.

4 Zitiert nach SCHULZ (wie Anm. 2), S. 162.

5 Generallandesarchiv Karlsruhe (künftig GLA) 69 Türckheim-1 Nr. 1214, Kaiserliche Räte der Ortenauer Ritterschaft an Baden vom 12.12.1805.

6 SCHULZ (wie Anm. 2), S. 163.

7 Vgl. Ch. DIPPER, Die Reichsritterschaft in napoleonischer Zeit, in: E. WEIS (Hg.), Reformen im rheinbündischen Deutschland (Schriften des Historischen Kollegs; Kolloquien 4), München 1984, S. 62 f.

V. von Türckheim (1749–1824)[8] zum Beispiel, der sich bis in die 1820er Jahre hinein als Vordenker und Vorkämpfer der Ortenauer Ritterschaft profilieren sollte, versuchte in den Jahren nach 1806 in mehreren Abhandlungen, diesen Vorgang für sich und seine Standesgenossen plausibel zu machen. Nicht ganz zu Unrecht erblickte er in den Mediatisierungen ein Mittel, um sich am Eigentum anderer zu bereichern und politisch, um das Haus Österreich zu schwächen[9]. Man sah sich beim alten Reichsadel als Opfer und versuchte aus dieser Opferrolle heraus den neuen Landesherrn zu einer möglichst milden Haltung zu veranlassen[10]. Gerade der Badener schien hierbei eine große Angriffsfläche zu bieten, galt Kurfürst Karl Friedrich persönlich unter seinen Zeitgenossen doch als gerecht und milde. Johann V. von Türckheim und in seinem Gefolge die Ortenauer Ritterschaft argumentierten jedenfalls gegenüber Baden, dass die Mediatisierung doch nur bedeuten könne, dass der Kurfürst mit der Besitzergreifung in die Rechte des Kaisers eingetreten sei. Die bisher ausgeübten Befugnisse und Rechte würden dem Reichsadel bei dieser Konstruktion also weiter zur Verfügung stehen[11]. Falls dies nicht nur eine strategische Argumentationslinie darstellte, kam dies einer totalen Verkennung der tatsächlichen Verhältnisse gleich und war damit reines Wunschdenken. Ein Wunschdenken allerdings, das für den Adel der damaligen Zeit durchaus typisch werden sollte. Mit einer derartigen Argumentationsweise warteten nach der Gründung des Rheinbundes im Juli 1806 auch die dann mediatisierten hochadligen Häuser wie Fürstenberg, Leiningen usw. auf[12], die bald darauf als Standesherren bezeichnet wurden.

Dieser Versuch jedenfalls, die Mediatisierung quasi durch eine sophistische Argumentationsstrategie de facto ungeschehen zu machen, dieser Versuch musste misslingen. Allerdings verloren die Reichsritter 1806 keineswegs alle ihre politischen und sozialen Vorrechte. Sie wurden eben nicht zu Privatpersonen degradiert. Schon die Rheinbundakte billigte auch ihnen – zumindest indirekt – eine Reihe von Ehren-, Polizei- und

---

8 Vgl. zu ihm: Badische Biographien 2, Heidelberg 1875, S. 364–366; J. Brüser, Eine ehrenvolle aber fürchterliche Aufgabe – Freiherr Johann von Türckheim als Straßburger Abgeordneter auf der Nationalversammlung 1789 in Versailles in: ZGO 160 (2012), S. 411–435; Ders., Zwei zerstrittene Gesandte – Die Gesandtschaft der Freiherren Johann V. von Türckheim und Philipp Moritz von Schmitz-Grollenburg nach Rom 1819 zur Errichtung der Oberrheinischen Kirchenprovinz; in: Freiburger Diözesanarchiv 132 (2012), S. 25–58; Ders., Johann V. Freiherr von Türckheim – Straßburger Ammeister, Ortenauer Reichsritter und deutscher Diplomat – 1749–1824; in: R. Brüning/R. Keyler (Hgg.), Lebensbilder aus Baden-Württemberg, Bd. 24, Stuttgart 2013, S. 128–153.

9 Vgl. GLA 69 Türckheim-1 Nr. 717 und 1223, Bemerkungen über die Art der Unterwürfigkeit der unmittelbahren R.Ritterschaft unter die drey Souveraine des mittäglichen Teutschlands, Hornung 1806 (Konzept).

10 Vgl. GLA 69 Türckheim-1 Nr. 1233, Schreiben der Ortenauer Ritter an den Großherzog von Baden vom 14.4.1807, verfasst wohl von Johann von Türckheim (Konzept).

11 Ebd.; GLA 69 Türckheim-1 Nr. 717 und 1223, Bemerkungen über die Art der Unterwürfigkeit der unmittelbahren R.Ritterschaft unter die drey Souveraine des mittäglichen Teutschlands, Hornung 1806 (Konzept); GLA 69 Türckheim-1 Nr. 1223, Eingabe der Versammlung der Ortenauer Ritter in Offenburg vom 24.4.1807 an den Großherzog von Baden.

12 Vgl. M. Furtwängler, Die Standesherren in Baden. Politische und soziale Verhaltensweisen einer bedrängten Elite (Europäische Hochschulschriften, Reihe III: Geschichte und ihre Hilfswissenschaften 693), Frankfurt a. M. u. a. 1996, S. 51–55.

Justizrechten zu, die ihnen eine Weiterexistenz als Herren ermöglichen konnten[13]. Zudem blieb die traditionelle feudale Agrarverfassung durch die Mediatisierung unangetastet. Die in der Rheinbundakte formulierten Grundsätze mussten zwar noch in das jeweilige Landesrecht übertragen werden, doch auch hier standen die Chancen für die ehemaligen Reichsritter im nunmehrigen Großherzogtum Baden zunächst günstig. Denn die damals bestimmende Gruppe in der badischen Verwaltung um den Geheimrat Brauer betrieb eine Politik, welche die Rechte des Adels, soweit es ging, schonte[14]. Anfang Januar 1807 wurden die Ritter gar eingeladen, ihre Wünsche hinsichtlich ihres neuen Status in Baden zu formulieren[15], ein unter den Rheinbundstaaten einmaliger Vorgang[16]. Eine Versammlung der Ortenauer Ritterschaft in Offenburg legte am 24. April dann eine gemeinsame Marschroute fest[17]. Zwar wurden letztlich keineswegs alle Wünsche der ehemaligen Reichsritter erfüllt[18], dennoch, die neue Adelsverfassung fiel für den Reichsadel sehr entgegenkommend aus. Das sogenannte vierte Konstitutionsedikt vom 22. Juli 1807[19] galt dabei sowohl für die Reichsritter wie auch für zahlreiche vorher schon landsässige Adlige insbesondere im Breisgau und in der ehemaligen Kurpfalz. Gemeinsam wurden diese Adligen fortan als Grundherren bezeichnet. Das Edikt billigte dem Adel an persönlichen Ehrenrechten unter anderem den privilegierten Gerichtsstand zu, aber auch die Freiheit von der Militärpflicht oder das Trauergeläut beim Tod des Grundherrn[20]. Außerdem wurden ihnen persönliche Steuerfreiheit gewährt, ihre Liegenschaften zu einem Drittel steuerbefreit und die bestehenden Feudalgefälle weitgehend belassen. Ihre Hausverträge behielten Gültigkeit. An Herrschaftsbefugnis-

---

13 Die Rheinbundakte definierte, dass den neuen Landesherren nur die Souveränitätsrechte zustehen sollten, die als oberste Gerichtsbarkeit, Gesetzgebungskompetenz, obere Polizei und militärische Aushebung beschrieben wurden (Art. XXVI). Zu den Rechten des mediatisierten Adels vgl. Artikel XXV-XXVII der Rheinbundakte. Diese ist abgedruckt in: K. Binding (Hg.), Deutsche Staatsgrundgesetze 3, Leipzig 1905, S. 3–15. Zur Diskussion hinsichtlich der Gültigkeit der in der Rheinbundakte explizit nur für den hohen Adel fixierten Rechte auch für die Reichsritter vgl. W. von Stetten, Die Rechtsstellung der unmittelbaren freien Reichsritterschaft, ihre Mediatisierung und ihre Stellung in den neuen Landen. Dargestellt am fränkischen Kanton Odenwald (Forschungen aus Württembergisch Franken 8), S. 190 f.; vgl. auch Press (wie Anm. 2), S. 809; G. Mangold, Die ehemalige Reichsritterschaft und die Adelsgesetzgebung in Baden vom Wiener Kongreß bis zur Erteilung der Verfassung (1815–1818), in: ZGO 85 (1933), S. 9.

14 Vgl. zu Brauer und der badischen Adelspolitik 1806/1807 Furtwängler (wie Anm. 12), S. 56–64; Ch. Würtz, Johann Niklas Friedrich Brauer (1754–1813): badischer Reformer in napoleonischer Zeit (Veröffentlichungen der Kommission für Geschichtliche Landeskunde in Baden-Württemberg: Reihe B, Forschungen 159), Stuttgart 2005. Allerdings sollten die Herrschaftsrechte des Reichsadels nach Meinung der badischen Administration deutlich hinter denen der Standesherren zurückbleiben; vgl. M. Schimke, Regierungsakten des Kurfürstentums und Großherzogtums Baden 1803–1815 (Quellen zu den Reformen in den Rheinbundstaaten 8), München 2012, Dokument Nr. 64, S. 582–585.

15 Von Stetten (wie Anm. 13), S. 214; Mangold (wie Anm. 13), S. 10 f.

16 Vgl. Von Stetten (wie Anm. 13), S. 214.

17 GLA 69 Türckheim-1 Nr. 1233, Eingabe an den Großherzog vom 24.4.1807.

18 Z.B. konnte ein Korporationsrecht des Reichsadels von Baden nicht akzeptiert werden.

19 Abgedruckt bei Schimke (wie Anm. 14), S. 604–618; vgl. Von Stetten (wie Anm. 13), S. 215.

20 Hinzu kamen noch an wichtigen Rechten: die Niederlassungs- und Auswanderungsfreiheit, die Erinnerung im Kirchengebet durch die Untertanen.

sen verblieben ihnen die Patronatsrechte, die Forst- und Jagdgerichtsbarkeit, die Ortspolizei und vor allem die Patrimonialgerichtsbarkeit. Letztere war für das adlige Selbstverständnis besonders wichtig, da vor allem sie es den Grundherren ermöglichte, gegenüber den alten Untertanen weiterhin als Herren aufzutreten[21].

Wenngleich sich der ehemalige Reichadel damit zunächst nur bedingt zufrieden zeigte, sollte man sich recht bald schon nach diesem Zustand zurücksehnen. Denn der Wind aus Karlsruhe wurde rauer. Ausgangspunkt war ein Machtwechsel in der badischen Bürokratie. Zum starken Mann avancierte nunmehr Freiherr Sigismund von Reitzenstein (1766–1847)[22], der die Durchsetzung des modernen Staates nach französischem Vorbild anstrebte. Die Rechtsgleichheit aller Untertanen, die Sicherstellung eines direkten Zugriffs des Staates auf alle in ihm lebenden Bürger und damit die Beseitigung von Zwischengewalten, wie sie der Adel mit seinen Rechten darstellte, waren daher seine Ziele[23]. Dies um so mehr als sich das Großherzogtum Baden zu rund einem Drittel aus Territorien der Grund- und Standesherren zusammensetzte[24], die adligen Zwischengewalten im neuen badischen Staat folglich einen gewichtigen Faktor darstellten. Ab 1808 wurden deshalb auch die grundherrlichen Vorrechte nach und nach eingeschränkt und beseitigt[25]: Zwischen 1808 und 1810 gingen die meisten Steuerprivilegien verloren, 1809 wurde der privilegierte Gerichtsstand der Grundherren aufgehoben; 1812 entfiel ihre Befreiung vom Militärdienst; das Organisationsedikt von 1809 erschwerte durch die Forderung nach einer gleichförmigen Ämterorganisation die Ausübung der Polizei- und Gerichtsrechte. Der härteste Schlag gegen die Stellung des Adels im Staat erfolgte schließlich mit der Verordnung vom 14. Mai 1813[26]. Neben der Aufhebung der Patronatsrechte wurden den Standes- und Grundherren ihre Polizeirechte und vor allem die Patrimonialgerichtsbarkeit entzogen. Damit war der ehemalige Reichsadel auf dem Stand von privaten Großgrundbesitzern angelangt, die zwar noch einige Ehrenrechte, aber keine Herrschaftsstellung mehr ihr Eigen nannten. Die Ortenauer Ritterschaft stand dem allem mehr oder weniger hilflos gegenüber. Außer ohnmächtigen Bitten an das Karlsruher Gouvernement, die eigenen Rechte nicht weiter einzuschränken, hatte man nichts entgegenzusetzen[27].

Mit dem militärischen Sieg der antifranzösischen Koalition in den Befreiungskriegen, dem Ende der napoleonischen Hegemonie über Europa und der Auflösung des

---

21 Vgl. Dipper (wie Anm. 7), S. 72; E. Fehrenbach, Das Erbe der Rheinbundzeit: Macht- und Privilegienverlust des badischen Adels zwischen Restauration und Vormärz, in: Archiv für Sozialgeschichte 23 (1983), S. 101.

22 Zu Reitzenstein immer noch maßgeblich: F. Schnabel, Sigismund von Reitzenstein, der Begründer des badischen Staates, Heidelberg 1927; vgl. auch H. Merkle, Der »Plus-Forderer«: der badische Staatsmann Sigismund von Reitzenstein und seine Zeit, Karlsruhe 2006.

23 Vgl. Furtwängler (wie Anm. 12), S. 64–68.

24 Vgl. Schimke (wie Anm. 14), S. 562.

25 Vgl. hierzu: Fehrenbach (wie Anm. 21), S. 99–101; Mangold (wie Anm. 13), S. 13–16.

26 Abgedruckt in Auszügen bei Schimke (wie Anm. 14), S. 653–655; Großherzoglich Badisches Regierungsblatt 1813 Nr. 15, S. 87–90.

27 Vgl. GLA 69 Türckheim-1 Nr. 807, Gemeinsame Denkschrift von mehreren Grundherren der Ortenau vom 16.12.1812. Diese war offenbar von Johann von Türckheim verfasst worden; GLA 69 Türckheim-1 Nr. 1214, Eingabe der Ortenauer Ritter gegen das Adelsedikt von 1813 vom 10.9.1813 (Konzept).

Rheinbundes Ende 1813 keimte beim mediatisierten Adel in Deutschland die Hoffnung auf, die eigene Lage wieder verbessern zu können. Während bei den hochadligen Standesherren in vielen Familien die Vorstellung herrschte, man könne die Uhr zurückdrehen und die Mediatisierung ungeschehen machen[28], schätzte man auf Seiten der Ritter die Lage meist realistischer ein[29]. Johann V. von Türckheim zum Beispiel entwarf im September 1814 ein recht umfassendes Konzept einer künftigen staatlichen Ordnung in Deutschland[30]. In Bezug auf die Stellung des Adels betonte er dabei, dass die Mediatisierungen unter der Ägide Napoleons zwar *ungerecht* gewesen seien, aber *die einmal Mediatisierten nicht wohl wieder in ihren vorigen Zustand eingesetzt werden könn*[t]*en*. Denn dies würde die Stärke und Funktionsfähigkeit des neuen deutschen Staatsgebildes gefährden. Als Ausgleich für den Verzicht auf die alte glanzvolle Stellung sollte man den Mediatisierten *in der vaterländischen Verfassung* [...] *eine ehrenvolle Einwürkung in die öffentliche Verwaltung und den schönen Beruf des Mittlers zwischen Regent und Unterthan* zugestehen. Das hieß: Dem Adel sollten seine nach 1806 entzogenen Rechte im Wesentlichen zurückgegeben werden. Außerdem forderte Türckheim, dass der ehemalige Reichsadel Viril- oder Kuriatstimmen in den Landtagen der Staaten erhalten sollte, denen er unterworfen war. Die daraus resultierende Forderung nach der Einführung ständischer Verfassungen diente letztlich dem Ziel, die willkürlichen Rechteentziehungen der Rheinbundzeit in Zukunft unmöglich zu machen[31].

Auf dem Wiener Kongress wurde im Juni 1815 mit der deutschen Bundesakte eine neue staatliche Ordnung für Deutschland festgelegt. Darin bestätigten die europäischen Großmächte zwar einerseits die Mediatisierungen der vergangenen 15 Jahre. Andererseits formulierten die Artikel 13 und 14 der Bundesakte[32] für den Adel Rechte, die in die Richtung der Türckheimischen Vorstellungen gingen. Artikel 13 forderte die Staaten des neuen Bundes auf, landständische Verfassungen einzuführen, was letztlich zur politischen Partizipation des mediatisierten Adels führen musste. Artikel 14 versprach den Standes- und Grundherren Ehren- und Herrschaftsrechte, die den Zuweisungen der Rheinbundakte und der Konstitutionsedikte in Baden materiell kaum nachstanden[33]. Ein großer Vorteil gegenüber der Situation von 1806 war für die Mediatisierten zudem, dass deren künftige Rechtsstellung unter der Garantie des Deutschen Bundes stand. Die Grundherren verfügten nun also über eine außenstehende Beschwerdeinstanz[34]. Für Baden andererseits wurde die Durchsetzbarkeit eigener Interessen gegenüber dem Adel

---

28 Vgl. FURTWÄNGLER (wie Anm. 12), S. 86–104.

29 Vgl. PRESS (wie Anm. 2), S. 810; dagegen MANGOLD (wie Anm. 13), S. 20 f.

30 GLA 69 Türckheim-1 Nr. 718, Vorschläge zu Deutschlands Wohl, September 1814.

31 Zwar hatten die Lobbyisten der ehemaligen Reichsritter in Wien noch viel weitergehende Forderungen erhoben, als sie Türckheim formulierte, doch waren sie damit gescheitert. Keine der maßgeblichen europäischen Mächte wollte hinter den Zustand von 1806 zurückgehen; vgl. DIPPER (wie Anm. 7), S. 67.

32 Die Bundesakte ist abgedruckt in E. R. HUBER (Hg.), Dokumente zur deutschen Verfassungsentwicklung 1, Deutsche Verfassungsdokumente 1803–1850, Stuttgart 1962, S. 84–90.

33 Vgl. hierzu: FURTWÄNGLER (wie Anm. 12), S. 105 f.; VON STETTEN (wie Anm. 13), S. 234 f.

34 Andererseits war vor allem der Artikel 14 sehr allgemein gehalten und ließ damit einen großen Interpretationsspielraum zu. Diesen Mangel hätte nur eine authentische Auslegung der Vorschriften durch den Bund beheben können, die jedoch nie erfolgte. Zwar verwies die Bundesakte auf die Bayerische Adelsdeklaration von 1807, die als Richtschnur für die Umset-

nach dem Beitritt zum Deutschen Bund also schwieriger. Dies wiederum stellte ein erhebliches Problem für die badische Politik dar, da sich das Land damals in einer außenpolitisch durchaus schwierigen Situation befand; denn seine territoriale Integrität war noch keineswegs gesichert und international anerkannt[35]. Relativ autonome adlige Zwischengewalten in weiten Teilen des Staatsgebiets mussten daher der Regierung als potentielle Gefahr erscheinen[36]. Dementsprechend versuchte man in Karlsruhe zunächst einmal auf Zeit zu spielen und die Umsetzung einer Adelsverfassung hinauszuschieben: Lediglich die entzogenen Patronatsrechte und die Kanzleisässigkeit wurden Ende Dezember 1815 auch den Grundherren zurückgegeben[37], diese aber durch eine Ausweitung der Steuergesetze andererseits auch zusätzlich finanziell belastet[38]. Vor allem bei den ehemaligen Reichsrittern im badischen Unterland, im Kraichgau und im Odenwald formierte sich gegen diese Regierungspolitik Widerstand[39]. Ab 1816 äußerte er sich in gemeinsamen Versammlungen, in zum Teil scharfen Eingaben an die badische Regierung sowie an die neue Bundesversammlung in Frankfurt und in publizistischen Aktivitäten. Dabei verbanden die Grundherren den Kampf um ihre Vorrechte mit dem damaligen Zeitgeist: Vordergründig traten sie als Kämpfer für die Einführung einer landständischen Verfassung auf. Damit versuchten die Grundherren sich als Vertreter des Volkes, als dessen Mittler zum Regenten zu etablieren[40] und die bürgerliche Verfassungs- und Nationalbewegung[41], die damals entstand, in ihrem Sinne zu vereinnahmen. Wenngleich sich der unterländische Adel in dieser Auseinandersetzung mit der badischen Regierung besonders exponierte, blieben die Ortenauer dabei keineswegs außen vor. Sie beteiligten sich finanziell und mit der Abgabe eigener Beschwerden. Dabei wirkte Johann V. von Türckheim offenbar als Organisator und Verbindungsmann zum Norden[42].

Der Druck auf Baden nahm nun zu: Im Innern rumorte der Adel, von außen drängte der Deutsche Bund und auch die europäische Staatenwelt erwartete eine Lösung des Adelsproblems im Großherzogtum. Als Ende 1818 der internationale Aachener Kongress (vom 29.09. bis 21.11.1818) anstand, auf dem dann auch eine Entscheidung über den territorialen Bestand Badens gefunden werden sollte, sah sich die Karlsruher Regierung

---

zung in einzelstaatliches Recht dienen sollte. Doch dies behob den angesprochenen Mangel nicht; vgl. FURTWÄNGLER (wie Anm. 12), S. 106 f.

35 Vgl. hierzu: H.-P. ULLMANN, Baden 1800 bis 1830, in: H. SCHWARZMAIER u. a. (Hgg.), Handbuch der baden-württembergischen Geschichte 3, Stuttgart 1992, S. 37 f.

36 Immerhin lebten allein 11 % der Bevölkerung in Baden in grundherrlichen Gebieten; vgl. Ch. ZEILE, Baden im Vormärz: die Politik der Ständeversammlung sowie der Regierung zur Adelsfrage, Grundentlastung und Judenemanzipation; 1818 bis 1843 (Edition Wissenschaft), München [1989], S. 77.

37 Großherzoglich Badisches Regierungsblatt 1816 Nr. 3, S. 7 f.; vgl. FURTWÄNGLER (wie Anm. 12), S. 130; MANGOLD (wie Anm. 13), S. 57.

38 Ebenda, S. 44 f.

39 Vgl. MANGOLD (wie Anm. 13), S. 45–74; VON STETTEN (wie Anm. 13), S. 241.

40 MANGOLD (wie Anm. 13), S. 45, 52, 67.

41 FEHRENBACH (wie Anm. 21), S. 103.

42 GLA 69 Türckheim-1 Nr. 1210, Ludwig Rüdt von Collenberg an Johann V. von Türckheim vom 3.3. und 5.6.1817; 69 Türckheim-1 Nr. 1214, Bericht von Johann von Türckheim vom 3.6.1818 über eine Sitzung vom 24.5.1818.

veranlasst, die Adelsfrage anzugehen[43]. So wurden in der ersten badischen Verfassung vom 21. August 1818 dem grundherrlichen Adel in der Ersten Kammer der Landstände acht Sitze reserviert, die durch Wahl besetzt werden sollten[44]. Schon zuvor war am 23. April ein badisches Adelsedikt von Großherzog Karl unterzeichnet worden, das dem Adel eine Umsetzung der Rechte bescherte, die in der Bundesakte fixiert waren. Bei den Grundherren, auch denen der Ortenau, stieß dieses Edikt jedoch weitgehend auf Ablehnung[45]. Die Ortenauer Ritter forderten neben einer Verbesserung ihrer finanziellen Rechte – Steuerfreiheiten, Bürgerannahmesgelder etc. – vor allem die Aufhebung der Beschränkungen, die an der Ausübung der Patrimonialgerichtsbarkeit hafteten[46]. Alternativ sollten die Kompensationen für diejenigen Häuser verbessert werden, die bereit waren, auf diese Rechte zu verzichten. Letztlich kreiste der Konflikt um das schon bekannte Problem: Dem Staat ging es darum, die Standes- und Grundherren möglichst zur Aufgabe ihrer Herrschaftsrechte zu bewegen, um einen einheitlichen Staatsaufbau und damit die Zukunftsfähigkeit des Landes sicher zu stellen. Der Adel auf der anderen Seite wollte zum einen seine finanzielle Basis gewahrt wissen, zum anderen aber auch noch die Möglichkeit haben, als Herrschaft erscheinen zu können. Allerdings zeigten sich die ehemaligen Reichsritter im Gegensatz zu den hochadligen Standesherren hier vielfach flexibler. Viele Ritter waren nun bereit, auf hoheitliche Rechte zu verzichten, die ihnen doch mehr und mehr zur Last wurden, wenn die Entschädigung dafür stimmte. Stellvertretend kann man hier die Aussage Johanns VI. von Türckheim (1778–1847), dem Sohn und Erben Johanns V., anführen, der 1822 an die badische Administration schrieb: *Die Patrimonialgerichtsbarkeit habe ich schon lange als eine Last zu betrachten gelernt, blos Rücksichten auf spezielle Pflichten hätten mich in den Fall setzen können, dieselbe wieder anzunehmen*[47].

Der adlige Widerstand, im Verein mit dem Bundestag in Frankfurt, verhinderte schließlich das Inkrafttreten des ersten badischen Adelsedikts. Ein Jahr später erließ der neue Großherzog Ludwig ein zweites, das den adligen Vorstellungen wesentlich mehr entgegenkam und von den Grundherren auch in der Ortenau dankbar angenommen wurde[48]. Aber dieses Edikt trat ebenfalls nicht in Kraft. Es scheiterte einmal an den Protesten der Standesherren, die ihre Rechte weiterhin nicht voll befriedigt sahen. Vor

---

43 Vgl. FURTWÄNGLER (wie Anm. 12), S. 138.

44 Vgl. Verfassung § 27 Nr. 5 und § 29. Der Text der Verfassung ist abgedruckt in: H. FENSKE, 175 Jahre Badische Verfassung, Karlsruhe 1993, S. 121–148, hier S. 124 f. Dies wurde auch durch die Verfassungsänderung von 1904 nicht geändert; vgl. ebenda, S. 134 f.

45 Vgl. GLA 69 Türckheim-1 Nr. 1214, Bericht Johanns von Türckheim vom 3.6.1818 über eine Sitzung vom 24.5.1818.

46 GLA 69 Türckheim-1 Nr. 1214, Eingabe der Ortenauer und der Hegauer Reichsritter an dem Großherzog vom 13.6.1818. Die Beschränkungen bei der Ausübung der Gerichtsrechte bestanden vor allem darin, dass alle Jurisdiktionslasten auf Kosten des Adels gingen, die Ämter in allen Hinsichten wie die landesherrlichen Ämter formiert sein mussten und die Gerechtigkeitspflege nicht den adligen Rentbeamten übertragen werden konnte; vgl. FEHRENBACH (wie Anm. 21), S. 105; FURTWÄNGLER (wie Anm. 12), S. 134 f.

47 GLA 69 Türckheim-1 Nr. 814, Johann VI. von Türckheim an die großherzogliche Immediatkommission vom 19.4.1922 (Konzept).

48 GLA 48/6605, Schreiben der Bevollmächtigten des oberen Reichsadels in Baden an den Großherzog vom 4.5.1819.

allem aber wurde es durch den Widerstand der neuen Ständeversammlung und dort vor allem der bürgerlichen Zweiten Kammer zu Fall gebracht. Diese sah in dem Erlass eines neuen Adelsedikts einen Bruch der Verfassung und blies erfolgreich zum Sturm auf die Adelskonstitution[49].

Ende 1821 ging die badische Regierung dann dazu über, in separaten Verhandlungen mit den einzelnen Familien bzw. bei den Grundherren mit einzelnen Gruppen eine Lösung herbeizuführen. Im Dezember veröffentlichte das großherzogliche Kabinett im Regierungsblatt eine Einladung an den grundherrlichen Adel *zur nochmalige*[n] *Unterhandlung über dessen Verhältnisse*[50]. Dafür sei von Seiten Badens eine Kommission eingesetzt worden, die einen Entwurf für eine Einigung bereits ausgearbeitet habe, über den nun verhandelt werden sollte. Wenngleich die Art und Weise dieser Einladung den Reichsadel etwas pikierte[51], standen die Ortenauer Ritter der badischen Offerte prinzipiell doch positiv gegenüber. Dabei waren sie aber bestrebt, gegenüber Baden geschlossen aufzutreten. Freiherr Röder von Diersburg bat deshalb die Türckheimer Johann V. und seinen Sohn Johann VI. für den Ritterbezirk Ortenau die Verhandlungen mit Baden zu übernehmen, da sie *in unserem Ritterbezirk* [die einzigen seien], *mit dem Ansehen, mit der Erfahrung und mit der Sachkenntnis, für uns alle insgesammt aufzutreten*[...][52]. Ausschlaggebend für dieses Vertrauen war sicherlich das zuvor gezeigte Engagement von Johann V., die juristische Ausbildung der beiden Türckheimer, ihre Erfahrung als Abgeordnete[53] und nicht zuletzt ihre Tätigkeit in diversen Regierungsämtern[54]. Doch letztlich kam eine gemeinsame Verhandlungsführung aller Ortenauer Ritter nicht zustande. Johann VI. von Türckheim, der inzwischen die Leitung seines Hauses übernommen hatte[55], trat vielmehr in eigenständige Verhandlungen mit Baden ein[56]. Was ihn zu diesem Schritt bewog, muss offen bleiben. Da die meisten Ortenauer Ritter ihr Verhandlungsmandat dem Amtmann Meister aus Offenburg, also einem Bürgerlichen, übertragen hatten, könnte auch ein gewisser Standesdünkel diese Separation veranlasst haben[57]. Ein Freund von Türckheims, Max von Berlichingen, zeigte sich jedenfalls sehr erfreut darüber, dass dessen Familie *sich nicht durch einen Schreibersknecht, sondern durch Ih-*

49 Vgl. hierzu Furtwängler (wie Anm. 12), S. 142 f.

50 Vgl. auch für das Folgende: Großherzoglich Badisches Staats- und Regierungsblatt Nr. 20 vom 8.12.1821, S. 139; GLA 69 Türckheim-1 Nr. 1222, Schreiben Berstetts an die Grundherren, hier von Türckheim vom 12.12.1821.

51 Vgl. GLA 69 Türckheim-1 Nr. 814, Schreiben von Johann VI. an von Berstett vom 28.12.1821 (Konzept).

52 GLA 69 Türckheim-1 Nr. 1222, Schreiben von Diersburg an Johann V. von Türckheim vom 24.12.1821.

53 Johann VI. war seit 1818 Mitglied dieser Kammer als Vertreter des grundherrlichen Adels; vgl. Badische Biographien 2, S. 367.

54 Siehe S. 100 ff.

55 Vgl. zur Übertragung des Besitzes an Johann VI. im Jahr 1821: GLA 69 Türckheim-1 Nr. 1224, Schreiben von Johann V., expediert am 4.1.1822.

56 Vgl. GLA 69 Türckheim-1 Nr. 814, Johann VI. an von Berstett vom 18.2.1822 (Konzept). In der Folgezeit orientierte er sich offenbar auch stark am Verhalten der nordbadischen Grundherren; vgl. ebenda, Johann VI. an die großherzogliche Immediatkommission vom 22.12.1822 (Konzept).

57 GLA 69 Türckheim-1 Nr. 814, Briefe von Max von Berlichingen an Johann VI. von Türckheim vom 24.1.1822 auch für das folgende Zitat.

resgleichen vertreten lassen wolle und sich daher durch untadelige Gesinnungen auszeichne.

Die 1822 begonnen Verhandlungen kamen innerhalb von eineinhalb Jahren zum Abschluss. Als erster der Ritterbezirke in Baden unterzeichneten die Ortenauer Ritter am 26. September 1823 ihren Kontrakt mit dem Großherzogtum[58]. Da sich alle mit den Grundherren getroffenen Vereinbarungen letztendlich aber sehr ähnelten, erließ die badische Regierung schließlich am 22. April 1824 ein Edikt, das die grundherrlichen Rechte im Großherzogtum insgesamt regelte[59]. Zwar wurde dessen Rechtsgültigkeit von der Zweiten Kammer bestritten, doch dies verhinderte nicht seine Anwendung[60]. Materiell hatte die Regierung mit diesem Edikt ihr wichtigstes Ziel erreicht[61]. Der grundherrliche Adel verzichtete auf Patrimonialgerichtsbarkeit und Ortspolizei. Als Surrogate erhielt er dafür das Zwangsbetreibungsrecht illiquider Feudalabgaben, die niedere Polizeigewalt im Umkreis seiner Schlösser und vor allem einige nicht unwesentliche Vorrechte in den Gemeinden seines Territoriums. So konnte der Grundherr zum Beispiel den Bürgermeister aus drei gewählten Kandidaten ernennen, er war von den Gemeindesteuern weitgehend befreit; außerdem standen ihm die herkömmlichen Bürgereinkaufsgelder zu[62]. Letztlich wurde der Adel mit diesen Regelungen als Problem für den Staatsaubau ausgeschaltet und dafür auf die lokale Ebene verwiesen[63].

Auf Seiten des alten Reichsadels war man mit diesem Ergebnis zufrieden. Unterschiedliche Auffassungen bestanden nur hinsichtlich der Frage, ob die Grundherren sich damit einen bleibenden Rechtszustand gesichert hätten. Die Unveränderbarkeit der eigenen Rechte durch den Staat war nach den Erfahrungen der Rheinbundzeit ja ein durchaus verständliches Anliegen der Mediatisierten[64]. Dies umso mehr als Artikel 14 der Bundesakte die dort aufgeführten Rechte des Adels als *gleichförmig bleibende*[n] *Rechtszustand* beschrieb. Andererseits kann, wie der Kammerabgeordnete und liberale badische Beamte Ludwig von Liebenstein (1781–1824) es ausdrückte, *die Gesetzgebung des Staates* [...] *nicht stehend sein; sie kann nicht in einem gegebenen Zeitpunkt für alle Zukunft festgestellt und abgeschlossen werden. Sie muss mit der fortschreitenden Entwicklung der gesellschaftlichen Verhältnisse vorwärts gehen und sich ausbilden*[65]. Und

58 GLA 69 Türckheim-1 Nr. 814, Amtmann Meister an Freiherr Johann VI. von Türckheim vom 12.11.1823; GLA 69 Türckheim-1 Nr. 724, Übereinkunft Badens mit den Rittern der Ortenau vom 26.9.1823 (gedruckt); GLA 48/6714, Ministerium der auswärtigen Angelegenheiten vom 5.1.1824.

59 Ebenda; Großherzoglich Badisches Staats- und Regierungsblatt 1824 Nr. 11, S. 71–81.

60 Vgl. hierzu: Zeile (wie Anm. 36), S. 77 f.

61 Vgl. hierzu und für das folgende: Fehrenbach (wie Anm. 21), S. 108; Zeile (wie Anm. 36), S. 78 f.

62 Ausnahme war der außerordentliche Gemeindeaufwand für Kirchen-, Fluss- und Wegebau; vgl. § 12, 19, 20, in: Großherzoglich Badisches Staats- und Regierungsblatt 1824 Nr. 11, S. 73, 75.

63 So Fehrenbach (wie Anm. 21), S. 108.

64 GLA 69 Türckheim-1 Nr. 807, Friedrich Freiherr von Giebelstadt-Darstadt an den badischen Außenminister von Türckheim vom 15.5.1832 (Kopie).

65 Zitiert nach Fehrenbach (wie Anm. 21), S. 108. Auch die Bundesakte trug dem schon Rechnung, da nach ihr die Ausübung dieser Rechte den Vorschriften der jeweiligen Landesgesetze unterworfen sein sollte. Dieser Widerspruch blieb letztlich unaufgelöst, da von der Bundes-

genau daran sollten sich ab den 1830er Jahren noch einige Konflikte entzünden. Diese drehten sich vor allem um die gerade etablierten Gemeindevorrechte des alten Reichsadels und um die Ablösung von dessen noch bestehen gebliebenen Feudalabgaben und -pflichtigkeiten[66]. Auf diese Rückzugsgefechte muss hier nicht weiter eingegangen werden[67]. Mit der Revolution 1848 jedenfalls fielen schließlich die letzten Herrschaftsvorrechte des Adels weg und auch die Ablösung der Feudallasten wurde in der zweiten Hälfte des 19. Jahrhunderts zu Ende geführt. Nun verfügte der grundherrliche Adel in Baden nur noch über einige Ehrenrechte und über seine ihm zugebilligten Sitze in der Ersten Kammer der Landstände.

Die bisherigen Ausführungen haben gezeigt, dass die Beziehungen zwischen dem Großherzogtum Baden und den ehemaligen Reichsrittern der Ortenau zumindest in der ersten Hälfte des 19. Jahrhunderts in Bezug auf die adeligen Vorrechte durchaus konfliktbeladen waren. Doch wie wirkte sich dies auf andere Beziehungsfelder aus? Dieser Frage soll nun, wie eingangs bereits erwähnt, am Beispiel des Dienstes von Angehörigen der ritterschaftlichen Familien beim neuen Landesherrn nachgegangen werden. Ein solches In-Dienst-Treten war beim Reichsadel im Grunde nichts Neues, sondern entsprach dessen traditionellen Verhaltensweisen[68]. Bereits vor der Mediatisierung hatte es etliche Dienstverhältnisse von Mitgliedern Ortenauer Ritterfamilien auch bei den badischen Markgrafen gegeben: So diente Carl Röder von Diersburg gegen Ende des 18. Jahrhunderts bei den badischen Truppen als Hauptmann[69]; die Witwe von Neveu bat 1802 den Markgrafen Karl Friedrich, ihren jüngeren Sohn Joseph nach Abschluss seiner juristischen Studien in Göttingen in den badischen Dienst aufzunehmen. Ein Ansinnen, dem der Markgraf auch positiv gegenüberstand[70]. Nach 1806 haben derartige Dienstverhältnisse offenbar deutlich zugenommen, wie eine kursorische Durchsicht der Dienerakten Ortenauer Ritter im Generallandesarchiv in Karlsruhe nahe legt. Diese Steigerung ging dabei überwiegend auf die protestantischen Ritterfamilien zurück. Die katholischen wie die von Schauenburg oder von Neuenstein-Rodeck blieben dem Großherzogtum wie schon zuvor meist fern[71]. Hier wirkte die Konfession als

versammlung keine authentische Interpretation der konkurrierenden Bestimmungen erfolgte; vgl. Furtwängler (wie Anm. 12), S. 106 f.

66 Fehrenbach (wie Anm. 21), S. 111–121; vgl. auch Furtwängler (wie Anm. 12), S. 152 f., 191–208.

67 Vgl. hierzu Fehrenbach (wie Anm. 21), S. 113–121; Zeile (wie Anm. 36), S. 154–180.

68 Adel im Badischen Franken. 700 Jahre Rüdt von Collenberg in Bödigheim. Eine Ausstellung des Generallandesarchivs Karlsruhe in Zusammenarbeit mit dem Badischen Landesmuseum Karlsruhe, o. O. 1986, S. 21.

69 Vgl. E. von der Becke-Klüchtzner, Stamm-Tafeln des Adels des Großherzogthums Baden – ein neu bearbeitetes Adelsbuch, Baden-Baden 1886, (digital verfügbar unter: http://digi.ub.uni-heidelberg.de/diglit/beckekluechtzner1886), S. 371.

70 GLA 76/5617, Geheimratsprotokoll vom 17.12.1802 und Antwort des Markgrafen vom 3.1.1803 (Konzept); vgl. auch GLA 76/5613–5615.

71 So orientierte sich die Familie Schauenburg hinsichtlich ihrer Dienstherrenwahl zum einen nach Frankreich, vor allem aber nach Österreich; vgl. von der Becke-Klüchtzner (wie Anm. 69), S. 299–301, 402–406.

Hemmschuh, obgleich diese für die badische Seite spätestens ab 1860 kein Kriterium bei der Einstellung von Beamten mehr darstellte[72].

Eine beim Adel beliebte Sparte war der militärische Dienst. Dieser beinhaltete ein Betätigungsfeld, das dem adligen Lebensstil und vor allem dem militärisch-ritterlichen Selbstverständnis des Adels sehr nahestand. Besonders aktiv war in diesem Bereich das Haus Röder von Diersburg. Mindestens neun Familienmitglieder dienten zwischen 1806 und 1870 als Offiziere in der badischen Armee[73]. Darunter zum Beispiel auch der Generalleutnant und Schriftsteller Philipp Röder von Diersburg (1801–1864), der von 1852 bis 1856 die badische Infanterie befehligte und 1859 als Kommandant von Rastatt in den Ruhestand trat[74]. Diese Häufung von badischen Offizieren in einer grundherrlichen Familie war allerdings außergewöhnlich, verzichteten doch von den 59 grundherrlichen Adelsgeschlechtern fast 45 % gänzlich auf eine Offizierslaufbahn im Großherzogtum[75]. Viele tendierten eher zu einer militärischen Karriere in Österreich[76] oder Preußen. Auch bei der Familie von Röder wird diese Orientierung trotz der starken Ausrichtung auf Baden sichtbar. So trat zum Beispiel Wilhelm von Röder (1832–1909) 1848 als Freiwilliger in die badische Armee ein. Ein Jahr später wechselte er in den österreichischen Armeedienst, nahm an der Schlacht von Königgrätz teil und brachte es bis zum Hauptmann. 1868 kehrte er dann aber in den badischen Dienst zurück[77]. Ob diese Rückkehr durch das Ausscheiden Österreichs aus dem Deutschen Bund 1866 motiviert war, muss offen bleiben. Mit dem Aufgehen der badischen Armee im preußischen Heer durch die Militärkonvention von 1870 endete jedoch die Möglichkeit einer Anstellung im badischen Militärdienst. Von da an schlugen die protestantischen Ortenauer Grundherren meist eine Karriere in der preußischen Armee ein[78]. Auch Wilhelm Röder von Diersburg ließ sich in den Verband der preußischen Armee übernehmen[79] und stieg 1879 zum Kommandeur des 3. Badischen Infanterieregiments Markgraf Ludwig Nr. 111 auf. Zu seinem Abschied 1891 bekam er den Charakter eines Generals bewilligt[80].

Neben dem Dienst am Hof, der aus Platzgründen hier nicht mit einbezogen werden kann, bot auch die zivile badische Staatsverwaltung dem Reichsadel Karrieremöglichkeiten. Nach dem Wegfall des adligen Ämterprivilegs in Baden 1803 setzte dies aber eine

---

72 B. Wunder, Die badische Beamtenschaft zwischen Rheinbund und Reichsgründung (1806–1871) (Veröffentlichungen der Kommission für Geschichtliche Landeskunde in Baden-Württemberg: Reihe B, Forschungen 136), Stuttgart 1998, S. 319.

73 GLA 59/633; von der Becke-Klüchtzner (wie Anm. 69), S. 368–373.

74 Vgl. GLA 59/633, Grundliste Generalleutnant Philipp von Röder; http://de.wikipedia.org/wiki/Philipp_Roeder_von_Diersburg, eingesehen am 24.06.2013.

75 K.-H. Lutz, Das badische Offizierskorps 1840–1870/71 (Veröffentlichungen der Kommission für Geschichtliche Landeskunde in Baden-Württemberg: Reihe B, Forschungen 135), Stuttgart 1997, S. 130.

76 Ebenda, S. 131.

77 Vgl. GLA 59/633, Grundliste Hauptmann Wilhelm von Röder; vgl. auch mit österreichischer Karriere Rudolf von Türckheim (1819-?), der bis zum österreichischen Generalmajor aufstieg; GLA 69 Türckheim-1 Nr. 1732 f.

78 Vgl. z. B. von der Becke-Klüchtzner (wie Anm. 69), S. 372–374, 490 f.

79 Vgl. auch für das Folgende Lutz (wie Anm. 75), S. 235.

80 Nach seinem Abschied aus der Armee übte er bis 1904 ein Abgeordnetenmandat in der Ersten Kammer der Landstände aus und gehörte dort zu den Konservativen; vgl. ebenda, S. 235.

entsprechende juristische Ausbildung voraus, sprich die Absolvierung eines Studiums und ein anschließendes Staatsexamen vor staatlichen Prüfern[81]. Die adligen Bewerber standen somit in direkter Konkurrenz mit bürgerlichen Kandidaten. Diese formale Gleichstellung beider Gruppen wurde nach 1830 auch in der Praxis voll umgesetzt[82]. Dies führte zu einem Absinken des Adelsanteils unter den badischen Beamten, wenngleich dem Adel im diplomatischen Dienst und bei den Spitzenbeamten noch eine Zeitlang Reservate verblieben[83].

Trotz dieser erschwerten Bedingungen finden sich im 19. Jahrhundert vermehrt Mitglieder Ortenauer Ritterfamilien unter den badischen Zivilbeamten. Vor allem die Familie von Türckheim tat sich auf diesem Feld hervor. Über drei Generationen hinweg bekleideten deren Mitglieder bis zum Ende des 19. Jahrhunderts bedeutende Posten[84]. Drei wichtige Karrieren aus dieser Familie sollen im Folgenden exemplarisch vorgestellt werden. Zunächst einmal eine Karriere, die nur am Rande mit dem Dienst in Baden in Berührung kam: Johann V., zur Zeit der Mediatisierung Chef des Hauses, war nach Funktionen im städtischen Straßburger Dienst ab 1796 Gesandter verschiedener Reichsfürsten beim Fränkischen Reichskreis[85]. In hessen-darmstädtischen Diensten machte er Karriere und unterschrieb für das Großherzogtum Hessen 1815 gar die neue deutsche Bundesakte. Für Baden übernahm er diplomatische Missionen. So wirkte er 1819 beim Papst in Rom für die Bildung der neuen oberrheinischen Kirchenprovinz[86].

Sein Sohn Johann VI. war nach seinem Studium der Rechtswissenschaften in Tübingen und Erlangen ab 1803 neben seinem Vater als sächsischer Gesandter bei der Fränkischen Kreisversammlung in Nürnberg tätig[87]. Dort wurde er 1804 zum Geheimen Legationsrat ernannt. Vier Jahre später wechselte er in den badischen Staatsdienst. Wenngleich Türckheim nicht sofort den von ihm gewünschten Rang erhielt[88], so stieg er letztlich doch in die höchsten Positionen auf: Nach einer Stelle im Ministerium des Innern wurde er 1813 Direktor des Main-Tauber-Kreises in Wertheim, also eine Art Landrat, bekleidete von 1814 bis 1831 dieselbe Position im Dreisamkreis mit Sitz in Freiburg[89]. Nach einem Stillstand seiner Karriere in den 1820er Jahren ernannte[90] ihn der neue Großher-

81 Das 5. Organisationsedikt von 1803 behielt die Stellen der direktiven Staatsadministration allein Akademikern vor; vgl. WUNDER (wie Anm. 72), S. 282, 312, 315.

82 Ebenda, S. 317–319.

83 Ebenda, S. 314.

84 Vgl. GLA 69 Türckheim-1, Akten zu Johann V., Johann VI., Johann VII., Otto von Türckheim, Johann VIII.

85 Vgl. zu ihm Badische Biographien 2, Heidelberg 1875, S. 364–366; BRÜSER, Lebensbilder (wie Anm. 8), S. 142–147.

86 Vgl. GLA 69 Türckheim-1 Nr. 2605, Schreiben von Reinhardt an von Türckheim vom 20.12.1819. Dabei setzte er sich beim Papst u. a. für Freiburg als Sitz des neuen katholischen Landesbischofs ein; BRÜSER, Lebensbilder (wie Anm. 8), S. 148; DERS., Zwei zerstrittene Gesandte (wie Anm. 8), passim.

87 Vgl. zu seiner Karriere im Folgenden: Badische Biographien 2, Heidelberg 1875, S. 366–373; GLA 69 Türckheim-1 Nr. 2452; GLA 76/7960, 7963–7965.

88 GLA 76/7963, von Türckheim an den Großherzog vom 28.1.1812.

89 Vgl. GLA 76/7964.

90 Türckheim hatte sich mehrfach über den angeblich besseren Einfluss seiner Kollegen beklagt, was seinen Aufstieg verhindert hätte; Badische Biographien 2, Heidelberg 1875, S. 368.

zog Leopold 1831 schließlich zum Minister des großherzoglichen Hauses und der auswärtigen Angelegenheiten. Dieses Ministeramt hatte er bis zu seiner Zurruhesetzung 1835 inne[91].

Johann VII. (1814–1892), der Sohn Johanns VI., trat nach einem Jurastudium in Heidelberg, Freiburg und Berlin[92] 1837 in den badischen Staatsdienst ein[93], begünstigt nicht zuletzt durch die Fürsprache seines Vaters[94]. Im Gegensatz zu diesem wählte er jedoch die diplomatische Laufbahn[95]. 1845 wurde er Legationssekretär der badischen Gesandtschaft in Wien. Nach einem kurzen Intermezzo im Dienst des Reichsverwesers während der Revolution 1848 kehrte Türckheim im Juli 1849 wieder nach Baden zurück[96]. Er erhielt den Posten des Gesandten am hessischen Hof in Darmstadt, bevor er 1864 zum Gesandten an den Höfen von Berlin und Hannover aufstieg[97]. Nach 1866 blieb er Gesandter in Berlin bei Preußen und dem Reich und hatte damit eine für die damalige badische Außen- und Reichspolitik eminent wichtige Stellung inne. Im Jahr 1883 trat er schließlich hoch geehrt und mit zahlreichen Orden versehen in den Ruhestand und zog sich nach Altdorf zurück.

Diese drei Türckheimer Karrieren im zivilen staatlichen Dienst sind sicherlich nicht in jeder Beziehung repräsentativ für die übrigen ritterschaftlichen Beamten, ob sie aus der Ortenau oder aus anderen Gegenden des Landes stammten. Dennoch lassen sich von ihrem Beispiel Tendenzen ableiten, hinsichtlich der Rolle der ritterschaftlichen Familien im Großherzogtum Baden und in Bezug auf deren Integration in den badischen Staat. Zunächst ist zu fragen, was die Grundherren zur Annahme einer Dienststellung beim Großherzog inspirierte. Zu beachten sind hierbei einmal die finanziellen Aspekte des Dienstes. Schon vor 1806 zwangen die begrenzten ökonomischen Verhältnisse viele Mitglieder reichsritterlicher Familien zum Eintritt in ein Dienstverhältnis bei einem Fürsten. Zuweilen betraf diese ökonomische Notwendigkeit nicht nur die nachgeborenen Söhne sondern selbst die »regierenden« Freiherren[98]. Die Umwälzungen zu Beginn des 19. Jahrhunderts waren strukturell dazu angetan, diese Situation noch zuzuspitzen. Mit der Beseitigung der Reichskirche verschwand ein wichtiger »Arbeitgeber« gerade für die

91 Über seinen Erfolg als Minister vgl. L. E. Lee, The politics of Harmony. Civil Service, Liberalism, and Social Reform in Baden, 1800–1850, London/Toronto 1980, S. 157; Badische Biographien 2, Heidelberg 1875, S. 370–373. Entlassungsgrund war nach Wunder, wie es in Baden im Vormärz bei Ministern häufig vorkam, sein Misserfolg die Regierungspolitik in den Kammern durchzusetzen; vgl. Wunder (wie Anm. 72), S. 345.

92 Vgl. GLA 233/2386.

93 Die Festanstellung erfolgte jedoch erst am 29.9.1842; vgl. GLA 69 Türckheim-1 Nr. 1108, Ministerium der Finanzen vom 2.4.1849.

94 Vgl. GLA 69 Türckheim-1 Nr. 1108, Brief von Johann VI. von Türckheim an den Freiherrn von Rüdt vom 6.12.1839.

95 Vgl. GLA 69 Türckheim-1 Nr. 2542, Brief von Blittersdorff an Johann VI. von Türckheim vom 16.4.1840; GLA 69 Türckheim-1 Nr. 1108, Brief von Johann VI. an Johann VII. von Türckheim vom Juli 1840.

96 GLA 69 Türckheim-1 Nr. 1108, Ministerium des Großherzoglichen Hauses und der Auswärtigen Angelegenheiten vom 22.7.1849.

97 Vgl. zu den weiteren Karriereschritten die Ernennungsurkunden in GLA 69 Türckheim-1 Nr. 1113.

98 Vgl. Dipper (wie Anm. 7), S. 62.

katholischen Familien[99]. Der sukzessive Verlust an Rechten und Feudalberechtigungen verringerte zudem die regelmäßigen Einnahmen der einzelnen Häuser[100]. Der Druck auch in den Dienst derjenigen zu treten, welche die eigene Unabhängigkeit beseitigt hatten, musste zumindest tendenziell steigen. Auf der anderen Seite sicherten gerade die höheren zivilen Beamtenpositionen auch dem niederen Adel ein durchaus ansehnliches Einkommen[101]. Dies hieß jedoch nicht, dass die adligen Stelleninhaber damit allein immer ein standesgemäßes Leben führen konnten. Johann VII. von Türckheim verweist 1861 einmal dezidiert darauf, dass es mit den *zur Verfügung stehenden Mitteln* [schwierig gewesen sei], *den äußeren Anstand und das Ansehen der dienstlichen Stellung zu behaupten*[102]. Glücklich schätzen konnte sich der adlige Beamte, der wie von Türckheim sein Beamtengehalt *als eine im äußersten Fall entbehrliche Zulage* betrachten konnte, und über ausreichende anderweitige Einkünfte verfügte[103]. Es verwundert daher nicht, dass in den von mir durchgesehenen Personalakten adliger Beamter, das Streben nach höherem Einkommen meist eine wichtige Rolle spielte.

Neben dem Verdienst stellten beim Reichsadel auch die Karrierechancen einen wesentlichen Aspekt für das Eingehen einer Beamtenstellung und für deren Weiterführung dar. Wie die Karriere von Johann VII. verdeutlicht, konnten schlechte Zukunftsperspektiven zu einem Wechsel des Dienstherrn führen. So fürchtete Türckheim 1848, der diplomatische Dienst Badens könnte nach der Gründung eines neuen deutschen Reiches bald aufgehoben werden und er seine Stellung verlieren[104]. Daher bat er den Großherzog, ihm eine diplomatische Mission im Dienste des Reichsverwesers zu genehmigen und ihn aus badischen Diensten zu entlassen. Allerdings mit der Möglichkeit einer Rückkehr – man weiß in revolutionären Zeiten ja nie, was kommt. Das Streben, die eigene Laufbahn voranzubringen, sich gegenüber anderen Beamten durchzusetzen, Einfluss und Macht zu gewinnen, also ein typisches Karriereverhalten, durchzieht denn auch die Personalakten von Johann VI. und seinem Sohn Johann VII. von Türckheim[105].

Neben Verdienst und Karrierechancen spielte bei der Entscheidung Ortenauer Ritter für eine Laufbahn im badischen Dienst mitunter noch ein weiterer Aspekt eine wichtige

---

99 Schulz (wie Anm. 2), S. 159.

100 GLA 69 Türckheim-1 Nr. 1224, Schreiben von Johann V. von Türckheim expediert am 4.1.1822 (Entwurf).

101 Ministerialräte erhielten im Vormärz in Baden zwischen 2.000 und 3.000 fl., ein Gehalt, das bei Ministern auf bis zu 6.000 fl. steigen konnten; vgl. Wunder (wie Anm. 72), S. 388; vgl. z. B. auch die Gehaltsangaben in GLA 69 Türckheim-1 Nr. 1108. Zu den Verdienstmöglichkeiten vor 1806: Dipper (wie Anm. 7), S. 62; Adel im Badischen Franken (wie Anm. 68), S. 21.

102 GLA 69 Türckheim-1 Nr. 1108, Schreiben von Türckheims vom 20.7.1861 (Abschrift); ähnlich auch in einem Memoire der Reichsritter auf dem Wiener Kongress vom 28.1.1815; vgl. Mangold (wie Anm. 13), S. 33.

103 GLA 69 Türckheim-1 Nr. 1108, Schreiben von Türckheims vom 20.7.1861 (Abschrift).

104 Auch für das Folgende: GLA 233/23828, Brief von Johann VII. von Türckheim an den badischen Außenminister vom 24.9.1848; GLA 69 Türckheim-1 Nr. 1108, Reichsministerium der auswärtigen Angelegenheiten vom 27.9.1848; Schreiben von Türckheims vom 20.7.1861 (Abschrift).

105 Klagen über angebliche Zurücksetzungen oder Nichtberücksichtigungen bei Beförderungen durchziehen die Korrespondenz der Türckheims mit dem Dienstherrn; vgl. GLA 69 Türckheim-1 Nr. 1108; Personalakten; GLA 233/23828; 76/7963 f.

Rolle. Als Johann VI. von Türckheim 1807 seinen Posten als sächsischer Gesandter bei der Fränkischen Kreisversammlung aufgeben und in den badischen Staatsdienst wechseln wollte, begründete er dies in einem Schreiben an seinen bisherigen Dienstherrn, den König von Sachsen, wie folgt: *Die neuesten politischen Veränderungen, welche mich zum Großherzogl*[ich] *Badischen Unterthan gemacht haben, u*[nd] *die besonderen Verhältnisse meiner Familie, setzen mich in die Notwendigkeit, meinen bisherigen auswärtigen Dienstverhältnissen zu entsagen, u*[nd] *in mein nunmehriges Vaterland zurückzukehren,* [...] *daher ich* [...] *um eine gnädigste Entlassung allerunterth*[änigst] *bitten mus*[106]. Die Mediatisierung führte hier also nicht zu einer Abgrenzung und Distanzierung gegenüber dem neuen Souverän, wie dies vor allem beim hohen Adel meist der Fall gewesen war. Im Gegenteil, sie führte zu einer bewussten Hinwendung zu diesem. Dies zeugt einerseits vom Realitätssinn der ehemaligen Reichsritter hinsichtlich der eigenen politischen Situation. Andererseits schwang dabei aber wohl auch die Hoffnung mit, durch den Dienst beim Souverän die Lage des eigenen Hauses zu verbessern und Einfluss auf die Politik Badens in der Frage der Adelsrechte nehmen zu können. Dass diese Motivation auch auf andere Familien zutraf, darf man wohl annehmen. Denn umgekehrt wandten sich einige ritterschaftliche Häuser, die in der Frage der Adelsrechte in einen großen Gegensatz zum Großherzogtum geraten waren, von Baden als Dienstherrn wieder ab[107].

Welche Konsequenzen ergaben sich aus solchen Dienstverhältnissen für die ritterschaftlichen Familien? Anders gefragt: Wie beeinflusste eine Dienststellung, die auf einer mitunter sehr breit gefächerten Motivation gründete, die politische Haltung der jeweiligen ritterschaftlichen Familie gegenüber Baden? Von Seiten der eigenen Standesgenossen wurde von Beamten im großherzoglichen Dienst jedenfalls vielfach ein dezidiertes Wirken für die adligen Interessen erwartet. Wurde es geleistet oder zumindest glaubhaft versucht, wie 1813 von dem aus der Ortenau stammenden Ritter und badischen Minister Karl Christian von Berckheim (1774–1849)[108], stieß es jedoch vielfach auf innerbehördliche Widerstände[109] und war wohl à la longue allenfalls bedingt erfolgreich. Blieben aber die erwarteten Erfolge aus, konnten die Betreffenden bei den Standesgenossen leicht in Misskredit geraten. So kritisierte Freiherr Rüdt von Collenberg 1818 den Minister von Berstett, dass dieser *immer der Ministerstelle mehr anhieng als seines Standes Angelegenheit*[110]. Der Unterländer Ritter Max von Berlichingen wurde noch deutlicher, als er 1821 an Johann V. von Türckheim schrieb: *Liebenstein, Duttlinger, Winter und Consorten haben uns wenigstens von vorn angegriffen* [...]. *Ich hasse sie zwar von*

---

106 GLA 69 Türckheim-1 Nr. 2452, Schreiben von Johann von Türckheim vom 4.10.1807 (Konzept).

107 Bekannt ist dies für die Familie von Berlichingen; vgl. LUTZ (wie Anm. 65), S. 131. Unter den Ortenauer Rittergeschlechtern habe ich keinen derartigen Fall gefunden.

108 Vgl. H. KÖRNER, in: Neue Deutsche Biographie 2, hg. von der Historischen Kommission der Bayerischen Akademie der Wissenschaften, Berlin 1955, S. 66 f.

109 GLA 69 Türckheim-1 Nr. 1234, Schreiben von Hövel an den Freiherrn von Berckheim vom 25.9.1813. Berckheim fungierte offensichtlich als Verbindungsmann der Ritter in der badischen Verwaltung und übergab diverse Schreiben des Reichsadels; vgl. GLA 69 Türckheim-1 Nr. 807; MANGOLD (wie Anm. 13), S. 50.

110 GLA 69 Türckheim-1 Nr. 1210, Brief von Ludwig Rüdt von Collenberg an von Türckheim vom 22.7.1818; vgl. hierzu auch FEHRENBACH (wie Anm. 21), S. 113.

Grund meiner Seele, aber sie sind mir immer achtbarer als unsere Standesgenossen zu Carlsruhe, welche aus Schlaffheit und Selbstsucht alles über uns ergehen lassen[111]. Und tatsächlich sahen sich die ritterschaftlichen Beamten vielfach zur Zurückhaltung in der Vertretung von Standesinteressen aufgrund ihrer Dienststellung veranlasst[112]. So weigerte sich 1818 der Freiherr von Brandenstein, der über seine Frau, eine geborene von Schleiß, mit der Ortenauer Ritterschaft verbunden war, eine Eingabe der Grundherren an den Großherzog mit zu unterzeichnen. Als Grund gab er an, dass *wesentliche Vorsicht wegen seinen Dienstverhältnissen im Badischen einzig in ihm das Bedenken erregt* habe, so zu handeln[113]. Auch Johann VI. von Türckheim nahm in den 1830er Jahren nicht am Kampf seiner Standesgenossen um den Erhalt der grundherrlichen Rechte Teil, weil seine *damalige Stellung als Mitglied des höchsten Staatsministeriums solches nicht gestattet* hätte[114]. Erst nach seiner Pensionierung, reihte sich Türckheim wieder in die Phalanx des adligen Widerstandes ein[115].

Die Sorgen um die eigene Karriere, die hier zum Ausdruck kommen, waren durchaus berechtigt. Denn bei politischem Fehlverhalten mussten die grundherrlichen Staatsbeamten mit Repressalien von Seiten Badens rechnen. So wurden infolge der Adelsproteste 1816 beispielsweise mehrere grundherrliche Offiziere gemaßregelt und der Freiherr von Gemmingen sowie zwei weitere Standesgenossen gar ihrer zivilen Ämter enthoben[116]. Andererseits drohte den grundherrlichen Staatsbediensteten bei erkennbarer politischer Zurückhaltung nicht nur Kritik von Seiten der Standesgenossen, es konnte in der Folge auch zu deren gesellschaftlicher Isolierung kommen. Diese Erfahrung musste der ehe-

---

111 GLA 69 Türckheim-1 Nr. 1222, Brief von Max von Berlichingen an Johann V. von Türckheim vom 17.11.1821; vgl. zur Haltung von Johann V. von Türckheim gegenüber dem Beamtenstaat Mangold (wie Anm. 13), S. 74.

112 Zuweilen konnte ein grundherrlicher Beamter gar in die Verlegenheit kommen, dienstlich gegen Adlige vorgehen zu müssen, die um ihre Rechte kämpften. 1814 protestierten die Fürstlichen Häuser Löwenstein-Wertheim heftig gegen den Entzug der Patrimonialgerichtsbarkeit bzw. letztlich gegen die Mediatisierung durch Baden überhaupt. Dabei versuchten die fürstlichen Beamten auch Akten der Gerichte vor den Badenern in Sicherheit zu bringen. Daraufhin erging an den Kreisdirektor Johann VI. von Türckheim in Wertheim die Order, die betreffenden Löwensteiner Beamten zu verhaften. Von Türckheim zögerte jedoch, weil er, wie er in seinem Bericht angab, sich nicht sicher gewesen sei, ob er die für diese Aktion nötige Unterstützung in Wertheim finden würde. Er habe deshalb lieber abwarten wollen, bis badische Truppen vor Ort wären. Als diese dann eintrafen, waren zwei der in Frage kommenden Beamten verschwunden und die anderen beiden aufgrund von Krankheit nicht haft- und transportfähig; vgl. GLA 69 Türckheim-1 Nr. 108, Großherzogliches Geheimes Kabinett, Sensburg, 26.2.1814; Bericht von Kreisdirektor von Türckheim, Wertheim 1.3.1814. Ob die Gründe, die von Türckheim hier angab, wirklich sein Handeln rechtfertigen konnten oder ob hinter dieser Zögerlichkeit wenn nicht Sympathie für die Interessen der Löwensteiner so doch wenigstens der Wunsch sich verbarg, eine für den Beamten und Mediatisierten von Türckheim unangenehme Situation zu umgehen, sei dahingestellt.

113 GLA 69 Türckheim-1 Nr. 1211, Brief der Freifrau von Schleiß an Johann V. von Türckheim vom 7.7.1818; vgl. ebenda, Brief von Brandensteins an von Türckheim vom 12.6.1818.

114 GLA 69 Türckheim-1 Nr. 807, Türckheim an das Staatsministerium vom 16.9.1836; Max von Berlichingen an Johann VI. von Türckheim vom 5.9.1836.

115 GLA 69 Türckheim-1 Nr. 807, Brief von Türckheims an Max von Berlichingen (Konzept), wohl Ende 1836; Max von Berlichingen an Johann VI. von Türckheim vom 4.8.1837.

116 Mangold (wie Anm. 13), S. 71 f.; Wunder (wie Anm. 72), S. 40.

malige badische Minister Johann VI. von Türckheim machen. Als er 1836 wieder gemeinsam mit seinen Standesgenossen politisch agieren wollte, wurde ihm vom Freiherrn von Böcklin aus Rust, der damals die Führung der Ortenauer Grundherren inne hatte, zunächst einmal die kalte Schulter gezeigt. Auf die schriftliche Offerte Türckheim reagierte von Böcklin nicht, und verwies ihn auch in einem persönlichen Gespräch mit seinem Anliegen nur an einen Standesgenossen weiter. Dabei soll er zudem etwas spitz bemerkt haben, dass er *nur diejenigen als Eigenthümer eines Prozesses betrachte, welche ihn angefangen hätten*[117]. Es dauerte eine ganze Weile bis von Türckheim das verlorene Vertrauen seiner Standesgenossen wieder zurückgewinnen konnte.

Wenngleich im vorliegenden Beitrag natürlich keineswegs alle Aspekte der Existenz der Ortenauer Reichsritter nach 1806 behandelt werden konnten, so lässt sich summa summarum doch festhalten, dass deren Integration in den badischen Staat trotz der erkennbaren Reibungen gelang. Dazu trugen mehrere Faktoren bei: So förderten unter anderem die begrenzten ökonomischen Verhältnisse der Grundherren, die Einsicht in die Unhaltbarkeit der alten Hoheitsrechte unter den neuen gesellschaftlichen und politischen Bedingungen. Darüber hinaus verhinderte wohl auch die eigene »Dienstmannentradition« eine prinzipielle Ablehnung des neuen Souveräns als Dienstherrn. Vielmehr nutzte der ehemalige Reichsadel die gebotenen Chancen in den neuen Staaten, denen er nun angehörte, um zum Beispiel durch eine Dienststellung oder durch die Mitarbeit in den Ersten Kammern der jeweiligen Landstände Prestige und Wohlstand zu erwerben und zu sichern. Dies soll jedoch nicht heißen, dass die Reichsritter ihre Tradition als reichunmittelbarer Stand vergessen hätten. Dies zeigte sich schon daran, dass der ehemalige Reichsadel sich bei seiner Karriereplanung nicht auf die neuen »Heimatstaaten« beschränken ließ, sondern die ganze deutsche Staatenwelt im Blick behielt. Der Stachel, den die Mediatisierung zurückgelassen hatte, steckte wohl bis weit in die zweite Hälfte des 19. Jahrhunderts unterschwellig noch bei vielen Familien. Politische Wirksamkeit entfaltete er nach 1848 aber nicht mehr.

117 GLA 69 Türckheim-1 Nr. 807, Brief von Türckheims an Max von Berlichingen (Konzept) wohl Ende 1836.

Adel, Konservatismus und der badische Landtag 1831

VON DANIEL MENNING

Baden gilt in der deutschen Geschichtsschreibung zum 19. Jahrhundert nicht als Hort des Konservatismus. Das scheint unter anderem am Fehlen bzw. Ausfallen einer Trägergruppe gelegen zu haben. Hauptträgergruppe des deutschen Konservatismus war in der ersten Jahrhunderthälfte in der Regel der Adel – dies galt besonders für Preußen[1]. Im Gegensatz zu Preußen, dem Hort des Konservatismus in der deutschen Geschichtsschreibung, war die Rolle des Adels in Baden aber vergleichsweise schwach. Hauptsächlich durch die Mediatisierung 1805/06 hinzugewonnen, durch die Gesetzgebung der Rheinbundzeit und der Frühzeit des Deutschen Bundes weitgehend entmachtet, gelang es dem Adel in Baden zwar in der ersten Hälfte des 19. Jahrhunderts die Ablösungsgesetzgebungen noch zu behindern, verhindern konnte er ihre schrittweise Durchsetzung und ihren Abschluss 1848 aber nicht. Stattdessen handelte ihm diese Blockadepolitik die bleibende Feindschaft der ländlichen Bevölkerung ein, einem wichtigen konservativen Wählerreservoir im 19. Jahrhundert.[2] Bemühungen im Hinblick auf die Ausformulierung einer konservativen Ideologie oder der Bildung einer konservativen Partei scheinen vom Adel nicht ausgegangen zu sein. Eine konservative Partei entwickelte sich daher in Baden auch erst spät und dann eher unabhängig vom Adel[3]. Ihre Wahlerfolge bei Landtagswahlen waren gering, bei Reichstagswahlen mäßig[4]. Denkt man an prägende Gestal-

---

1 So konzentriert sich A. SCHILDT, Konservatismus in Deutschland. Von den Anfängen im 18. Jahrhundert bis zur Gegenwart, München 1998, für die erste Hälfte des 19. Jahrhunderts vornehmlich auf die preußische Entwicklung. Ähnlich der Kommentar bei E. FEHRENBACH, Verfassungsstaat und Nationsbildung 1815–1871, München 1992, S. 49.

2 Zu Baden in der ersten Hälfte des 19. Jahrhunderts allgemein vgl. F. ENGEHAUSEN, Kleine Geschichte des Großherzogtums Baden 1806–1918, Leinfelden-Echterdingen 2005; H. FENSKE, Baden 1830 bis 1860, in: H. SCHWARZMAIER (Hg.), Handbuch der baden-württembergischen Geschichte. Dritter Band: Vom Ende des Alten Reiches bis zum Ende der Monarchien, Stuttgart 1992, S. 79–132; H.-P. ULLMANN, Baden 1800 bis 1830, in: EBD., S. 25–78.

3 Hinweise dazu bei H.-P. BECHT, Badischer Parlamentarismus 1819 bis 1870. Ein deutsches Parlament zwischen Reform und Revolution, Düsseldorf 2009, S. 281–295. Er bleibt aber im Hinblick auf den Konservatismus immer unspezifisch, zuweilen ist nicht klar, ob es sich nicht nur um Regierungsvertreter handelt.

4 Die Landtagswahlergebnisse bei H.-P. BECHT, Politik und Milieu in Stadt und Land: Überlegungen zur Formierung und Entwicklung des badischen Parteiensystems, 1819–1933, in: B. KIRCHGÄSSNER/ H.-P. BECHT (Hgg.), Vom Städtebund zum Zweckverband, Sigmaringen 1994, S. 53. Für eine richtige Interpretation der dort visualisierten Landtagsmandatsvertei-

ten für die Entwicklung politischer Ideologien, so fallen Karl von Rotteck und Theodor Welcker ein, die den Liberalismus der ersten Hälfte des 19. Jahrhunderts prägten, Gustav Struve und Friedrich Hecker, die den Republikanismus 1848/49 durchzusetzen versuchten. Konservative Denker kommen eher weniger in den Sinn. Der hier im Zentrum der Untersuchung stehende Landtag von 1831 war auch kein Höhepunkt des Konservatismus. Er wird stattdessen als »liberale[s] Fest« beschrieben[5]. Die auf ihm durchgesetzte Gemeindereform eröffnete den Weg in den »Gemeindeliberalismus«, der die badische Entwicklung bis zur Jahrhundertmitte prägte[6].

Man könnte insofern versucht sein, die Betrachtung des Themas »Adel und Konservatismus in Baden« an dieser Stelle zu beenden. Über einen Stand und eine Ideologie, die in einem Landtag keine Wirkung entfalteten, nachzudenken, scheint überflüssig. Man kann aber auch mit einigem Recht aus der Gegenrichtung danach fragen, wieso es dem Adel in Baden in der ersten Hälfte des 19. Jahrhunderts nicht gelang, eine konservative Fraktion im badischen Landtag zu bilden, während Ansätze einer liberalen Fraktion schon in den 1820er Jahren erkenntlich und dann in den 1840er Jahren deutlich sind[7]. Lag dies am Adel selber, an der konservativen Ideologie oder an den Rahmenbedingungen, die die badische Regierungspolitik schuf? Das Verständnis für die Schwäche oder Schwächen des Konservatismus dürfte einen Teil der Erklärung bilden, warum der Liberalismus in Baden solche Stärke gewinnen konnte.

Freilich kann dieser größeren Frage hier nur exemplarisch nachgegangen werden. Denn trotz der Belebung der Erforschung des Adels im 19. Jahrhundert in den letzten fünfzehn Jahren existieren immer noch nur wenige Studien zum Adel in Baden, auf die zurückgegriffen werden kann[8]. Auch die Parlamentsgeschichte streift die politisch-ideologische Haltung des Adels nur kursorisch[9]. Es gilt daher erste Einblicke in ein weitgehend unbeleuchtetes Thema zu gewinnen. Aufschlüsse hierzu bietet die Denkschrift *Grundherrlicher-Adel. Stellung des Adels in Deutschland*[10]. Offensichtlich vor dem Hintergrund des »liberale[n] Fest[s]« des Landtags von 1831 analysiert der Autor der Denkschrift die ideologischen Grundpositionen des Konservatismus sowie das Verhal-

---

lung ist allerdings wichtig, dass Becht unverständlicherweise bis in die 1850er Jahre Anhänger der Regierung als Konservative ausweist. Wie weiter unten gezeigt wird, bestand allerdings zwischen Konservativen und Regierungsanhängern in den 1820er bis 1840er Jahren ein deutlicher Unterschied. Zu den Reichstagswahlen vgl. J. Retallack, The German Right 1860–1920. Political Limits of the Authoritarian Imagination, Toronto 2006, S. 286.

5 Becht (wie Anm. 3), S. 377.

6 Vgl. zu dem Begriff P. Nolte, Gemeindebürgertum und Liberalismus in Baden 1800–1850, Göttingen 1994.

7 Becht (wie Anm. 3), S. 285–286.

8 Zu den Standesherren bietet M. Furtwängler, Die Standesherren in Baden (1806–1848). Politische und soziale Verhaltensweisen einer bedrängten Elite, Frankfurt 1996, den umfassendsten Überblick. Mit den ehemaligen Reichsrittern, die in Baden zu Grundherren wurden, hat sich noch keine Monographie beschäftigt. Überblicke über die deutsche Adelsgeschichte bieten M. Wienfort, Der Adel in der Moderne, Göttingen 2006; H. Reif, Adel im 19. und 20. Jahrhundert, München 1999.

9 Die umfassendste Studie von Becht (wie Anm. 3).

10 Grundherrlicher-Adel. Stellung des Adels in Deutschland, o.O. o.J., in: Generallandesarchiv Karlsruhe (GLAK) 69 Roeder von Diersburg, Kasten 76. Transkription im Volltext: Anhang zu diesem Beitrag, S. 124–134.

ten des Adels auf dem Landtag und entwirft ein Programm für die Zukunft. Die Analyse der Denkschrift geht im Folgenden in vier Schritten vor: Zunächst soll die Quelle selbst vorgestellt werden. Im zweiten Schritt wird ein Blick auf die rechtliche Stellung der Grundherren in Baden und im Landtag geworfen. Im dritten Teil wird die Interpretation der badischen Innenpolitik der 1820er und 1830er Jahre durch die Brille des Konservatismus untersucht. Der abschließende vierte Teil analysiert die Vorschläge für die künftige politische Betätigung des Adels.

1. Die Denkschrift

Die anonyme und undatierte Denkschrift ist überliefert im Familienarchiv der Freiherren Roeder von Diersburg im Generallandesarchiv Karlsruhe. Eine Datierung ist inhaltlich möglich, da der Autor explizit auf die Ereignisse des Landtags von 1831 als Beweggrund zur Abfassung verweist und daraus Konsequenzen zu ziehen bemüht ist. Sie dürfte daher Anfang 1832 entstanden sein. Der Text selbst ist 26 Seiten lang und besteht aus drei Teilen. Während die ersten beiden Teile in derselben Handschrift geschrieben sind, wechselt diese im letzten Teil. Dass jedoch für alle drei Teile derselbe Autor verantwortlich ist, lässt sich aufgrund einer Bemerkung im letzten Teil vermuten. Hier rekurriert der Autor auf die vorhergehenden Teile als *flüchtig entworfenen Aufsatz*. Die Handschrift dieses letzten Teils legt ebenfalls die Person des Autors nahe. Ein Vergleich mit anderen Dokumenten im Familienarchiv der Rüdt von Collenberg zeigt Übereinstimmungen zu Freiherr Ludwig Rüdt von Collenberg-Bödigheim (1799–1885)[11]. Rüdt von Collenberg, noch als Mitglied der Reichsritterschaft geboren, war durch die Mediatisierung zum badischen Grundherrn geworden. Er hatte in Heidelberg und Göttingen studiert und war 1824 vom badischen Außenministerium eingestellt worden. Seit 1826 gehörte er der badischen Legation beim Deutschen Bund an, 1832 wurde er Teil der Gesandtschaft für Württemberg und Bayern. Weitere Gesandtschaftsposten folgten, bis Rüdt von Collenberg während der Revolution 1848 in den Ruhestand versetzt wurde. 1850 trat er dann als Außenminister zurück in den großherzoglichen Dienst und war ab 1856 noch einmal Gesandter. Zwischen 1831 und 1837 war er als Vertreter der Grundherren Mitglied der ersten badischen Kammer. Zudem war er Mitbesitzer des Gutes Bödigheim, an dessen Schloss er nach seiner Pensionierung 1861 umfangreiche Renovierungsarbeiten vornahm[12]. Die Denkschrift wurde also von einem intimen Kenner der Ereignisse abgefasst. Zudem war Rüdt von Collenberg offenbar so gut in den Adel integriert, dass ihm die Standesgenossen die Vertretung der Grundherren im Landtag anvertraute. Seine Ausbildung weißt auf einen breiteren geistigen Horizont hin, und seine Tätigkeit beim Deutschen Bund lässt vermuten, dass er mit der Auseinandersetzung zwischen der Politik Metternichs und des Deutschen Bundes und den Bestrebungen der liberalen und nationalen Bewegung vertraut war. Die unterschiedliche Handschrift der ersten beiden Teile der Denkschrift und ihre Überlieferung im Archiv der Freiherren

11 Vgl. die Schriftstücke in GLAK 69, Rüdt von Collenberg, A206, unpag.

12 Vgl. Ludwig Freiherr Rüdt von Collenberg-Bödigheim, in: Badische Biographien 2(1875), S. 224–227; A. Frhr. Rüdt v. Collenberg, Festschrift zur 700-Jahr-Feier. o.O. 1986, S. 19.

Roeder von Diersburg und nicht im Archiv der Freiherren Rüdt von Collenberg könnten Hinweise darauf sein, dass die Denkschrift durch einen Angestellten Freiherr Ludwig Rüdt von Collenbergs vervielfältig wurde, um sie unter anderen Mitgliedern der Grundherren zirkulieren lassen zu können.

2. Die badischen Grundherren

Die alten badischen Markgrafschaften waren keine eigentlichen Adelsländer. Erst mit der Vergrößerung des Territoriums durch die Mediatisierung der Reichsritter und der kleineren Reichsstände 1805/06 sowie der Einverleibung des Breisgaus mit seinem landsässigen Adel erwarb das neue Großherzogtum eine nennenswerte Adelspopulation. Im Rahmen der Reformen während der napoleonischen Kriege war die Staatsverwaltung bemüht, den Adel und seine Territorien in den neuen Mittelstaat einzugliedern. Dass die Rheinbundakte – der Allianzvertrag deutscher Fürsten unter dem Protektorat Napoleons – im Prinzip die Rechte des Adels fixiert hatte, interessierte die Reformer wenig. Ab 1809 wurden die Grundsteuerbefreiung und die Freiheit vom Militärdienst aufgehoben, Reformen der Verwaltung und Justiz sorgten dafür, dass der Adel seine Patrimonialgerichtsbarkeit und die Polizei verlor. Alle Abgaben, die die Bevölkerung an die ehemaligen Territorialherren leisteten und die den Charakter einer Steuer hatten, waren schon früher vom Staat eingezogen worden. Alle übrigen mit dem Grundbesitz verbundenen Abgaben wurden von Privilegien zu privatrechtlichen Eigentumstiteln umdefiniert. Damit blieb die Agrarverfassung intakt, aber die Herrschaftsrechte wurden dem mediatisierten Adel entzogen.[13]

Auf dem Wiener Kongress 1815 waren die Vertreter der Mediatisierten zunächst darum bemüht, eine Wiederherstellung ihrer Territorien zu erlangen, um dann vertraglich Rechte an die Mittelstaaten abzutreten. Als sich dies als illusorisch erwies, versuchten sie zumindest eine bessere Absicherung ihrer Rechte und ihres Eigentums zu erlangen[14]. Heraus kam dabei der Artikel 14 der Deutschen Bundesakte. Dieser sollte seinen *gleichförmigen bleibenden Rechts-Zustand* schaffen[15]. Er besagte unter anderem, dass dem mediatisierten Adel neben einer Anzahl Ehrenrechte *alle diejenigen Rechte und Vorzüge zugesichert werden oder bleiben, welche aus ihrem Eigenthum und dessen ungestörten Genusse herrühren, und nicht zu der Staatsgewalt und den höheren Regierungsrechten gehören*[16]. Dazu sollten insbesondere die Partrimonialgerichte, die Forstgerichtsbarkeit sowie die Ortspolizei im Rahmen der allgemeinen Landesgesetze gehören. Damit sollten jene Institute wiedererstehen, die in Baden während der Reformzeit dem Adel entzogen und der badischen Verwaltung übertragen worden waren. Daneben sollten die

13 Ullmann (wie Anm. 2), S. 25–63; Engehausen (wie Anm. 2), S. 9–32.

14 C. Dipper, Die Reichsritterschaft in napoleonischer Zeit, in: E. Weis (Hg.), Reformen im rheinbündischen Deutschland, München 1994, S. 64–67.

15 Deutsche Bundesakte, Wien 8.6.1815, in: M. Kotulla (Hg.), Deutsches Verfassungsrecht 1806–1918. 1. Band, Heidelberg 2006, S. 598. Zu den Problemen, die aus diesem *bleibenden Rechtszustand* hervorgingen, vgl. weiter unten.

16 Ebd.

mediatisierten Adligen auch das Privileg besitzen, Vertreter in die Landschaften zu entsenden. Dies schloss an Artikel 13 der Bundesakte an, der vorgeschrieben hatte, dass *in allen Bundesstaaten [...] eine Landständige Verfassung stattfinden* wird[17]. Der Bund sollte schließlich die Einsetzung der Adligen in ihre Rechte überprüfen.

Der badische Staat sperrte sich jedoch zunächst, diese Richtlinien der Bundesakte umzusetzen – sehr zum Missfallen der mediatisierten Adligen, die wiederholt Beschwerde beim Deutschen Bund einlegten. Am Ende trat die Regierung aber doch in Verhandlungen mit den einzelnen ehemals reichsständischen Familien und mit Vertretern der ehemaligen Reichsritterschaft ein. Für den hier interessierenden ehemals reichsritterschaftlichen Adel, dem Freiherr Ludwig Rüdt von Collenberg angehörte, wurden die Rechte 1824 in einem Adelsedikt festgelegt[18]. Demnach verzichteten die ehemaligen Reichsritter, zukünftig Grundherren genannt, auf die Patrimonialgerichtsbarkeit und Ortspolizei. Damit wurden sie als Zwischengewalt zwischen der Staatsverwaltung und den Untertanen ausgeschaltet. Für diesen Verzicht erhielten sie eine Reihe von Rechten. Dazu gehörten unter anderem Ehrenrecht, wie der befreite Gerichtsstand, Trauergeläut und das Patronatsrecht. Sie durften zudem *in dem Umfang ihrer Schlösser, Wohnungen und Zubehörden* die niedere Polizei ausüben und waren mit acht Mitgliedern in der ersten Kammer der badischen Ständeversammlung vertreten – ein Recht, dass schon mit der Verfassung von 1818 in Kraft getreten war[19]. Von der umfangreichen Reprivilegierung, die der Artikel 14 der Bundesakte vorgesehen hatte, waren die Grundherren damit weit entfernt – die Machtverhältnisse zwischen Adel und badischem Staat hatten jedoch verhindert, dass dem Adel mehr Rechte zugestanden wurden[20].

In den folgenden Jahrzehnten kam es jedoch trotz des Adelsedikts immer wieder zu Streitigkeiten. Dafür waren die Bemühungen der Regierung und des Landtags verantwortlich, die zahlreichen Abgaben, die die grundherrlichen Bauern unter anderem an den Adel leisten mussten, abzulösen. Diese Ablösung schien nötig, um wirtschaftlichen Fortschritt zu erreichen und Hemmnisse gegen eine intensivere Bebauung des Landes zu beseitigen. Die Ablösungen bedeuten aber gleichzeitig, dass der Adel auf privatrechtliches Eigentum gegen Entschädigung verzichten sollte. Dieses Eigentum war aber durch die Bundesakte für dauerhaft erklärt worden. Rüdt von Collenberg weist mehrfach auf den *bleibenden Rechtszustand* hin[21], der unter anderem durch die Ablösungsgesetze verändert wurde. Bei dem Protest des Adels ging es natürlich bis zu einem gewissen Grade auch darum, in welcher Höhe die Abgaben abgelöst werden sollten und ob die Ablösungssumme von den Abgabenpflichtigen aufgebracht werden sollte oder ob der Staat und die Gemeinden einen Teil übernehmen sollte. Letztere Variante bedeutete

---

17 Ebd.

18 Adelsedikt, Karlsruhe 15.5.1824, in: Großherzoglich-Badisches Staats- und Regierungs-Blatt (1824), S. 71–77.

19 Ebd., S. 72.

20 Vgl. dazu ausführlich E. Fehrenbach, Das Erbe der Rheinbundzeit: Macht und Privilegienschwund des badischen Adels zwischen Restauration und Vormärz, in: AfS 23(1983), S. 99–122; Dies., Das Scheitern der Adelsrestauration in Baden, in: Weis (wie Anm.), S. 251–264.

21 Vgl. zu den Auseinandersetzungen um einen bleibenden Rechtszustand auch ebd.; Furtwängler (wie Anm. 8), S. 196–199.

nämlich, dass alle (Gemeinde-) Steuerzahler, und damit der Adel auch selbst, für seine Entschädigung aufkommen sollten[22].

Die badischen Grundherren blickten somit 1831 auf eine zwiespältige Entwicklung zurück. Auf der einen Seite standen die großen Verluste an Herrschaftsrechten, materiellen Rechten und Prestige, die sie durch die Mediatisierung erfahren hatten. Zudem schienen diese Rechte nicht gesichert, sondern permanent bedroht. Auf der anderen Seite hatte der Adel eine Grundabsicherung seiner Rechte durch das Adelsgesetz erreicht, und die Vertretung in der Ständekammer sorgte dafür, dass er in Zukunft bei allen gesetzlichen Veränderungen seiner Rechte mitentscheiden konnte. Man darf diese Möglichkeit zur Mitentscheidung allerdings auch nicht zu sehr betonen. Denn in der ersten Kammer der Ständekammer stellten die Grundherren mit ihren acht Vertretern nicht einmal ein Drittel der Abgeordneten im Jahr 1831. Auch zusammen mit den fünf persönlich berechtigten Standesherren, die oftmals nicht erschienen[23], stellte der mediatisierte Adel nur 13 der 27 Mitglieder der ersten Kammer. Die restlichen Abgeordneten waren die Prinzen des großherzoglichen Hauses, je ein Vertreter der evangelischen und katholischen Kirche und der Universitäten Freiburg und Heidelberg. Schließlich gehörten der ersten Kammer noch acht Mitglieder an, die der Großherzog aus persönlichem Vertrauen ernannt hatte[24]. Die Mediatisierten sahen sich also eher einer Front von Befürwortern oder Anhängern der Regierungspolitik gegenüber.

3. Die konservative Interpretation der badischen Innenpolitik

Hans-Peter Becht hat in seiner Geschichte des badischen Landtags für die Zeit 1819 bis 1870 den Untertitel »zwischen monarchischem und demokratischem Prinzip« gewählt[25]. Dieser lässt sich zeitlich stärker eingegrenzt auch für die Jahre 1825 bis 1831 verwenden. Baden besaß seit 1818 eine Verfassung und einen Landtag. In der Mitte der 1820er Jahre machte sich aber die Regierung daran, die Macht des Landtags zu beschneiden. Durch massive Wahlbeeinflussung bemühte sich die Regierung zunächst um eine wohlgesonnene Mehrheit im Landtag. Zudem verweigerte sie liberalen Beamten den Urlaub, den sie für die Teilnahme an den Sitzungen des Landtags benötigt hätten. Heraus kam 1825 ein Landtag, der sodann die von der Regierung gewünschten Verfassungsänderungen absegnete. Die Budgetperiode wurde von zwei auf drei Jahre verlängert. Dadurch mussten nur noch alle drei Jahre Landtage abgehalten werden. Die Abgeordnetenwahl sollten nur noch alle sechs Jahre stattfinden, an Stelle einer Teilneuwahl alle zwei Jahre. Damit wollte man eine Entpolitisierung durch seltenere Landtagssitzungen und Wahlkämpfe erreichen. Der Landtag 1828 zeigte, dass das Regierungskonzept aufging. Nur wenige Dinge wurden beraten, größere, politisch heikle Reformprojekte nicht auf die Agenda gesetzt. Innerhalb von sechs Jahren wurde der »badische Verfassungsstaat [...] zu einem

22 Fehrenbach (wie Anm. 18), S. 260.
23 Vgl. dazu näher im Teil 4 dieses Aufsatzes.
24 Verfassungsurkunde für das Großherzogtum Baden, Karlsruhe 22.8.1818, in: Kotulla (wie Anm.), S. 1836.
25 Becht (wie Anm. 3), S. 8.

›scheinkonstitutionellen Regiment‹«[26] – der Landtag zur regierungstreuen Zustimmungsmaschine. Das monarchische Prinzip schien sich durchzusetzen. 1830 verstarb Großherzog Ludwig von Baden (1763/1818–1830). Sein Nachfolger Leopold (1790/1830–1852) tauschte vor dem Hintergrund der französischen Revolution im Juli 1830 das Führungspersonal der Regierung aus. Die Minister Wilhelm Ludwig Leopold Reinhard Freiherr von Berstett (1769–1837) und Karl Christian von Berckheim (1774–1849), die den Landtag in der zweiten Hälfte der 1820er Jahre weitgehend kalt gestellt hatten, mussten gehen. Neuer starker Mann in der Regierung wurde Innenminister Ludwig Georg von Winter (1778–1838). Dieser entschied sich gegen regierungsseitige Beeinflussungen der Wahlen zum Landtag 1831 mit der Folge, dass die Zahl der liberalen Abgeordneten zunahm. Zahlreiche Reformprojekte, unter anderem die Fortsetzung der Ablösungsgesetzgebung, eine neue Gemeindeordnung, eine Zivilprozessordnung und ein Pressegesetz, das die weitgehende Pressefreiheit in Baden herstellte, wurden vom Landtag verabschiedet. Der Landtag 1831 ging als »liberale[s] Fest« in die Geschichte ein, hatten doch die Liberalen eine Vielzahl von Projekten, wenn nicht vollständig, so doch zu einem guten Teil, umsetzen können[27]. Das demokratische Prinzip schien sich durchzusetzen.[28]

Vor dem Hintergrund dieser Pendelbewegung zwischen beinahe ausgeschaltetem Landtag und »liberale[m] Fest« verfasste Freiherr Ludwig Rüdt von Collenbergs seine Denkschrift zur Stellung des Adels. Und dieser Hintergrund ist permanent präsent, auch wenn Rüdt von Collenberg den Begriff Baden kein einziges Mal benutzt.[29] Rüdt von Collenberg lieferte dabei eine konservative Interpretation der Ereignisse, ohne den Begriff »konservativ« auch nur zu verwenden – möglicherweise war er ihm auch nicht bekannt. Entwicklungsgeschichtlich ist der von ihm vertretene Konservatismus zwischen einer altständischen Variante und einer neuständischen Variante einzuordnen[30].

Rüdt von Collenberg beginnt seine Denkschrift mit einer Beschreibung der *Partheien [, welche] sich gegenwärtig in Europa gegenüber stehen*. Zu diesen zählt er den *Absolutismus*, den *Republikanismus* oder auch *Demokratismus* und die Anhänger des

---

26 Ebd., S. 371.

27 Zur Beurteilung der Ergebnisse des Landtags 1831 aus badischer Sicht vgl. F. ENGEHAUSEN, Publizistische Bilder des badischen Landtags in Vormärz und Revolution, in: A. AURNHAMMER u. a. (Hgg.), Literarisches Leben im deutschen Südwesten von der Aufklärung bis zur Moderne. Literarisches Leben in Baden zwischen 1800 und 1850, Freiburg 2010, S. 27–29.

28 Vgl. zur badischen Innenpolitik auch die Überblicke bei BECHT (wie Anm. 3), S. 362–423; FENSKE (wie Anm. 2), S. 79–88; ENGEHAUSEN (wie Anm.), S. 51–69; P. NOLTE, Zwischen Liberalismus und Revolution. Verfassung und soziale Bewegung in Baden 1830–1848/49, in: E. O. BRÄUNCHE/T. SCHNABEL (Hgg.), Die Badische Verfassung von 1818. Südwestdeutschland auf dem Weg zur Demokratie, Ubstadt-Weiher 1996. Zu den Verhandlungen ausführlich: C. ZEILE, Baden im Vormärz. Die Politik der Ständeversammlung sowie der Regierung zur Adelsfrage, Grundentlastung und Judenemanzipation 1818–1843, München 1989, S. 73–152. Zur Ablösungsgesetzgebung speziell (wie Anm. 8), S. 191–208.

29 Zur Entstehung des ursprünglich aus dem Französischen kommenden und seit 1818 sich verbreitenden Begriffs vgl. C. NONN, Das 19. und 20. Jahrhundert, Paderborn 2007, S. 141–142.

30 Vgl. zur Auflösung des Wertehorizonts P. KONDYLIS, Konservativismus. Geschichtlicher Gehalt und Untergang, Stuttgart 1986. Zum deutschen Konservatismus generell SCHILDT (wie Anm. 1); S.-U. SCHMITZ, Konservativismus, Wiesbaden 2009.

monarchischen Princips. Der *Absolutismus* und der *Demokratismus* seien beides Prinzipien, die zur Ausschließlichkeit tendierten und die Mitsprache der jeweils anderen Partei verhindern oder ausschalten wollten. Er griff damit die beiden Prinzipien auf, die Becht als ›monarchisch‹ und ›demokratisch‹ bezeichnet. Unschwer lässt sich hinter dieser Entgegensetzung die badische Innenpolitik erkennen. Daher brauche es eine dritte Partei, die dafür sorge, dass weder der *Absolutismus* noch der *Democratismus* die Überhand gewinne. Dies sei die Aufgabe der Vertreter des *monarchischen Princips*, welches er im Gegensatz zu Becht nicht durch die Regierung vertreten sieht. Das *monarchische Princip* werde gegenwärtig in der badischen Politik von keiner Partei vertreten. Während der *Absolutismus* von Monarchen und ihren Regierungen vertreten werde, werde der *Democratismus* vom Volk vertreten. Für das *monarchische Princip* habe folglich der Adel einzutreten. Diese Ideen sind keineswegs originell. Sie bilden vielmehr einen noch traditionell konservativen Ideenpool, auf den der Autor zurückgreift. Rüdt von Collenberg verweist selbst auf Montesquieu, einen der Vertreter der These, dass der Adel als Mittler zwischen Volk und Monarch aufzutreten habe. Auch aus zahlreichen Adelsreformprogrammen, die seit der Wende zum 19. Jahrhundert kursierten und dann besonders in den 1840er und 50er Jahren in Deutschland populärer wurden, sind solche Ideen bekannt[31].

In der Ausdifferenzierung der Interessen und Ziele der Parteien wird der Zusammenhang mit der badischen Entwicklung noch deutlicher. Der *Absolutismus* sei, so Rüdt von Collenberg, eigentlich erst mit Napoleon nach Deutschland gekommen. *Ihm sind seit jener Zeit leider einige unserer Fürsten ergeben u. würden ihn gern ausüben, wenn nicht eine stärkere Macht von oben oder von unten sie daran hinderte, ihm huldigen aber vor Allem, namentlich in unsern kleinern Deutschen Staaten viele aus der Napoleonischen Schuhle hervorgegangene Staatsmänner.* Hier werden einerseits die Mediatisierungserfahrung und die Entprivilegierung des Adels während der Reformzeit verarbeitet, andererseits werden die Bestrebungen zur Entmachtung des Landtags 1825 und 1828 thematisiert. Die Politik der Minister Berstett und Berckheim konnte insofern als Versuch der Einführung des *Absolutismus* gelesen werden. Konzessionen mache der *Absolutismus* grundsätzlich nur in Phasen der Schwäche und sei im Anschluss darum bemüht, *das Abgetretene* wieder zurückzugewinnen. Auch dies kann als Rückblick auf die Gewährung einer Verfassung 1818 und ihre in den 1820er Jahren erfolgende Einschränkung verstanden werden, galt aber wohl ebenso für die Phase der ›Schwäche‹ der Regierung 1831. Dieser *Absolutismus* würde all jene *hassen und verfolgen, die es wagen der Ausübung ihrer [der Regierungs-] Willkühr Schranken zu setzen, oder sich derselben nicht unbedingt fügen wollen.*

Zum Verhältnis des Adels zum Absolutismus stellte Rüdt von Collenberg fest, dass er ein beliebtes *Opfer* sei, wenn die Regierung wieder einmal zu Konzessionen gegenüber den Vertretern des *demokratischen Princips* genötigt sei. *Und wenn dann diejeni-*

---

31 Einen Überblick über Adelsreformprogramme bietet H. Reif, Adelserneuerung und Adelsreform in Deutschland 1815–1874, in: E. Fehrenbach (Hg.): Adel und Bürgertum in Deutschland 1770–1848, München 1994, S. 203–230. Zahlreiche Reformprogramme finden sich abgedruckt bei C. A. Graf v. Drechsel, Ueber Entwürfe zur Reorganisation des deutschen Adels im 19. Jahrhundert, Ingolstadt 1912.

gen, die sie ihrem Frieden zum Opfer gebracht haben, wie gegenwärtig namentlich der Adel, sich hierüber beklagen [...] oder es gar wagen sich an einen höhern Richter zu wenden, so werde auf *unabweisbare Forderungen der Zeit* verwiesen[32]. Hier wird der Unmut über die Adelspolitik Badens in den Jahren seit 1805 gebündelt. Wegen der Einschränkung der Adelsrechte durch die Regierung hatten sich die Mediatisierten beim Deutschen Bund beschwert, der über die Einsetzung des Adels in die Rechte gemäß Artikel 14 der Bundesakte wachen sollte – der Bund war der *höhere Richter* für diese Fragen[33]. Den Deutschen Bund würden die Anhänger des *Absolutismus* aber nur so lange anerkennen, wie er ihre Macht absichere. Wenn unerwünschte Weisungen des Bundes kämen, würde man sie ignorieren. Damit bezog sich Rüdt von Collenberg darauf, dass Baden trotz Bundesbeschluss dem Adel die Rechte des Artikels 14 nur eingeschränkt gewährt hatte. Es werde schließlich von Seiten des *Absolutismus* versucht, *den Adel auf jede Weise zu demüthigen, um ihn absichtlich zu gehässigen Schritten gegen den Souverain und seine Regierung zu reitzen, und um ihn dann wenn er in diese Falle geht, desto leichter vernichten zu können.*

Der *Absolutismus* sei aber, egal ob er von der Regierung oder dem Monarchen selbst ausgeübt werde, schließlich *einzig u. allein nur von der jeweiligen Individualität des Souverains* abhängig. Ein Wechsel des Monarchen, wie er in Baden 1830 erfolgte[34], konnte zu grundlegenden Änderungen der Politik führen. Das Pendel bewegte sich jetzt in Richtung des *Demokratismus. [N]ach der Revolution von 1830,* so Rüdt von Collenberg, sei der *Demokratismus wieder mit erneuter Kraft aufgelebt.* Er sei eine Ideologie der Ehrgeizigen, *die schnell eine Rolle spielen* wollten, die sich die *Gewalt, die sie in den Händen Anderer sahen, [...] selbst aneignen möchten,* der *politischen Schwärmer,* die an die Vollkommenheit des Menschen glaubten und seine Beeinflussbarkeit ignorierten, die schließlich die *Souverainetaet aus den Händen der Fürsten in die des Volkes legen* und sie durch ein repräsentativ gewähltes Parlament ausüben lassen wollten. Ein solch vollkommener Mensch erschien dem Konservatismus ein Wunschbild. Der Mensch sei nun einmal kein freies Individuum, sondern in eine Familie, einen Stand hineingeboren. Er sei nicht grundsätzlich vernünftig, sondern durch begabte Individuen verführbar[35]. Damit waren einmal Wahlbeeinflussungen wie 1825 durch die Regierung oder 1831 durch die Liberalen möglich. Sodann würden die *Repräsentanten* des Demokratismus aber auch verkennen, schrieb Rüdt von Collenberg, dass sie *nie den Willen des Volks in seiner Gesammtheit, den sie nicht kennen können, sondern nur ihren eigenen, meist ihren persönlichen*

---

32 Dies konnten auch die adligen Unterstützer der Regierung in den Kammern tun. Vgl. FURTWÄNGLER (wie Anm. 8), S. 202.

33 Zu den Bemühungen der Mediatisierten, beim Deutschen Bund Unterstützung zu finden vgl. M. FURTWÄNGLER (wie Anm. 8), S. 113–120. Zu Bemühungen um die Schaffung eines Gerichts, dass von Rüdt von Collenberg in seiner Denkschrift ebenfalls gefordert wurde W. HILGER, Die Verhandlungen des Frankfurter Bundestages über die Mediatisierten von 1816 bis 1866, Diss. phil. München 1956, S. 146–155.

34 Vgl. zu den Parallelen zwischen dieser Position und Forschungsergebnissen FENSKE (wie Anm. 2), S. 83–84.

35 Zum konservativen Menschenbild vgl. A. SCHILDT, Konservatives Menschenbild. Konstanz und Wandel, in: B. SCHMIDT (Hg.), Menschenrechte und Menschenbilder von der Antike bis zur Gegenwart, Hamburg 2006, S. 220–229; NONN (wie Anm. 29), S. 142–148.

Intressen entsprechenden Willen aussprechen würden. Die Vertreter des *Demokratismus* betrieben also individuelle Interessenpolitik, versuchten diese aber zu verschleiern.

In den constitutionellen Staaten sind [...] hauptsächlich die Kammern ihr Tummelplatz, wo hier die verfassungsmäßigen Rechte der sogenannten Volksrepräsentanten zur Sprache gebracht werden, da hört man von nichts als von Heilighaltung der Verfassung, die entfernte Möglichkeit, daß diese Rechte einst nicht in ihrem weitesten Umfang ausgeübt werden könnten, wird von den Anhängern dieser Parthei als eine bereits vollbrachte Verfassungs Verletzung bezeichnet. Hier zitiert Rüdt von Collenberg die Führer des Liberalismus im badischen Landtag 1831 in ihren Klagen gegen die Verfassungsreform von 1825[36]. Für Beamte würden die *Demokraten* die *Iremovilität* fordern, da *nur wo diese besteht die Staatsdiener sich ihrer Parthei anschliesen können.* Damit verwies Rüdt von Collenberg auf die Bemühungen der Regierung in den 1820er Jahren, Beamte, die Abgeordnete im Landtag waren, durch Disziplinarmaßnahmen von einer oppositionellen Haltung abzuhalten, was den Liberalismus geschwächt hatte. Durch Revolutionen und Reformen wolle sich der *Demokratismus* an die Macht bringen und auf dem Weg Adel und Monarchen beseitigen. Reformen der Regierung würden die Demokraten mit gleichgültiger Miene annehmen, eigene Reformen würden sie unter Verweis auf die *unumgänglich nothwendigen Forderungen der Zeit* verlangen *und wenn sie nicht gleich gegeben werden mit Unruhe und Wiedersetzlichkeit von Seiten des Volkes* drohen. Der Landtag 1831 schien insofern das Produkt einer Schwäche des Absolutismus, hervorgerufen durch die Revolution 1830 in Frankreich und Teilen Deutschlands, wenn auch nicht in Baden, gewesen zu sein, die der *Demokratismus* geschickt auszunutzen wusste.

Der Willkürherrschaft dieser beiden Bewegungen müsse schließlich das *monarchische Princip* oder auch *Rechts*-Prinzip entgegenstehen[37]. Hauptträger dieses Prinzips müsse der Adel sein. Er müsse darauf achten, dass die Rechte der Krone ebenso gewahrt würden wie die Rechte der Untertanen. Die *Verteidiger* dieses Prinzips *verlangen [...] vor allem die Heilighaltung dieses Fundaments [des Rechts] selbst, weil dasselbe als ein festes Ganzes nicht ungestraft [...] angegriffen werden darf, ohne daß dadurch sämmtliche darauf aufgeführten Gebäude erschüttert werden und nach u. nach zusammenstürtzen; sie wollen daher auch nichts Neues, sondern nur eine Aufrechterhaltung des Bestehenden, das zwar in seiner Form, je nach Erforderniß weiter ausgebildet werden kann, aber nie in seinem Princip angegriffen werden darf.* Während die Anhänger des Absolutismus nur die Rechte des Souverains als solche anerkennen und die Rechte anderer nicht achten, während die Demokraten nur die unveräußerlichen Rechte der Gesammtheit des Volkes gelten lassen u. dagegen die wohlerworbenen Rechte der Einzelnen aus dem Volke mit den Füßen treten, kennen die Vertheidiger des monarchischen Princips keinen Unterschied zwischen den verschiedenen Rechten, die ihnen, so wie sie in den einzelnen Staaten sich neben einander durch Jahrhunderte nach und nach ausgebildet haben und folglich auch bestehen können, gleich heilig sind. Nur in einer solchen Gesellschaft, die das historische Recht achte, könne der Adel auch über-

---

[36] Zum hohen Symbolwert der Rückkehr zu den ursprünglichen Verfassungsregelungen 1831 vgl. Nolte (wie Anm. 28), S. 28–31.

[37] Für ähnliche Überlegungen unter den Standesherren vgl. Furtwängler (wie Anm. 8), S. 212.

leben. *Das monarchische Princip ist endlich sehr vereinbarlich mit einer ständischen Verfassung, nie aber mit einer Repräsentativ-Verfassung, weil bei der erstern stets die Rechte, sowohl der Krone, als der verschiedenen bestehenden Unterthanen Klassen vertheidigt werden, und dem monarchischen Princip eben ja nur das bestehende historisch begründete Recht dem consequent durchgeführten Repräsentativ-System aber der jeweilige vereinigte Wille des Fürsten und der Volksrepräsentanten das höchste Gesetz ist.* Die Anhänger dieses urdeutschen Prinzips seien der Auffassung, dass man das *Gute* erhalten müsse und *nicht nach dem Fantom einer nie zu erreichenden Vollkommenheit greifen* dürfe. Schließlich sei dieses *Rechts-Princip* auch unabhängig von der Persönlichkeit des Monarchen, wenn es durch alle Mitglieder der Gesellschaft anerkannt werde. Mit dem *monarchischen Princip* wurde insofern nicht nur für die zwischen Absolutismus und *Demokratismus* schwankende badische Politik eine dritte Option, ein Stabilitätsanker, skizziert, sondern auch gegen die auf dem Landtag 1831 verabschiedeten Ablösungsgesetze und die Gemeindereform protestiert. Denn diese beseitigten Rechte des Adels. Überhaupt kann man in der starken Betonung der Notwendigkeit des Erhalts der überkommenen (Vor-)Rechte erkennen, warum der Adel Hauptträger des monarchischen Princips seien sollte – ging es doch in den Auseinandersetzungen im badischen Landtag vielfach um die Ablösung oder Abschaffung seiner Rechte.

Die Ambivalenz des Konservatismusbegriffs gegenüber dem zeitgleichen preußischen Konservatismus wird deutlich, wenn man genauer auf einige Schlagworte Rüdt von Collenbergs blickt[38]. Zwar beharrte Rüdt von Collenberg darauf, dass es nicht ein allgemeines Recht für alle gebe, sondern er schreibt von *Rechte[n] einzelner Individuen oder Klassen der Unterthanen.* Auch wenn der Klassenbegriff hier als Synonym für Stand gemeint war, so ist doch der Begriff des Individuums und seiner Rechte erstaunlich – war doch das Individuum als Bezugskategorie ein liberaler Gedanke[39]. Gleiches gilt für die Bereitschaft zu Reformen, die grundsätzlich ausgedrückt wurde. Reformen seien möglich, *jedoch immer nur in so weit dadurch das Rechtsprincip nicht verlezt wird, damit aus der Umgestaltung nicht eine Umwälzung werde, die einen Umsturz alles rechtlich Bestehenden nach sich zieht.* Dem klassischen Konservatismus war es noch um den Erhalt der göttlich legitimierten Gesellschaftsordnung gegangen[40] – Rüdt von Collenberg erkannte deren Formbarkeit jedoch bereits an. Die Stellung des Monarchen wurde zwar noch sakral überhöht, gleichzeitig sollte er aber an eine Verfassung gebunden werden. An der Gesetzgebung solle die Bevölkerung beteiligt werden, allerdings nicht im Rahmen eines Repräsentativsystems. Da sich *in den deutschen Staaten […] bestimmte theils historisch theils in der Natur der Sache begründete Stände mit besondern Rechten und Interessen ausgebildet haben, so sind mit der Wahrung dieser bestehenden Recht und Interessen reine Repräsentativ-Verfassungen, unvereinbarlich. […] Das monarchische Princip […] verträgt nur ständische Verfassungen, nach welchen die-*

---

38 Vgl. zum preußischen Konservatismus KONDYLIS (wie Anm. 30), S. 401–417, der allerdings zeitlich immer vage bleibt. Außerdem SCHILDT (wie Anm. 1); D. AVRAHAM, In der Krise der Moderne. Der preußische Konservatismus im Zeitalter gesellschaftlicher Veränderung 1848–1876, Göttingen 2008.

39 KONDYLIS (wie Anm. 30), S.

40 Ebd., S. 260–261.

jenigen, die gemeinschaftlich mit der Regierung die nothwendig erscheinenden Aenderungen [...] berathen und beschließen sollen, aus der Mitte der einzelnen bestehenden Stände hervorgehen. Wo daher schon Repräsentativverfassungen beständen, wie in Baden, müssten sie möglichst auf das ständische Prinzip zurückgeführt, mindestens aber die ständischen Elemente erhalten bleiben – was in Baden auf die erste Kammer des Landtags zutraf, wo mit den adligen Grund- und Standesherren, den Vertretern der Kirchen und der Universitäten Stände und Institutionen vertreten waren. Rüdt von Collenberg hatte also die badische Verfassung grundsätzlich anerkannt. Er ging zwar noch davon aus, dass diese Verfassung nicht aus dem inneren Wesen des Volkes hervorgegangen sei und dies für die aufgeheizte politische Stimmung sorge, eine Rückführung der Verfassungen auf deutsche Prinzipien sei daher wünschenswert – was diese deutschen Prinzipien aber sein sollten und wie der Weg dorthin beschritten werden sollte, thematisiert er nicht weiter.

Freiherr Ludwig Rüdt von Collenberg entwarf insofern ein konservatives Verständnis der politischen Entwicklung Badens. Er interpretierte die Ereignisse zwischen 1825 und 1831 als eine Pendelbewegung zwischen *Absolutismus* und *Demokratismus,* bei der das Recht und damit auch der Adel zerrieben zu werden drohten. Doch gerade dem Adel gedachte er die Rolle zu, als Vertreter des *monarchischen Princips* das Pendel zu beschweren und dadurch die Ausschläge abzumildern. Konservative waren daher aus seiner Sicht auch keine Gruppierung zur Unterstützung der Regierung, sondern sie standen dieser kritisch gegenüber. Ebenso kritisch sollten sie aber auch dem *Demokratismus* gegenüberstehen. Sein Konservatismus war nur noch in Teilen altständisch. Im Wesentlichen hatte er die grundsätzliche Möglichkeit und Notwendigkeit von Reformen anerkannt. Es kam dabei nur auf das Tempo und die Achtung der (Besitz-)Rechte der Stände an. Schließlich erkannte er die bestehenden Verfassungen trotz der Hoffnung auf die Rückkehr eines ›urdeutschen‹ Typs an. Verfassungen sollten den Rahmen vorgeben, in dem Reformpolitik gestaltet wurde, und Parlamente sollten an der politischen Willensbildung mitwirken. Und auch wenn er ständische Parlamente vorzog, so war er doch zur Mitarbeit in existierenden Parlamenten bereit.

4. Das *monarchische Princip* als Partei

Wie konnte sich nun das monarchische Prinzip im Alltag des badischen Landtags zur Geltung bringen? Rüdt von Collenberg ging zunächst einmal davon aus, dass die Vertreter des Adels in der ersten Kammer in Baden *auf den früheren Landtagen und namentlich auf dem v. J. 1831 [...] eine höchst traurige Rolle* gespielt hatten. Die erste Kammer hatte sich nicht als Verteidiger des Rechtsprinzips, weder der Verfassung 1825 noch der Rechte des Adels 1831, hervorgetan. Die Standes- und Grundherren, ohnehin mit 13 von 27 Abgeordneten in der Unterzahl, waren auf zweierlei Weise zusätzlich geschwächt worden. Erstens waren zahlreiche Standesherren zu den Sitzungen kaum erschienen. Einzig der Fürst von Fürstenberg, verheiratet mit Prinzessin Amalie von Baden, erschien regelmäßig, stimmte dann aber stets im Interesse der Regierung[41]. Bei den Grundherren waren einige Abgeordnete zugleich Staatsbeamte. Das heißt, sie unterlagen grundsätzlich der Disziplinargewalt der Regierung. Bei unerwünschtem Abstimmungsverhalten befürchteten sie daher offenbar dienstrechtliche Repressalien oder die Verweigerung der Beurlaubung für die Teilnahme an der nächsten Landtagssession. Auch diese Grundherren neigten dann dazu, für die Regierung zu stimmen. Eine einheitliche Adelsfront, oder auch nur eine Front der Vertreter des *monarchischen Princips*, war daher in der ersten Kammer nicht zustande gekommen[42].

Rüdt von Collenberg forderte daher, dass die Vertreter des *monarchischen Princips*, also die Konservativen, in Zukunft deutlicher im parlamentarischen Alltag hervortreten müssten. *Diejenigen Abgeordneten des Adels, die durch ihre Tendenz und politischen Ansichten sich als Gleichgesinnte betrachten können, müssen nothwendig eine feste und einige Masse bilden und sich gleich beim Beginn des Landtags als solche constituiren.* Gelänge es, eine solche *Parthei* zu begründen, *selbst wenn sie der Zahl nach nur klein seyn sollte*, so würden sich ihr nach und nach doch in der Auseinandersetzung in der Kammer *die Schwachen und schwankenden* oftmals anschließen, um nicht *isoliert* dastehen zu müssen. Durch diesen Prozess der Bildung eines starken Kerns, an den sich viele anlehnen würden, würde man *nothwendig einen großen Einfluß auf die Kammer* ausüben können. Voraussetzung für die Bildung einer solchen Parthei sei aber *sich über ein Princip zu vereinigen, das man mit Festigkeit und Consequenz zu vertheidigen bereit ist, und nach welchem alle zur Sprache gebrachten Fragen beurtheilt werden müssen.* Dieses einheitliche Auftreten hatte es bisher eben nicht gegeben. Grundlage diese *Princips* könnten die Gedanken über das *monarchische Princip* sein. Die Anhänger der *Parthei* sollten sich regelmäßig treffen und über alle Gegenstände der Landtagsverhandlungen zunächst beraten. *Es ist aber hierbei hauptsächlich erforderlich, daß nicht etwa Einzelne bei untergeordneten oder Nebenfragen, eigensinnig auf ihrer Privatmeinung beharren, sondern diese der Ansicht der Majorität ihrer Parthei unterordnen ...; denn es giebt nichts unpraktischeres im parlamentarischen Leben als jene Überzeugungs-Männer, die mit einer falschen Consequenz immer nur ihrer individuellen Meinung folgen.* Rüdt von Collenberg forderte also neben einer Parteibildung auch einen Fraktionszwang, der alle Vertreter des *monarchischen Princips* auf gleiche Positionen und gleiches Abstimmungsverhalten festlegen sollte. Diese *Parthei* solle dann auch bei jedem Thema den begabtesten Redner für das parlamentarische Rededuell auswählen, um dadurch besser auf unabhängige Abgeordnete wirken zu können. Schließlich sollte auch bei der Besetzung der parlamentarischen Kommissionen, die die Entscheidungen des Landtags

[41] FURTWÄNGLER (wie Anm. 8), S. 202 u. 209–225. Im gesamtdeutschen Vergleich wird das Verhalten des Adels in den ersten Kammern analysiert von B. LÖFFLER, Die Ersten Kammern und der Adel in den deutschen konstitutionellen Monarchien. Aspekte eines verfassungs- und sozialgeschichtlichen Problems, in: HZ 265(1997), S. 61–64. Zahlreiche Beispiele für das Abstimmungsverhalten der Standes- und Grundherren auf dem Landtag 1831 auch bei ZEILE (wie Anm. 21), passim.

[42] Zur praktischen Schwäche der ersten Kammer allgemein auch ENGEHAUSEN (wie Anm.), S. 64. Zu Grundherren, die gleichzeitig Beamte waren und deshalb für die Regierung stimmten, ein Beispiel bei BECHT (wie Anm. 3), S. 411.

vorbereiteten, darauf geachtet werden, dass sich Vertreter der eigenen *Parthei* in ihnen befänden.

Das Konzept zur Parteibildung und ihr Auftreten im parlamentarischen Alltag scheint erneut auf eine Analyse des Landtags von 1831 zurückzugehen. Besonders dürfte Rüdt von Collenberg hierbei das Verhalten der Vertreter des *demokratischen Princips*, der Liberalen, als Vorbild erschienen sein. Die Kerngruppe der Liberalen in der zweiten Kammer des Landtags war vergleichsweise klein. 1831 können ihr zehn Abgeordnete zugerechnet werden. Dies entsprach einem Sechstel der Mitglieder der zweiten Kammer. Doch diese Abgeordneten traten aus Sicht Rüdt von Collenbergs prinzipienfest und geschlossen auf. Sie vertraten einheitliche Positionen und waren eloquente Redner. Sie schafften es dadurch auf dem Landtag 1831 immer wieder, die unabhängigen Abgeordneten für ihre Positionen zu gewinnen und damit die Reformpolitik des Landtags voranzutreiben.[43] Durch ihr geschlossenes Auftreten war also eine kleine Gruppierung zu einer starken Macht geworden. Dieser wollte Rüdt von Collenberg jetzt eine ebenso geschlossene und damit starke Macht der Vertreter des *monarchischen Princips* gegenüberstellen.

Damit hatte Rüdt von Collenberg zunächst gedanklich den Weg aus dem frühkonstitutionellen System der süddeutschen Landtage angebahnt. Der Frühkonstitutionalismus basierte darauf, dass sich in den Parlamenten der süddeutschen Staaten Regierungen und die Landtage antagonistisch gegenüberstanden. Dies galt besonders, seit in den 1830er Jahren immer mehr Landtage durch die Liberalen dominiert wurden. Aus Sicht der Regierungen waren die Parlamente dazu gedacht, den Regierungsvorlagen und besonders den Steuerforderungen Legitimität zu verleihen. Sie sollten aber nicht eigenständige Akteure der Politik sein, weshalb ihnen insbesondere die Gesetzesinitiative versagt blieb. Landtage sollten aus Sicht der Regierung »Hilfsorgane der Administration« sein[44]. Die Wahlkampfbeeinflussungen der 1820er Jahre sollten daher auch für Regierungsmehrheiten in den Kammern sorgen. Aus Sicht der Landtage war es hingegen gerade die Opposition gegen Regierungsvorlagen, die letztere zu Reformen im liberalen Sinne zwingen sollte. Der Frühkonstitutionalismus war insofern durch den Kampf zwischen der Regierung auf der einen und dem Landtag auf der anderen Seite gekennzeichnet[45]. Entstand nun im Landtag, wie von Rüdt von Collenberg vorgeschlagen, eine konservative Partei, so bedeutete dies, dass im Parlament unterschiedliche Parteiinteressen artikuliert wurden – nicht mehr länger nur jene der Regierung und der oppositionellen Liberalen. Diese Interessengruppen mussten dann bei der Regierung um Unterstützung für ihre Vorschläge werben. Die Regierung konnte auf der anderen Seite, je nach Gesetzesvorlage, mit einer der beiden Parteien im Parlament kooperieren und ihre Gesetze so verabschieden lassen. Die Regierung war also weniger auf Wahlbeeinflussung angewiesen, um eigene Abgeordnete im Parlament zu besitzen.

Rüdt von Collenberg antizipiert hiermit die Trennung von Staat und Gesellschaft. Der Staat in Form der Regierung trat mit der Ausdifferenzierung der Parteien im Parla-

---

43 Vgl. dazu die Beschreibung der Entwicklung in der zweiten badischen Kammer bei BECHT (wie Anm. 3), S. 283–288 u. 380ff.

44 FEHRENBACH (wie Anm. 1), S. 4.

45 BECHT (wie Anm. 4), S. 52; NOLTE (wie Anm. 28), S. 26.

ment, und damit der Gesellschaft insgesamt, diesen im weiteren Verlauf der Geschichte gegenüber und wurde zum Vermittler zwischen den gesellschaftlichen Interessen. Damit wurde aber eine entscheidende Grundüberzeugung des klassischen Konservatismus obsolet. Insofern wird hier deutlich, wie sich Rüdt von Collenberg gedanklich vom älteren Konservatismus löste. Zwar führte er noch Montesquieu und die Funktion des *monarchischen Prinicips* als Mittler zwischen Volk und Monarch auf. Diese Mittlerrolle ging aber ursprünglich aus der societas civilis hervor. In dieser vormodernen Gesellschaftsordnung stand nicht das Individuum unmittelbar zum Staat, sondern es gab ständische Zwischengewalten. Der Adel, der mit seinen Patrimonialgerichten und der Polizeigewalt einen Teil der ›staatlichen‹ Funktionen wahrnahm, war eine solche Zwischengewalt.[46] Dies schien noch die Grundlage der ideologischen Position Rüdt von Collenbergs zu sein. Mit dem Verlust der Stellung als Zwischengewalt im 19. Jahrhundert, unter anderem durch die Abschaffung der Patrimonialgerichte und der adligen Polizeigewalt, wurde der Adel dann zur Interessengruppe im politischen Spektrum – statt Mittler zwischen den Interessen zu sein, wurde er zur Partei. Die Aufgabe des Mittlers zwischen gesellschaftlichen Interessen fiel im Gefolge der Trennung von Staat und Gesellschaft den Regierungen zu. Der moderne Konservatismus hat sich als Partei etabliert und versucht seinen Interessen bei der Regierung Gehör zu verschaffen[47]. Rüdt von Collenberg sah diese weitere Entwicklung noch nicht voraus. Für ihn blieb die Regierung zunächst noch Partei innerhalb der Gesellschaft. Das zeigt die Grenzen des Ausbruchs aus dem Denken des klassischen Konservatismus. Abschließend kann man aber sagen, dass er mit seinen Plänen für eine Parteigründung die Trennung von Staat und Gesellschaft gedanklich vorantrieb, ohne die Folgen absehen zu können. Dass er dies tat, dürfte sich wiederum aus den badischen Verhältnissen erklären. Denn im Prinzip fehlte dem Adel in Baden mit dem Verschwinden von Patrimonialgerichten und Polizeigewalt eine wichtige Grundlage, um politische als Mittler auftreten zu können. Ihm blieb, wollte er nicht politisch marginalisiert werden, nur der Weg in die Parteigründung.

Die Denkschrift Rüdt von Collenbergs offenbart insofern in guten Teilen eine erstaunliche Modernität. Die Schwäche der Konservativen versuchte er dadurch zu überwinden, dass man eine konservative Partei im Parlament formierte und mit dieser in den Auseinandersetzungen für die eigenen Standpunkte warb. Den Begriff der *Parthei*, von Konservativen zeitgenössisch vielfach noch negativ konnotiert, da er die Sonderinteressen einzelner Gruppen über das Gesamtwohl zu stellen schien[48], benutzte Rüdt von Collenberg schon problemlos. Freilich konzipierte Rüdt von Collenberg die konservative *Parthei* der Vertreter des *monarchischen Princips* als einzige Gruppierung, die die Interessen aller Badener zu vertreten versprach. Während es den *Absolutisten* und *Demokraten* um ihre Macht und ihre Interessen gehe, *muß der Adel vor Allem das Recht vertheidigen, aber nicht nur sein eigenes, sondern auch das der Krone u. der übrigen Staatsbürgerklassen. [...] Das Recht aber soll er nur aus Gründen des Rechts und des Princips, also stets zugleich im wohlverstandenen Interesse der Souverains u. des Volks,*

---

46 Kondylis (wie Anm. 30), S. 260–286.
47 Ebd., S. 401–417.
48 Vgl. Kondylis (wie Anm. 30), S. 404. Zur Nutzung des Parteibegriffs insgesamt Becht (wie Anm. 3), S. 281–282.

selbst wenn es nöthig ist gegen die Regierenden, vertheidigen. Der Adel war also Vertreter eines Prinzips, an dem aus Sicht Rüdt von Collenbergs alle Bürger ein Interesse haben mussten. Dass freilich eine solche Vertretung des *Rechts* in erster Linie dem Adel nützte, bleibt unbestritten – ob diese Parteilichkeit des Rechtsstandpunkts Rüdt von Collenberg jedoch bewusst war, ist unklar.

Fazit

Zur Bildung einer konservativen Partei kam es nach der Denkschrift Rüdt von Collenbergs in den folgenden Jahren allerdings nicht. Dies lag jedoch nicht daran, dass keine programmatischen Überlegungen existierten. Im Prinzip war ein gangbarer Weg in eine Partei durch die Denkschrift skizziert worden. Die konservative Ideologie war dabei so weit angepasst worden, dass sie mit einem parlamentarischen Verfassungsstaat vereinbar war[49]. Hindernisse für eine Parteibildung lassen sich aber an drei Stellen ausmachen. Erstens wirkten die Rahmenbedingungen beschränkend, zweitens wurde die Parteibildung durch die Regierungspraxis ausgebremst, drittens behinderte der Adel die Entstehung einer konservativen Partei selber.

Blickt man zunächst auf die Rahmenbedingungen, so war der Adel parlamentarisch in die erste Kammer verwiesen. Durch Wahlen kamen in diese aber nur die acht Vertreter der Grundherren. Den Grundherren als denkbarer Kerngruppe der Partei standen allerdings immer schon automatisch die Prinzen des großherzoglichen Hauses und die acht vom Großherzog aufgrund seines Vertrauens ernannten Abgeordneten gegenüber. Vier der fünf erblich vertretenen Standesherren waren zumeist abwesend. Dies ließ dem Adel noch die Vertreter der katholischen und protestantischen Kirche und die Vertreter der beiden Landesuniversitäten als Bündnispartner. Auch hier erscheint es zweifelhaft, inwiefern diese durch eine geschlossene konservative Partei zu einer Politik gegen die Regierung hätten bewogen werden können. Viel entscheidender war aber, dass der Adel in der zweiten Kammer, in der in der zweiten Jahrhunderthälfte die Ausdifferenzierung der Parteien erfolgen sollte, gar nicht vertreten war – also auch kein Kern zur Anlehnung für unentschlossene Abgeordnete vorhanden war. Zwar griffen auch Grundherren in die Wahlkämpfe der 1820er und 30er Jahre ein. Inwiefern dies aber vor dem Hintergrund der Bemühungen um eine konservative Parteibildung erfolgte, wäre noch näher zu untersuchen[50]. Indem also der Adel in die erste Kammer verwiesen war, war die Entwicklung einer durch ihn getragenen konservativen Partei in der zweiten Kammer schon wesentlich erschwert. In der ersten Kammer war zwar eine Parteibildung möglich, aber die Zahl der anwerbbaren Abgeordneten jenseits des Adels war gering. Auch die Wirtschaftsreformen, als weiterer Teil der Rahmenbedingungen, mögen zur Schwäche des Konservatismus beigetragen haben. In der zweiten Hälfte des 19. Jahrhunderts sollte ein

[49] Es finden sich jedoch zeitgleich auch noch wesentlich traditionellere Auslegungen des Konservatismus in Baden. Vgl. Löffler (wie Anm. 41), S. 47–48.

[50] Vgl. Becht (wie Anm. 3), S. 379. Dagegen scheinen die Hinweise bei Zeile (wie Anm.), S. 133, zu sprechen. Hier waren es grundherrliche Beamte, die Einfluss auf Wähler nahmen und daher eher als Beamte gehandelt haben mögen.

wichtiger Teil der konservativen Wählerschaft aus der abstiegsbedrohten Handwerkerschaft kommen. Die Fortexistenz der Zünfte und die langsamere Industrialisierung in Baden verhinderten die Entstehung eines größeren konservativen Protestpotentials in Baden in der ersten Jahrhunderthälfte zunächst[51].

Die Regierungspraxis Ludwig Winters in den Jahren nach dem »liberalen Fest« 1831 lief darauf hinaus, harte Konfrontationen in der zweiten Kammer des badischen Landtags zu vermeiden. Mit seiner gemäßigten Reformpolitik bemühte sich Winter um die Zustimmung des großen Teils der Abgeordnetenschaft, der nicht auf ein dezidiert liberales Programm festgelegt war. Diese Reformpolitik war für viele Abgeordnete zufriedenstellend, so dass eine radikale Opposition gegenüber der Regierung, wie sie in manchen Punkten von den überzeugten Liberalen vorgetragen wurde, unnötig erschien. Ein Wachsen der liberalen Gruppierung im Landtag wurde dadurch unterbunden. In gleicher Weise dürfte diese Politik aber auch gegen die Bildung einer konservativen Partei gewirkt haben. Das Konfliktpotential wurde auch hier gering gehalten.[52]

Dort wo es um eine Rechtsfrage im Sinne einer konservativen Partei nach Rüdt von Collenberg gegangen wäre, nämlich der 1831 verabschiedeten Ablösungsgesetzte, wurde eine mögliche Parteibildung durch den Adel selbst konterkariert. Indem er beim Deutschen Bund gegen die Ablösungsgesetze Beschwerde einreichte, suchte er eine Lösung des Konflikts außerhalb des badischen Landtags. Da vor allem die Höhe der Ablösung strittig war, schien es auch weniger um ein Rechtsprinzip zu gehen, als um Vermögensinteressen[53]. Zumal die geforderten höheren Ablösungsbeträge das Verhältnis zu den Bauern, einer im 19. Jahrhundert häufig die Konservativen unterstützenden Gruppe, belasteten. Die bäuerliche Bevölkerung sollte sich in Baden aber erst in der zweiten Jahrhunderthälfte von den Liberalen lösen und dann, da sie hauptsächlich katholisch war, einen wichtigen Wählerstamm der katholischen Parteien bilden[54].

Die Schwäche des Konservatismus in Baden in der ersten Jahrhunderthälfte kann insofern nicht darauf zurückgeführt werden, dass die konservative Ideologie noch nicht weit genug entwickelt war. Eine Parteibildung war denkbar, wesentliche Grundlagen des politischen Betriebs konnten auch von konservativer Seite anerkannt werden. Behindert wurde die Parteibildung aber durch die Rahmenbedingungen, welche die badische Verfassung und Regierungspolitik schufen[55]. Gesellschaftsgruppen, die in der zweiten Hälfte des 19. Jahrhunderts zu den Wählern der Konservativen gehören sollten, wurden durch das Verhalten des Adels entweder verprellt oder waren von den wirtschaftlichen Entwicklungen noch nicht übermäßig bedroht. Die Existenz des Frühkonstitutionalismus in Baden, dem es noch nicht gelang, die Gegenüberstellung von Parlament und Regierung zu überwinden, war insofern nicht nur auf die Stärke der Liberalen, sondern auch auf die Schwäche der Konservativen zurückzuführen.

---

51 Becht (wie Anm. 4), S. 58–61.

52 Ebd., S. 54; ders. (wie Anm. 3), S. 285–288, 381, 405–409 u. 418–423.

53 Furtwängler (wie Anm. 8), S. 115 u. 196–201; W. Hilger (wie Anm.), S. 79–87.

54 Becht (wie Anm. 4), S. 67–69.

55 Inwiefern Gruppen, die sich in den 1840er Jahren in Baden als »konservativ« oder »liberalkonservativ« bezeichneten, die nächsten Bemühungen auf dem Weg zu einer Parteibildung darstellten, wäre noch näher zu überprüfen. Vgl. die Hinweise auf diese Gruppierungen bei Nolte (wie Anm. 28), S. 41.

Generallandesarchiv Karlsruhe, 69 Roeder von Diersburg, Kasten 76

Grundherrlicher Adel
Stellung des Adels in Deutschland.
Copia
Stellung des Adels in Deutschland
Vor allem aber müssen wir uns klar machen welche Partheien sich gegenwärtig in Europa gegenüber stehen. Es sind dies fürs erste, die Anhänger der Absolutismus die meist unter dem Dekmantel des monarchischen Princips die Gewalt unbedingt in den Händen der Regenten, oder derer die er an die Spitze der Regierung gestellt, vereinigt wissen wollen, die keine Grenzen dieser Gewalt kennen, denen der Wille des Regenten, oder wenn ihnen die Leitung der Regierungsgeschäfte anvertraut ist, ihr eigener Wille das einzige Gesetz ist, die mit Ludwig XIV ausrufen »l'etat c'est moi! die aber auch eben deshalb alle diejenigen hassen und verfolgen, die es wagen der Ausübung ihrer Willkühr Schranken zu setzen, oder sich derselben nicht unbedingt fügen wollen. Diesen Absolutismus, der mit jeder ständischen, oder repräsentativ-Verfassung unvereinbarlich ist, haben wir, wenigstens im Prinzip, in Deutschland früher nicht gekannt; erst unter der Napoleonischen Herrschaft wurde er auch in unser deutsches Vaterland verpflanzt. Ihm sind seit jener Zeit leider einige unserer Fürsten ergeben u. würden ihn gerne ausüben, wenn nicht eine stärkere Macht von oben oder von unten sie daran hinderte, ihm huldigen aber vor Allem, namentlich in unsern kleinern Deutschen Staaten viele aus der Napleonischen Schuhle hervorgegangene Staatsmänner, die nur bei einem solchen Zustand sich geltend machen können und, um sich auf ihrer Höhe zu erhalten, mehr nicht bedürfen als sich die persönliche Gunst des Fürsten zu versichern; ihm sind endlich diejenigen ergeben, die die irrige Meinung hegen, als könne nur mit dem Absolutismus nur eine starke u. kräftige Regierung bestehen, und nicht bedenken daß hier die Kraft u. Stärke der Regierung einzig u. allein nur von der jeweiligen Individualität des Souverains abhängen. //

Die zweite Parthei sind die Anhänger des Republikanismus die unter dem Vorwande der Ausbildung des Repräsentativ-Systems mehr nicht wollen als die Souverainetaet aus den Händen der Fürsten in die des Volkes legen, das die Regierungs Gewalt durch aus seiner Mitte Gewählte, die sogenannten Repräsentanten des Gesammt Willens des Volks, ausüben soll. Ihnen ist dieser geläuterte Volkswille, wie sie es nennen, oder eigentlich, in so ferne sie selbst einen Theil der Volksrepräsentanten auszumachen hoffen, ihr eigener Wille wieder das höchste Gesetz; sie kennen nach ihrem sogenannten Vernunftrecht nur Eine rechtlich bestehende Klasse die Gesammtheit des Volkes; jeder der Führer stehen in so ferne ihm nicht vom Volke selbst zur Ausübung seines Willens auf kurze Zeit eine höhere Gewalt beigelegt ist, muß herabgezogen werden, der übrigen Masse gleichgemacht – werden, weil es einen Höhern als den Souverain, hier das Volk, nicht geben kann. Wird nun auch von den Anhängern dieses Princips für den Augenblick noch ein erblicher sogenannter Monarch, selbst mit einem Veto für die Beschlüsse der Volksrepresentanten gestattet, so wird er doch nur als eine noch nicht zu beseitigende Calamität u. einstweilen als der erste Bürger im Staat betrachtet, u. das Bestreben dieser Parthei geht vor Allem dahin sein Veto so viel als möglich illusorisch zu machen. Dieses rein demokratische Princip ist unserem Deutschen Vaterlande eben so fremd, als der Absolutismus, sein Verpflanzen nach Deutschland verdanken wir der französischen Revolution von 1789; und wurde es auch bald darauf durch den Absolutismus wieder unterdrükt, so ist es doch später nachdem die Napoleonische Willkührherrschaft gebrochen war, und namentlich nach der Revolution von 1830 wieder mit erneuerter Kraft aufgelebt. Ihm sind diejenigen ergeben, die von Ehrgeiz getrieben schnell eine Rolle spielen, die // Gewalt, die sie in den Händen Anderer sahen, sich selbst aneignen möchten, ihm huldigen endlich jene politischen Schwärmer, die sich im Staat unter den unvollkommenen Menschen einen Zustand der Vollkommenheit möglich denken, die in dem Wahne leben als könne sich der wahre Wille des Volkes klar aussprechen, während doch die Masse des Volks sich nie klar bewußt ist, waß sie eigentlich will; die an eine ächte aus dem Vertrauen des Volks hervorgegangene Repräsentation glauben und nicht bedenken, daß es den durch physische oder moralische Kraft Überlegenen immer leicht seyn wird, das Volk irre zu leiten u. zu ihren Zwecken zu benützen, die endlich nicht bedenken, daß jene Repräsentanten [n]ie den Willen des Volks in seiner Gesammtheit, den sie nicht kennen können, sondern nur ihren eigenen, meist ihren persönlichen Intressen entsprechenden Willen aussprechen u. deshalb auch nie ein fester bleibender Zustand herbeigeführt werden kann, weil derselbe nur auf den wandelbaren Ansichten stets wechselnder Individuen beruht.

Die dritte Parthei sind die Anhänger des monarchischen – oder was hiermit identisch ist, des Rechts – Princips; sie wollen die gesammte Staats Gewalt vereinigt wissen in demjenigen Staatsoberhaupt, der hierzu ein wohlbegründetes und angebornes Recht hat, u. der dieses Recht unbegrenzt ausüben kann, so weit ihm nicht hier ein anderes Recht entgegen steht. Das monarchische Princip unterscheidet sich von dem Absolutismus hauptsächlich dadurch, daß bei dem letzteren die Ausübung der Staatsgewalt sich als Willkühr, bei dem erstern auf dem festen Boden des historisch begründeten, bestehenden sogenannten positiven Rechts, seine Vertheidiger verlangen aber vor allem Heilighaltung dieses Fundamentes selbst, weil dasselbe als ein festes Ganze nicht ungestraft, sey es auch // auf welcher Seite es wolle, angegeriffen werden darf, ohne daß dadurch sämmtliche darauf aufgeführten Gebäude erschüttert werden und nach u. nach zusammenstürzen; sie wollen deshalb auch nichts Neues, sondern nur eine Aufrechterhaltung des Bestehenden, das zwar in seinen Formen, je nach Erforderniß weiter ausgebildet werden kann, aber nie in seinem Prinzip angegriffen werden darf. Während die Anhänger des Absolutismus nur die Rechte des Souverains als solche anerkennen und die Rechte anderer nicht achten, während die Demokraten nur die unveräußerlichen Rechte der Gesammtheit des Volkes gelten lassen u. dagegen die wohlerworbenen Rechte der Einzelnen aus dem Volke mit den Füßen treten, kennen die Vertheidiger des monarchischen Princips keinen Unterschied zwischen den verschiedenen Rechten, die ihnen, so wie sie in den einzelnen Staaten sich neben einander durch Jahrhunderte nach und nach ausgebildet haben und folglich auch bestehen können, gleich heilig sind. Damit aber diese Rechte erhalten u. kräftig geschüzt werden können, so verlangen sie auch, daß die Regierung, der dieses Schutzrecht zusteht, stark u. kräftig sey. Wo aber der Souverain mit seiner Regierung allein nur der Masse des Volkes schroff gegenüber steht, da wird sich das monarchische Princip nie lange in seiner Reinheit erhalten, und sich bald mehr zum Demokratismus oder zum Absolutismus neigen, deshalb ist hier noch ein Drittes nothwendig, eine Mittelklasse zwischen Fürst u. Volk, die vermöge ihrer Stellung auf der einen Seite gleiches persönliches Interesse mit dem Souverain, auf der andern Seite mit dem Volke hat, die nur bestehen kann wenn weder die Volkssouverainetät noch die Willkührherrschaft //

der Regenten Uebermacht erhält, u. in dieser Beziehung sagt Montesquieu allerdings sehr richtig: point de Noblesse point de Monarchie! Das monarchische Princip ist endlich sehr vereinbarlich mit einer ständischen Verfassung, nie aber mit einer Repräsentativ-Verfassung, weil bei der erstern stets die Rechte, sowohl der Krone, als der verschiedenen bestehenden Unterthanen Klassen vertheidigt werden, und dem monarchischen Princip eben ja nur das bestehende historisch begründete Recht dem consequent durchgeführten Repräsentativ-System aber der jeweilige vereinigte Wille des Fürsten und der Volksrepräsentanten das höchste Gesetz ist. Das monarchische Princip war unbedingt vorherrschend in Deutschland zur Zeit der alten Reichs-Verfassung, und sollte neu wieder begründet werden durch den Deutschen Bund. Ihm sind alle diejenigen ergeben, die mehr nicht wünschen als sichern Schutz in Benutzung dessen, was sie nach den bisherigen Rechtsbegriffen als ihr Eigenthum zu betrachten gewohnt sind, die die Überzeugung hegen, daß um sicher zu gehen man festhalten müsse an etwas bestehendem und nicht nach dem Fantom einer nie zu erreichenden Vollkommenheit greifen, die das Gute, das sie besitzen nicht wegwerfen wollen, um dagegen vielleicht ein, wie die Erfahrung lehrt, nur sehr problematisches Bessere zu erhalten ferner diejenigen die die Kraft und Stärke der Regierung nicht abhängig machen wollen von dem Leben Eines oder mehrerer Individuen, sondern sie auf etwas Festem Bleibendem begründet wissen möchten, endlich jene die aus einem angebornen Gefühl von Rechtlichkeit sich nicht auf Kosten Anderer bereichern wollen. Ihm sind auch die Mehrzahl unserer deutschen Souveraine ergeben, obgleich leider einige sich erst auf diesem Wege direkte ihrem Untergang entgegen gehen, sich nun dem andern Entronen dem Absolutismus zu wenden, u. dabei ganz vergessen // daß es auch ein Drittes giebt, das, mit Festigkeit und Consequenz durchgeführt ihnen eine Achtung gebietende unwiderstehliche monarchische Gewalt verleiht. Dem monarchischen Princip muß aber vor allem der Adel ergeben seyn, weil so wie sich die Verhältnisse in Europa gestaltet haben, er allein nur da noch bestehen kann, wo dieses Princip vorherrschend ist.

Wer nun aber in dem gegenwärtigen Partheienkampfe in Europa berufen ist mit zu kämpfen, oder wer überhaupt einen bestimmten Zustand im Staate will der muß, wenn er etwas ganzes will, sich nothwendig einer dieser drei Partheien anschließen, weil jeder andere in der Theorie etwas denkbare politische Zustand, sobald er auf einen bereits bestehenden Staat angewendet und mit Consequenz durchgeführt werden soll, nothwendig auf Eines jener drei Principe hinleiten muß. Deshalb sind auch alle die Theorien vom sogenannten juste milieu, bei denen man sich durch Verschmelzung der beiden Extreme einen in der Mitte liegenden vollkommenen Zustand des Gleichgewichts möglich denkt, durch aus unhaltbar, weil sie nie eine richtige Grenze angebn können, wo die Gewalt der einen aufhören, die des andern beginnen soll; weil eine Vereinigung der Monarchie, sie mag auf der Gewalt oder auf dem Rechte beruhen, mit der Demokratie oder dem reinen Repräsentativ-System schon im Prinzip ein Unding ist, indem ja jede derselben ein andres Element als sein höchstes Gesetz anerkennt, die sich feindlich gegenüber stehen, u. wenn sie vereinigt werden sollen nur ein trübes unklares // Gemisch geben, nie aber sich in ein reines Ganzes verschmelzen lassen.

Betrachten wir nun die gegenwärtigen Aeußerungen dieser Partheien in Deutschland, so sehen wir die Anhänger des Absolutismus in neuester Zeit wieder thätiger als je bemüht ihr Reich neu zu begründen. Wo sie auf ihre Macht bauen zu können glauben, werden alle diejenigen, die sich der Willkühr der Regierenden nicht unbedingt fügen wollen, unerbittlich verfolgt, scheint ihnen dagegen eine andre Parthei zu mächtig und gefährlich, so werden ihr Concessionen auf Kosten Dritter gemacht, fühlen sie sich aber sogar selbst so schwach, daß sie von ihren eigenen Rechten einige abzutreten sich genöthigt glauben, so geschieht dieß doch nur für den Augenblick und bei der ersten günstigen Gelegenheit wird das Abgetretene wieder zurückgenommen. Und wenn dann diejenigen, die sie ihrem Frieden zum Opfer gebracht haben, wie gegenwärtig namentlich der Adel, sich hierüber beklagen, über Ungerechtigkeiten schrein, oder es gar wagen sich an einen höhern Richter zu wenden, so erzählen sie dem Fürsten von unabweisbaren Forderungen der Zeit, machen ihn aufmerksam auf eine neue gefährliche Opposition, die ihm aus den höhern bevorrechteten Klassen der Unterthanen erwachsen und behaupten, daß es zur Erhaltung des Throns und des monarchischen Princips nothwendig sey, die Gewalt oder Rechte in deren Besitz sich diese Staatsbürger Klasse noch befinde, ihr zu entziehen und sich selbst zuzueignen, oder auf die Masse des Volks zu vertheilen, damit sie auf diese Weise weniger gefährlich werde. Sie suchen ferner den Adel auf jede Weise zu demüthigen, um ihn absichtlich zu gehässigen Schritten gegen den Souverain und seine Regierung zu reitzen, und um ihn dann wenn er in diese // Falle geht, desto leichter vernichten zu können. Das Bundessystem ist ihnen willkommen in so weit es den Regierungen Rechte giebt, oder Schutz giebt für die Unabhängigkeit des Staates, die Pflichten die es auferlegt suchen sie unter irgend einem Vorwand zu umgehen. Die Unabhängigkeit der Gerichte ist Ihnen ein Dorn im Auge, deshalb sehen wir sie immer dahin streben die Gewalt u. Competenz der höchsten Regierungs-Behörde /: Staatsrath, Geheime Rath oder Staatsministerium:/ möglichst zu erweitern. Wenn sie aber in Wiederspruch mit dem Princip von dem sie ausgehen, dennoch die Unabhängigkeit derselben gesichert wissen wollen, so geschieht es nur deshalb weil sie selbst meist Staatsstellen inne haben, oder doch zu erlangen streben, und sich dann auch die damit verbundenen persönlichen Vortheile erhalten wollen.

Am festesten und consequentesten tritt nun aber die demokratische Parthei auf, und sie kann es auch jetzt am am längsten, weil sie fürs erste nichts will, als wieder schnell durch Revolution, oder nach u. nach durch sogenannte Reform das bestehende vernichten und die Gewalt, die in den Händen anderer ist, in die ihrigen spielen. Früher vereinigte sie sich oft mit dem Absolutismus um den Adel anzugreifen u. zu stürzen, seitdem aber die Macht des Adels theils durch diesen Kampf gebrochen, theils er durch eigene Fehler und namentlich durch Uneinigkeit unter sich, fast ganz bedeutungslos geworden ist, betrachtet man ihn als leichte Beute, ja wo er mit seiner Regierung zerfallen scheint, wird er sogar von dieser Parthei momentan scheinbar // geschont, ihm selbst hie und da geschmeichelt, damit er mit ihr in Opposition gegen die Regierung gemeinschaftliche Sache mache, denn ist nur erst die Gewalt der Regenten gebrochen, die jetzt noch mit einigem Erfolg Wiederstand leisten, so versteht sich sodann der Untergang des Adels von selbst. Diese Parthei stellt sonach gegenwärtig hauptsächlich dahin, die Würde, die Macht und das Ansehen der Souveraine und ihrer Regierungen auf jede Weise zu schwächen, wo es die Individualität der Fürsten erlaubt, sucht man ihn durch Vorspielung einer nothwendigen und heilsamen Popularität zu veranlassen, daß er sich selbst seiner wesentlichen Rechte zu entäußern, wo dies nicht genügt wird jede Handlung der Regierung in einem gehässigen Lichte dargestellt, jede rechtmäßige Aeußerung ihrer Kraf als Will-

kühr bezeichnet, u. höchstens hie und da die Aeußerung ihrer Schwäche gelobt. Deshalb wollen die Anhänger dieser Parthei auch namentlich alle Domainen und überhaupt alles Privateigenthum der Souverains als Staatseigenthum erklärt wissen, deshalb haben sie das heillose Institut der Civillisten eingeführt, wonach der Regent für seine u. seiner Familie Subsistenz alle paar Jahre mit dem Volke markten muß, damit diesem letzteren der Gedanke recht nah gelegt werde, ob es dann nicht besser sey, diesen theueren Souverain, der am Ende nicht anderes wird, als ein zur Ausübung der Staatsgewalt besoldeter Diener des Volks, abzuschaffen u. an seine Stelle einen aus dem Volk hervorgegangenen wohlfeilen Präsidenten zu setzen. Es wäre überflüßig alle die bekannten Mittel und Wege zu bezeichnen, durch welche diese Parthei unablässig auf die Stimmung des Volks zu wirken und dasselbe zu ihren Zwecken zu benützen sucht; in den constitutionellen Staaten sind aber hauptsächlich die Kammern ihr Tummelplatz, wo hier die verfassungsmäßigen Rechte der sogenannten Volksrepräsentanten zur Sprache gebracht werden, da hört man von nichts als von // Heilighaltung von Unverletzlichkeit der Verfassung, die entfernte Möglichkeit, daß diese Rechte einst nicht in ihrem weitesten Umfang ausgeübt werden könnten, wird von den Anhängern dieser Parthei als eine bereits vollbrachte Verfassungs Verletzung bezeichnet, sobald aber die Regierung, oder eine besondere Klasse der Staatsbürger ihre verfassungsmäßigen Rechte geltend machen, da behaupten sie, daß die Verfassung mangelhaft, unter ungünstigem Einfluß gegeben sey, daß sie nothwendig geändert werden müße. Concessionen, die man ihnen freiwillig macht, nehmen sie zwar an, aber affectiren dann als ob sie keinen großen Werth darauf legten, oder sie sich von selbst verständen; Concessionen, die sie verlangen, werden als unumgänglich nothwendig den Forderungen der Zeit entsprechend bezeichnet, und wenn sie nicht gleich gegeben werden mit Unruhe und Wiedersetzlichkeit von Seiten des Volkes gedroht. Der Deutsche Bund und das Bundessystem ist ihnen ein Greul, weil es das monarchische Princip und Aufrechterhaltung des bestehenden will und sonach eine Ausdehnung des Repräsentativ-Systems nicht gestattet, weil es den im Bunde vereinten Fürsten die Kraft verleiht Ruhe und Ordnung aufrecht zu erhalten, und endlich weil es alles Gute was der Bund dem deutschen Volke bringen soll, eben nur wieder von den in diesem Bund vereinten Fürsten ausgeht. Die Unabhängigkeit der Gerichte ist ihnen nur in so fern angenehm, als dieselben unabhängig sind von dem Willen der Regierung; dagegen vertheidigen sie unbedingt die Iremovilität aller Staatsdiener, weil nur wo diese besteht die Staatsdiener sich ihrer Parthei // anschliesen können. – Gelangt endlich Einer aus dieser Parthei zu den höchsten Staatstellen, so sehen wir ihn entweder sich zum Absolutismus wenden, oder ein System der Halbheit verfolgen das das verderblichste von allem ist, weil es keine Parthei befriedigen kann, der Regierung in kurzer Zeit Vertrauen und Achtung entziehen muß, und weil durch halbe Maaßregeln man immer das Gegentheil von dem erreicht waß man bezweckte.

Am ruhigsten und unterthänigsten erhalten sich die Anhänger des monarchischen Princips, weil sie nur die Aufrechterhaltung des bestehenden Rechtssystems, und nicht Neues erkämpfen wollen; erst wenn ihnen das Wasser an der Kehle steht erwachen sie und werden unwillig gegen denjenigen, der das was sie erhalten wollen angreift. Aber weil ihnen in der Regel nie recht klar ist, wie der von ihnen verlangte Rechtszustand am sichersten gewahrt werden könne, verfallen sie meist in die gröbsten Fehler. Kömmt ihnen sonach jener Angriff von unten, so unterstützen sie den Absolutismus um die demo-

kratische Parthei leichter unterdrücken zu können, kömmt er ihnen von oben, so wird umgekehrt der Demokratismus unterstützt, ohne jedoch dadurch diejenige Parthei erkräftigen zu wollen an die sie sich momentan anschließen, die sie aber gerade dadurch stark machen. Kömmt ihnen endlich jener Angriff von beiden Seiten, so freuen sie sich über die Verfolgung der Demagogen u. ergötzen sich zugleich an der Demüthigung der Regierung, ohne zu bedenken, daß doch irgendwo eine feste Gewalt bestehen muß, die den Rechtszustand, den sie wollen, schützen kann, daß sie selbst aber, insofern ihnen vermöge des Rechtsprincips diese Gewalt nicht zu steht, sie auch nicht ausüben dürfen und wollen. Die // Anhänger dieser der Zahl nach stärksten Parthei sind es selten aus Überzeugung, aus klarer Erkenntnis des Princips, sondern sie folgen meist nur einem oft unbestimmten Gefühl; deshalb sind sie aber auch nicht unter sich einig, wie die Anhänger des Absolutismus, oder Demokratismus, sie sind für das Rechtsprincip, weil sie sich einmal an den bestehenden Rechtszustand gewöhnt haben, oder weil sie Eigenthum und Rechte besitzen, die sie erhalten möchten, sie verfallen daher auch oft in den Fehler, daß sie ihre eigenen Rechte mit Festigkeit vertheidigen, dagegen die Rechte andrer, die neben den ihrigen bestehen, ruhig verletzen lassen. Sie sind die entschiedensten Vertheidiger des Bundessystems, wenn sie dasselbe richtig erfasst haben, weil die Grundgesetze des Bundes nichts anderes wollen als das monarchische, das Rechtsprincip; anstatt aber da wo sie es vermögen die Thätigkeit der Bundesversammlung bei dem Vollzug oder der Entwicklung der Grundgesetze des Bundes zu unterstützen, hört man sie meist nur über die Unthätigkeit derselben klagen, wobei sie ganz vergessen daß das Wirken der Bundesversammlung bedingt ist durch die Mitwirkung der Regierungen der einzelnen Bundesstaaten, und daß demselben immer nur hemmend entgegen getreten wird von denjenigen, die es im Princip nicht wollen oder die es nicht klar aufgefaßt haben. Sie verlangen endlich die unbedingte Unabhängigkeit der Gerichte weil sie das Recht wollen frei von jedem äußeren Einfluß, ob aber einen Iremovilität der Staatsdiener // gut sei oder nicht, darüber sind sie unter sich nicht einig.

Wenn nun aber der Adel nur da auf die Dauer bestehen kann, wo das monarchische Princip vorherrschend ist, so ist wohl auch klar welche Stellung er einnehmen, welchen Weg er verfolgen müsse. Der Adel in Deutschland muß das monarchische Princip wie es oben angedeutet ist mit strenger Consequenz unterstüzen u. vertheidigen, er muß hiebei von folgenden Grundsatzen ausgehen: Der Souverain vereinigt die gesammte Staatsgewalt in sich, er ist in deren Ausübung nur durch das positive Recht beschränkt, weil die Ausübung der Staatsgewalt durch die einzelnen Souveraine auch nur ein ihnen zustehendes Recht ist, sie findet aber ebendeshalb auch ihre Gränze da, wo neben den Rechten der Krone, hystorisch begründete Rechte einzelner Individuen oder Klassen der Unterthanen bestehen, diese lezteren Recht dürfen jedoch nie so weit ausgedehnt werden, daß dadurch die Gewalt des Souverains und seiner Regierung gelähmt, und un- unfähig werde die bestehende Ordnung mit Kraft und Consequenz aufrecht zu erhalten und das Recht zu schützen. Aber auch die moralische Gewalt des Regenten u. seiner Regierung muß geschützt und vertheidigt werden, es darf sonach die Würde und die Achtung, die der Souverain und seine Regierung als solche zu verlangen berechtigt sind, nicht verletzt werden; denn ist nur erst die moralische Gewalt des Souverains gebrochen, ist der Nimbus verschwunden der die geheiligte Persohn des Monarchen umgeben soll, hat sich die Masse des Volks nur erst darin gewöhnt ihren Regenten als ihren ersten Mitbürger, als den ersten Diener des Staats zu betrachten, so ist auch schon die Monarchie in ihren Grundvesten erschüttert, und es bedarf zu deren Umsturz nur eines leisen Anstoßes. //

Der Adel, der das monarchische Princip will, muß daher auch dahin wirken, daß dem Souverain und seiner Regierung die gebührende Würde und Achtung erhalten werde, daß dem ersteren namentlich die zu seiner und seines Hauses Erhaltung nothwendigen Substanz Mittel möglichst dauernd gesichert werden und er in dieser Beziehung möglichst unabhängig bleibe. So war es auch in früheren Zeiten in unserem deutschen Vaterlande, wo der Fürst und seine Familie von dem Ertrage der Domainen lebten, und nur die zur Verwaltung der verschiedenen Regierungs Zweige weiter erforderlichen Mittel durch Steuern erhoben wurden. Das monarchische Princip kann nun zwar sehr wohl ohne alle directe Mitwirkung des Volks durchgeführt werden, wo dieß aber der Fall ist, hängt es hauptsächlich nur von der Individualität des Souverains ab; damit nun aber jenem Princip eine mehr sichere Garantie gegeben werde, und die Gewalt des Souverains und seiner Regierung nicht die Gränzen des Rechts überschreite und sich in Absolutismus verwandle so ist allerdings eine constitutionelle Monarchie wünschens werth, mit einer Verfassung durch welche der Regent in Ausübung der gesetzgebenden Gewalt, d.h. bei vorzunehmenden Aenderungen in dem bestehenden Rechtszustand an die Zustimmung der Regierten, oder derer die aus ihrer Mitte durch Geburt Amt oder Wahl dazu berufen sind, gebunden ist. Weil aber in den europäischen u. namentlich in den deutschen Staaten sich bestimmte theils historisch theils in der Natur der Sache begründete Stände // mit besondern Rechten und Interessen ausgebildet haben, so sind mit der Wahrung dieser bestehenden Recht und Interessen reine Repräsentativ-Verfassungen, unvereinbarlich, d.h. solche wo diese Stände, die in ihrer Gesammtheit des Volks bilden, in einem Haufen zusammengeworfen, und dann aus dieser Masse, ohne Rücksicht auf die Stellung die sie im Staate einnehmen, diejenigen gewählt werden welche die Rechte u. Interessen der Krone u. der einzelnen Stände vertreten sollen. So ist es z.B. ein Unsinn wenn ein Professor der Philologie die Interessen des Bauernstandes, ein Staatsdiener die der Handwerker, ein Kaufmann die Rechte u. Interessen der Geistlichkeit, oder ein Bauer die des Adels wahren u. vertreten soll, wie es doch unsere unpraktischen Verfassungsurkunden eigentlich vorschreiben. Ein solcher Zustand muß es den Regierungen wo sie eine bedeutende Majorität in den Kammern für sich haben, nothwendig leicht machen, auf scheinbarem Rechtsweg nach u. nach zum Absolutismus überzugehen, wo ihnen die Majorität fehlt führt er directe zum Demokratismus. Das monarchische Princip verträgt sonach nur ständische Verfassungen, nach welchen diejenigen, die gemeinschaftlich mit der Regierung die nothwendig erscheinenden Aenderungen in dem bestehenden Rechtszustand berathen und beschließen sollen, aus der Mitte der einzelnen bestehenden Stände hervorgehen. Nur dies ist die einzig wahre Repräsentation des Volks, wie es wirklich besteht, nur auf diesem Wege können die Rechte der Krone wie der einzelnen Klassen der Unterthanen möglichst gewahrt werden, weil sie dann auch sämtlich durch solche, die sie kennen u. dabei persöhnlich // interessiert sind, vertreten u. vertheidigt werden, und weil endlich jeder dieser Stände immer wieder einzelne Rechte u. Interessen theils mit der Krone theils mit den andern Ständen gemein hat. Der Adel in Deutschland muß sonach dahin wirken, daß da wo Constitutionen neu eingeführt werden sollen, nur ständische Verfassungen eingeführt werden, wo solche bestehen daß man sie unverrückt aufrecht erhalte, wo dagegen Repräsentativ-Verfassungen existiren, diese nicht weiter aus-

gedehnt u. wo möglich auf ständische Verfassungen zurückgeführt werden, einstweilen aber das in denselben etwa vorhandene ständische Princip gewahrt u. hervorgehoben werde. In den Kammern muß der Adel vor Allem das Recht vertheidigen, aber nicht nur sein eigenes, sondern auch das der Krone u. der übrigen Staatsbürgerklassen, und darf deshalb auch nicht zugeben, daß der Regent selbst sich der ihm zustehenden Rechte entäußere, die ihm nothwendig sind, um regieren zu können. Das Recht aber soll er nur aus Gründen des Rechts und des Princips, also stets zugleich im wohlverstandenen Interesse der Souverains u. des Volks, selbst wenn es nöthig ist gegen die Regierenden, vertheidigen, er darf sich hiebei aber nie gehässige Angriffe gegen die Regierung erlauben, weil er hierdurch dem monarchischen Princip, folglich seiner eigenen Sache schadet. Wo aber conflicte entstehen zwischen den Rechten des Souverains u. der Stände, da muß er sich in der Regel für die erstern entscheiden, weil namentlich unter den gegenwärtigen Verhältnissen der Absolutismus weniger als der Demokratismus zu fürchten ist, // und weil bei einer Ausdehnung der Regierungsgewalt der Adel immer noch möglicher Weise bestehen kann, nie aber bei einem ausgedehnten Repräsentativ-System. – Da nun aber ferner Fortschritte in der Cultur, oder überhaupt Verhältnisse, die sich nach u. nach, vielleicht unmerklich geändert haben, auch Aenderungen oder Umgestaltung bestehender Rechte nothwendig machen, insoweit bei diesen veränderten Verhältnissen u. den gleichzeitigen unveränderten Fortbestehen älterer Rechte das Interesse bestehender Staatsbürger Klassen wesentlich beeinträchtigt wird, so muß auch zu der verlangten Umgestaltung die Hand geboten werden, jedoch immer nur in so weit dadurch das Rechtsprincip nicht verlezt, u. nur langsam und mit Berücksichtigung des Bestehenden zu Werke gegangen wird, damit aus der Umgestaltung nicht eine Umwälzung werde, die einen Umsturz alles rechtlich Bestehenden nach sich zieht. Daß der Adel vor allem das Bundessystem, wie es die Grundgesetze des deutschen Bundes vorzeichnen, vertheidigen und unterstützen muß geht aus obigem klar hervor, denn dieses Bundessystem, will ja gerade das Monarchische Princip, er will Aufrechterhaltung der Ruhe u. bestehenden Ordnung er will ferner Wahrung des Rechts, kräftige Regierungen ohne Absolutismus, landständische Verfassungen ohne Democratismus, er will endlich einen Adel mit bleibendem Rechtszustand. Um aber das Bundessystem als Rechtssystem vollständig auszubilden ist die Errichtung eines Bundesgerichts nothwendig, weil die Bundsversammlung als eine mehr politische Behörde für die richtige Entscheidung reiner Rechtsfragen, nicht die gehörige Garantie bietet. Der Adel der nur mit dem oben ausgeführten Rechtszustand bestehen kann, muß daher Unabhängigkeit der Landesgerichte und zur Entscheidung höherer staatsrechtlicher Fragen, oder der privatrechtlichen // Streitigkeiten unter den einzelnen Bundesstaaten ein höchstes Bundesgericht wollen. Was nun endlich die Stellung der Staatsdiener betrifft, so sind Dienerproz ......ken [drei Buchstaben unleserlich], wie sie in vielen constitutionellen Deutschen Staaten bestehen nur in der Monarchie von Werth, wo keine Stände existiren, weil sie in diesen Staaten einige Garantie geben gegen eine Willkührherrschaft der Regierenden, wo aber ständische Verfassungen eingeführt sind, da bedarf es jener weitern Garantie nicht immer aber wird die Unabsetzbarkeit der Staatsdiener hemmend auf einen kräftigen Gang der Regierung einwirken weil diese sich nicht die Männer unbedingt auswählen kann, die sie bedarf, nur das als richtig anerkannte System mit Consequenz durchzuführen, und wenn sie diejeningen die sie nicht brauchen kann beseitigen will, daß nur durch Vermehrung der ohnehin schon so drückenden Personslast geschehen kann.

Wenn aber der Adel überhaupt etwas wirken will, so muß er sich hauptsächlich eine möglichst unabhängige Stellung zu sichern wissen, er muß deshalb sein Familien-Eigenthum durch gute Hausgesetze sicher zu stellen und schuldenfrei zu erhalten suchen, und wo nur immer möglich Majorate errichten, er muß ferner durch höhere intellectuelle Ausbildung sich geltend zu machen wissen er muß seinen Fürsten seinem Vaterlande dienen, damit er auch in dieser Stellung zur Wahrung und Durchführung des von ihm als richtig anzuerkennenden Princips thätig seyn könne, aber er darf dabei seine Unabhängigkeit nicht soweit aufopfern // daß er zum Schergen des Absolutismus, oder zum Werkzeug des Demokratismus herabsinke. Wo aber der Adel das was ihm Noth thut und was er als Stand im Staate soll klar erkannt und sich hierüber unter sich verständigt hat, wo er einig ist über den Weg den er gehen muß, und die hier bezeichnete gewiß würdige Stellung einnimmt, da nur kann es ihm gelingen sich als besondres und dann auch onstreitig wohlthätiges Institut zu erhalten, dann wird es ihm aber auch gelingen seinen Souverain so wie die Gesammtheit der Bundesfürsten zu überzeugen, daß der Adel eine thätige kräftige Stütze des monarchischen Princips und daher auch seine Erhaltung nothwendig ist.

Gegen diese so eben entwickelten Ansichten wir man vielleicht einwenden, daß der Adel gerade in absoluten Monarchien am mächtigsten u. einflußreichsten war. Aber wo dies wirklich der Fall war, war es zu einer Zeit, wo der Adel durch seine physische Macht der Gewalt der Fürsten Trotz bieten konnte, oder weil die Fürsten nur denjenigen die höchsten Würden u. Ämter verliehen, die durch ihre Geburt ihnen am nächsten standen.

Man wird einwenden, daß die deutsche Reichsverfassung, - die ja auf dem Rechtsprincip beruhte, auch zu Grabe gehen mußte. Aber dieses alte morsche Gebäude hat sich, trotz der heftigen Stöße von Innen und außen, gerade darum so lange erhalten, weil es eben auf dem festen Fundament der historisch begründeten Rechts beruhte, und wenn es endlich zusammenstürzte, so geschah es nur deshalb, weil Deutschland Fürsten, sobald es ihnen gelang ihre Macht weiter auszudehnen, die Schranken die jenes Recht ihrer // Willkühr setzte, zu zerbrechen strebten, weil sie sich lossagten von den Banden, die sie enge verbinden sollten und einer undeutschen Trennungspolitik huldigten. Von dem Augenblik an, wo sie ungescheut es wagten das Recht offen zu verletzen, war auch ihre moralische Kraft gebrochen. Sie haben es seitdem schwer gebüßt durch ihre und ihres Volkes tiefe Erniedrigung.

Man wird ferner einwenden, daß so manche Deutsche Fürsten die Souverenität, die sie gegenwärtig über einen Theil ihrer Unterthanen ausüben, gerade einer Rechtsverletzung, einer Usurpation verdanken. Wohl ist dies war, und stärker und kräftiger ständen sie da, hätten sie ihre Macht auf dem Wege des Rechts ausdehnen können; aber weil es nun einmal so ist, und durch frühere Fehler herbeigeführt, nicht verhindert werden konnte, so muß wenigstens dahin gewirkt werden, daß nicht noch weitere Rechtsverletzungen eintreten, und der durch den Deutschen Bundesvertrag neu begründete Rechtszustand, als solcher aufrecht erhalten werde.

Man wird vielleicht gegen die eben entwickelten Ansichten, als derselben geradezu wiedersprechend, den Zustand in England anführen, aber gerade das Beyspiel Englands spricht entschieden für jene Ansichten. Die englische Verfassung ist kein den Gewohnheiten u. Rechtsbegriffen des englischen Volks fremdes, aus andern Staaten übertragenes oder in dem Gehirn einiger Doctrinaire // ausgehecktes Machtwerk, wie unsere neuen Deutschen Verfassungen, sie hat sich vielmehr mit dem Volke nach u. nach historisch ausgebildet, sie ist in dessen innerstes Leben übergegangen, und kann nur bestehen weil sie sich auf diese Weise ausgebildet hat; sie ist sonach ein rein englisches Product u. daher auch nur für England anwendbar. Eben deshalb ist es auch durch aus unpractisch, solche Verfassungen auf einen andern Staat übertragen zu wollen, der sich unter andern Verhältnißen u. Umständen ausgebildet hat; in welchen aus früherer Zeit andere, jenen Verfassungen fremde Institute bestehen, dessen Volk daher auch andere Gewohnheiten, andere Rechtsbegriffe hat. Statt in den einzelnen bestehenden Staaten die Verfassungen den bestehenden Verhältnissen dem Volke, wie es ist, anzupassen, will man das Volk sich den Verfassungen anpassen, als ob die Verfassung der Zweck, das Volk dagegen das Mittel wäre, als ob die Verfassung das Volk, nicht aber das Volk die Verfassung ins Leben übertragen solle. Daher kommt es aber auch, daß unser deutsches Volk seine Verfassungen nicht begreift, daß es bei Allem, was Verfassungs-Angelegenheiten betrifft, so wenig richtigen Takt, so wenig praktischen Blick zeigt, und so leicht irre zu führen ist, daher kommt es, daß unsere Verfassungen, statt einen festen klaren Zustand des Rechts und der Ordnung zu begründen, nur einen schwankenden Zustand, Verwirrung der Begriffe u. Rechte, u. allgemeine Unzufriedenheit herbeigeführt haben.

Hätten Deutschland Fürsten, als sie den neuen Bund des Rechts schlossen, ihren Unterthanen wie es der Geist der Grundgesetze dieses Bundes verlangt // Verfassungen gegeben, die den Instituten, Gewohnheiten und Rechtsbegriffen, wie sie sich in Deutschland durch Jahrhunderte ausgebildet haben, entsprechen, so hätten wir jetzt nicht in Deutschland den Kampf der Principien zu beklagen, der zwar nur von Wenigen geführt wird, bei dem aber nur die Masse des Volks, die ihn nicht versteht, eben deshalb als ein irregeleitetes, stets betrogenes, aber darum nicht weniger gefährliches Werkzeug in den Händen einiger Herschbegierigen, oder einiger politischer Schwärmer erscheint; wir hätten nicht einen Kampf zu beklagen der nach und nach alle Bande der Ordnung lösen und nur mit einer neuen Umwälzung enden wird, wenn nicht Deutschlands Fürsten, und mit ihnen alle diejenigen, die Ruhe Ordnung erhalten wissen wollen, mit vereinten Kräften dahin wirken, den gegenwärtigen Zustand in unserm Vaterlande auf das deutsche Rechtsprinzip, auf das durch die Grundgesetze des Bundes neu begründete monarchische Princip zurükzuführen. Aber das ist eben leider der Fluch der auf Deutschland ruht, daß die Deutschen nicht deutsch sein wollen! //

Die wichtige Frage wie es den Abgeordneten des Adels gelingen könne auf dem nächsten Landtage eine wirksamere, ehrenvollere, ihres Standes würdigere Stellung einzunehmen, als es auf früheren Landtagen und namentlich auf dem v. J. 1831. der Fall war, wo die erste Kammer in ihrer Gesammtheit eine höchst traurige Rolle spielte, - läßt sich wohl einfach dahin beantworten:

Diejenigen Abgeordneten des Adels, die durch ihre Tendenz und politischen Ansichten sich als Gleichgesinnte betrachten können, müssen nothwendig eine feste und einige Masse bilden und sich gleich beim Beginn des Landtags als solche constituiren. Hierzu ist vor Allem nothwendig sich über ein Princip zu vereinigen, das man mit Festigkeit und Consequenz zu vertheidigen bereit ist, und nach welchem alle zur Sprache gebrachten Fragen beurtheilt werden müssen. Zur Verständigung über ein solches Princip, dürfte vielleicht der flüchtig entworfene Aufsatz: »über die Stellung des Adels in Deutschland«, die Basis bieten. Hat man sich nun hierüber verständigt, so ist ferner nothwendig, daß die so vereinten, und mit ihnen alle diejenigen Mitglieder der Kammer, die bereit sind sich ihnen anzuschließen, sich über jede Frage, die in den Kammern zur Sprache gebracht wird, vorher unter sich besprechen und sich darüber verständigen wie sie sowohl außerhalb der Kammer wirken, als auch namentlich in derselben sich aussprechen wollen; daß hierbei diejenigen, die dem betreffenden Gegenstand besonders gewachsen sind, im Einverständniß mit den übrigen die Hauptvertheidigung der gemeinsamen Ansichten übernehmen und von den übrigen je nach Erforderniß unterstützt werden, daß sie endlich sämmtlich immer gleich stimmen. //

Es ist aber hierbei hauptsächlich erforderlich, daß nicht etwa Einzelne bei untergeordneten oder Nebenfragen, eigensinnig auf ihrer Privatmeinung beharren, sondern diese der Ansicht der Majorität ihrer Parthei unterordnen, daß Einer für Alle, Alle für Einen stehen; denn es giebt nicht unpraktischeres im parlamentarischen Leben als jene Überzeugungs-Männer, die mit einer falschen Consequenz immer nur ihrer individuellen Meinung folgen, ohne alle Rücksicht auf die Ansichten Anderer, die im Wesentlichen mit ihnen einverstanden sind, und mit denen sie gemeinschaftlich wirken sollten; sie sind es die eben dadurch erst ihrer eigenen Sache schaden, ihr wenigstens nie viel nützen können, weil sie, selbst wenn sie zufällig auf ihrem Wege mit Andern zusammentreffen, dadurch immer nur isoliert dastehen.

Daß es ferner von der größten Wichtigkeit ist sich jedesmal vorher über die Wahl der einzelnen Commissionen zu verständigen, wird jeder wissen, der nur einige Erfahrung im parlementarischen Leben gemacht hat.

Um diese fortwährende Verständigung zu bewirken, sind häufige und regelmäßige Zusammenkünfte nothwendig, bei denen, etwa abwechselnd immer Einer die Mühe übernehmen dürfte, diejenigen Gegenstände die gerade zu besprechen sind, der Reihe nach zu Berathung zu bringen.

Gelingt es eine solche Parthei zu bilden, die mit einem richtigen haltbaren Princip, mit Festigkeit und Einigkeit auftritt, so muß sie auch, selbst wenn sie der Zahl nach nur klein seyn sollte, nothwendig einen großen Einfluß auf die Kammer schon deshalb ausüben, weil die übrigen Mitglieder ihrer Individualität und persönlichen Stellung nach, sich nie so fest und einig an // einander anschließen können, und daher immer isoliert stehen werden, weil sie ferner ihren etwaigen entschiedenen Gegnern in der Kammer imponiren muß, währen die Schwachen und schwankenden sich häufig ihr als der festen und starken anschließen werden.

Nur auf diesem einzigen Wege ist es möglich, daß diese Parthei, und durch sie die Kammer, eine Stellung annehmen, durch welche sie geachtet und beachtet werden muß, und auf diesem Wege ist es möglich unsern Beruf zu erfüllen und im wahren Interesse unseres Fürsten und seines Volks auch etwas Ersprießliches wirken.

Archive der Ortenauer Reichsritterschaft*

VON KONRAD KRIMM

Das Archiv in der Kiste

Im Spätjahr 1738 machte der Syndikus der Ortenauer Reichsritterschaft, Lazarus Christian Sahler, eine – wie er fand – sensationelle Entdeckung: Er hatte im Auftrag der Ritterschaft versprengtes Schriftgut bei der Familie von Bodeck untersucht, hatte dabei eine eiserne Kiste geöffnet und darin *Originalien* gefunden, *welche er noch nie gesehen habe, auch nicht wisse, wo sie hingekommen, indem die in Straßburg seyenden ritterschaftlichen Sachen größtentheils in nudis copiis bestehen*[1]. Jetzt aber stieß er nicht nur auf vergessene Archivalien, sondern auch auf *eine authentische Registratur* [d. h. ein Inventar] über das *ritterschaftlich Ortenauische Archiv* aus dem Jahr 1701. Noch 1714 hatte man von dieser Kiste gewusst, auch wenn man den Inhalt nicht mehr kannte[2]: Sie sei schwer, habe drei Schlösser, habe seit etwa 14 Jahren im Kloster der Kapuziner von Oberkirch gestanden – die Schätzung des Ritterschaftssekretärs Johannes Hilarius dürfte stimmen, wenn man annimmt, dass das Inventar von 1701 bei der Übergabe ins Kloster gemacht worden war – und sei von dort nun, 1714, an die von Bodeck gegeben worden.

---

* Nicht absichtslos ist der Titel mehrdeutig gehalten, denn dieser Beitrag zur Archivgeschichte der Ortenauer Reichsritterschaft beruht letztlich auf einem produktiven Missverstädnis: Geplant war eine Geschichte sowohl des Archivs der Korporation wie ein Überblick aller Familienarchive, vergleichbar der Broschüre »Die Archive der Kraichgauer Ritterschaft« von K. Andermann und K. Krimm, Karlsruhe 1993, also eine praktische Handreichung für den Archivbenutzer. Dass dies viel zu hoch gegriffen war, wurde rasch klar. Nicht nur verzweigte sich die Überlieferung des Kantonsarchivs in so verschlungene Haupt- und Nebenwege, dass diesen in überschaubarer Zeit nachgehen zu wollen fast aussichtslos schien. Aber auch die exakte Grenzziehung zwischen rechts- und linksrheinischer Überlieferung der ritterschaftlichen Familien schien kaum möglich: Dazu fehlten alle Vorarbeiten. Der Adel der Ortenau und des Unterelsass war nun einmal durch Jahrhunderte genealogisch eng verbunden, Immatrikulationen in beiden Kantonen waren nicht selten, manche später rechtsrheinisch ansässige Familien stammten aus dem Straßburger Patriziat und ohne Kenntnis der Adelsarchive des Unterelsass war in dieser Gemengelage an eine Darstellung nur der Ortenauer Familienarchive nicht zu denken. Der folgende Versuch kann also nur Beobachtungen am Kantonsarchiv und einigen Familienarchiven der Ortenau zusammenfassen.

1 1738 November 26, Generallandesarchiv Karlsruhe (künftig: GLA) 127 Nr. 1a.

2 Vgl. 1714 Oktober 23, GLA 127 Nr. 1f.

Knappe 25 Jahre also hatten ausgereicht, um wichtiges Kanzleiwissen verblassen und dann erlöschen zu lassen. Sahler war seit 1733 im Amt. Sein Vorgänger, sein älterer Bruder Friedrich Theobald Sahler, hatte einen anderen Teil des Archivs 1715 im Offenburger Rathaus in einer versiegelten Kiste deponieren dürfen. Auch diesem Depot aber drohte offenbar das Schicksal der Archivalien bei den Bodeck, denn während man zunächst, *so offt man in das Gewölb gegangen (welches alle paar Jahr ein oder im Nothfall mehrmahl geschehen) dem Offenburger Cantzley-Directori ein Praesent von 1 oder 2 Ducaten zu machen* hatte, war man *nun aber … seit 1731* [als der ältere Sahler aus dem Dienst schied] *nicht mehr in das Gewölb gekommen* – »nun« schrieb man in diesem zweiten Fall das Jahr 1749, also 18 Jahre später, und der Syndikus selbst kommentierte dazu: *womit demnach die Länge der Zeit selbst erinnert, einmal nach diesen Schriften zu sehen* und zu prüfen, ob denn auch die städtische *Discretion* funktioniere[3]. Weder das In-Sicherheit-Bringen ausgesuchter Archivalien noch das langsame Vergessen des Verstecks waren also Einzelfälle[4]. Sie charakterisierten vielmehr geradezu eine Kanzleipraxis, die ständig zwischen rechtem und linkem Rheinufer, zwischen Straßburg, Kehl oder Offenburg, zwischen öffentlichen Gebäuden, Dienstwohnungen von Beamten oder Schlössern der adligen Herrschaften hin- und herzuziehen hatte. Dass diese Herrschaften die schriftlichen Deposita zuzeiten als ihr Eigentum ansahen oder sie zumindest als nützlichen Besitz betrachteten, machte die Sache nicht einfacher.

Die Kiste, die der jüngere Sahler 1749 im Offenburger Rathaus erhoben hatte, enthielt nur einen kleinen Teil des ritterschaftlichen Archivs. Aber Splitter waren es nicht, die die acht Fächer gefüllt hatten und ungeordnet, *weder arithmetice noch chronologice richtig … in fasciculos zusammengebunden* waren. Sahler bezeichnete es als *nicht ohne* [zeitloser Ausdruck!], *daß diese zu Offenburg gewesenen Acta wichtig und dienlich sind, indem … fascicul 1 die Original Verein ab anno 1474 ad 1522 enthaltet, die fasciculi 2 ad 19 enthalten seriem actorum ab anno 1500 ad 1689 … Art 21 et 108 zeigen den alten Proportions-Ius der Ortenauischen Stände* [wohl die Matrikel] usw. Der *Original-Verein* von 1474 war nichts anderes als die erste Einung der Ortenauer Ritterschaft, damals mit Markgraf Karl von Baden abgeschlossen, später ohne den fürstlichen Patron erneuert, ein Markstein auf dem Weg zur Reichsunmittelbarkeit. Bemerkenswert ist, dass diese pergamentene Magna Charta der Ritterschaft mit ihren 26 Siegeln nicht etwa beim Rechtsnachfolger, heute also im ritterschaftlichen Archivbestand des Generallandesarchivs überliefert ist (GLA 127) – dort gibt es nur Abschriften –, sondern im Familienarchiv der Freiherren von Türckheim (GLA 69 von Türckheim-3 Nr. 213) (*Abb. 1*). Verfolgen wir diesen Seitenweg ein wenig, denn er erschließt auf seine Weise das Verhältnis der Ritterschaft zu ihrem Archiv und zur eigenen Identität.

Die mehr als 13 lfd.m Archivalien ritterschaftlicher Provenienz im Familienarchiv der von Türckheim galten im Generallandesarchiv bisher als Teil des Nachlasses von

---

3 1749 Juli 21, GLA 127 Nr. 1e. Vgl. dazu die Erzählung Christian Friedrich Sahlers, nach der sein Vater Christian Lazarus *zufällig* von der Existenz der Offenburger Kister erfahren habe, GLA 74 Nr. 6841a (Text im Anhang, unten S. 164 f).

4 Zu weiteren Funden dieser Art vgl. 1664, März-September (Neveu), GLA 127 Nr. 1c, 1746 Mai 2 (Ratsamhausen), GLA 127 Nr. 1a und 1746 September 5 (Wurmser), ebda.

Philippe André Grandidier[5] – wie immer er in deren Besitz gekommen sein mochte. Die Witwe des elsässischen Kirchenhistorikers hatte diesen Nachlass nach dem frühen Tod ihres Mannes (1787) an den historisch interessierten Johann V. von Türckheim verkauft; er setzte ihr dafür eine Witwenrente aus. Deren Bezahlung fiel ihm freilich je länger desto schwerer. 1791 versuchte er, die gelehrten Mönche von St. Blasien wegen ihrer Arbeiten zur Germania Sacra für den Nachlass zu interessieren. Die Quellensammlungen zur Alsatia Sacra Grandidiers passten ja dazu und waren in Altdorf auch gefährdet, denn die Ortenau wurde *seit einigen Monaten ... mit einem Überfall von seiten der aus lauter Verfeinerung der Menschen-Rechte über alles Völker-Recht erhabenen Franzosen bedrohet, und so unwahrscheinlich dieser mehr in das fünffte Jahrhundert paßende Kreuzzug scheinen könnte, so hat mich doch meine traurige Erfahrung gelehrt, nichts mehr für unmöglich zu halten, und mein ganzes kleines Archiv ist bereits in Sicherheit*[6]. Abt Moritz Ribbele, der früher offenbar über den gemeinsamen Architekten d'Ixnard Bereitschaft signalisiert hatte, lehnte jetzt aber gerade wegen der Kriegsgefahr ab; vielleicht schreckte ihn ja auch die Witwenrente[7]. Weder im Angebot Türckheims noch in der Ablehnung aus St. Blasien war jedoch von irgendwelchen älteren ritterschaftlichen Quellen die Rede – und es ist ja auch kaum vorstellbar, dass Türckheim gerade solche Archivalien an ein Kloster in Vorderösterreich verkaufen wollte.

Waren die Archivalien zu dieser Zeit vielleicht noch gar nicht in Türckheimschem Besitz? Ein äußerliches Merkmal an der Einungsurkunde von 1474 weist in diese Richtung: Die vier Ecken sind durchlöchert[8] *(Tafel VII)*. Die Urkunde war demnach mit Nägeln befestigt – sie wurde gezeigt, war Gegenstand von Repräsentation. Daran aber konnte vor 1805 nur die Ritterschaft selbst Interesse haben. Eine in einem Protokollband versteckte Notiz vom Februar 1792 bestätigt die Vermutung: Bei der Flüchtung des ritterschaftlichen Archivs aus dem angemieteten Haus in Kehl nach Hornberg wurde *der auf einer Tafel angeheftet gewesene erste Original-Ritter-Verein von 1474 herabgenommen und in einer Pappendeckel Lade in den Kasten Nr. 12 ...* gelegt[9]. Im Kehler Haus tagte das ritterschaftliche Direktorium – wir dürfen uns also durchaus die Einung von 1474 als Wandschmuck und Paradestück im Sitzungszimmer vorstellen (oder zumindest im Kanzleiraum des Konsulenten). Auf keinen Fall konnte diese Urkunde zum Nachlass Grandidier gehört haben. Das gilt ohnehin für die großen ritterschaftlichen Amtsbuchreihen im Türckheimschen Archiv. Sie enden erst nach 1800, scheiden also als historisches Sammlungsgut Grandidiers aus.

Der so klare Befund macht die Antwort auf die Frage nicht leichter, warum und wann ein Teil des ritterschaftlichen Archivs zu den Tückheim nach Altdorf gelangt ist. Während der vielfachen Flüchtungen des Ritterarchivs in den Revolutionskriegen spielte

---

5 Vgl. Inventar GLA 69 von Türckheim-4, Einleitung. Bei der Hinterlegung im Generallandesarchiv (1885, 1893—1907) wurde jedoch noch zwischen ritterschaftlichen Archivalien und Grandidier-Nachlass unterschieden, vgl. GLA 450 Nr. 2232. Allg. vgl. Ph. Dollinger, Grandidier, Philippe André, in: Neue Deutsche Biographie 6 (1964), S. 743 f.

6 Johann von Türckheim an Abt Ribbele von St. Blasien, 1791 Dezember 21, GLA 69 von Türckheim-4 Nr. 1.1

7 1792 Januar 26, ebda.

8 Vgl. GLA 69 von Türckheim-3 Nr. 213.

9 GLA 61 Nr. 8696.

dabei Altdorf bereits eine Rolle; im Sommer 1792 rettete sich der Konsulent Christian Friedrich Sahler mit einem Registratur-Rest aus Kehl in das Türckheimsche Schloss. Aber schon im Spätjahr wurden diese Schriften nach Offenburg weitertransportiert, offenbar ohne ein zurückbleibendes Depot; die *Original-Vereine* waren ohnehin bereits wieder in einer eisernen Kiste nach Diersburg unterwegs[10]. So bleibt nur Raum für eine – wenn auch gewagte – Hypothese: Die Archivalien könnten im Jahr 1806, unter dem Eindruck der Mediatisierung durch den Kurstaat Baden, mit Wissen und Willen der Ritterschaft aus Offenburg nach Altdorf weggebracht worden sein, heimlich und in einem naturgemäß schriftlosen Akt der Bewahrung und des letzten Widerstands gegen den großen Staatsräuber aus dem Norden.

Damit würde der Altdorfer Archivteil zum Indiz für das politische Selbstverständnis der Ritterschaft bei ihrer Aufllösung. Denn dieser Archivteil ist weder nur eine Sammlung älterer Schriften zur Ritterschaftsgeschichte noch etwa die letzte, kurrente Schicht der Kanzleiregistratur, er verdankt sich weder allein historischem Interesse noch dem puren Zufall des Geschäftsgangs. Die Archivalien für Altdorf sollten vielmehr die Herrschaft des Reichsstands, den Kern der ritterschaftlichen Überlieferung repräsentieren. Die Einung von 1474 bezeichnete die Rechtsgrundlage und den ehrwürdigen Anfang der Kantonsgeschichte, die auch in mehreren Denkschriften vertreten war. Das Rückgrat des Herrschaftshandelns bildete die lange Reihe der Konferenzprotokolle; für Altdorf bestimmte man dabei die Reinschriften, die Konzeptserie blieb in Offenburg zurück und fiel an Baden. Wegen eventuell noch gültiger Verträge scheint die nicht weniger umfangreiche Serie der Kontraktenprotokolle mit ihren Beilagenbänden nach Altdorf gelangt zu sein. Dem Zufall und vielleicht auch der Hektik der Auslese in kritischer Zeit mögen dabei manche unscharfen Ränder oder auch Lücken geschuldet sein – der Befund erinnert stark an St. Blasien, wo der Konvent bei der drohenden Säkularisation in Eile das engere Konventsarchiv aus dem großen Gesamtarchiv der Abtei herauslösen und in die Schweiz und von dort nach Österreich flüchten ließ[11].

Natürlich bleibt dabei manches unklar oder eben doch Hypothese. Nicht nur fehlt auf der ritterschaftlichen Seite jede schriftliche Spur, sondern leider auch auf der staatlichen; die Akten der badischen Kommissare zur Übernahme des ritterschaftlichen Archivs in Offenburg sind ebenso verschollen wie Nachweise von dessen Abgabe in das Generallandesarchiv oder sein Depot im Rastatter Schloss. Die Archive der anderen Ritterkantone gelangten in der Regel erst um 1820 nach Karlsruhe; meist – und so auch im Fall der Ortenauer Ritterschaft – führten die ritterschaftlichen Beamten ja zunächst auch die Geschäfte im Auftrag der badischen Regierung als Beamte des *interimistischen kurbadischen Ritter-Direktoriums* weiter[12]. Nach dem staatsrechtlichen Akt der Mediatisierung vom Dezember 1805 blieb der Ritterschaft immerhin Zeit bis zum Oktober 1806; dann erst war die Mediatisierung auch faktisch vollzogen. In den Monaten dazwi-

---

10 Vgl. allg. GLA 127 Nr. 7.

11 Vgl. K. Krimm, Das sanktblasianische Geistliche Hofarchiv in St. Paul, in: Schatzhaus Kärnten. Landesausstellung St. Paul 1991. 900 Jahre Benediktinerstift. 2. Bd.: Beiträge, Klagenfurt 1991, S. 641–645.

12 1806 März 3, badische Besitzergreifungskommission an den Ritterschaftspräsidenten von Knebel, GLA 48 Nr. 5818.

schen könnte der Auftrag der Ritterschaft an Johann V. von Türckheim ergangen sein, ausgewählte Archivalien zu verwahren (wenn man ausschließt, dass Türckheim hier von sich aus tätig geworden ist, was undenkbar scheint). Alle Schriftstücke in diesem Altdorfer Archivteil aus der Zeit nach 1806 sind dabei Türckheimscher Provenienz; sie ergänzen Älteres, wurden thematisch passend dazugelegt, etwa bei den Materialsammlungen zu den Mitgliederfamilien, zum türckheimischen Besitz oder auch beim Schriftgut über Auseinandersetzungen der Ritterschaft mit Baden. Alle Akten, die 1805 enden, stammen von der Ritterschaft selbst.

Die Kanzlei: ein Familienbetrieb

Der Wille, einen nicht geringen Teil des Archivs dem Zugriff des Siegers zu entziehen, setzt einigen Mut voraus. War die Ortenauer Ritterschaft dazu fähig? Konnte und wollte sie sich an diesem Punkt gegen den neuen badischen Landesherren auflehnen? Martin Furtwängler findet keinen »nennenswerten Widerstand« im Adel der Ortenau[13] und wir wollen hier auch keine Hierarchien von Widerständigkeit erfinden. Das rechtzeitige Beiseite-Schaffen von Rechtstiteln – darum ging es ja und gerade hier waren die badischen Kommissare auch stets besonders hellhörig – verlangte aber zumindest geschickte Beamte. Der Ritterschaft stand im letzten Syndikus Eberhard Ludwig August Krippendorf (1766–1840) mit Sicherheit eine solche willensstarke Persönlichkeit zur Verfügung[14]. Der schon sehr alte österreichische Landvogt in der Ortenau, von Kleinbrod, den Baden übernommen hatte und ihn dann auch im Folgejahr pensionierte[15], war ihm jedenfalls nicht gewachsen; mit Ingrimm verfolgte er, dass die ehemals reichsfreien Herren in Offenburg zwar nicht mehr im Ritterhaus tagten, aber nach wie vor gemeinsam im Gasthaus Fortuna zu Mittag aßen und sich dort vermutlich auch berieten, ohne landesherrlichen Konsens[16]. Als er seine Anwesenheit bei solchen Zusammenkünften durchsetzen wollte, berief sich die Ritterschaft darauf, dass Württemberg seine Kommissare aus den Sitzungen des Kantons Neckar-Schwarzwald zurückberufen habe – das war zwar nur ein Gerücht und es stimmte auch nicht, aber die Ortenauer Offizianten lehnten weiter die Teilnahme Kleinbrods an ihren Sitzungen ab und verweigerten gegenüber dem neuen Dienstherren auch die Unterschrift unter ihre Dienstreverse[17]. Erst im Herbst 1806 erzwang der französische Kommissar Monard in Freiburg – in Anwesenheit auch Krippendorfs – die endgültige, förmliche Souveränitätsübergabe der Ortenauer Ritterschaft.

In ihren *Offizianten*, vor allem den Konsulenten besaß die Ortenauer Ritterschaft fachkundige, erfahrene Juristen. Dabei fielen Archiv und Registratur ausdrücklich in ihre Zuständigkeit; meist verwahrten sie beides auch bei sich. Der zweite Beamte, der Syndikus, hatte den Konsulenten in diesen Aufgaben nur zu vertreten und etwa das

13 Vgl. in diesem Band S. 90.

14 Über seine strittige Ernennung zum Konsulenten vgl. StadtA Offenburg, Archiv de Neveu Nr. 628 und unten S. 145.

15 Vgl. GLA 76 Nr. 2467.

16 Vgl. Kleinbrods Bericht nach Karlsruhe, 1806 Februar 19, GLA 48 Nr. 5818.

17 Vgl. 1806 März 13, ebda.

Ausleihbuch zu führen[18]; einen eigenen *Archivarius* stellte die Ritterschaft erst 1802 ein, als Friedrich Christian Sahler mit 77 Jahren, *in Betrachtung der zunehmenden Altersblödigkeiten*, um *einen jungen Mann* bat, *welcher sich mit dem Archiv und Geschäften in Zeiten bekannt mache*[19]. Das Selbstbewusstsein der Konsulenten scheint beachtlich gewesen zu sein. Derselbe Sahler begrüßte 15 Jahre zuvor den Antrag Franz Konrads von Neveu auf Aufnahme in die Reichsritterschaft gönnerhaft, da *ich die Immatrikulation ...* [de Neveus] *schon lange gewünscht habe als zu deren Vortheil und meines Ritter-Corporis Splendor beförderlich*. Die Sprache verrät das Rollenverständnis; wie zu erwarten erklärte er dann vor allem die hohen Hürden, die bei einem solchen Antrag zu nehmen seien: 1000 Gulden Aufnahmegebühr, die Zustimmung von 14 Ritterkantonen, ein halbes Jahr Wartezeit zumindest ...[20].

Wenn sich Sahler für den wahren Herren des Ritterbezirks hielt, konnte er freilich auch auf eine wirkliche Dynastie in diesem Amt zurückblicken: Fast ein volles Jahrhundert vertraten die Sahlers die Interessen der Ortenauer Ritterschaft (*Abb. 2*). Anfang des 17. Jahrhunderts hatten die Adligen noch ad hoc Juristen ausgeliehen, aus Lahr oder aus Straßburg, seit 1623 übernahmen meist Straßburger Advokaten die Verwaltungsgeschäfte[21]. Auch Vater und Sohn Sebastian und Gustav Philipp Faber (1673–1693 bzw. 1693–1710) stammten aus Straßburg; erst Friedrich Theobald Sahler (1686–1761) aus Pforzheim stellte 1712 die so bedeutungsvolle Beziehung zur markgräflich-badischen

Friedrich Theobald Sahler — Syndicus, Konsulent 1712–1731	Lazarus Christian Sahler — Konsulent 1733–1764	Maria Magdalena Sahler oo Johann Christian Schöll
	| Christian Friedrich Sahler Konsulent 1764–1802 (?)	| Theobald Friedrich Schöll Syndicus 1764–1792 (?)
		| Wilhelm Ludwig Schöll Sekretär ? 1772–1792

Abb. 1 Genealogie der Familien Sahler und Schöll

Verwaltung her. Nach einem Zwischenspiel als öttingischer Kanzler (1731–1742) avancierte er zum baden-durlachischen Hofrat[22], erwarb sich Verdienste durch seine Kenntnis des Landes und seiner Geschichte[23] und wurde dort 1745 auch noch Lehenpropst –

18 Vgl. die Instruktionen vom Ende des 18. Jahrhunderts, GLA 127 Nr. 116.
19 1801 Dezember 15, StadtA Offenburg, Archiv de Neveu Nr. 628.
20 1786 März 25, ebda. Nr. 621.
21 Vgl. zur Kanzleigeschichte allgemein GLA 127 Nr. 116.
22 Vgl. die Dienerakte GLA 76 Nr. 6517.
23 Vgl. seine Schriften und Korrespondenzen in GLA 65 Nrr. 17, 43, 227, 770, 777, 779.

fast ein Übervater also gerade für den Adel aus der Ortenau, soweit dessen Lehen nicht aus der baden-badischen Herrschaft stammten. Sein 15 Jahre jüngerer Bruder Lazarus Christian Sahler (1701–1764) stand als Advokat im Dienst des Ritterkantons des Unterelsass; als Friedrich Theobald nach Öttingen ging, löste er ihn in der Ortenau ab (1733–1764). Er brachte damit die Kenntnis der Adelsfamilien beidseits des Rheins schon mit, in Straßburg kreuzten sich ja auch ständig die Wege der beiden Ritterschaftsdirektorien. Lazarus Christian starb 1764, nun berief die Ritterschaft seinen Sohn Christian Friedrich zum Konsulenten. In den fast 40 Jahren seines Wirkens (1764–1802) hat er wohl wesentlich auch die Strukturen des ritterschaftlichen Archivs geprägt und verändert. Mit der Professionalisierung waren die Geschäfte (und der Umfang des Schriftguts) so sehr gewachsen, dass Christian Friedrich gleich zu Beginn seiner Tätigkeit um die Einsetzung eines Syndikus bat und dafür Theobald Friedrich Schöll (1722–1798) vorschlug. Dessen Vornamen kennen wir schon: Friedrich Theobald Sahler war nicht nur sein Patenonkel, sondern auch der Bruder seiner Mutter Maria Magdalena[24]. Auch die Familie Schöll war im Elsass zuhause wie in der Durlacher Markgrafschaft. Christian Friedrich Sahler und sein Vetter – der 1764 bis 1792 als Syndikus amtierte –schafften es 1772 auch noch, dessen Sohn Wilhelm Ludwig Schöll[25] als Sekretär bei der Ritterschaft unterzubringen. Erst 1792 ging diese Ära Schöll (wenig rühmlich, wie wir sehen werden) zu Ende (*Abb. 2*).

Die Kanzleigeschäfte der Ortenauer Ritterschaft lagen demnach im 18. Jahrhundert gänzlich in der Hand einer Familie. Beamtendynastien konnten sich im Alten Reich in jeder Verwaltung bilden; dass sie auch Unternehmenscharakter besitzen konnten, gehörte zu den Selbstverständlichkeiten der Zeit. Undurchsichtig wurden die Verhältnisse dort, wo Dienst- und Privatbereich ineinander übergingen, etwa bei der Verwahrung des Archivs in der Mietwohnung des Konsulenten. 1786 zum Beispiel lebte Christian Friedrich Sahler in Straßburg zur Miete bei General Pistoris[26]; da der General in seinem Palais auch über ein archivtaugliches Gewölbe verfügte und die Suche nach einem eigenen Haus für die Ritterschaft zur endlosen Geschichte zu werden schien[27], schlug das Ritterschaftsdirektorium eine Verlängerung von Sahlers Mietvertrag um drei Jahre vor und war bereit, dafür jährlich 450 Gulden zu zahlen. Pistoris verlangte jedoch 550 Gulden, Sahler legte persönlich 100 Gulden darauf und konnte das Archiv aus der Wohnung des Syndikus Schöll zu sich holen[28] (damit war das Archiv seit 1771 zum fünften Mal innerhalb Straßburgs umgezogen[29]). Die Scheidung zwischen dienstlichem und persön-

24 Vgl. die Ortsfamilien-Datenbank Hasel des Vereins für Computergenealogie, www.online-ofb.de/famreport.php?ofb=hasel&ID=3185&nachname=SCH%D6LL&lang=de (Aufruf am 31.7.2014).

25 Vielleicht ein Enkel des zünftischen Straßburger Ratsmitglieds Ludwig Wilhelm Schöll, vgl. Der Stadt Straßburg Regiments-Verfassung In Anno 1785, Straßburg o.J., S. 11. Die enge Bindung Wilhelm Ludwig Schölls an Straßburg war für seine offenbar ruinösen Geldgeschäfte wichtig, dazu unten S. 144.

26 Wohl Moritz Hartmann von Pistoris, vgl. Gothaisches genealogisches Taschenbuch der briefadeligen Häuser 10, Gotha 1916, S. 711.

27 Vgl. dazu allgemein den Beitrag von W. Gall in diesem Band.

28 Vgl. Protokoll 1786 art. 57, GLA 61 Nr. 8694, dazu GLA 127/1e.

29 Stationen: Sahler - Ratsamhausen – Wurmser – Schöll (2 Wohnungen) – Pistoris, vgl. 1771 art. 86 und art. 355. GLA 61 Nr. 8710; 1772 art. 151, GLA 61 Nr. 8711, GLA 127 Nr. 1e. Bei Schöll

Abb. 2 Signet (mit „Schelle“) des Syndikus Theobald Friedrich Schöll (GLA 67/772)

lichem Aufwand war da nicht leicht, kam zumindest immer wieder zur Sprache. Wie durchlässig die Grenze verlaufen konnte, zeigte auch eine Versteigerung im Jahr 1771, in deren Rahmen Sahler einen Teil seiner privaten juristischen Fachbibliothek an die Ritterschaft verkaufte, also zum eigenen Gebrauch wieder erhielt[30] (*Abb. 3*).

---

hatte die Ritterschaft 60 Gulden zur Miete von 100 Gulden übernommen, vgl. 1772 art. 151, GLA 61 Nr. 8711.

30 Vgl. A. SCHLECHTER/G. STAMM, Die deutschen Handschriften der Badischen Landesbibliothek in Karlsruhe, XIII, Die kleinen Provenienzen, Wiesbaden 2000, S. 147ff. Für die Bibliothek hatte die Ritterschaft seit 1739 einen eigenen Etat angesetzt. Bei der Säkularisation umfasste sie mehrere hundert Bände. Der heutige Bestand in der Badischen Landesbibliothek zeigt vereinzelt das Exlibris von Sahler (Weide = Salix). In den Bänden der Handschriftenabteilung der Landesbibliothek (a. a. O. S. 424ff) finden sich auch – zufällig gebundene – Archivalien wie eine Matrikel von 1664 (Hss. Ortenau 7, vgl. GLA 127 Nr. 274–276), ein Straßburger Lehenverzeichnis (Ortenau 8), Archivinventare (Ortenau 9) und Register zu Rezessen der 5 Orte der Schwäbischen Reichsritterschaft (Ortenau 10–12), die die Bände GLA 127 Nr. 40 und 55 erschließen. Die anderen Bände (Ortenau 1–6) haben eher Handschriftencharakter (Exzerpte, Wappensammlungen) und stammen meist aus *Consulent Sahlers Schriften*, dem Handapparat Christian Friedrich Sahlers, den die Ritterschaft 1802 gekauft hatte. Das Gros dieser Materialien zur Adelsgeschichte gelangte mit den Handakten des letzten Präsidenten Philipp Jakob Reinhard von Berstett über das Familienarchiv von Berstett 1965 ins General-

Abb. 3 Exlibris der Ortenauer Ritterschaftsbibliothek und Christian Friedrich Sahlers (Weide = salix) (Badische Landesbibliothek, Hs. Ortenau 2)

Geschäftstüchtig war Christian Friedrich Sahler zweifellos, aber auch klug, gebildet und stilistisch ein Meister. Seine Berichte und Memoranden lesen sich als Kabinettsstücke eines aufgeklärten, geistreichen Beamten. Wenn er sich über den französischen Revolutionsmarschall lustig machte, der im Januar 1792 auf der Kehler Rheinbrücke im Pomp seiner Uniform lauthals *la pauvre peuple* jenseits des Rheins bedauerte und zugleich drohte, das *Kind im Mutterleibe* nicht zu verschonen und mit 100.000 Mann über die Brücke zu marschieren, wenn auch nur ein Schuss aus Deutschland fiele[31], dann traf er genau den Ton, der für seine Herrschaft bis zum Beginn des wirklichen Kriegs selbstverständlich war. Dieser Krieg ließ freilich nicht lange auf sich warten und mit Invasionsgefahr und hektischen Fluchtplänen änderte sich auch die Rhetorik, konnte zum subalternen Klagelied werden. Auf die Aufforderung des Direktoriums, aus Kehl mit der Registratur zu fliehen und seinen Hausrat notfalls zurückzulassen, antwortete er: *Nachdem ich all mein übriges Vermögen dem Adel und meinem Bruder*[32] *aufgeopfert habe, denken Euer Gnaden nicht, die* [Einrichtung] *soll ich also der Plünderung und Brand preißgeben (wann je dergleichen zu beförchten* wäre) wer ersetzt mir meine *Armuth wieder? Die Erfahrung lehrt, daß der Ortenauische Ritterbezirk nur diejenigen, welche nicht arbeiten, mit seinen Freigebigkeiten überschüttet, den fast allein arbeitenden läßt man am Kummertuch nagen, weilen ihm die Unverschämtheit nicht angeboren ist, immer zu begehren*[33]. Der Skandal um Sahlers Neffen Wilhelm Ludwig Schöll ein Jahr später dürfte das Verhältnis zu den Dienstherren noch mehr beschwert haben. Der jüngere Schöll schuldete der Ritterschaft aus der Verwaltung von Kapitalien mehrere tausend Gulden. Da er rechts des Rheins kein Vermögen besaß, war hier etwa durch Sequester nichts zu holen; den Ritterräten in Offenburg blieb nichts als die Bitte an den österreichischen Feldmarschall Dagobert Siegmund Wurmser, bei der künftigen Eroberung Straßburgs das Vermögen von Schöll zu beschlagnahmen und dabei auch die *unserem Ritter-Corpori eigenthumliche zuständige Bibliothek, nebst vielen Ortenauisch-Ritterschaftlichen Schriften* in der Straßburger Wohnung von Schölls Vater Theobald Friedrich sicherzustellen[34].

Wieder begegnen wir episodisch einem Archiv- bzw. Registraturteil auf seinem Sonderweg. Der Verkehr über den Rhein, der so sehr zum Alltag der Ritterschaft und ihrer Beamten gehört hatte, war plötzlich abgeschnitten, der Fluss trennte zwei Welten. Kontakte von Kehl nach Straßburg erforderten entweder gefährliche nächtliche Bootsfahrten oder umständlichste Postwege, eine weitere eiserne Kiste mit Kassenobligationen musste aus Straßburg über Basel nach Kehl geschafft werden[35] – die Klagen der Beamten brachen nicht mehr ab. Der gekappte Informationsaustausch ließ dabei auch einen Konflikt in der Ritterschaft deutlicher hervortreten, der seit langem schwelte: Die Mitglieder, die in Straßburg wohnten, waren jetzt isoliert, sie konnten nicht mehr zu den Gre-

---

landesarchiv (heute Anhang von GLA 127, Nrr. 649–680, vgl. die dortige Einleitung im Findbuch).

31 1792 Januar 29/Februar 2, GLA 127 Nr. 7.

32 Noch nicht namentlich nachgewiesen. Ein Bruder Sahlers hielt sich 1791 in Straßburg auf, vgl. 1791 Dezember 17, GLA 127 Nr. 7.

33 1792 Juli 13/14, GLA 127 Nr. 7.

34 1793 Dezember 13, ebda.

35 Protokoll 1792, April, GLA 61 Nr. 8696.

miensitzungen kommen und fürchteten die dauerhafte Trennung. In der Streitfrage, wo das ritterschaftliche Archiv verwahrt werden sollte, hatte sich dieser Konflikt schon lange angekündigt.

Bevor wir darauf näher eingehen, soll aber noch einmal Konsulent Sahler mit seiner persönlichen Meinung zu Wort kommen – auf einem Themenfeld, das weiteren Konfliktstoff barg: der Konfession. In der Regel hatten die Ritterschaftbeamten Straßburg als Wohnort vorgezogen, aus naheliegenden Gründen. Die Revolution erzwang den endgültigen Umzug nach Kehl, aber das lag immer noch im Vorfeld der Metropole und zugleich auf badischem, also protestantischem Terrain. Als es auch hier für Archiv und Kanzlei zu gefährlich wurde und unter den vielen Niederlassungsprojekten die Entscheidung für Offenburg immer näher rückte, wehrte sich Christian Friedrich Sahler noch einmal fast verzweifelt gegen diese Option: Er sei krank. Natürlich könne er auch in Offenburg krank sein – aber sterben wolle er dort nicht! Den Offenburger Magistrat ginge sein Nachlass nichts an (beim Aufenthalt von Fremden in einer Reichsstadt löste die Frage der Zuständigkeit für *Obsignationen* fast immer Streit aus) und vor allem, *weilen ich nicht als ein Kezer auf die Schluth*[36], *oder wenn auch neben den Kirchof, mit einem Leichenzug wie der während meines dasigen Aufenthalts verstorbene Lutherische Gerhardi möchte begraben werden, dessen Sarg von hundert alt und jung verfolgt ware, welche ruften, sehet wie der Teufel darauf sizt, um die kezerische Seel zu holen. Damals war es doch die tolerantste Zeit von Offenburg, dan Feldzeugmeister Ried lebte noch. Was hat ein Protestant jetzt zu erwarten, da der Römisch Catholische Pöbel von alle der Scheinheiligkeit und dem bittern Verfolgungsgeist der dahin geflüchteten Elsäßischen Clerisey, welche freilig für gut Römisch, aber nicht weniger als für christlich tugendhaft bekannt gewesen ist, noch angeflammt wird. Ich für mein Individuum hoffete noch wohl mit den Ofenburgern auszukomen, dann ich schmeichle mir, viele Gönner unter Vornehmen und Geringen zu haben; es könnte mir auch gleichgültig sein, was man nach meinem Tod mit meinem Körper anfangen werde, aber der Ritterschaft würde es wenig Ehre machen; und ich bin überzeugt, daß auch manche der aller vornehmsten catholischen Herren Ritterglieder sich darüber nicht wenig ärgern würden*[37]. Gerade um die Person des Konsulenten brach dann zwischen den katholischen und evangelischen Ritterschaftsmitgliedern erbitterter Streit aus, als es 1802 um die Nachfolge Sahlers ging. Da das Amt in der Konfession alternierend besetzt werden sollte, wäre wieder ein Katholik an der Reihe gewesen. Das verhinderte Präsident Berstett mit Hilfe der Geschäftsordnung: Ohne Vollversammlung konnte nur vorläufig gewählt werden und vorläufig konnte man ja auch den evangelischen Krippendorf einsetzen, ohne die Regeln zu verletzen – so argumentierte jedenfalls Berstett, während der katholische, an sich stimmenstärkere Teil unter der Führung Neveus dies als Rechtsbruch ansah, den Streit publik machen und sich auch nicht damit abfinden wollte, dass der katholische Sekretär Franz Josef Stoll nun pro forma den Titel Konsulent erhalten, Krippendorf als Syndikus aber das Sagen haben sollte[38]. Der konfessionelle Zunder in der paritätischen Korporation

---

36 Abfallgrube für Viehkadaver, vgl. GRIMM, Deutsches Wörterbuch Bd. 15, Sp. 875.

37 1792 Juli 13/14, GLA 127 Nr. 7. Zum schwierigen Verhältnis zwischen katholischer Reichsstadt und gemischtkonfessioneller Ritterschaft vgl. den Beitrag von W. GALL in diesem Band.

38 Vgl. allg. StadtA Offenburg, Archiv de Neveu 628 und 629.

konnte immer noch entflammen, auch wenn sich die Welt außenherum bis zur Unkenntlichkeit verändert hatte.

Wanderungen und Fluchten eines juristischen Schatzes

Dabei hatte die Revolution in Frankreich im Grunde nur verschärft, was schon seit 100 Jahren, seit dem Übergang Straßburgs an Frankreich im Jahr 1681 als ungelöstes Problem immer wieder beraten worden war: Konnte das Archiv eines Reichsstandes überhaupt außerhalb des Reiches verwahrt werden? Pragmatismus und langjährige Gewohnheit hatten die Entscheidung darüber stets hinausgeschoben – oder, um es mit einem allgemeinen Befund des Konsulenten zu formulieren: *Es sind aber alle solche Resoluta ohne Execution geblieben*[39]. Nach dem Frieden von Rijswijk von 1698 war dabei zumindest die Rechtslage eindeutig. Präsident von Blittersdorf berichtete 1700 an das Direktorium des Kantons Neckar-Schwarzwald, dass das Archiv nach Offenburg geschafft werden solle, *weilen Straßburg nun mehr eine königliche frantzösische Statt, folglich nicht rathsam, daß das Ortenawische Ritter-Archiv (als woran dem freyen Ritterschaft Corpori so viel gelegen ist) darinen zue lassen, weilen die Conjuncturen sich gahr leicht wiederumb enderen und dasselbe in Gefahr geraten könnte*[40]. Jeder der oberrheinischen Kriege des 18. Jahrhunderts barg wieder die Möglichkeit in sich, dass durch Frankreich *die ritterschaftlichen Sigilla et Acta in Straßburg sequestriret werden*[41]. Das geschah nie, ebensowenig wie die Zusammenkünfte der Ortenauer Ritterschaft in Straßburg trotz aller Gegenbeschlüsse ganz aufhörten, aber das politische Ärgernis zog doch immer weitere Kreise. Mit fast biblischer Assonanz beklagte ein Memorandum des Jahres 1784: *Die Cassa und das Archiv haben bisher keine bleibende Stätte und letzteres ist in keinem Gewölb, folglich der Feuers-Gefahr ausgesetzt. Beide sind nicht auf Reichs Grund und Boden, welches schon verschiedene male nicht nur von teutschen Herren Ritter-Gliedern, sondern auch von Wien und Kaiserlichem Ministerio ausgeahndet worden ist*[42]. Noch weiter als solche Kritik aus der Ferne ging der Generalkonvent der Schwäbischen und Fränkischen Reichsritterschaft, der 1790 von Heilbronn aus drohte, *ferner hierher nicht mehr zu communiciren* ...[da es] *unschicklich sey, weilen Teutsche Sachen nach Teutschland gehören*[43], und die Kantone Donau und Neckar-Schwarzwald teilten den Ortenauer Räten in Straßburg 1792 schließlich nüchtern mit, dass sie wegen der französischen Postkontrolle nicht mehr schreiben würden[44].

Da half es nichts, wenn der Syndikus Schöll aus Straßburg berichtete, dass *die Sachen ... bey weitem nicht so förchterlich* seien, wie man auf der andern Rheinseite glaube, und wenn die Straßburger Ritterräte gegen ihren Ausschluss protestierten[45]. Sie hatten

[39] 1749, GLA 127 Nr. 1e.
[40] o. D. (1700 Juni 5), GLA 127 Nr. 1b.
[41] Knebel und Stein an Wurmser, 1734 April 26, GLA 127 Nr. 1a.
[42] o. D., GLA 127 Nr. 337 fol. 3r.
[43] 1790 September 11, GLA 127 Nr. 1 g.
[44] 1792 August 11 und September 7 (?), GLA 127 Nr. 7. Vgl. auch allgemein W. GALL in diesem Band, S.##
[45] 1791 Dezember 17 und 1792 September 7, GLA 127 Nr. 7.

auch zuvor stets abgewiegelt; für sie war Sicherheit nirgends besser gewährleistet als hier, schon gar nicht in Offenburg, das noch lange unter der Demolition und dem Brand von 1689 zu leiden hatte. Die Erfahrung immer wieder zerstörter Städte rechts des Rheins lehrte sie, dass das Ritterschaftsarchiv selbst unter französischem Sequester immer noch besser geschützt sei, als wenn es an irgendeinem deutschen Fluchtort *einen gäntzlichen Verlust*[46] erführe. In Straßburg hatte sich der ortenauische Adel ja auch selbst gelegentlich *salviret und in guter Sicherheit befunden*[47], wenn es rechts des Rheins zu gefährlich wurde, und als Christian Friedrich Sahler 1771 vorübergehend in Offenburg Wohnung nahm, ließ er das Archiv lieber bei Syndikus Schöll in Straßburg – aus Sicherheitsgründen[48].

Hinter dem dauernden Wohnungswechsel der Offizianten zwischen Straßburg, Offenburg und Kehl und den noch häufigeren Archivtransporten hinüber und herüber steckte also weit mehr als nur der Zufall persönlicher Konstellationen und Vorlieben. Der Sitz der Ritterschaft – der Ort, an dem *datiert* wurde – hatte den Herrschaftsstand als Reichsstand zu repräsentieren; daher die andauernde Suche nach einem Ritterhaus, nach einem festen Platz für das Archiv. Aber diese Suche bedeutete eine Gratwanderung zwischen Sicherheit (die sehr unterschiedlich gedeutet wurde) und Komfort (damit schieden fast alle eigenen Adelssitze auf dem Land aus), zwischen Solidarität mit dem Adel im Elsass (zu den Plenar-Konventen in Kehl kamen zeitweise zwei Drittel der Mitglieder von der anderen Rheinseite![49]) und *Patriotismus*. Auch dieser Begriff ist den Quellen nicht fremd. Im ersten Schrecken über die Revolution appellierte das Direktorium an Friedrich Wurmser, Kanzlei und Archiv bei sich unterzubringen, *in der billigen Unterstellung, daß der freyherrlichen Familie von Wurmser als patriotischen Mitgliedern unseres Ritterbezirkes eine Interims-Niederlassung in Meissenheim nicht zuwider seye*[50] – dieser *Unterstellung* musste Wurmser natürlich beipflichten, *nach denen patriotischen Gesinnungen, die ich stets zu aeussern mich beeifert habe*[51], obwohl er gerade eben erst die Vermietung des geräumigen Schultheißenhauses in Meißenheim an den Ritterschaftskonsulenten abgelehnt hatte. Wurmser versuchte zugleich, den lästigen Antrag weiterzuschieben, und schlug das Haus vor, das sein Schwiegersohn Friedrich Heinrich von Dungern in Lahr zur Verfügung stellen konnte. Das Projekt scheiterte nicht nur an der Feuchtigkeit des Hauses, sondern auch am Besitzer und an den Stadtherren, den Fürsten von Nassau-Usingen, die keine fremden Reichsstände bei sich sehen wollten – und Angst vor ihren Untertanen hatten. Zwei Jahre später, als die Ritterschaft noch einmal in Lahr nachfragte, befürchtete Dungern, dass durch diese Aufnahme *die nach unerlaubter Freiheit ringende ungehorsame und rebellische Bürgerschaft noch mehr Stoff zu ihren Freiheits- und Exemtions Ideen erhalten werden*; erst wenn bei den laufenden Untertanen-Prozessen in Wetzlar *die unruhigen Köpfe nicht mehr so viel Einzug*

---

46 Knebel und Stein an Wurmser, 1734 Juni 30, GLA 127 Nr. 1a.

47 Memorandum des Syndikus Johann Sebastian Faber, 1700 April 12, GLA 127 Nr. 1b.

48 Vgl. Protokoll 1771 art. 355, GLA 61 Nr. 8710, dazu Protokoll 1772 art. 151, GLA 61 Nr. 8711 und GLA 127 Nr. 1e.

49 Vgl. ein Memorandum von 1784, GLA 127 Nr. 337, fol. 24v.

50 1790 September 11, GLA 127 Nr. 1 g.

51 1790 September 19, ebda., hier auch zum Folgenden.

bei dem Kammergericht finden, ließe sich vielleicht noch einmal über eine ritterschaftliche Unterkunft in Lahr sprechen[52].

Die Episode verweist auf eine weitere Problematik bei der Standortsuche: Immer hatte die Ritterschaft Gastrecht auf fremdem Territorium zu erbitten. Wolfgang Gall hat dies für Kehl und Offenburg beschrieben und dabei vor allem die Bedingungen für ein Ritterhaus als Tagungsort der Ritterschaft, als Sitz der Kanzlei und als sicheren Platz für das Archiv untersucht. Gehen wir noch einen Schritt zurück und halten fest, dass das Archiv in diesem langen Entscheidungsprozess keineswegs Anhängsel der Kanzlei war, nicht nur am Rand der ritterschaftlichen Wahrnehmung seinen Platz hatte, sondern als juristischer Tresor und als der greifbare – und eben auch angreifbare – Körper des freien Reichsstandes seine besondere Aufmerksamkeit fand. Das gilt für die Eigen- und für die Fremdwahrnehmung; gehen wir einigen Spuren dafür nach.

Natürlich wollte der Ritterbezirk sein Archiv geordnet wissen; von der Ordnung bzw. den Ordnungen wird noch zu reden sein. Er wollte es aber auch für die öffentliche Wahrnehmung instrumentieren. Nach einem Konferenzbeschluss von 1765 sollte *eine Collection derer Haupt-Tituln und Privilegiorum des Ortenauischen Ritter Corporis in den Druck gegeben werden* und immerhin ein Jahr lang verfolgte man das Projekt noch weiter[53]. Der Aufwand für die Sicherheit und Vollständigkeit des Archivs war groß. Ständig wurde abgeschrieben, bis hin zur Forderung, *die samtliche Originalia zu copiren, die Copiae zu täglichem Gebrauch …, die Originalien aber an einem sichern Ort in guter Verwahr zu legen*[54] (wir kennen nun schon das Schicksal solcher auswärtiger Verwahrungen). In einen *Transport derer Originalien*, etwa zu Prozessen, wollte man *nicht willigen*[55]. Wenn doch Originale herausgegeben werden mussten, kamen Leihscheine an ihre Stelle[56]. Da das Archiv meist in gemieteten Räumen lag, war bei fast jedem der vielen Umzüge mit den Hauseigentümern über Umbauten und Sicherungsmaßnahmen für das Archiv zu verhandeln, wenn keine Gewölbe vorhanden waren; das konnte in Straßburg der Umbau einer Küche sein[57], in Kehl der Einbau von Fenstergittern und Eisenblechen und die Verstärkung des Gartenzauns[58] – unter der Bedingung des Rückbaus bei Auszug, versteht sich[59]. Dass man es dabei mit Partnern zu tun hatte, die ihre Chance eines Geschäfts mit Standspersonen nutzen wollten, musste man in Kauf nehmen. Kurios wurde die Sache, wenn der Konsulent Christian Friedrich Sahler in Kehl ein Haus baute, es der Witwe Oberlin verkaufte, diese es an die Ritterschaft (mit der Wohnung für Sahler) vermietete und zunächst 200 Gulden, beim nächsten Gespräch aber 400 Gulden

52 1794 Juni 15, GLA 127 Nr. 3. Vgl. allgemein auch W. Gall, in diesem Band S. 76ff. Zu den Prozessen J. Maurer, Der »Lahrer Prozeß« 1773–1806. Ein Untertanenprozeß vor dem Reichskammergericht (Quellen und Forschungen zur höchsten Gerichtsbarkeit im Alten Reich 30), Köln, Weimar, Wien 1996.

53 Protokoll 1765 art. 129, GLA 61 Nr. 8690, vgl. ebda. art. 89 und Protokoll 1766 art. 210, GLA 61 Nr. 8707).

54 1736 März 19, GLA 127 Nr. 1a.

55 1734 April 14, ebda.

56 Ein Exemplar vom 10. April 1798 erhalten in GLA 127 Nr. 1d.

57 In der Wohnung des Syndikus Schöll, vgl. 1779 Dezember., GLA 127 Nr. 1e.

58 Vgl. 1790 September, GLA 127 Nr. 1 g.

59 Vgl. 1793 Juli 31, GLA 61 Nr. 8697.

Jahresmiete verlangte. Das Geschäft muss so einträglich gewesen sein, dass die Witwe Oberlin 1793 den Abzug der teuren Mieter nach Offenburg fast nicht ertragen wollte. Sie dachte über eine noch einmal verdoppelte Miete nach Kriegsende nach – denn in Offenburg sollte die Ritterschaft ja zunächst nur für die Kriegszeit geduldet sein – und wollte vor allem das Hausschild der Ritterschaft behalten, *da es ihr Tod wäre, wenn sie die Tafel hergeben müßte … in ihrem Leben nicht* wollte sie die Tafel abmachen. Es bedurfte des Einschreitens der badischen Obrigkeit, um dieses Kehler Haus-Kapitel zu beenden[60].

Das ritterschaftliche Archiv hatte also seinen Wert und dieser Wert seinen Preis. Für wertvoll hielten es aber nicht nur die Eigentümer, sondern auch ihre Zeitgenossen – und das konnte zu Schwierigkeiten führen. Eine der ritterschaftlichen Fluchtstationen in den Schwarzwald war 1792 das württembergische Hornberg. Der Oberamtsverweser wäre die lästigen Gäste gerne wieder los gewesen und empfahl den Weitertransport des Archivs *in gefälliger Bälde*; ihn plagte der *besorgliche(n) Gedanke, der einem und dem andern der hiesigen Einwohnern kommen will, daß eine Parthie liederlichen Gesindels durch die hiehero geflüchteten Acten angereizt werden möchte, sich zu bereichern, den hiesigen, wenig bevölkerten – folglich zur Gegenwehr ganz und gar nicht gefasten Ort heimzusuchen*[61]. Archivalien als lohnende Räuberbeute? Das klingt etwas gesucht und wird allenfalls plausibler, wenn man sich den Karren-Transport vorstellt, dessen so attraktive Ladung, 28 Kisten, mit ritterschaftlichen Siegeln versehen war[62]. Hinter den Ängsten verbarg sich aber in Wirklichkeit wohl die weit größere Sorge, sich gegenüber Frankreich durch solche Hilfeleistungen unnötig zu exponieren. Das hatte schon die Verhandlungen der Ritterschaft mit Offenburg schwierig gemacht. Zu dem über den Rhein geflüchteten französischen Adel hatte man nach Möglichkeit selbst Distanz gehalten – die Ritterschaft erlaubte französischen Emigranten nur für eine Nacht den Aufenthalt in einem ihrer Dörfer, um Frankreich nicht zu reizen, und Konsulent Sahler empfahl für Bischof Rohan und das Corps Mirabeau zum Schutz der Ortenau dringend eine *Luftveränderung nach Rom*[63] –, aber von außen gesehen war Adel gleich Adel, *sodaß bey gegenwärtig bedrückten Umständen, wo bekanntermaßen Churfürsten, Fürsten und besonders Reichsstädte sich aller aristokratischen Veranlassungen ablehnen*, kaum auf eine mutige Geste aus Offenburg zu hoffen gewesen war[64]. Konsulent Sahler hatte dann zunächst auch nur als Privatmann in die Stadt kommen können und es hatte einer sehr demütigen Tonlage des adligen Direktoriums bedurft, um die ängstlichen Stadtoberen umzustimmen[65]. Auch in Hornberg gab Herzog Carl Eugen von Württemberg schließlich die Erlaubnis zum Bleiben. Aber das galt nur der Notunterkunft für die

---

60 Ebda.

61 1792 Mai 10, GLA 127 Nr. 3.

62 Bericht des Syndikus Schöll an Konsulent Sahler in Ulm, 1792 April 25, ebda. 1795 rechnete man mit dem Bedarf von zwei *Bauernwagen* für die Flüchtung des Archivs, vgl. 1795 September 7, GLA 61 Nr. 8698.

63 An den badischen Präsidenten Christian Heinrich von Gayling von Altheim, 1791 August 10, GLA 127 Nr. 7; das Dekret zur Aufenthaltsbeschränkung 1792 Januar 11, GLA 127 Nr. 7.

64 Aktenvermerk Wilhelm Josefs von Plittersdorf, 1792 November, ebda.

65 Vgl. 1792 Oktober 23 und 29, ebda. Dass der Stadtrat dem herzoglich-meiningischen Regierungsrat (!) Sahler erlaubte, in Offenburg Wohnung zu beziehen, gehörte wohl ebenso zu den

Archivkisten; als Konsulent Sahler dann auch noch das ganze Haus des Oberamtsmanns beziehen wollte, mit seinen Möbeln, die *gewiss keinen Schaden zufügen*[66], und das Ritterdirektorium seinerseits Hornberg als Fluchtort für seine Mitglieder vorschlug – nur Konvente werde man dort bestimmt keine abhalten –, lehnte der Herzog ab. Es wäre geradezu eine Aufforderung an die französischen Truppen gewesen, Hornberg zu besetzen.

Die Angst vor den Franzosen war groß, die Angst vor den eigenen Untertanen war aber kaum geringer – und auch dabei ging es um das Archiv, dessen Wert und dessen Schutz. Solange die umliegenden Territorien noch wirksame Militärhilfe zu versprechen schienen, legte Konsulent Sahler Wert darauf, dass diese Präsenz auch gegenüber den Bauern gezeigt würde, denn *das Mißvergnügen der Bauern mit den fürstlichen Beamten ist bekannt, sie gehen täglich ihres Handels wegen mit Straßburgern um und schwätzen schon sehr frey; wann sie einmal den Kopf aufsetzen, so sind sie umso gefährlicher, als sie reich oder durchgängig wohlhabend sind; die wenigen* [badischen] *Husaren …werden nicht viel würcken, wenns einmal angehen sollte*[67]. Ein Jahr später, im Sommer 1792, glaubte Sahler zwar immer noch nicht recht an einen Franzoseneinfall, wusste aber, dass dann die benachbarten *badischen und ritterschaftlichen Dörfer am ersten mitgenommen werden*, und dass *wenn der Aufruhr Geist bei den Teutschen ausbrechen sollte, so wären die Schriften denen Bauern gewiß*[68]. Also musste man die *Schriften* retten, die Registratur und das Archiv, die Grundlage von Herrschaft und Rechtsanspruch. Es gab traditionelle Fluchtorte im *Wald* wie die Klöster in Allerheiligen oder Oberkirch. Logistisch geeigneter schienen Orte im Kinzigtal, wo der Weitertransport über den Schwarzwaldkamm am leichtesten war: Gengenbach war wie Offenburg befestigt, von Hornberg war schon die Rede, aber der württembergische Minister Eberhard von Kniestedt empfahl eher Tübingen[69], den Sitz des Kantons Neckar-Schwarzwald. Hilfsangebote kamen auch aus dem Hegau. Schloss Langenstein, das Graf Welsberg zur Verfügung stellen wollte, konnte der Ritterschaftssekretär Stoll allerdings auf keiner Landkarte finden[70]. Radolfzell als Sitz des Kantons Hegau war mehrfach im Gespräch, auch wieder 1795, als die Franzosen Mannheim eroberten; vom Bodensee stand immerhin der Weg in die Schweiz offen, etwa in das Stift Schänis[71]. Die Flucht des Jahres 1792 scheint schließlich trotz aller umständlicher Planungen in Panik vor sich gegangen zu sein. Herzog Carl Eugen von Württemberg gab im Juni die Erlaubnis, das Ritterschaftsarchiv in Hornberg einzulagern, aber die Archivkisten waren schon Ende April im Haus des Hornberger Oberamtmanns abgestellt worden[72].

ängstlichen Schutzmaßnahmen der Stadt gegenüber Frankreich, vgl. 1792 Oktober 25, GLA 127 Nr. 113.

66 1792 Oktober 19, GLA 127 Nr. 3, hier auch zum Folgenden.

67 1791 August 10, an Präsident Gayling, GLA 127 Nr. 7.

68 Memorandum zu Fluchtmöglichkeiten, 1792 August 28, ebda.

69 1792 April 29, GLA 127 Nr. 3.

70 Vgl. 1792 Juni 7, ebda.

71 Vgl. 1795 Oktober 8, ebda., dazu 1794 Januar, GLA 61 Nr. 8697 und 1795 September 7, GLA 61 Nr. 8698.

72 Vgl. 1792 April 25 und Juni 8, GLA 127 Nr. 3.

Die 28 Kisten in Hornberg enthielten nicht das ganze Archiv, wieder war es auf verschiedene Orte verteilt worden. Ferdinand August Roeder von Diersburg quittierte im März 1792 den Empfang einer eisernen Kiste und der hölzernen Kisten Nr. 34, 35 und 37[73], ein anderer Teil war, wie schon erwähnt, zu den Türckheim nach Altdorf gelangt. Das mochte aus Sicherheitsgründen sinnvoll sein – für die Rückführung in Friedenszeiten bedeuteten solche Deposita, wie wir gesehen haben, stets ein Risiko. Gerade weil die *Originalien* für die Ritterschaft als Ganzes und für jedes ihrer Mitglieder von erheblichem Wert waren, entstanden immer wieder Eigentumsvorstellungen, die zwar befremden, die aber offenbar zum Alltag der Ritterschaft gehörten. Noch harmlos scheint der Fall Wolf Christophs von Ratsamhausen, der 1746 aus dem Nachlass seines Vaters Jakob Samson Archivalien an die Ritterkanzlei ablieferte; unstrittig handelte es sich um ritterschaftliche Amtsbücher aus der Zeit seit 1652. Ratsamhausen gab die Bände jedoch nur heraus, damit die Kanzlei davon Abschriften nehmen konnte. Die Originale mussten ihm zurückgegeben werden – und das Direktorium stimmte dem zu (vielleicht, weil Wolf Christoph es präsidierte?)[74]. Franz Jakob Wurmser von Vendenheim stellte sich von vorneherein taub, als die rechtsrheinischen Kollegen des Direktoriums während des Polnischen Thronfolgekriegs aus Furcht vor einem französischen Sequester *extraditionem plenariam* ritterschaftlicher Archivalien verlangten[75]. Als die Schreiben immer dringlicher wurden, wunderte er sich nur, dass man *desgoutiret* [sei], *weilen man* [d.h. er] *die ritterschaftlichen Schrifften nicht extradire. Es werde sich verhoffenlich bald zeigen, was aus dieser Confusion entstehen werde* [76]. Es geschah freilich nichts weiter, als dass die Zeit verstrich, Lazarus Christian Sahler 11 Jahre später im Wurmserschen Haushalt wieder einmal eine Kiste ohne Schlüssel fand und sie in seine Obhut nahm[77]. Dramatischer verlief ein ähnlicher Streit des Direktoriums mit Philibert von Stein, diesmal während des Spanischen Erbfolgekriegs (stets waren es ja die oberrheinischen Kriege, in denen die exponierten Mitglieder der Ortenauer Ritterschaft im französischen Straßburg in Konflikte gerieten). Stein schob die Auseinandersetzung nicht wie Wurmser vor sich her, sondern ließ durch den Syndikus Faber heftig replizieren: *Es haben ... der Ortenawischen Ritterschafft Ausschüsse dem Herrn Baron von Stein das Ritterschaffts Archiv, so in dessen Behausung in Straßburg in Verwahrung stehet, umb solches ihrem Vorgeben nach nach Offenburg zu transferiren, durch ein fast hartes Schreiben abgefordert ...* Das wolle ihm *etwas frembd vorkommen, daß, nachdem Ihro Gnaden das Archiv gleich dem Herren Vatteren hochseeligen Gedenkens ist ahnvertraut worden*

---

73 Vgl. 1792 März 9, ebda.

74 Vgl. 1746 Mai 5 und Juni 5, GLA 127 Nr. 1a. Es dürfte sich um Archivalien gehandelt haben, die 1728 an den Direktorialrat von Ratsamhausen zur Aufbewahrung gegeben wurden, während ein anderer Teil in die städtische Kanzlei nach Offenburg kam. Das Direktorium verlangte zwar schon 1730 wegen der *anhaltenden Leibsblödigkeit und weil sonsten bei seinem nach Gottes willen erfolgenden Ableben verschiedene Bedenklichkeiten sich äußern könnten* die Herausgabe dieser Archivalien bei Ratsamhausen und ihre Vereinigung mit dem Bestand in Offenburg, was der Syndikus auch 1731, im Todesjahr Jakob Samsons, als vollzogen meldete – aber offenbar war eben doch ein übersehener Rest in Straßburg geblieben, vgl. GLA 127 Nr. 1a, dazu Nr. 8.

75 1734 April 26, ebda.

76 1735 Januar 23, ebda.

77 Vgl. 1746 September 5, ebda.

und sie nun dasselbe so lange Zeit wohl verwahrt, hin- und wieder, was darzuo dienlich, colligirt und in guthe Ordnung gebracht, auch daraus allen Rittergliedern sowohl als dem gantzen Corpori, wo nöthig, guthe Nachricht erstattet und solches, so lang Ihro Gott das Leben fristet, ferner zu thun nicht ermanglen werden, mann jetzo einstmahls ohne erhebliche Uhrsach gedachtes Archiv von derselben abfordert. Die politische Großwetterlage spiele in diesem Fall keine Rolle, denn *ob nun wohl die Statt Straßburg durch den Risswickischen Frieden völlig ahn die Cron Franckreich kommen, so ist jedoch seither ihme Herrn von Stein weegen gedachten in der Behausung stehenden Archivs die geringste Nachfrag oder Eintrag nicht geschehen und allermaßen dann auch vorhin und in den jüngsten Kriegsläufften berührtes Archiv in Straßburg wohl verwarth gelieben* – hier schob er seine schon zitierten Zweifel an der Sicherheit des Archivs in Offenburg ein und erinnerte spitz an den Rückzug der rechtsrheinischen Herren hinter die Straßburger Mauern[78]. Als das Direktorium seine *Argumenta* für *allzu schwach* hielt, *indeme die ahnvertrawung sothanen Archivi kein haereditarium und ahnbey nicht dasjenige, so annoch nicht beschehen, sondern was besorglich geschehen und erfolgen könnte, in consideration zu ziehen ist*[79], änderte er die Taktik, pochte auf Schulden des Ritterbezirks in Höhe von 160 Gulden und forderte – kurz vor seinem Tod –, er werde *nichts aus handen gebe*[n], *in solang er nicht umb den ausstand befridigt seye. Er wüßte von keiner liquidation der Rechnungen nichts*[80]. Damit ging er freilich zu weit. Sein Tod im Dezember 1701 schob den offenen Konflikt noch etwas auf und das Direktorium hoffte, beim Kondolenzbesuch in Straßburg auch gleich das Archiv und vor allem die beiden Siegelstempel mitnehmen zu können. Als der Erbe Karl von Stein aber nichts davon herausgab, glaubte das Direktorium, eine solche *schimpfliche Pfändung unseres Ermessens schwehrlich also zu erdulden* müssen, und drohte mit der Arretierung aller Steinschen Gefälle auf den rechtsrheinischen Allodial- und Feudalgütern[81]. Damit war über zwei Jahre um das Archiv gestritten worden; auch der Kanton Neckar-Schwarzwald hatte sich eingeschaltet und Philibert von Stein gemahnt, dass er *nach dero jedesmahlen pro bono publico equestri contestirten patriotischen affection von solcher einhelligen meinung sich nit zu separiren, sondern au contraire von selbst genaigt sein werde, das in Verwahrung habende Ortenawische Archiv nacher Offenburg ohnweigerlich nunmehr abfolgen zu lassen*[82]. Aber das Archiv eignete sich eben zum Pfand, es war juristisch wertvoll und die ortenauischen Ritterräte hatten ihre Ängste um das Archiv nur rhetorisch maskiert, als sie sich in einem weiteren solchen Fall darüber mokierten, dass man *umb etlich hültzerne Schubladen ein geringe sach und fast der mühe nicht werth gehalten werden möchte*[83]. Der Adressat ihrer Forderung war 1664 der österreichische Landvogt in Offenburg, Carl von

---

78 1700 April 12, GLA 127 Nr. 1b, vgl. o. S. 147. In seltsamem Widerspruch stehen die Übergabeverzeichnisse des ritterschaftlichen Sekretärs aus demselben Jahr, GLA 127 Nr. 8. Vielleicht waren sie vorab gefertigt und dann doch nicht vollzogen worden, dazu passt die Verwunderung des Sekretärs Böckel über den plötzlichen Stimmungswandel des Freiherren von Stein, 1700 März 2, GLA 127 Nr. 1b.

79 o. D. (1700 Juni 5), ebda.

80 1702 Januar 17, GLA 127 Nr. 1h.

81 Vgl. 1702 Februar 2, ebda.

82 1700 Juni 25, GLA 127 Nr. 1b.

83 An Carl von Neveu, 1664 September 13, GLA 127 Nr. 1c.

Neveu; er hatte in Offenburg ein Haus gekauft, in dem noch einige *Schubladen* ritterschaftlicher Akten lagen. Immerhin ein halbes Jahr lang, von März bis September, verweigerte er die Herausgabe an Friedrich von Stein in Straßburg – den Vater Philiberts, auf dessen Verdienste um das Archiv sich der Sohn ja offenbar zurecht berief und nur die groteske Umkehrung der Situation eine Generation später selbst nicht wahrhaben wollte. Das Archiv zu besitzen bedeutete, Herrschaftswisssen (im Wortsinn) zu verwalten, und dieses Wissen gab man nicht so leicht aus der Hand.

Ordnung und Unordnung

Unsere Beispiele könnten erklären, warum sich in manchen ritterschaftlichen Familienarchiven Akten des Ritterbezirks zumindest fragmentarisch finden; es können freilich immer auch versehentlich liegengebliebene Reste sein[84]. Manchmal berichtete der Konsulent von *Schriften*, die er gefunden hatte, manchmal von einer *Kiste*, im Fall Stein war vom *Archiv* die Rede – zeitweise mögen *Kiste* und *Archiv* auch identisch gewesen sein[85]. In seinem Rückblick auf die Archivgeschichte resümierte Christian Friedrich Sahler 1790, dass um 1700 die *eigentliche Archival Urkunden oder tituli constitutivi ... kaum eine mäßige Kiste* gefüllt hätten; es waren für ihn nur *Schriften (denn Archiv konnte man es damals noch nicht nennen)*[86]. Lazarus Christian Sahler berichtete 1740 von zwei Kästen (d.h. Schränken) mit Akten, zu denen aber das wer-weiß-wo-verstreute Schriftgut zu rechnen war[87]; er selbst hatte in Straßburg einen *ziemlich geräumigen Saal* mit Archiv und laufender Registratur gefüllt[88]. In Kehl zählte sein Sohn Christian Friedrich 1780 sechs *Kästen* in der Kanzlei und mindestens sechs weitere in der Mansarde, diverse Stapel von Pappschachteln nicht mitgerechnet[89]. 24 Schränke mussten 1790 im Oberlinschen Haus in Kehl Platz finden[90] – der Umfang hatte also immer schneller zugenommen.

Damit war auch der Bedarf an Findmitteln gestiegen. Einfache Verzeichnisse über Schrankinhalte waren schon im 17. Jahrhundert entstanden[91]. Im 18. Jahrhundert verfertigten die Konsulenten, vor allem aber die Syndici mit immensem Fleiß immer neue, immer dickere Inventare. Die Aktenordnung war lange Zeit denkbar einfach gewesen: Man legte die Vorgänge chronologisch ab und verknüpfte sie durch Verweisungen mit den *Articuli*, den Tagesordnungspunkten der ja ebenfalls chronologisch geführten Konferenzprotokolle. Umgekehrt verwiesen die Protokolle auf diese *Adjuncta* (*Abb. 4*); die

---

84 Vgl. ferner zu ritterschaftlichen Provenienzen in Familienarchiven: J. MARTIN, Archiv der Freiherren Böcklin von Böcklinsau, Einführung (www.landesarchiv-bw.de/ofs21/olf/einfueh.php?bestand=10483; Aufruf am 11.8.2014). Stadtarchiv Offenburg, Archiv de Neveu Nr. 627 und 628. Neuenstein: unten Anm. 98.

85 Vgl. den Bericht des Sekretärs Johann Hilarius, 1714 Oktober 23: das Archiv in einer schweren Kiste mit drei Schlössern, GLA 127 Nr. 1f.

86 Vor 1790 Juli 29, GLA 74 Nr. 6841a. Vgl. den Volltext im Anhang.

87 Vgl. 1740 Oktober 3, GLA 127 Nr. 4.

88 Vor 1790 Juli 29, GLA 74 Nr. 6841a (Text im Anhang, unten S.##).

89 Vgl. GLA 127 Nr. 1d.

90 Vgl. 1790 September, GLA 127 Nr. 1 g.

91 Vgl. GLA 127 Nr. 430.

Abb. 4 Registraturvermerk zur Verknüpfung eines Protokolls mit einem Adjunctum (GLA 69 von Türckheim-3/2488,1)

ganze Registratur bestand im Kern also aus einer Protokollserie mit ihren nummerierten Beilagen. Freilich gab es auch andere Ablagen und Serien, z.B. die chronologisch gesammelten Schreiben des Ritterkantons Neckar-Schwarzwald. Ein erhaltenes Inventar zu dieser Serie, das sechs Bände aus den Jahren 1726 bis 1761 erschloss, umfasste fast 4500 Titelaufnahmen. Man glaubt, einen verhaltenen Seufzer des Sekretärs zu hören, wenn man in diesem Inventar einer Vorbemerkung von 1793 entnimmt: *dient jetzt nicht mehr, weilen die Bände zertrennt und die Schriften in die Materien im Archiv vertheilt worden sind*[92]. Die Ablage auch nach Materien, nach Sachrubriken, war mit dem wachsenden Kanzleigeschäft unumgänglich geworden; der Übergang zur systematischen Ordnung fand vermutlich um die Mitte des 18. Jahrhunderts statt[93]. Mehrere solcher Systematiken haben sich erhalten, in Ansätzen von 1742, dann z.B. 1762, 1772 und 1780, in kurzen Abständen also[94]. Meist schreiten sie in logischem Gefälle vom Allgemeinen zum Besonderen, etwa in einer Registraturordnung aus der Straßburger Zeit[95] mit ihren Hauptgruppen:

Corpus I	*Documenta Universalia*	[Protokolle und Beilagen]
Corpus II	*Documenta Publica*	[Reichsritterschaft als Ganzes]
Corpus III	*Cameralia*	[Rechnungswesen]
Corpus IV	*Familiae*	[Mitglieder des Ritterbezirks]

92 GLA 127 Nr. 6.

93 Christian Friedrich Sahler berichtete 1790, sein Vater Christian Lazarus habe aus den zusammengetragenen Schriften *ein systematisches ... Archiv* formiert, GLA 74 Nr. 6841a (Text im Anhang, unten S. 165).

94 Vgl. GLA 127 Nrr. 8, 9, 6 und 1d.

95 GLA 127 Nr. 9.

Corpus V	*Bona Equestria*	[Güter]
Corpus VI	*Causae litigiosae*	[Prozesse]

Dass solche Ordnungen rasch durch andere ersetzt wurden, war schon bedenklich; eigentlich musste dann jeweils der gesamte Bestand umgearbeitet werden. Noch schwieriger wurde es mit der Übersichtlichkeit, wenn sich alphabetisch gereihte Sachrubriken in eine solche Systematik eindrängten. Den Anstoß dazu gaben vermutlich die alten Indices der chronologischen Protokollserien: Jeder Jahrgangsband war durch einen gemischten Orts-, Personen- und Sachindex erschlossen, der mit relativ wenigen, gleichbleibenden Begriffen auskam, einem festen Thesaurus also für einen überschaubaren Zusammenhang. Wenn diese Indexbegriffe zu Rubriken für den gesamten Aktenplan der Ritterkanzlei mutierten und nach Bedarf erweitert wurden, las sich das 1780 so[96]:

Advokaten
Ahnenproben
Altdorf
Aspach
Auffenberg
Baden
Berghaupten
Bibliothek
Causam Equestriam betreffend
Collectatio
Deimling
usw., oder
Galeeren-Cartel mit Frankreich
Georgi, H, Advokaten-Aufnahme
Glieder [= Ritter-Verzeichnis]
usw.

Was es also bedeutete, wenn die sechs Bände von Rezessen des Kantons Neckar-Schwarzwald nachträglich in Einzelschreiben zerlegt und auf eine solche alphabetische Rubrikenordnung verteilt wurde, lässt sich unschwer ausmalen.

Wir müssen diese – sehr vereinfachte – Ordnungsgeschichte des ritterschaftlichen Archivs hier nicht weiterverfolgen. Seine Leidenszeit war auch nach 1806 nicht zu Ende, die großherzoglichen Archivare verfügten mit der alphabetischen, landeseinheitlichen Rubrikenordnung von Johann Nikolaus Brauer über ein anderes Marterinstrument, mit dem die Archivalien in eine wieder neue Ordnung gezwängt wurden[97], und selbst nach

96 GLA 127 Nr. 1d.

97 Vgl. allg. H. JOHN, Die Reform des badischen Archivwesens zwischen 1771 und 1803 *oder landesherrlich sancirte Normen* gegen die *wandelbare Willkühr jedes Archiv-Beamten*, in: V. RÖDEL (Hg.), Umbruch und Aufbruch. Das Archivwesen nach 1800 in Süddeutschland und im Rheinland (Werkhefte der Staatlichen Archivverwaltung Baden-Württemberg A 20), Stuttgart 2005, S. 299–331. Spätestens seit der 2. Hälfte des 20. Jahrhunderts wurden die

den modernen Glättungsversuchen von 1990, 2002 und 2013[98] wird man den Eindruck nicht los, dass die vielen ordnenden Eingriffe der Konfusion letztlich doch nicht ganz Herr geworden sind. Über dem Trost der allseitigen online-Suchmöglichkeiten sollte man diese wenig glückliche Ordnungsgeschichte aber auch nicht vergessen. Denn die Konsulenten waren ja nicht nur dazu da, um die Kanzlei der Ritterschaft in Gang zu halten: Sie betätigten sich auch als Adelsarchivpfleger und übertrugen ihre Ordnungsvorstellungen auf die Familienarchive, wenn sie dazu Gelegenheit erhielten. Das konnte eine Vormundschaftsverwaltung sein wie für Reinhard Friedrich von Neuenstein; Friedrich Theobald Sahler hinterließ in deren Rahmen nicht nur eine stattliche Reihe Vormundschaftsakten ritterschaftlicher Provenienz bei der Familie[99], sondern 1723 auch die Notiz, dass er das Archiv der Freiherren von Neuenstein *in aller confusion und ohne einig darüber verfasstes Repertorium* vorgefunden habe. 15 Jahre später war er mit der Neuordnung fertig und übergab dem neuensteinischen Schaffner sein Repertorium[100]. Anlässlich eines umfangreichen Gütertauschs zwischen den beiden schauenburgischen Linien inventarisierten Friedrich Theobald und sein Bruder Lazarus Christian Sahler zwischen 1727 und 1741 deren Archiv[101] und führten dort in ähnlicher Systematik die Corpora I – VI ein, die wir aus dem ritterschaftlichen Archiv schon kennengelernt haben. Die krausen alphabetischen Sach-, Orts- und Personenrubriken lassen sich dagegen im Archiv der Roeder von Diersburg wiederfinden; es hatte fast 25 Jahre, 1743 bis 1771, als Depositum im Archiv der Ritterschaft gelegen und nahm dann vermutlich seine neue Ordnung schon nach Diersburg mit[102].

Hinterlegungen von Urkunden bei der Ritterschaft dienten im Allgemeinen der zusätzlichen Sicherung von Familienverträgen; es war das gleiche Verfahren, nach dem man auch Archivalien bei Klöstern oder in Stadtarchiven deponierte. Gab es mehrere Linien einer Familie, bedeutete das Depositum bei der Ritterschaft wohl auch die neutrale Verwahrung im Interessenkonflikt: 1616 und wieder 1716 sahen schauenburgische Familienverträge diese Sicherung bei der Ritterschaft vor, 1716 standen immerhin schon fünf Kisten unter ihrer Obhut[103]. Auch der schriftliche Nachlass Antons von Gail aus

Brauer'schen Rubriken bei der Neuordnung von Adelsarchiven nicht mehr angewandt; eher versuchte man, alte Ordnungen zu rekonstruieren, oder, wo das nicht mehr ging, an der herrschaftlichen Verwaltung orientierte Ordnungen zu entwerfen. Ein spätes Relikt älterer Gewohnheiten ist die Neuverzeichnung des Neveu'schen Archivs durch Paul Fütterer aus dem Jahr 1981; er ersetzte die durchaus sinnvolle Systematik Otto Kähnis von 1956 (vgl. O. Kähni., Die Freiherren von Neveu und deren Familienarchiv in Durbach-Hespengrund, in: Die Ortenau 36, 1956, S. 116–123, hier S. 123) durch die badische Rubrikenordnung, wie es ihm aus seiner verdienstvollen Verzeichnung von Gemeindearchiven geläufig war.

98 Vgl. das Vorwort zum Inventar von GLA 127, 2014 (K. Krimm).

99 Vgl. GLA 69 von Neuenstein Nr. 402, 403, 405–407, 422, 424, 425, 429.

100 Vgl. GLA 69 von Neuenstein, Vorwort zum Findbuch S. III (K. Krimm).

101 Vgl. M. Fischer, Archiv der Freiherren von Schauenburg. Urkundenregesten 1188–1803 (Inventare der nichtstaatlichen Archive in Baden-Württemberg 33), Stuttgart 2007, S. 32f.

102 1892 übernahm der Archivvolontär Hugo Isenbart diese Ordnung noch teilweise in seine Neuinventarisierung, vgl. M. Burkhardt/K. Krimm, Archiv der Roeder von Diersburg. Urkundenregesten 1310–1812 (Inventare der nichtstaatlichen Archive in Baden-Württemberg 35), Stuttgart 2007, S. 14f.

103 Vgl. M. Fischer (wie Anm. 100), S. 31.

Altdorf gelangte 1774 – in zwei Getreidesäcken – vermutlich zur neutralen Erbschaftsabwicklung in die ritterschaftliche Kanzlei[104].

Familienarchive: Wander- und Erschließungswege

Damit sind wir schon mitten im Schlussteil unserer ortenauischen Archivgeschichte, der den einzelnen Familienarchiven gewidmet sein soll. Dass es sich dabei nur um allgemeine Beobachtungen zur Typologie von Archiven und ihren Schicksalen handeln kann, wurde anfangs betont: Noch gibt es zu wenig Vorarbeiten für einen wirklichen Führer zu den Beständen und vor allem die Verbindungslinien zwischen rechts- und linksrheinischen Familienarchiven sind weitgehend unbekannt. Erst eine künftige Adelsarchivgeschichte wird auch beantworten können, ob und wie sich denn die Strukturen im Ortenauer Ritterbezirk überhaupt von anderen Kantonen unterscheiden. Für alle ritterschaftlichen Glieder eines Kantons galt ja, dass sie durch Lehens- und Dienstverhältnisse in viele Richtungen gebunden waren, dass sie auch mehreren Korporationen verpflichtet sein konnten. Die Neveu beispielsweise spielten in der Ortenau eine gewiss unübersehbare Rolle, aber sie waren nur mit ihrem Gut Weiler bei Durbach hier inkoporiert und gehörten eigentlich zum breisgauischen Ritterstand, also zu den vorderösterreichischen Landständen. Zählt ihr Archiv wirklich zu den Archiven der Ortenauer Ritterschaft? Von den Familien, die rechts- und linksrheinisch inkorporiert waren, seien stellvertretend nur die Böcklin und die Blittersdorf genannt; auch ihre Archive lassen sich nicht einfach für die Ortenau vereinnahmen. Umgehen wir in unseren Prolegomena solche Definitionshürden, halten uns pragmatisch an Fakten und versuchen, sie zu systematisieren.

Eigene Archivgebäude scheinen in der Ortenau so wenig wie von Seiten des Ritterbezirks auch von dessen Mitgliedern errichtet worden zu sein – könnte man es als Gradmesser für das adlige wie für das korporative Selbstverständnis nehmen? Wohl besser nicht, die Befunde ähneln sich doch zu sehr. Der Kanton Kraichgau hatte sich zwar schon 1784 in Heilbronn ein stattliches *Archivgebäude* bauen können[105], aber seine Funktion war ja keine andere als die der Ritterhäuser in Offenburg oder Wangen; der Kanton Neckar-Schwarzwald hatte sein Archiv sogar bis zum Ende des Alten Reichs in angemieteten Gewölben der Universität untergebracht[106]. Der freistehende Helmstattsche Archivturm an Schloss Fürfeld[107] blieb auch im Kraichgau ein Unikum. Eigens gewölbte oder besonders gesicherte Archivräume finden sich dagegen wie im Kraichgau auch in den Ortenauer Schlössern, im schauenburgischen Schloss Gaisbach etwa oder im böcklinschen Schloss Rust (*Abb. 6*), das mit seinem Wappenstein im Gewölbe selbst-

---

104 Die Archivalien sind heute verschollen, ein Verzeichnis in GLA 127 Nr. 4.

105 Vgl. K. Krimm, Von Burgfrieden und Stadthäusern. Eine kleine Kraichgauer Baugeschichte, in: C. Rehm/K. Krimm (Hgg.), Zwischen Fürsten und Bauern. Reichsritterschaft im Kraichgau, Sinsheim 21993. S. 99ff.

106 Vgl. D. Hellstern, Der Ritterkanton Neckar-Schwarzwald 1560–1805 (Veröffentlichungen des Stadtarchivs Tübingen 5), Tübingen 1971, S. 116f.

107 Vgl. K. Andermann, Der Archivturm des Schlosses in Fürfeld. Ein Zweckbau des 15. Jahrhunderts, in: Archivnachrichten 48 (2014), S. 49.

bewusst eine Tradition fürstlicher Archivräume aufnimmt. Ein letztes eigens für das Archiv gebaute *Gewölbe* dürfte Johann V. von Türckheim in Altdorf in Auftrag gegeben haben; als Teil des Bibliothekstraktes verbindet es klassizistisch-elegante Leichtigkeit mit praktischer Funktion (*Tafel VIII a+b*).

Kaum erforscht sind die Verästelungen einer archivischen Familienüberlieferung in Linienarchive (deren ideelle Klammer oft nochmals ein Gesamtarchiv bildete). Was Magda Fischer für die Herlisheimer und die Luxemburger Linie der Schauenburger rekonstruierend geleistet hat[108], ist noch für die Mehrzahl der Ortenauer Archive zu erarbeiten. Gerade am Schauenburger Archiv lässt sich auch zeigen, wie parallel Fluchtwege verlaufen konnten: Wie die Ritterschaft brachten auch die Schauenburger ihre Archivalien im Oberkircher Kapuzinerkloster oder im Straßburger Stadthaus der Familie in Sicherheit. Der Variantenreichtum der Wanderwege scheint dagegen fast ebenso so groß wie die Zahl der Archive selbst. Erbgänge zogen Archive ganz aus der Ortenau ab; so fiel das Archiv der Wurmser von Vendenheim an die Reichsgrafen von Schlitz gen. Goertz in Hessen[109]. Auch die Eigentümer selbst konnten mit ihrem Archiv die Ortenau verlassen wie die Blittersdorf, die sich nach dem Scheitern des konservativen badischen Ministers Friedrich Landolin eine neue politische Existenz im Umkreis der Habsburger aufbauten[110]. Immerhin bis ans Ende des 20. Jahrhunderts blieb das kleine Gutsarchiv der Herren von Frankenstein in Offenburg, am Ort des Rebgutes, das vor 1800 ja auch als Sitz der Ritterschaft zur Diskussion gestanden hatte[111].

Neben den abgewanderten Archiven sind auch verlorene oder zumindest verschollene Archive zu nennen. Ein Linienarchiv der Freiherren von Berckheim war aus Rittersbach nach Bochum verlagert worden und verbrannte dort 1944[112]. Der Verbleib des Archivs von Ried ist unbekannt; gemessen an der Größe des Ried'schen Palais in Offenburg kann es keine quantité négligeable gewesen sein. Überlieferungssplitter der Freiherren von Auffenberg und von Gail haben sich zumindest als Altdorfer Vorakten im Tückheimschen Archiv erhalten – solche Spuren hinterlässt freilich jeder Besitzwechsel, ohne dass man deswegen schon von Archivresten sprechen könnte. Noch an seinem Entstehungsort liegt das Archiv der Knebel von Katzenelnbogen in Neuweier; vielerlei Erbwege der bürgerlichen Eigentümer im 19. und 20. Jahrhundert sowie Verkäufe des Schlosses haben seinen Bestand aber nicht gefördert[113].

Schließlich kam es auch in den Ortenauer Adelsarchiven zu Entfremdungen. Magda Fischer konnte am unrühmlichen Beispiel von Wendelin Haid vorführen, wie aus einem

---

108 Wie Anm. 101.

109 Heute im Hessischen Staatsarchiv Darmstadt, vgl. die Inventare von J. R. WOLF, Darmstadt 1984ff. Durch Extraditionen des 19. Jahrhunderts zwischen Darmstadt, Straßburg und Karlsruhe ist die Überlieferung dabei stark verunklart.

110 Die Familie wurde 1939 aus dem Schloss Ottensheim bei Linz durch die Nationalsozialisten vertrieben. Das Archiv wird heute im niederösterreichischen Ameis verwahrt.

111 Heute in Familienbesitz in Frankfurt/Main; das Hauptarchiv wird in Ullstadt/Franken verwahrt. Einige wenige Archivalien des Gutsarchivs finden sich im Nachlass Batzer im Stadtarchiv Offenburg. Vgl. allgemein O. KÄHNI, Zum 100jährigen Bestehen des freiherrl. zu Franckensteinschen Marienhofs in Hofweier, in: Die Ortenau 36 (1956), S. 111–116.

112 Vgl. GLA 450 Nr. 2174.

113 Ein Inventar (K. HOCHSTUHL) im Generallandesarchiv Karlsruhe, in dem das Archiv 1984–1999 deponiert war.

Gemisch aus historischem Interesse, archivpflegerischem Eifer und antiquarischer Sammelleidenschaft Eigentumsbewusstsein verloren gehen und ein an sich verdienstlicher Gelehrter das schauenburgische Archiv plündern konnte; bedauerlicherweise waren sowohl das Generallandesarchiv in Karlsruhe wie das Erzbischöfliche Archiv in Freiburg in dieses Geschehen am Rand verwickelt[114]. Es zählt zu den besonderen Verdiensten Friedrichs von Weech, des späteren Direktors des Generallandesarchivs, 1883 mit der Badischen Historischen Kommission ein Instrument nicht nur der wissenschaftlichen Landeskunde, sondern auch der professionalisierten Archivpflege geschaffen zu haben[115]. Die Kommission besaß rasch das Vertrauen der adligen Archiveigentümer in die Hilfsangebote des Staates; der damalige Leiter des Generallandesarchivs, Karl Roth von Schreckenstein, gehörte selber zu einer ehemals reichsritterschaftlichen Familie und hatte das Standardwerk zur »Geschichte der ehemaligen freien Reichsritterschaft in Schwaben, Franken und am Rheinstrome« verfasst[116]. Die Kommission beauftragte ehrenamtliche Archivpfleger mit der Inventarisierung nichtstaatlicher Archive. Die Publikation dieser Inventare in den Mitteilungen der Badischen Historischen Kommission wurde selbstverständlich, bis zum Beginn des Ersten Weltkriegs erschienen allein aus dem Bereich der ehemaligen Ortenauer Reichsritterschaft sieben Inventare im Druck:

Roeder von Diersburg	1880, 1881, 1882, 1894
Knebel von Katzenelnbogen	1897
Böcklin von Böcklinsau	1903, 1910
Neveu	1904
Türckheim	1907
Berckheim	1907
Blittersdorf	1913/1914

Die Art der Erfassung, die Konzentration auf die Urkunden und die oft sehr summarische Behandlung neuerer Akten würden heute nicht mehr genügen, aber die Inventare waren wertvolle Hilfe für die Forschung und sicherten zugleich die Bestände als Ganzes. Auch waren sie Produkte größten Fleißes; allein die Urkundenregesten für das Böcklin-Archiv umfassten rund 1000 Regesten. Mit ihrer Publikationsreihe »Inventare der nichtstaatlichen Archive in Baden-Württemberg« hat die Landesarchivverwaltung – seit 1988 vor allem mit finanzieller Hilfe der Stiftung Kulturgut Baden-Württemberg – diese Tradition der alten Badischen Historischen Kommission wiederaufgenommen und auf ein zeitgemäßes Niveau gehoben. Für die Urkundenbestände im Archiv der Schauenburg und der Roeder von Diersburg erschienen Regestenbände im Druck[117], die Archive

114 Vgl. M. Fischer (wie Anm. 100), S. 35ff.

115 Vgl. allg. H. John, »Zur Förderung der Kenntnis der Geschichte des Großherzoglichen Hauses und des Badischen Landes«: die ersten fünf Jahrzehnte der Badischen Historischen Kommission, in: M. Schaab (Hg.), Staatliche Förderung und wissenschaftliche Unabhängigkeit der Landesgeschichte (Veröffentlichungen der Kommission für geschichtliche Landeskunde in Baden-Württemberg B 31), Stuttgart 1995, S. 173–199.

116 2 Bände, Tübingen 1859 und 1871.

117 Vgl. M. Fischer (wie Anm. 100), M. Burkhardt/K. Krimm (wie Anm. 101).

der Böcklin von Böcklinsau und der Türckheim sind durch online-Inventare von Jörg Martin bzw. Joachim Brüser vollständig erschlossen.

Die Publikation der Archivinventare war und ist zur Forschungsförderung gedacht, unabhängig davon, ob die Archive beim Eigentümer oder in einem öffentlichen Archiv verwahrt werden. Aus dem Kreis der ritterschaftlichen Archive der Ortenau liegen heute in öffentlichen Einrichtungen:

Böcklin von Böcklinsau	Staatsarchiv Freiburg
Glaubitz	Institut für Stadtgeschichte, Bühl-Waldsteg
Neuenstein	Generallandesarchiv Karlsruhe
Neveu	Stadtarchiv Offenburg
Roeder von Diersburg	Generallandesarchiv Karlsruhe
Türckheim	Generallandesarchiv Karlsruhe

In der Regel handeln hier Staat oder Kommunen subsidiär; meist liegt den Eigentümern an der besseren Nutzungsmöglichkeit, wie sie ein hauptamtlich besetztes Archiv mit seiner technischen Infrastruktur anbieten kann. Das Interesse der Eigentümer an ihren Archiven hatte sich auch nach dem Ende der Grundherrschaft keineswegs verloren, im Gegenteil: Gerade die erzwungene neue Rolle im Großherzogtum, im modernen Staat des 19. Jahrhunderts, führte zu einer historischen Vergewisserung, zu einer Beschäftigung mit der eigenen Vergangenheit, wie sie es im Alten Reich so nicht gegeben hatte. Bei den Roeder von Diersburg entstanden neben dem Familienarchiv eigene Archive der Freiherren Hermann und Felix, offenbar Frucht intensiven Sammelns und Ordnens. Die Blittersdorf trugen aus anderen Archiven Quellen zur Familiengeschichte zusammen; in seinem mittelalterlichen Teil besteht ihr Familienarchiv fast nur aus solchen Abschriften. Zum fast tragisch-vergeblichen Lebenswerk geriet die Beschäftigung mit den reichsritterschaftlichen Familien bei Karl von Neuenstein. 1895 veröffentlichte er, vor allem aus heraldischem Interesse, die illustrierte Schrift *Der Reichsritterverein Ortenau, insbesondere die Wappen der Mitglieder* (*Abb. 9*). Es war der erste Band eines Großprojekts, in dem alle Ritterkantone des Alten Reiches vorgestellt werden sollten; 1897 und 1900 erschienen die entsprechenden Bände über die Gesellschaft zum Leithund in Schwaben und über den Kanton Kraichgau. Mit seiner *Wappenkunde*, einer *Heraldischen Monatsschrift zur Veröffentlichung von nicht edierten Wappenwerken* wollte er zur Adelsforschung beitragen und hielt dieses Unternehmen unter finanziellen Opfern, meist im Selbstverlag, zwischen 1893 und 1905 am Leben[118]. Freilich passte das reine sammlerische Darbieten und die einfachste typographische Aufmachung nicht mehr in die wissenschaftlich und technisch anspruchsvoll gewordene Welt.

In ganz anderem Zusammenhang entstanden die umfangreichen Sammlungen zum badischen Adel in der Familie von Türckheim. Wenn unser Anfangspostulat stimmt, hatte Johann V. den Kern des ritterschaftlichen Archivs mit der Aufgabe übernommen, damit die Tradition des Ritterbezirks zu verwahren. Die Beiträge von Martin Furtwängler und Daniel Menning in diesem Band zeigen, wie der ehemals reichsritterschaft-

118 Nur für 2 Nummern fand Neuenstein Verlage, die Karlsruher Druckerei Louis Geissendörfer und den Leipziger Verleger Otto Nemnich.

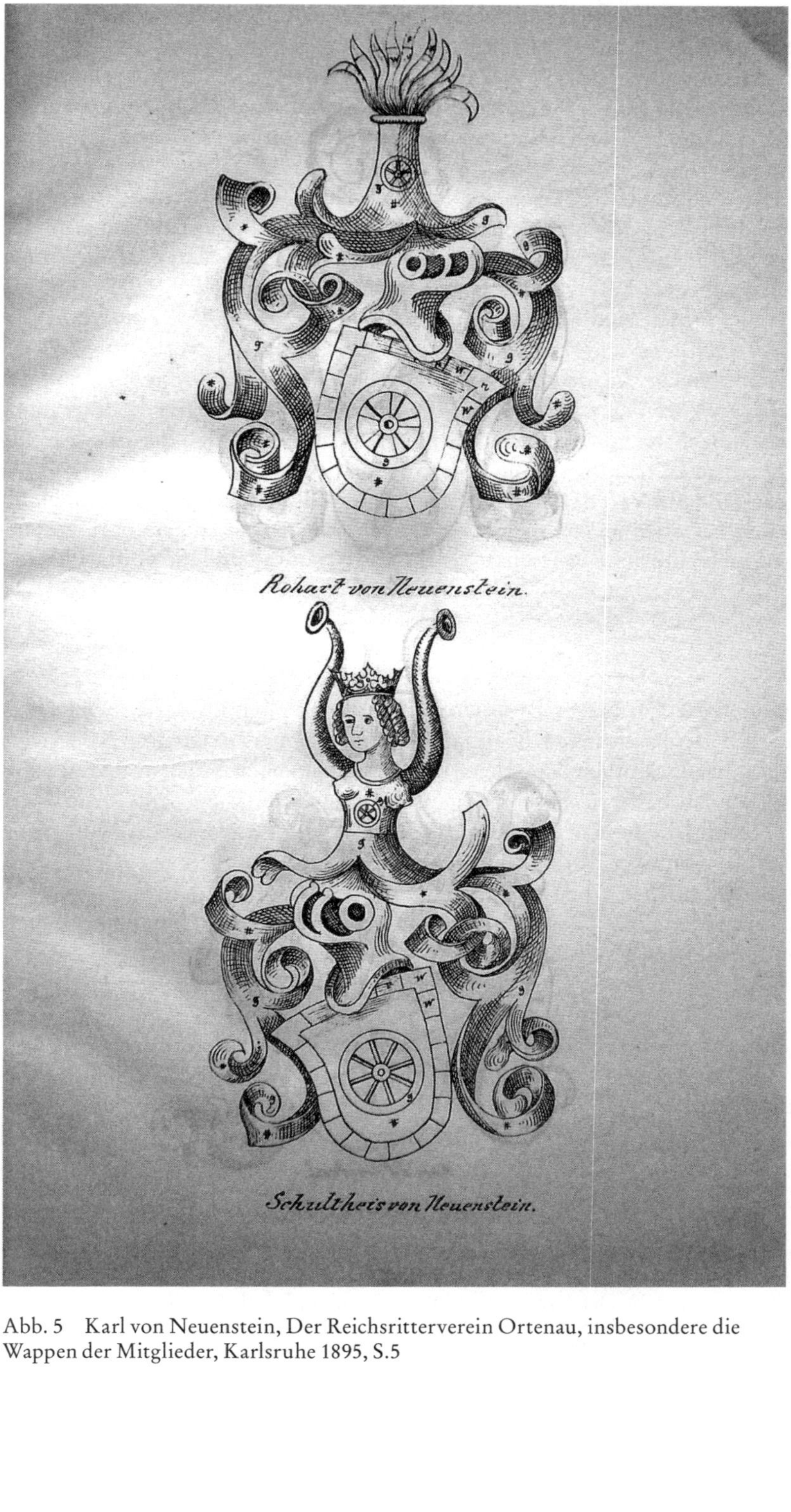

Abb. 5 Karl von Neuenstein, Der Reichsritterverein Ortenau, insbesondere die Wappen der Mitglieder, Karlsruhe 1895, S.5

liche Adel in der Gruppe der badischen Grundherren aufging und wie er im eng gesteckten Rahmen der Standesvertretung seine Interessen zu behaupten suchte. Die genealogischen und heraldischen Materialien im Türckheim-Archiv gehen wohl vor allem auf Johann VII. (1814–1892) zurück; auch sie sind ohne das Bemühen um Solidarität unter den Standesgenossen nicht zu verstehen. Ihr Rahmen war nun über die Grenzen der Ortenauer Korporation hinaus gespannt; Johann korrespondierte mit dem ganzen badischen Adel, ließ sich Personenlisten und Quellenabschriften schicken. In seinem Schriftwechsel wird deutlich, dass dabei zwischen genealogischen und politischen Fragen keine wirkliche Grenze verlief; als er gelegentlich seiner Materialsammlung bei Graf Karl von Helmstatt anfragte, ob er sich nicht beim badischen Adel immatrikulieren lassen wolle, erhielt er die spitze Antwort, *daß ich und meine Familie bereits in der Adels-Matrikel des Königreichs Bayern mit der Grafen-Würde ... eingeschrieben sind und es daher für überflüssig erachte, mich bei einem dem Adel ohnehin feindlichen Staat nochmahls einschreiben zu lassen*[119]. Das richtete sich offen gegen das liberale Großherzogtum, versteckt wohl auch gegen den grundherrlichen Adel, der in der Ersten Kammer des badischen Landtags seine Positionen in diesem immer mehr bürgerlichen Staat behauptete. Johann VII. dagegen scheint in seiner intensiven Beschäftigung mit Archivquellen und Familienherkommen beides zu vereinigen und zu verstehen gesucht zu haben: die Geschichte der Ritterschaft als Herrschaftsstand und die politische Gegenwart.

Fazit

Der Versuch, die Ortenauer Familienarchive typologisch zu beschreiben, musste sich mit wenigen Beobachtungen begnügen. Wir begegnen Strukturen, die sich in allen Adelslandschaften ähnlich oder gleich wiederfinden ließen. Auch das Archiv des Ritterbezirks Ortenau hatte in diesem weiten Kontext keine eigene, unverwechselbare Geschichte: Es bildet eine Variante in der Geschichte der Professionalisierung reichsritterschaftlich-korporativer Verwaltung im 18. Jahrhundert; auch bei der Mediatisierung und bei der staatlichen Überlieferungsbildung des 19. und 20. Jahrhunderts verliefen die Wege letztlich parallel. Zwei Faktoren wirken sich in dieser Geschichte aber vielleicht doch prägnanter aus als bei anderen Kantonen der Reichsritterschaft: Die Verflechtung mit dem Adel des französischen Unterelsass und der – sollen wir sagen: symbolische? – Behauptungswille im Moment des Herrschaftsverlustes.

Moderne Staatlichkeit, die Nationalismen des 19. und 20. Jahrhunderts und verfestigte Vorstellungen von *Grenze* haben gerade am Oberrhein den Blick dafür verstellt, dass Straßburg während des Alten Reichs auch nach dem Übergang an Frankreich die wirkliche Metropole am mittleren Oberrhein, wirtschaftliches, kulturelles und gesellschaftliches Zentrum blieb. Die politischen Krisen und die Kriege des 18. Jahrhunderts

[119] Ende 1856, eingebunden bei *Helmstatt* in *Notizen zu 161 dem Großherzogtum Baden angehörende adlige Familien*, verfasst 1850–1860 von Hans von Türckheim in Karlsruhe, GLA Bibliothek Cx 1882. Der Band scheint über Hermann Roeder von Diersburg in das Generallandesarchiv gekommen zu sein, vgl. dessen Eingangsnotiz von 1884. Die zugehörigen Manuskripte Johanns von Türckheim in GLA 69 Türckheim-1.

konnten daran so rasch nichts ändern, trotz aller Programmatik auf Reichsboden. Die Ortenauer Ritterschaft und ihr Archiv spiegeln diese vielfache Bindung auf eine wohl doch besondere Weise. Die Auseinandersetzungen um den links- oder rechtsrheinischen Standort des Archivs bilden im Detail einen größeren Zusammenhang ab.

Als die Landkarten seit 1802/1805 wiederum neu gezeichnet werden mussten, erwiesen sich die neuen Mittelstaaten rasch als so übermächtig, dass Widerstand aussichtslos war. Das bedeutete aber nicht, dass das korporative Identitätsbewusstsein ebenso rasch verschwand wie die Kantonsherrschaft – im Gegenteil, es war gerade gegen Ende des 18. Jahrhunderts stark gewesen (man denke an die Ritualisierung durch Orden und Kleidung) und es fand im Staat des 19. Jahrhunderts erfolgreich neue Formen der Selbstbehauptung. Diesem Willen der Reichsritterschaft zur Identitätswahrung ist in der Ortenau der Entschluss zuzuordnen, das Archiv in seinem Kern dem staatlichen Zugriff zu entziehen. Auch dies ist ein Sonderweg und auch in diesem Sinn ist Archivgeschichte Teil der allgemeinen Geschichte.

Anhang

Das Memorandum des Konsulenten Christian Friedrich Sahler zur künftigen Verwahrung des ritterschaftlichen Archivs – das zu dieser Zeit in seiner Straßburger Wohnung lag – und zum Ort für ein Ritterhaus enthält auch eine kurgefasste, anschauliche Geschichte des Archivs. Präzise und gewandt formuliert, kann der Text beispielhaft für viele Schriftsätze Sahlers stehen.

Das Memorandum endet mit dem Vorschlag, die aufgelassene Beaumarchais-Druckerei in Kehl zu mieten. Pierre-Augustin Beaumarchais hatte unter badischem Schutz von Kehl aus bis 1789 das Werk Voltaires publiziert. Zum Mietprojekt, das zugunsten eines Privathauses in Kehl wieder aufgegeben wurde, vgl. den Beitrag von W. Gall in diesem Band.

Generallandesarchiv Karlsruhe 74/6841a, Präsentationsvermerk vom 29.7.1790

Pro Memoria

Das Reichs-Ritterbezirks Ortenauische Archiv ist zu den Zeiten, als Straßburg eine Reichs Stadt ware, jederzeit daselbst gewesen, auch noch 20 Jahre lang, nachdem diese Stadt schon unter französischer Botmäsigkeit gekommen ware, daselbst geblieben, weilen nicht nur die Syndici oder Consulenten, sondern auch die erste Directoriales daselbst wohnten, ja, da wurden noch zu Ende des vorigen Jahrhunderts Directorial- und plenar-Convente des Ortenauischen Bezirks daselbst gehalten, und aus Straßburg, ob es gleich eine französische Stadt war, datirt.

Die eigentliche Archival Urkunden oder tituli constitutivi waren damals in dem Verwahr des ältesten Herrn Ritter Raths, und füllten kaum eine mäßige Kiste, die Schriften über laufende Geschäfte hatten die Officiales bei sich.

Zu Anfang des gegenwärttigen Seculi wohnte der alteste Herr Directorialis und die Officianten auf der teutschen Seite das Rheins, die Schriften (denn Archiv konnte man es damals noch nicht nennen) kamen auch dahin; jener deponirte wegen der Kriegs Läuften seine Kiste irgendwo, man wußte aber lange nicht, wohin, weilen bey seinem Verlaß keine Nachricht darüber vorgefunden ware. Indeßen war auch der auf der teutschen Seite des Rheins wohnhafte Officialis verstorben.

Man bestellte den in Straßburg wonhaften Doctor Sahler (Oheim des jezigen Consulenten) zum Syndico, welcher dann auch die Schriften in seine Verwahr bekam, die wenige Archival-Urkunden, welche darunter waren, als einige Receße, und die sogenannte alte Correspondenz nahm der damals in Straßburg wonhafte älteste Directorial-Rath, Freiherr von Rathsamhausen zu sich.

Bald nach 1730, als des jezigen Consulenten Vatter seinem Bruder in der Consulenten Stelle gefolgt ware, erfuhre er zufällig, daß auf dem Rathhauß in der Reichsstadt Offenburg eine Kiste voll ritterschaftlicher Schriften deponirt seye. Es befande sich, daß es jene vom Herrn Ritterrath zu Anfang des Seculi deponirte seyen. Ob nun gleich der damalige Secretarius und Cassier in des Herrn Ritter Raths Freiherrn von Knebel vesten Schloß

Neuweyr wohnte; so glaubte man doch der Kriegsläuften wegen, die Schriften in der damals feindlich französischen Stadt Straßburg sicherer, sie waren so, wie auch jene, welche der Herr Ritter Rath bei sich hatte, dem Consulenten übergeben, welcher daraus, und aus denen in seinem Verwahr geweßten, ein systematisches, einen ziemlich geräumigen Saal anfüllendes Archiv formirte.

Da bliebe es bißher, ohne einige Anfechtung. Auf dem Ortenauischen Gliedertag anno 1782 ware beschloßen, nach einem Ritter- oder doch Cantzley Hauß auf teutschem Boden zu trachten, und vorzüglich auf eine solche Niederlassung mit den erforderlichen Freiheiten, in der Stadt Kehl.

Man wandte sich deshalb an des regierenden Marggrafen zu Baden Hochfürstliche Durchlaucht, erhielte aber zur Antwort, das Höchstdieselben auf keinen Punkt inners dero Lande sich der Jurisdictions-Gerechtsame begeben, wohl aber leiden könnten, daß die Ortenauische Ritterschaft fortfahen, in den Gasthöffen mit den bißher gewesenen Freiheiten ihre Zusammenkünfte zu halten, daß auch die Officiales daselbst wohnten, unter den vortheilhaften Bedingnissen, unter welchen der Consulent und vor ihm der Secretarius daselbst gewont haben.

Nach erhaltener dieser Antwortt ware man auf eine Niederlassung in der Reichs Stadt Offenburg bedacht, aber diese will keine Edelleuthe und keine andren, als der Römisch Catholischen Religion Verwandte einnehmen.

Endlich wendete man die Gedanken auf das Fürstlich Nassauische Städtgen Lahr, erhielte aber von der Regierung zu Wiesbaden eine rund abschlägige Antwortt.

Kehl, Offenburg und Lahr sind gleichwohl die einzigen schicklichen Orte für eine Ritterschaftliche Ortenauische Niederlassung.

Bei der dermaligen Veränderung in Frankreich ist es, wenn gleich nicht zu vermuthen, dennoch möglich, daß das Ortenauische Archiv in Straßburg widrige Zufälle erleiden könne. Es ist daher räthlich, es ohne Aufsehen daraus zu bringen, aber wohin?

Die Original und Hauptschriften in Offenburg aber irgendwo in einem Closter deponiren, da könnte es damit ergehen, wie hieroben gezeigt worden, daß zu Anfang dieses Seculi geschehen ist, für eins: nachher hängen alle Schriften des Archivs zusamen, daß alle gleich wichtig sind, daß man im Fall ist, alle täglich zu brauchen. Damit aber solches geschehen könne, und die Geschäfte nicht liegen bleiben, so muß wenigstens einer der Officianten dabey wohnen. Nur zu dergleichen Wohnung und Unterbringung des Archivs weiß man keinen wirklichen Orth als Kehl.

Die Buchdruckerey des Beaumarchais ist völlig aufgehoben, und das daselbst neu erbaute Bavillon, welches für die Ritterschaftliche auswärtige Niederlassung hinlänglich wäre, ist leer. Es wäre daher zu wünsche, daß man

1.) solches von des Herrn Marggrafen Hochfürstlicher Durchlaucht auf einige Jahre Miethe weise erhalten könnte

da Höchstdieselben der Ritterschaft nur kein Eigenthum gönnen, wohl aber erlauben wollen, daß sie ihre Zusammenkünfte in Gasthäusern halten und auch Officiales mit gewißen Freiheiten, welche aber nach Belieben aufgekündet werden können, daselbst wohnen dürfen; so ist zu vermuthen, daß hierüber keine Schwürigkeiten werden gemacht werden, eben so wenig als

2.) die Versicherung zu erhalten, daß Seine Hochfürstliche Durchlaucht nicht gestatten werden, daß jemals jemand anderer als ein allein Ritterschaftlicher Angehöriger einige Einsicht in das Archiv fordern könne

weilen dem Consulenten und Secretario, als sie in Kehl wonten, zugesichert ware, daß bei ihrem Sterbfall das dasige Hochfürstliche Amt zwar gemeinschaftlich mit einem Ritterschaftlichen Commissario obsignieren, aber bei der reseration alle die Ritterschaft angehende Schriften ohnweigerlich sogleich verabfolgen solle.

Anhang

Inventar des ritterschaftlichen Archivs in der Ortenau. Versuch einer Rekonstruktion

VON KONRAD KRIMM

Wir wissen nicht, wann und in welchem Ordnungszustand das Archiv des Ortenauer Ritterbezirks aus dem Ritterhaus in Offenburg in das Generallandesarchiv nach Karlsruhe gebracht wurde; wir wissen nur, dass ein Teil dieses Archivs zuvor zu den Freiherren von Türckheim in Altdorf in Sicherheit gebracht worden war[1]. Bekannt ist aber die Arbeitsweise der Karlsruher Archivare – wie sie versuchten, der von allen Seiten herbeigeschafften, vollkommen heterogenen Archive verschiedenster Herrschaften des Alten Reiches Herr zu werden. Grundlage ihrer Umordnung war das geografische Pertinenzprinzip; es war nicht neu, schon im Alten Reich hatte man es bei Herrschafts- und Besitzwechseln angewandt. Jetzt wurde jedoch prinzipiell danach verfahren und nur wenige Bestände des Alten Reichs entgingen in Karlsruhe diesem gravierenden Eingriff[2]. Nach einem topografischen Ordnungssystem wurde Schriftgut jeglicher Provenienz mit lokalem Betreff einem Ortsbestand zugewiesen, mit regionalem Betreff einer kleineren oder größeren Verwaltungseinheit (Ämter, Oberämter u. ä.). Als Sammelbecken für »Ortsakten«von A bis Z entstand im Generallandesarchiv so der heutige Bestand GLA 229. Für größere Bezirke verwendete man schon historische oder zeitgenössische Verwaltungsnamen; innerhalb der Ortenau z. B. »Oberkirch Amt« (GLA 169) oder »Offenburg Amt« (GLA 170), für die ganze Ortenau »Ortenau Landvogtei« (GLA 119). In diese Bestände gelangten sowohl Akten der neugeschaffenen badischen Ämter wie der Herrschaften des Alten Reiches, also Schriftgut aus dem markgräflich-badischen Archiv, aus den vorderösterreichischen Behörden oder aus der ritterschaftlichen Kanzlei. Nur ein Rest des Ritterarchivs, der sich geografisch so nicht mehr aufteilen ließ, blieb als eigener Archivkörper erhalten (GLA 127: Ritterbezirk Ortenau).

Zugleich mussten die Archivare aber auch mit verschiedenen Formaten und Archivaliengattungen zurecht kommen und so spalteten sie von diesem Rest wiederum die (stehenden) Bände ab: Protokolle (in GLA 61), Rechnungen (in GLA 62) oder Kopialbücher (in GLA 67). Die selektierten Pergamenturkunden erhielten den Bestand GLA 31 »Rit-

1 Zur Archivgeschichte allgemein vgl. meinen Beitrag in diesem Band.

2 Vgl. grundsätzlich V. RÖDEL (Hg.), Umbruch und Aufbruch. Das Archivwesen nach 1800 in Süddeutschland und im Rheinland (Werkhefte der Staatlichen Archivverwaltung Baden-Württemberg A 20), Stuttgart 2005, darin für das Großherzogtum Baden die Beiträge von H. JOHN und V. RÖDEL.

terschaft Ortenau«, den sie sich allerdings mit den Urkunden der Landvogtei Ortenau in chronologischer Gemengelage teilen mussten. Als nach der langsamen Abschaffung des Lehensverbandes nach der badischen Revolution 1848/49 das Justiziministerium das Schriftgut der Lehenhöfe des Alten Reiches an das Generallandesarchiv abgab, füllten die Archivare diesen bereits großen Bestand, der nach den Familiennamen der *Vasallen* geordnet war, mit Akten aus anderen Beständen auf, die sich ebenfalls auf Adelsfamilien bezogen: Auch in dieses »Lehens- und Adelsarchiv« (GLA 72) gelangten Teile des ritterschaftlichen Archivs der Ortenau.

Da die Provenienz, die kanzleimäßige Herkunft des Schriftguts, weniger wichtig schien als die inhaltliche Ordnung nach Orts- und/oder Sachbetreffen, wurde sie bei der Neuordnung kaum jemals vermerkt. Erst gegen Ende des 19. Jahrhunderts begriff man diesen Ordnungsgedanken als Irrweg und versuchte, Schriftgut verschiedener Behörden nicht mehr zu vermischen[3]. An die konsequente Rekonstruktion verlorener Zusammenhänge machte man sich jedoch erst 100 Jahre später; angestoßen von einem Projekt der Deutschen Forschungsgemeinschaft[4], wurden in Karlsruhe seit den 1980er Jahren nun erstmals die auf viele Bestände verstreuten Akten des Wetzlarer Reichskammergerichts in einem Bestand wieder zusammengeführt oder zumindest dort nachgewiesen. Angaben zur Provenienz einzelner Akten in den alten topographischen Beständen hatte auch schon Manfred Krebs seit den 1940er Jahren gemacht und nach ihm Generationen von Archivaren bei Neuverzeichnungen, Findbuch-Redaktionen u. dgl. Allerdings ging man in Karlsruhe nicht so weit wie in Bayern, die Pertinenzbestände des 19. Jahrhunderts auch faktisch aufzulösen und provenienzgerecht neu zusammenzustellen; dazu schien sowohl der ökonomische Aufwand wie die Dunkelziffer bei nicht mehr erkennbaren Provenienzen zu hoch. Die Möglichkeiten einer virtuellen Rekonstruktion sind jedoch gerade durch die elektronische Datenerfassung und –verwaltung seitdem so sehr ausgebaut worden, dass sich der Verzicht auf die Veränderung bestehender Signaturen als gut gangbarer Weg erwiesen hat.

Diesen Erfahrungen ist auch der vorliegende Versuch einer Rekonstruktion des ritterschaftlichen Archivs der Ortenau verpflichtet. »Versuch«: die Rekonstruktion gibt nicht vor, alle auf die Bestände des Generallandesarchivs verstreuten ritterschaftlichen Archivalien erfasst zu haben. Sie baut vielfach auf älteren Vorarbeiten zur Provenienzenbestimmung auf und beruht auf der neuerlichen Durchsicht ausgewählter, »verdächtiger« Bestände. Gerade bei dieser Durchsicht wurde immer wieder deutlich, dass man die Kanzleigewohnheiten einer Behörde bereits kennen muss, um sie »wiedererkennen« zu können; ältere Provenienzbestimmungen, die vom Einzelbestand ausgehen mussten, konnten meist nur einen Teil der Provenienz »Ortenauer Ritterkanzlei« dingfest machen. Eine wesentliche Hilfe beim Auffinden war z. B. der Brauch der Ritterschafts-Konsulenten, die Beilagen zu den Protokollserien links oben als nummerierte *Adjuncta*

[3] Vgl. H. Schwarzmaier, Die Einführung des Provenienzprinzips im Generallandesarchiv Karlsruhe. Zu den gedruckten Übersichten der Karlsruher Archivbestände, in: Der Archivar 43 (1990) Sp. 347–360.

[4] Vgl. allgemein F. Battenberg (Hg.), Das Reichskammergericht im Spiegel seiner Prozessakten: Bilanz und Perspektiven der Forschung (Quellen und Forschungen zur höchsten Gerichtsbarkeit im Alten Reich 57), Köln 2010

zu bezeichnen (*adj.*); der Zusammenhang mit den Protokollen ging zwar durch die beschriebene Umstellung der Registratur verloren[5], aber keine andere herrschaftliche Kanzlei am mittleren Oberrhein beschriftete ihre Akten in dieser Art. Trotzdem konnte die Durchsicht, wollte sie nicht zum Lebenswerk werden, eben nur »auf Verdacht« vor sich gehen und es wird immer wieder Funde an entlegeneren Stellen geben. Vielfach blieben Provenienzen aber auch unklar. Unterlagen ritterlicher Ortsherrschaften – Verhörprotokolle, bürgerliche Nachlässe und Teilungen – konnten auf irgend eine Weise, vielleicht in Streitfällen, auch ins ritterschaftliche Archiv gelangt sein; ebensogut konnten sie aber auch offensichtlich nach 1806 vor Ort von den badischen lokalen Behörden übernommen und über die Amtsgerichte ins Generallandesarchiv abgegeben worden sein. Das gilt auch für Güterrenovationen einer Grundherrschaft. Als Beweismittel in Prozessen oder für die Kontrolle von Vormundschaftsverwaltungen mochten sie der Ritterschaft vorgelegt worden sein, aber auch die Lehensherren konnten sie für die Aktualisierung von Lehen angefordert haben. In solchem Schriftgut, das sich der Provenienzbestimmung entzieht und das gerade in Bestand GLA 229 häufig begegnet, wurde *contra reum* entschieden. Ziel der Rekonstruktion war ja nicht, ein möglichst umfangreiches Inventar vorzulegen: Nur die thematische Breite ritterschaftlicher Verwaltung sollte deutlich werden, die Tätigkeit der Konsulenten und Ausschüsse, die sich z. T. eben auch mit Problemen der Ortsherrschaft ihrer Mitglieder befassen musste.

Ein Erkennungs- und wiederum Alleinstellungsmerkmal der ritterschaftlichen Registratur zwischen den Nachbarherrschaften war auch deren Ordnung nach *Corpus/ Fasciculus/ Littera/ Numerus*. Tekturen, Aktendeckel mit solchen Angaben haben sich nicht oft erhalten, sind aber nützliche Zuordnungshilfen. Die systematische Gliederung nach sechs *Corpora* wurde, wie beschrieben[6], von der ritterschaftlichen Kanzlei noch im 18. Jahrhundert zugunsten einer alphabetischen Rubrikenordnung wieder aufgegeben. Für die Neugliederung unseres »virtuellen Bestandes« fiel die Wahl aber auf eben diese *Corpora*:

Universalia (allgemeine Serien)
Publica (Herrschaft im Allgemeinen: Reich und Ritterschaft)
Cameraliae (Finanzen)
Familiae (Mitglieder des Ritterbezirks)
Bonae (ritterschaftliche Güter) und
Iudicialia (Prozesse).

Sie vertreten einfach und übersichtlich Grundzüge herrschaftlicher Verwaltung der frühen Neuzeit. Ihre Systematik ermöglicht eine unbegrenzte Tiefenstaffelung und lässt sich in ihrer Begrifflichkeit so auch in anderen Verwaltungen finden, z. B. in Vorderösterreich. Die Tiefenstaffelung orientiert sich jedoch nur am vorhandenen Schriftgut, nicht an zeitgenössischen Registraturordnungen – sie ist also modern, um flexibel sein zu können und um auch nicht Originaltreue vorzutäuschen, die es so wegen der diffusen Überlieferungslage nicht geben kann. Gerade aus diesem Gund schien es auch sinnlos, etwa den letzten Registraturzustand vor der Mediatisierung rekonstruieren zu wollen: Wir kennen ihn nicht (und nach den Raumbeschreibungen des Konsulenten Sahler gab

5 Vgl. oben S. 153 f.
6 Vgl. oben S. 155.

es eine Vielzahl nebeneinander gruppierter Kleinbestände, die durch die Fluchten in den Koalitionskriegen auch noch ständig durcheinander gerieten). Unsere Systematik ist also ebenso ideell, wie die Gesamtrekonstruktion nur virtuell sein kann: ein Versuch der Annäherung und ein Wegweiser zur Nutzung eines leider verstreuten Bestandes.

Der Versuch hatte auch seine Grenzen. So mussten alle vorhandenen Titelaufnahmen übernommen werden, auch wenn die Versuchung groß war, sie neu zu fassen und zu erweitern. Vor allem in GLA 229 finden sich ganze Konvolute, die zu einer Nummer zusammengefasst und mit einem dürren Stichwort erschlossen sind. Eine behutsame Redaktion, verbunden mit der Aufteilung von Großeinheiten und neuen Titelaufnahmen war aber nur für Bestand GLA 127 möglich; beim Kernbestand der ritterschaftlichen Überlieferung war dieser Zeitaufwand zu vertreten. Bei allen übrigen Beständen musste es bei den alten Titelaufnahmen bleiben, sie wurden lediglich von Sprachballast des 19. Jahrhunderts befreit. Nicht übernommen wurden Angaben von Umfang, Schäden und Vorsignaturen; dafür sind die jeweiligen Bestandsinventare heranzuziehen.

Der Anstoß zur Rekonstruktion – die sich ja für fast jede Überlieferung des Alten Reiches im Generallandesarchiv Karlsruhe anbietet und erst für wenige versucht wurde[7] – kam von außen. Mit der Hinterlegung des Archivs der Freiherren von Türckheim im Generallandesarchv 2007 war die gesamte Altdorfer Überlieferung überschaubar geworden: der ritterschaftliche Archivteil (hinterlegt 1885/1893), der Nachlass Grandidier (hinterlegt 1893) und nun das Familienarchiv selbst, in dem sich noch einige ritterschaftliche Archivalien fanden. Jeder dieser Teile hatte – wie auch die fragmentierten Altbestände der Ortenauer Ritterschaft im Generallandesarchiv – seine eigene Geschichte, die es zu respektieren galt. Aber die Neugier war groß zu erproben, ob es möglich sein würde, diese Fragmente so neben- und ineinander zu legen, dass sie ein Ganzes wenigstens wieder in seinen Umrissen erkennen ließen. So ist auch an dieser Stelle vor allem Hans-Eberhard Freiherr von Türckheim zu danken, dass er ein archivisches Experiment ermöglicht und mit großem Interesse daran teilgenommen hat. Die Kollegen im Generallandesarchiv haben mir wesentlich bei diesem Experiment geholfen: Joachim Brüser als Bearbeiter des Tückheim-Archivs, Kurt Andermann in der Diskussion darüber, ob sich eine Rekonstruktion überhaupt lohnt, und Alexander Hoffmann und Martin Stingl als Helfer bei allen Fragen der Datenbank- und Textbearbeitung.

---

7 Vgl. außer dem Reichskammergericht-Projekt auch das Gesamtinventar zur Vorderösterreichischen Regierung und Kammer in Ensisheim und Freiburg in seinen Einzelbänden (Veröffentlichungen der Staatlichen Archivverwaltung Baden-Württemberg 50). Stuttgart 1998ff.

Bestände des Generallandesarchivs Karlsruhe

D Kaiser- und Königsurkunden 1200–1518
31 Ortenau [Urkunden]
61 Protokolle
62 Rechnungen
65 Handschriften
66 Beraine
67 Kopialbücher
69 von Neuenstein
69 von Türckheim-2 [Archiv der Freiherren von Türckheim zu Altdorf: Urkunden]
69 von Türckheim-3 [Archiv der Reichsritterschaft der Ortenau]
72 Lehen- und Adelsarchiv
127 Ortenau [Ritterbezirk, Akten]
134 Bühl, Amt
169 Oberkirch, Amt und Hochwald
207 Kehl, Stadt und Dorf
216 Offenburg, Stadt
229 Spezialakten der kleineren Ämter und Orte
Altenheim (Rohrburg), Appenweier, Bellenberg, Berghaupten, Bosenstein, Bottenau, Bühl, Diersburg, Durbach, Ettenheim, Fessenbach, Freistett, Friesenheim, Gaisbach, GröbernHofweier,, Kappelrodeck, Lauf, Meißenheim, Nägelsfirst, Neuweier, Niederschopfheimn, Oberschopfheim, Orschweier, Ortenberg, Reichenbach, Renchen, Rust, Sasbach, Schmieheim, Schutterwald, Sinzheim, Tiergarten, Waltersweier, Wittenweier

Inhaltsverzeichnis

1 [Universalia] Allgemeine Serien

1.1 Protokolle

1.1.1 Direktorialkonferenzen

1.1.1.1 Hauptserie bis 1730

***Bestellsignatur:** 61 Nr. 8676 a* 1474–1655
Protokolle

***Bestellsignatur:** 61 Nr. 8676* 1591–1740
Protokolle
ohne Einband, Auszüge

***Bestellsignatur:** 61 Nr. 8676 b* 1596–1605
Protokolle

***Bestellsignatur:** 61 Nr. 8672* 1600–1705
Protokolle

***Bestellsignatur:** 61 Nr. 8673* 1636–1650
Protokolle

***Bestellsignatur:** 61 Nr. 8674* 1673–1725
Protokolle

***Bestellsignatur:** 127 Nr. 376* 1727–1730
Protokolle
Enthält: Beitragspflicht an den Kanton Neckar-Schwarzwald und andere Kantone

***Bestellsignatur:** 61 Nr. 8675* 1727–1730
Protokolle

***Bestellsignatur:** 31 Nr. 75* 1728.09.10
Rezess eines Offenburger Direktorialrat- und Ausschusstages
Ausfertigung, 2 Siegel

***Bestellsignatur:** 31 Nr. 78* 1730.09.09
Rezess eines Offenburger Direktorialrat- und Aussschusskonvents
Ausfertigung, 3 Siegel

Bestellsignatur: *31 Nr. 82+83* 1736.03.22
Rezess eines Direktorialrats- und Ausschusstags in Schloss Neuweier
Ausfertigung, 5 Siegel; Reinschrift, teilweise ausgefertigt

Bestellsignatur: *31 Nr. 84* 1740.02.08
Rezess eines Direktorialrats- und Ausschusstags in Schloss Neuweier
Ausfertigung, 2 Siegel

Bestellsignatur: *31 Nr. 87* 1754.02.06
Rezess eines Kehler Direktorialkonvents
Ausfertigung, 5 Siegel

Bestellsignatur: *31 Nr. 88* 1755.04.09
Rezess eines Kehler Direktorialkonvents
Ausfertigung, 5 Siegel

Bestellsignatur: *31 Nr. 89* 1764.01.21
Rezess eines Kehler Direktorialkonvents
Ausfertigung, 6 Siegel

Bestellsignatur: *31 Nr. 92* 1767.04.27
Rezess eines Kehler Direktorialkonvents
Ausfertigung, 7 Siegel

Bestellsignatur: *31 Nr. 94* 1769.04.20
Rezess eines Kehler Direktorialkonvents
Ausfertigung, 4 Siegel

Bestellsignatur: *31 Nr. 95* 1771.12
Rezess eines Kehler Direktorialkonvents
Ausfertigung, 5 Siegel

Bestellsignatur: *31 Nr. 96* 1773.05.10
Rezess eines Kehler Direktorialkonvents
Ausfertigung, 4 Siegel

1.1.1.2 nach 1730: Konzept

Bestellsignatur: *61 Nr. 8677* 1730–1736
Protokolle

Bestellsignatur: *61 Nr. 8678* 1736–1739
Protokolle
mit Register, mit Rezess von 1734

Bestellsignatur: *61 Nr. 8679* 1738–1739
Protokolle
mit Register

Bestellsignatur: *61 Nr. 8680* 1740–1742
Protokolle
mit Register

Bestellsignatur: *61 Nr. 8682* 1743–1744
Protokolle
mit Register

Bestellsignatur: *61 Nr. 8683* 1745–1746
Protokolle
mit Register

Bestellsignatur: *61 Nr. 8684* 1747–1748
Protokolle
mit Register

Bestellsignatur: *61 Nr. 8685* 1749
Protokolle
mit Register

Bestellsignatur: *61 Nr. 8686* 1750–1751
Protokolle
mit Register

Bestellsignatur: *61 Nr. 8687* 1752–1753
Protokolle
mit Register

Bestellsignatur: *61 Nr. 8705* 1754–1755
Protokolle
mit Register

Bestellsignatur: *61 Nr. 8688* 1756–1759
Protokolle
mit Register

Bestellsignatur: *61 Nr. 8706* 1760–1761
Protokolle
mit Register

Bestellsignatur: *61 Nr. 8689* 1762–1763
Protokolle
mit Register

Bestellsignatur: *61 Nr. 8690* 1764–1765
Protokolle
mit Register

Bestellsignatur: *61 Nr. 8707* 1766–1767
Protokolle
mit Register

Bestellsignatur: *61 Nr. 8708* 1768–1769
Protokolle
mit Register

Bestellsignatur: *61 Nr. 8709* 1770
Protokolle
mit Register

Bestellsignatur: *61 Nr. 8710* 1771
Protokolle
mit Register

Bestellsignatur: *61 Nr. 8711* 1772
Protokolle
mit Register

Bestellsignatur: *61 Nr. 8712* 1773
Protokolle
mit Register

Bestellsignatur: *61 Nr. 8713* 1774
Protokolle
mit Register

Bestellsignatur: *61 Nr. 8714* 1775
Protokolle
mit Register

Bestellsignatur: *61 Nr. 8715* 1776
Protokolle
mit Register

Bestellsignatur: *61 Nr. 8716* 1777–1778
Protokolle
mit Register

Bestellsignatur: *61 Nr. 8691* 1779–1780
Protokolle
mit Register

Bestellsignatur: *61 Nr. 8692* 1781–1782
Protokolle
mit Register

Bestellsignatur: *61 Nr. 8693* 1783–1784
Protokolle
mit Register

Bestellsignatur: *61 Nr. 8694* 1785–1787
Protokolle
mit Register

Bestellsignatur: *61 Nr. 8695* 1788–1790
Protokolle
mit Register

Bestellsignatur: *61 Nr. 8696* 1791–1792
Protokolle
mit Register

Bestellsignatur: *61 Nr. 8697* 1793–1794
Protokolle
mit Register

Bestellsignatur: *61 Nr. 8698* 1795–1797
Protokolle
mit Register

Bestellsignatur: *61 Nr. 8699* 1798–1799
Protokolle
mit Register

Bestellsignatur: *61 Nr. 8700* 1800–1801
Protokolle
mit Register

***Bestellsignatur:** 61 Nr. 8701* 1802
Protokolle
mit Register

***Bestellsignatur:** 61 Nr. 8702* 1803
Protokolle
mit Register

***Bestellsignatur:** 61 Nr. 8703* 1804
Protokolle
mit Register

***Bestellsignatur:** 61 Nr. 8704* 1806
Protokolle
mit Register

1.1.1.3 nach 1730: Reinschrift

***Bestellsignatur:** 127 Nr. 378* 1731
Protokolle und Korrespondenzen

***Bestellsignatur:** 127 Nr. 379* 1732
Protokolle und Korrespondenzen

***Bestellsignatur:** 127 Nr. 380* 1733
Protokolle und Korrespondenzen

***Bestellsignatur:** 127 Nr. 381* 1734–1738
Protokolle und Korrespondenzen

***Bestellsignatur:** 127 Nr. 382* 1739
Protokolle und Korrespondenzen

***Bestellsignatur:** 69 von Türckheim-3 Nr. 582* 1740–1741
Ordinari-Konferenzprotokolle

***Bestellsignatur:** 69 von Türckheim-3 Nr. 646* 1742–1744
Ordinari-Konferenzprotokolle

***Bestellsignatur:** 69 von Türckheim-3 Nr. 583* 1745
Ordinari-Konferenzprotokolle

***Bestellsignatur:** 69 von Türckheim-3 Nr. 584* 1746
Ordinari-Konferenzprotokolle

Bestellsignatur: *69 von Türckheim-3 Nr. 585* 1747
Ordinari-Konferenzprotokolle

Bestellsignatur: *69 von Türckheim-3 Nr. 586* 1748
Ordinari-Konferenzprotokolle

Bestellsignatur: *69 von Türckheim-3 Nr. 587* 1749
Ordinari-Konferenzprotokolle

Bestellsignatur: *69 von Türckheim-3 Nr. 588* 1750
Ordinari-Konferenzprotokolle

Bestellsignatur: *69 von Türckheim-3 Nr. 589* 1752–1753
Ordinari-Konferenzprotokolle

Bestellsignatur: *69 von Türckheim-3 Nr. 590* 1754
Ordinari-Konferenzprotokolle

Bestellsignatur: *69 von Türckheim-3 Nr. 591* 1755
Ordinari-Konferenzprotokolle

Bestellsignatur: *69 von Türckheim-3 Nr. 594* 1756
Ordinari-Konferenzprotokolle

Bestellsignatur: *69 von Türckheim-3 Nr. 593* 1756–1757
Ordinari-Konferenzprotokolle

Bestellsignatur: *69 von Türckheim-3 Nr. 595* 1758
Ordinari-Konferenzprotokolle

Bestellsignatur: *69 von Türckheim-3 Nr. 597* 1758–1759
Ordinari-Konferenzprotokolle

Bestellsignatur: *69 von Türckheim-3 Nr. 596* 1759
Ordinari-Konferenzprotokolle

Bestellsignatur: *69 von Türckheim-3 Nr. 598* 1760
Ordinari-Konferenzprotokolle

Bestellsignatur: *69 von Türckheim-3 Nr. 599* 1762
Ordinari-Konferenzprotokolle

Bestellsignatur: *69 von Türckheim-3 Nr. 600* 1763
Ordinari-Konferenzprotokolle

Bestellsignatur: *69 von Türckheim-3 Nr. 601* 1763
Ordinari-Konferenzprotokolle

Bestellsignatur: *69 von Türckheim-3 Nr. 602* 1764
Ordinari-Konferenzprotokolle

Bestellsignatur: *69 von Türckheim-3 Nr. 603* 1764
Ordinari-Konferenzprotokolle

Bestellsignatur: *69 von Türckheim-3 Nr. 604* 1765
Ordinari-Konferenzprotokolle

Bestellsignatur: *69 von Türckheim-3 Nr. 606* 1766
Ordinari-Konferenzprotokolle

Bestellsignatur: *69 von Türckheim-3 Nr. 605* 1766
Ordinari-Konferenzprotokolle

Bestellsignatur: *69 von Türckheim-3 Nr. 607* 1767
Ordinari-Konferenzprotokolle

Bestellsignatur: *69 von Türckheim-3 Nr. 608* 1768
Ordinari-Konferenzprotokolle

Bestellsignatur: *69 von Türckheim-3 Nr. 609* 1768
Ordinari-Konferenzprotokolle

Bestellsignatur: *69 von Türckheim-3 Nr. 610* 1769
Ordinari-Konferenzprotokolle

Bestellsignatur: *69 von Türckheim-3 Nr. 611* 1771
Ordinari-Konferenzprotokolle

Bestellsignatur: *69 von Türckheim-3 Nr. 612* 1771
Ordinari-Konferenzprotokolle

Bestellsignatur: *69 von Türckheim-3 Nr. 613* 1772
Ordinari-Konferenzprotokolle

Bestellsignatur: *69 von Türckheim-3 Nr. 614* 1772
Ordinari-Konferenzprotokolle

Bestellsignatur: *69 von Türckheim-3 Nr. 615* 1773
Ordinari-Konferenzprotokolle

Bestellsignatur: *69 von Türckheim-3 Nr. 616* 1774
Ordinari-Konferenzprotokolle

Bestellsignatur: *69 von Türckheim-3 Nr. 617* 1775
Ordinari-Konferenzprotokolle

Bestellsignatur: *69 von Türckheim-3 Nr. 619* 1777
Ordinari-Konferenzprotokolle

Bestellsignatur: *69 von Türckheim-3 Nr. 618* 1777
Ordinari-Konferenzprotokolle

Bestellsignatur: *69 von Türckheim-3 Nr. 621* 1778
Ordinari-Konferenzprotokolle

Bestellsignatur: *69 von Türckheim-3 Nr. 620* 1778
Ordinari-Konferenzprotokolle

Bestellsignatur: *69 von Türckheim-3 Nr. 622* 1779
Ordinari-Konferenzprotokolle

Bestellsignatur: *69 von Türckheim-3 Nr. 623* 1781
Ordinari-Konferenzprotokolle

Bestellsignatur: *69 von Türckheim-3 Nr. 624* 1783
Ordinari-Konferenzprotokolle

Bestellsignatur: *69 von Türckheim-3 Nr. 625* 1784
Ordinari-Konferenzprotokolle

Bestellsignatur: *69 von Türckheim-3 Nr. 626* 1786
Ordinari-Konferenzprotokolle

Bestellsignatur: *69 von Türckheim-3 Nr. 627* 1786
Ordinari-Konferenzprotokolle

Bestellsignatur: *69 von Türckheim-3 Nr. 592* 1787
Ordinari-Konferenzprotokolle

Bestellsignatur: *69 von Türckheim-3 Nr. 628* 1787
Ordinari-Konferenzprotokolle

Bestellsignatur: *69 von Türckheim-3 Nr. 629* 1788
Ordinari-Konferenzprotokolle

Bestellsignatur: *69 von Türckheim-3 Nr. 630* 1789
Ordinari-Konferenzprotokolle

Bestellsignatur: *69 von Türckheim-3 Nr. 631* 1790
Ordinari-Konferenzprotokolle

Bestellsignatur: *69 von Türckheim-3 Nr. 647* 1792
Ordinari-Konferenzprotokolle

Bestellsignatur: *69 von Türckheim-3 Nr. 648* 1794
Ordinari-Konferenzprotokolle

Bestellsignatur: *69 von Türckheim-3 Nr. 649* 1799
Ordinari-Konferenzprotokolle

Bestellsignatur: *69 von Türckheim-3 Nr. 650* 1801
Ordinari-Konferenzprotokolle

Bestellsignatur: *127 Nr. 389* 1802
Protokolle

Bestellsignatur: *127 Nr. 390* 1802
Protokolle

Bestellsignatur: *127 Nr. 392* Jan.-Juni 1803
Protokolle
Enthält u. a.: Beilagen; Besoldungsverhältnisse des verstorbenen Syndicus Schoell

Bestellsignatur: *127 Nr. 391* Juli-Dez. 1803
Protokolle
Enthält u. a.: Beilagen; Besoldungsverhältnisse des verstorbenen Syndicus Schoell

Bestellsignatur: *127 Nr. 393 (a-b)* 1804–1805
Protokolle
Enthält auch: Beilagen

Bestellsignatur: *127 Nr. 394* 1806
Protokolle und Korrespondenz

1.1.1.4 Register

Bestellsignatur: *61 Nr. 8717* 1474–1727
Register

Bestellsignatur: *61 Nr. 8718* 1600–1727
Register

Bestellsignatur: *61 Nr. 8681* 1740–1753
Register

1.1.2 Beschlusssammlungen

Bestellsignatur: *127 Nr. 377* 1727–1740
Protokolle

Bestellsignatur: *127 Nr. 383* 1740–1743
Beschlussprotokolle

Bestellsignatur: *127 Nr. 384* 1744–1746
Beschlussprotokolle

Bestellsignatur: *127 Nr. 385* 1747–1752
Beschlussprotokolle

Bestellsignatur: *127 Nr. 386* 1753–1765
Stellungnahmen zu den Ritterschaftsprotokollen

Bestellsignatur: *127 Nr. 387* 1765–1792
Stellungnahmen zu den Ritterschaftsprotokollen

Bestellsignatur: *127 Nr. 388* 1773–1778
Protokolle

1.1.3 Protokollauszüge

Bestellsignatur: *69 von Türckheim-3 Nr. 415* 18. Jh.
Protokollauszüge

Bestellsignatur: *127 Nr. 375* 1706–1741
Protokollauszüge (fragmentarisch)

Bestellsignatur: *69 von Türckheim-3 Nr. 652* 1770
Protokollauszüge

Bestellsignatur: *69 von Türckheim-3 Nr. 321* 1787
Protokollauszüge

Bestellsignatur: *69 von Türckheim-3 Nr. 422* 1804
Protokollauszüge

1.1.4 Kontrakte

1.1.4.1 Protokolle

***Bestellsignatur:** 69 von Türckheim-3 Nr. 632* 1699–1723
Kontraktenprotokolle

***Bestellsignatur:** 69 von Türckheim-3 Nr. 539* 1723–1744
Kontraktenprotokolle

***Bestellsignatur:** 69 von Türckheim-3 Nr. 633* 1727–1749
Kontraktenprotokolle

***Bestellsignatur:** 69 von Türckheim-3 Nr. 634* 1750–1753
Kontraktenprotokolle

***Bestellsignatur:** 69 von Türckheim-3 Nr. 635* 1754–1768
Kontraktenprotokolle

***Bestellsignatur:** 69 von Türckheim-3 Nr. 636* 1768–1778
Kontraktenprotokolle

***Bestellsignatur:** 127 Nr. 613* 1779–1805
Kontraktenprotokolle

1.1.4.2 Beilagen

***Bestellsignatur:** 69 von Türckheim-3 Nr. 291* 1691–1739
Beilagen zu den Kontraktenprotokollen

***Bestellsignatur:** 69 von Türckheim-3 Nr. 292* 1740–1744
Beilagen zu den Kontraktenprotokollen

***Bestellsignatur:** 69 von Türckheim-3 Nr. 293* 1745–1749
Beilagen zu den Kontraktenprotokollen

***Bestellsignatur:** 69 von Türckheim-3 Nr. 294* 1750–1754
Beilagen zu den Kontraktenprotokollen

***Bestellsignatur:** 69 von Türckheim-3 Nr. 295* 1756–1759
Beilagen zu den Kontraktenprotokollen

***Bestellsignatur:** 69 von Türckheim-3 Nr. 296* 1760–1769
Beilagen zu den Kontraktenprotokollen

Bestellsignatur: *69 von Türckheim-3 Nr. 297* 1770–1778
Beilagen zu den Kontraktenprotokollen

Bestellsignatur: *69 von Türckheim-3 Nr. 298* 1783–1789
Beilagen zu den Kontraktenprotokollen

Bestellsignatur: *69 von Türckheim-3 Nr. 299* 1791–1799
Beilagen zu den Kontraktenprotokollen

Bestellsignatur: *69 von Türckheim-3 Nr. 300* 1801
Beilagen zu den Kontraktenprotokollen

1.2 Korrespondenz

1.2.1 Sammlungen

Bestellsignatur: *127 Nr. 304* 1489–1497
Korrespondenz zwischen den Mitgliedern des Ritterkantons Ortenau
Enthält u. a.: Wahl eines ortenauischen Ritterhauptmanns

Bestellsignatur: *127 Nr. 73* 16.Jh.
Korrespondenz in verschiedenen Angelegenheiten

Bestellsignatur: *127 Nr. 74 a* 16.–17. Jh.
Korrespondenzen der Rittermitglieder in ritterschaftlichen und persönlichen Angelegenheiten (Teil 1)

Bestellsignatur: *127 Nr. 74 b* 16.–17. Jh.
Korrespondenzen der Rittermitglieder in ritterschaftlichen und persönlichen Angelegenheiten (Teil 2)

Bestellsignatur: *127 Nr. 74* 16.–17. Jh.
Korrespondenzen der Rittermitglieder in ritterschaftlichen und persönlichen Angelegenheiten (Teil 3)

Bestellsignatur: *127 Nr. 632* 1547–1553
Verhandlungen und Korrespondenzen
Enthält: Bündnisse Kaiser Karls V. mit den Reichsstädten und der schwäbischen Ritterschaft; Ritterschaftsabschiede; Reichstagssachen

Bestellsignatur: *127 Nr. 601* 1658–1699
Korrespondenzen

Bestellsignatur: *127 Nr. 93* 1730
Protokollauszüge und Korrespondenzen in Verwaltungsangelegenheiten

Bestellsignatur: *127 Nr. 319* 1730–1795
Korrespondenz des Kantons Ortenau mit anderen Kantonen wegen innerer Angelegenheiten
Enthält u. a.: Stimmrecht auf Konventen

Bestellsignatur: *127 Nr. 755* 1733, 1738
Korrespondenz des Präsidenten von Wurmser
Enthält u. a.: Vorbereitung eines Ritterkonvents in Offenburg 1733

Bestellsignatur: *69 von Türckheim-3 Nr. 502* 1755–1801
Diverse Schreiben an die Reichsritterschaft

Bestellsignatur: *127 Nr. 611* 1756–1801
Korrespondenz und Materialien
Darin: Ankündigung und Plan eines Intelligenzblatts für das Land Breisgau (1801, Druck, mehrfach)

Bestellsignatur: *127 Nr. 757* 1760–1813
Korrespondenz und Materialien [Handakten des Präsidenten Philipp Reinhard von Berstett]
Enthält v. a.: Organisation des Ritterbezirks (u. a. Ordenszeichen; Konfessionsstreit 1802), Verhandlungen mit Frankreich und Baden, Revolution, Entschädigung für linksrheinischen Besitz, Aufhebung der Reichsritterschaft, Stellung der Grundherren im Großherzogtum; Güter- und Familienlisten, Memoranden, Drucksachen.
Bemerkung: Die sehr umfangreiche Sammlung von Einzelblättern ist völlig ungeordnet. Die ursprünglich 4 großen Pakete wurden zur leichteren Benutzung in 15 Einheiten formiert, die die Reihenfolge der Lagerung aber beibehalten. Eindeutige Akten der Güterverwaltung bilden im Bestand GLA 127 jetzt einen Anhang von Berstett, Zweifelsfälle (z. B. von Dettlingen) wurden belassen. Aktenfragmente zum Berstett'schen Besitz im Elsass können verstreut noch enthalten sein (Gerstheim, Erbe von Dettlingen), sie könnten jedoch auch zum Themenkomplex «Entschädigung der Ritterschaft» gehören.

Bestellsignatur: *127 Nr. 333* 1771–1786
Verhandlungen und Vorschläge
Enthält: Aufwertung der Reichsritterschaft und Verbesserung des Verhältnisses zum Kaiser; Gründung einer Ritterschule, Verbot der Veränderung ritterschaftlichen Eigentums

Bestellsignatur: *69 von Türckheim-3 Nr. 372* 1773–1786
Fragmente
Einzelschriftstücke mit starken Schäden.

Bestellsignatur: *69 von Türckheim-3 Nr. 491* 1775–1794
Schreiben des Direktoriums der Reichsritterschaft der Ortenau an Mitglieder

Bestellsignatur: *69 von Türckheim-3 Nr. 533* 1793–1794
Korrespondenz

Bestellsignatur: *69 von Türckheim-3 Nr. 549* 1793–1807
Korrespondenz mit Philipp Reinhard von Berstett

1.2.2Allgemeine Serie

Bestellsignatur: *127 Nr. 67* 1556–1559
Korrespondenz des Ritterkantons Ortenau mit seinen Mitgliedern (1. Teil)

Bestellsignatur: *127 Nr. 68* 1560–1569
Korrespondenz des Ritterkantons Ortenau mit seinen Mitgliedern (2. Teil)

Bestellsignatur: *127 Nr. 71 a* 1570–1579
Korrespondenz des Ritterkantons Ortenau mit anderen Kantonen und seinen Mitgliedern (Teil 1)

Bestellsignatur: *127 Nr. 71 b* 1580–1589
Korrespondenz des Ritterkantons Ortenau mit anderen Kantonen und seinen Mitgliedern (Teil 2)

Bestellsignatur: *127 Nr. 71 c* 1590–1592
Korrespondenz des Ritterkantons Ortenau mit anderen Kantonen und seinen Mitgliedern (Teil 3)

Bestellsignatur: *127 Nr. 71 d* 1593–1594
Korrespondenz des Ritterkantons Ortenau mit anderen Kantonen und seinen Mitgliedern (Teil 4)

Bestellsignatur: *127 Nr. 71 e* 1595–1596
Korrespondenz des Ritterkantons Ortenau mit anderen Kantonen und seinen Mitgliedern (Teil 5)

Bestellsignatur: *127 Nr. 71 f* 1597–1599
Korrespondenz des Ritterkantons Ortenau mit anderen Kantonen und seinen Mitgliedern (Teil 6)

Bestellsignatur: *127 Nr. 75* 1600–1605
Interne Korrespondenzen des Ritterkantons Ortenau

Bestellsignatur: *127 Nr. 71 g* 1606–1609
Korrespondenz des Ritterkantons Ortenau mit anderen Kantonen und seinen Mitgliedern (Teil 7)

Bestellsignatur: *127 Nr. 71 h* 1610–1613
Korrespondenz des Ritterkantons Ortenau mit anderen Kantonen und seinen Mitgliedern (Teil 8)

Bestellsignatur: *127 Nr. 77* 1612–1615
Korrespondenz innerhalb des Ritterkantons Ortenau in Verwaltungsangelegenheiten (Teil 1)

Bestellsignatur: *127 Nr. 78* 1616–1621
Korrespondenz innerhalb des Ritterkantons Ortenau in Verwaltungsangelegenheiten (Teil 2)

Bestellsignatur: *127 Nr. 80* 1622–1630
Sammelkorrespondenz der ortenauischen Ritterschaft (Teil 1)

Bestellsignatur: *127 Nr. 81* 1630–1640
Sammelkorrespondenz der ortenauischen Ritterschaft (Teil 2)

Bestellsignatur: *127 Nr. 82* 1650–1660
Korrespondenz der Ritterschaft Ortenau mit ihren Mitgliedern

Bestellsignatur: *127 Nr. 84* 1660–1667
Korrespondenz der Ritterkantone mit ihren Mitgliedern

Bestellsignatur: *127 Nr. 87* 1667–1669
Korrespondenz der Ritterschaft Ortenau mit ihren Mitgliedern und anderen Ritterkantonen

Bestellsignatur: *127 Nr. 88* 1670–1673
Korrespondenz der Ritterschaft Ortenau mit ihren Mitgliedern und anderen Ritterkantonen

Bestellsignatur: *127 Nr. 71 i* 1674–1679
Korrespondenz des Ritterkantons Ortenau mit anderen Kantonen und seinen Mitgliedern (Teil 9)

Bestellsignatur: *127 Nr. 71 k* 1680–1690
Korrespondenz des Ritterkantons Ortenau mit anderen Kantonen und seinen Mitgliedern (Teil 10)

Bestellsignatur: *127 Nr. 602* 1700–1730
Korrespondenz

Bestellsignatur: *127 Nr. 94* 1730–1732
Korrespondenz des ortenauischen Ritterkantons mit seinen Mitgliedern

Bestellsignatur: *127 Nr. 603* 1730–1740
Korrespondenz

Bestellsignatur: *127 Nr. 604* 1740–1750
Korrespondenz

Bestellsignatur: *127 Nr. 605* 1750–1760
Korrespondenz

Bestellsignatur: *127 Nr. 606* 1760–1770
Korrespondenz

Bestellsignatur: *127 Nr. 607* 1770–1780
Korrespondenz

Bestellsignatur: *127 Nr. 608* 1780–1790
Korrespondenz

Bestellsignatur: *127 Nr. 609* 1790–1800
Korrespondenz

Bestellsignatur: *127 Nr. 610* 1800–1803
Korrespondenz

1.2.3 Neckar-Schwarzwald

Bestellsignatur: *127 Nr. 64* 1501–1555
Korrespondenz des Kantons Neckar-Schwarzwald mit dem Kanton Ortenau (1. Teil)

Bestellsignatur: *127 Nr. 65* 1542–1544
Korrespondenz des Kantons Neckar-Schwarzwald mit dem Kanton Ortenau (2. Teil)

Bestellsignatur: *127 Nr. 66* 1545–1559
Korrespondenz des Kantons Neckar-Schwarzwald mit dem Kanton Ortenau (3. Teil)

Bestellsignatur: *127 Nr. 69* 1560–1569
Korrespondenz des Kantons Neckar-Schwarzwald mit dem Kanton Ortenau (4. Teil)

Bestellsignatur: *127 Nr. 70* 1570–1599
Korrespondenz des Kantons Neckar-Schwarzwald mit dem Kanton Ortenau (5. Teil)

Bestellsignatur: *127 Nr. 76* 1600–1620
Korrespondenz mit dem Ritterkanton Neckar-Schwarzwald

Bestellsignatur: *127 Nr. 79* 1620–1645
Korrespondenz mit dem Ritterkanton Neckar-Schwarzwald

Bestellsignatur: *127 Nr. 98* 1649–1650
Korrespondenz zwischen den Ritterkantonen Ortenau und Neckar-Schwarzwald

Bestellsignatur: *127 Nr. 82 a* 1658–1739
Korrespondenz des Kantons Ortenau mit dem Kanton Neckar-Schwarzwald

Bestellsignatur: *127 Nr. 91* 1723–1776
Korrespondenz zwischen den Sekretären des Kantons Neckar-Schwarzwald und Ortenau

Bestellsignatur: *127 Nr. 96* 1740–1754
Korrespondenz zwischen den Kantonen Neckar-Schwarzwald und Ortenau

Bestellsignatur: *127 Nr. 101* 1761–1790
Korrespondenz der Ritterkantone Neckar-Schwarzwald und Ortenau

Bestellsignatur: *127 Nr. 102* 1763
Korrespondenz zwischen den Ritterkantonen Ortenau und Neckar-Schwarzwald

1.2.4 Donau u. a.

Bestellsignatur: *127 Nr. 85* 1660–1742
Korrespondenz mit dem Ritterkanton Donau

Bestellsignatur: *127 Nr. 86* 1662–1736
Korrespondenz des Kantons Neckar-Schwarzwald mit dem Kanton Donau

Bestellsignatur: *127 Nr. 90* 1687–1741
Korrespondenz zwischen den Offizianten der Ritterkantone Ortenau und Donau

Bestellsignatur: *69 von Türckheim-3 Nr. 479* 1804
Schriftwechsel mit den Kantonen Donau und Neckar

Bestellsignatur: *69 von Türckheim-3 Nr. 420* 1805–1806
Schriftwechsel zwischen den Direktorien der Kantone Donau, Neckar und Ortenau

1.2.5 andere Kantone

Bestellsignatur: *127 Nr. 72* 1591–1651
Schreiben der unterelsässischen Ritterschaft an die ortenauische Ritterschaft

Bestellsignatur: *127 Nr. 83* 1659–1673
Korrespondenz mit dem Schwäbischen Ritterkreis

Bestellsignatur: *127 Nr. 92* 1726–1787
Korrespondenz zwischen dem Kanton Mittelrhein und der Burg Friedberg über ihre Differenzen

Bestellsignatur: *127 Nr. 99* 1752–1755
Korrespondenz des Ritterkantons Ortenau mit anderen Ritterkantonen

1.2.6 Kanzleibeamte

Bestellsignatur: *127 Nr. 318* 1726–1729
Berichte, Korrespondenz und Stellungnahmen des Konsulenten Sahler

Bestellsignatur: *127 Nr. 97* 1747–1749
Korrespondenz zwischen Freiherrn Knebel von Katzenelnbogen als Direktor des Ritterkantons Ortenau und dem Konsulenten Christian Friedrich Sahler

Bestellsignatur: *127 Nr. 103* 1763–1769
Schreiben an Ludwig Wilhelm Schoell, Konsulent des Ritterkantons Ortenau

Bestellsignatur: *69 von Türckheim-3 Nr. 303* 1788–1789
Schreiben an den Konsulenten Christian Friedrich Sahler

Bestellsignatur: *69 von Türckheim-3 Nr. 318* 1791–1792
Berichte des Konsulenten Christian Friedrich Sahler an Freiherrn Johann V. von Türckheim

Bestellsignatur: *127 Nr. 105* 1804
Protokollbeilagen und Korrespondenz der ortenauischen Ritterschaftskanzlei
Enthält v. a.: Rechnungssachen

1.3 Rezesse und Protokolle von Konventen

1.3.1 Korrespondenztage [der Reichsritterschaft]

Bestellsignatur: *127 Nr. 25* 1589–1699
Abschiede und zugehörige Korrespondenz
Enthält auch: Konvente der Schwäbischen Ritterschaft

Bestellsignatur: *127 Nr. 26* 1620–1674
Abschiede und Protokolle von Korrespondenztagen

Bestellsignatur: *127 Nr. 31* 1715–1744
Protokolle und Rezesse von Korrespondenztagen

Bestellsignatur: *127 Nr. 42* 1750–1754
Protokolle und Rezesse von Korrespondenztagen (gebunden)

Bestellsignatur: *127 Nr. 53* 1771–1772
Korrespondenztage
Enthält: Akten und Beilagen

Bestellsignatur: *127 Nr. 58* 1790
Heilbronner Korrespondenztag
Enthält: Kostenrechnung; Tod des Grafen Franz Ludwig Waldner von Freundstein

Bestellsignatur: *127 Nr. 60* 1790–1794
Heilbronner Korrespondenztag
Enthält u. a.: Diarium (Protokoll) des Konsulenten Christian Friedrich Sahler
Darin: Sitzordnung der Konventsteilnehmer

1.3.2 Fünf Orte [der Reichsritterschaft in Schwaben]

Bestellsignatur: *127 Nr. 18* 1542–1670
Auszüge aus den ortenauischen Fünf-Orts-Rezessen (Korrespondenztagen)
Darin: Ritterschaftstagsrezess, 1543

Bestellsignatur: *127 Nr. 19* 1545–1585
Konventsabschiede

Bestellsignatur: *127 Nr. 20* 1545–1619
Konventsabschiede

Bestellsignatur: *127 Nr. 24* 1595–1677
Instruktionen für die auf die Rittertage abgesandten Mitglieder der Jahre 1595, 1612, 1620, 1640, 1664, 1670 und 1677

Bestellsignatur: *127 Nr. 27* 1650
Protokoll des schwäbischen Rittertags zu Tübingen

Bestellsignatur: *127 Nr. 314* 1700–1739
Protokolle über die in Ulm abgehaltenen Fünfortskonvente
Enthält: 27 Protokolle (Kopien)

Bestellsignatur: *127 Nr. 40* 1740–1777
Rezesse der Fünf-Orts-Konvente

Bestellsignatur: *127 Nr. 5* 1772
Verzeichnisse der im gemeinschaftlichen Archiv in Ehingen vorhandenen Fünfortsrezesse

Bestellsignatur: *127 Nr. 55* 1780–1804
Rezesse der Fünf-Orts-Konvente
Enthält: Rezesse und Beilagen

Bestellsignatur: *69 von Türckheim-3 Nr. 396* 1786
Verzeichnis aller Ortsrezesse der schwäbischen Reichsritterschaft
angefertigt von Jakob Gottlieb Reuß, ritterschaftlichem Archivar des Kantons Kraichgau

1.3.3 Neckar-Schwarzwald

Bestellsignatur: *127 Nr. 22* 1545–1677
Abschiede zwischen dem Ritterkantonen Neckar-Schwarzwald und Ortenau

Bestellsignatur: *127 Nr. 21* 1545–1693
Abschiede des Kantons Neckar-Schwarzwald

Bestellsignatur: *127 Nr. 23* 1564–1701
Originalrezesse und Auszüge aus den Akten des Ritterkantons Neckar-Schwarzwald

Bestellsignatur: *127 Nr. 41* 1748
Vereinbarung mit dem Kanton Neckar-Schwarzwald
Enthält: Beiakten

1.3.4 Ortenau

Bestellsignatur: *127 Nr. 44* 1551–1663
Rezesse der Ritterschaft Ortenau

Bestellsignatur: *127 Nr. 28* 1664–1670
Protokolle und Akten der 1664–1670 abgehaltenen Rittertage

Bestellsignatur: *127 Nr. 30* 1671–1729
Protokolle und Akten der 1671–1729 abgehaltenen Rittertage

Bestellsignatur: *127 Nr. 32 a* 1715–1731
Ritterschaftstagsrezesse 1715, 1722, 1727 und 1729

Bestellsignatur: *31 Nr. 72* 1715.02.15
Rezess eines Offenburger General-Ritter-Konvents
Ausfertigung, 11 Siegel

Bestellsignatur: *69 von Türckheim-3 Nr. 280* 1722
Rezess des Generalritterkonvents der Reichsritterschaft der Ortenau

Bestellsignatur: *69 von Türckheim-3 Nr. 279* 1722
Rezess des Generalritterkonvents der Reichsritterschaft der Ortenau

Bestellsignatur: *31 Nr. 73* 1722.02.05
Rezess eines Acherner General-Ritter-Konvents
Ausfertigung, 11 Siegel

Bestellsignatur: *127 Nr. 32* 1727–1728
Beiakten zu Konventen

Bestellsignatur: *31 Nr. 74* 1727.10.16
Rezess eines Offenburger Gliedertags
Ausfertigung, 15 Siegel

Bestellsignatur: *127 Nr. 32 b* 1728–1734
Rezesse der Direktorialrats- und Auschusskonvente 1728, 1730 und 1734

Bestellsignatur: *31 Nr. 76+77* 1729.09.06
Rezess eines Offenburger Ritterkonvents oder Gliedertags
Ausfertigung, 11 Siegel. Abschr.

Bestellsignatur: *127 Nr. 33* 1730
Beschlüsse des Direktorialkonvents von 1730

Bestellsignatur: *127 Nr. 34* 1731–1736
Rezesse und dazugehörige Akten der Ritterkonvente von 1731, 1733, 1734 und 1736

Bestellsignatur: *31 Nr. 79* 1731.09.04
Rezess eines Offenburger Gliedertags
Ausfertigung, 12 Siegel

Bestellsignatur: *31 Nr. 80* 1734.04.14
Rezess eines Straßburger Konvents der Direktorialräte, Ausschüsse und Mitglieder
Ausfertigung, 5 Siegel

Bestellsignatur: *31 Nr. 81* 1734.06.30
Rezess eines Straßburger Konvents der Direktorialräte, Ausschüsse und Mitglieder
Ausfertigung, 5 Siegel

Bestellsignatur: *127 Nr. 35* 1736
Protokoll und Rezess der ritterschaftlichen Ausschusssitzung in Neuweier

Bestellsignatur: *127 Nr. 45* 1738
Protokolle und Beilagen von Rittertagen

Bestellsignatur: *127 Nr. 38* 1740
Konventsrezess und Beiakten des allgemeinen Rittertags

Bestellsignatur: *127 Nr. 37* 1740
Protokoll des Direktorialkonvents

Bestellsignatur: *127 Nr. 39* 1740–1766
Rittertage (Ortskonvente)

Bestellsignatur: *127 Nr. 40 a* 1740–1791
Ritterschaftstagrezesse der Jahre 1740, 1751, 1766, 1784, 1789 und 1791

Bestellsignatur: *31 Nr. 85* 1740.05.06
Rezess eines Offenburger Gliedertags
Ausfertigung, 10 Siegel

Bestellsignatur: *127 Nr. 447* 1750
Rezess des Kantons Ortenau (Kreisviertelsrezess)

Bestellsignatur: *127 Nr. 43* 1751
Allgemeiner ortenauischer Rittertag

Bestellsignatur: *31 Nr. 86* 1751.09.06
Rezess eines Kehler Gliedertags
Ausfertigung, 28 Siegel

Bestellsignatur: *127 Nr. 46* 1754
Ritterschaftlicher Rezess

Bestellsignatur: *127 Nr. 46 a* 1754–1771
Direktorialkonventsrezesse der Jahre 1754, 1755, 1764, 1767, 1769 und 1771

Bestellsignatur: *127 Nr. 47* 1760
Direktorialkonvent
Enthält: Beiakten

Bestellsignatur: *127 Nr. 48* 1762
Ritterschaftlicher Rezess

Bestellsignatur: *127 Nr. 50* 1766
Voller Ritterschaftskonvent in Offenburg
Enthält: Beiakten; Eröffnungsrede

Bestellsignatur: *127 Nr. 49* 1766
Rittertag
Enthält: Antwortschreiben der ritterschaftlichen Mitglieder auf die Einladung

Bestellsignatur: *31 Nr. 90* 1766.05.17
Rezess eines Gliedertags im Kehler Gasthaus zum Adler
Ausfertigung, 36 Siegel

Bestellsignatur: *127 Nr. 51* 1767
RechnungsRezess (doppelt)

Bestellsignatur: *127 Nr. 52* 1769–1771
Konvente von 1769 und 1771

Bestellsignatur: *127 Nr. 29* 1770–1799
Protokolle und Beilagen von Rittertagen

Bestellsignatur: *127 Nr. 54* 1773
Konvent
Enthält: Korrespondenz und Beilagen

Bestellsignatur: *127 Nr. 54 a* 1773–1802
Direktorialkonventsrezesse der Jahre 1792, 1794, 1801 und 1802 (mit Beilagen)

Bestellsignatur: *127 Nr. 56* 1784
Ortenauischer Ritterkonvent
Enthält auch: Beilagen

Bestellsignatur: *31 Nr. 97* 1784.05.08
Rezess eines Kehler Mitgliedertags
Ausfertigung, 32 Siegel

Bestellsignatur: *127 Nr. 57* 1789
Ritterkonvent
Enthält: Protokoll; Tod des Grafen Franz Ludwig Waldner von Freundstein

Bestellsignatur: *31 Nr. 98* 1789.06.29
Rezess eines Kehler Plenarkonvents
Ausfertigung, 22 Siegel

Bestellsignatur: *127 Nr. 59* 1790–1791
Konventsprotokolle und Beilagen

Bestellsignatur: *127 Nr. 61* 1791
Plenarkonvent

Bestellsignatur: *31 Nr. 99* 1791.05.6

Rezess eines Kehler Gliedertags

Ausfertigung, 31 Siegel

Bestellsignatur: *31 Nr. 100* 1792.08.30

Rezess eines Kehler Mitgliedertags

Ausfertigung, 10 Siegel

Bestellsignatur: *31 Nr. 101* 1792.11.29

Rezess eines außerordentlichen Ausschuss- und Mitgliedertags

Ausfertigung, 1 Siegel

Bestellsignatur: *31 Nr. 102* 1794.05.05

Rezess eines Offenburger Tags von Direktorialräten und Mitgliedern der ortenauischen Ritterschaft

Ausfertigung, Pergament, Siegel, Beilagen A-F

Bestellsignatur: *127 Nr. 62* 1802

Direktorialwahlen und Konventsbeschlüsse

Enthält: Zahlung der Schulden des Konsulenten Sahler; Ankauf von dessen Privatarchiv mit Büchern durch die Ritterkasse

Bestellsignatur: *127 Nr. 63* 1804

Konventsprotokolle

2 [Publica] Reich und Ritterschaft

2.1 Kaiser und Reich

2.1.1 Kaiser

Bestellsignatur: *31 Nr. 44* 1494.11.24
Mandat Kaiser Maximilians I. zum Besuch des Wormser Reichstags und zum Aufgebot des Römerzugs
Ausfertigung, Papier, Siegel abg., Adresse: *den edlen in der ritterschaft in der Ortenau*

Bestellsignatur: *31 Nr. 45* 1496.05.23
Mandat Kaiser Maximilians I. zum Krieg in Italien, Gemeinen Pfennig, Reichstag von Lindau, zu den Türken und zum Römerzug.
Ausfertigung, Papier, Verschluss-Siegel

Bestellsignatur: *69 von Türckheim-3 Nr. 467* 18. Jh.
Vermerk zu einer kaiserlichen Wahlkapitulation

Bestellsignatur: *127 Nr. 458* 1711–1792
Reichsvikariate von 1711, 1741, 1745, 1790 und 1792
Darin: Notifikation über das Reichsvikariat von 1792 (gedruckt)

Bestellsignatur: *127 Nr. 152* 1738–1778
Missionen an den kaiserlichen Hof und den Reichstag
Enthält auch: Auslageverrechnung

Bestellsignatur: *69 von Türckheim-3 Nr. 351* 1741
Anmerkungen des Konsulenten Theobald Friedrich Sahler zur kaiserlichen Wahlkapitulation

Bestellsignatur: *127 Nr. 437* 1742
Verhandlung mit dem schwäbischen Ritterkreis wegen eines Geschenkes an Kaiser Karl VII.

Bestellsignatur: *127 Nr. 154* 1747–1748
Reise des Präsidenten der ortenauischen Ritterschaft nach Wien

Bestellsignatur: *127 Nr. 153* 1747–1748
Delegation an den kaiserlichen Hof
Enthält nur: Verzeichnis der mitgenommenen Akten

Bestellsignatur: *127 Nr. 429* 1748
Ausgaben und Einnahmen des Freiherrn Knebel von Katzenelnbogen, ritterschaftlichen Gesandten in Wien

Bestellsignatur: *127 Nr. 736* 1758–1796
Kaiserliche Kommissionen und Exekutionen

Bestellsignatur: *127 Nr. 231* 1765–1792
Trauer-Anordnungen und -veranstaltungen beim Tode der Kaiser Franz I., Josef II. und Leopold II.

Bestellsignatur: *127 Nr. 189* 1776
Verlegung des Osterfestes auf den selben Tag im Reich

Bestellsignatur: *127 Nr. 454* 1780–1790
Vorlegung von Familienstatuten und Pakten beim Kaiser

Bestellsignatur: *127 Nr. 438* 1790
Verhandlungen des schwäbischen Ritterkreises über die Wahlkapitulation bei der Thronbesteigung Kaiser Leopolds II. und Absendung einer Gesandschaft zur Krönung
Darin: Protokoll des Reichsfürstenrats (Druck); Wahlkapitulation Leopolds II. (Druck)

Bestellsignatur: *69 von Türckheim-3 Nr. 414* 1790
Reskript Kaiser Leopolds II. an den Freiherrn Nikolaus Ludwig von Enzberg wegen seines Regierungsantritts (Abschr.)

Bestellsignatur: *127 Nr. 439* 1792
Absendung einer Gesandschaft zur Wahl Kaiser Franz' II.
Enthält auch: Wahlkapitulationsverhandlungen

Bestellsignatur: *127 Nr. 726* 1792
Beteiligung der Ritterschaft an den Kosten der Kaiserwahl

Bestellsignatur: *127 Nr. 155* 1801–1804
Absendung des ritterschaftlichen Gesandten von Gemmingen nach Wien und Regensburg
Enthält: Verhandlungen und Berichte über die Reichsdeputation in Regensburg
Darin: Drucksachen der Beschlüsse der Reichsdeputation (u. a. Reichsdeputationshauptschluss)

2.1.2 Reichsinstitutionen

2.1.2.1 allgemein

Bestellsignatur: *127 Nr. 12* 1727–1730
Beitragsleistung der Ritterschaft zum Bau eines Kanzleigebäudes in Wien

Bestellsignatur: *127 Nr. 746* 1739–1740
Zuständigkeit des Rottweiler Hofgerichts für Reichsunmittelbare

Bestellsignatur: *127 Nr. 731* 1742
Vertretung der Ritterschaftsinteressen in den Reichsgremien

Bestellsignatur: *127 Nr. 146* 1795
Vertretung der Ritterschaft im Regensburger Reichstag

Bestellsignatur: *69 von Türckheim-3 Nr. 551* 1804
Bayerische Kreisrückstände

2.1.2.2 Reichskammergericht

Bestellsignatur: *69 von Türckheim-3 Nr. 526* (1658) 1662
Präsentation des Freiherr Johann Christoph von Schmidtburg zum Präsidenten des Reichskammergerichts durch Kaiser Leopold I.
Enthält auch: Mandate an die österreichischen Wesen zur Beachtung des Freiherrentitels von Schmidtburg, 1658

Bestellsignatur: *127 Nr. 432* 1729–1742
Übertragung einer Reichskammergerichtsstelle an Baron von Ingelheim

Bestellsignatur: *127 Nr. 95* 1732–1755
Korrespondenz mit dem Vertreter der Ortenauer Ritterschaft am Reichskammergericht in Wetzlar
Enthält v. a.: Prozess gegen Baden-Baden

Bestellsignatur: *127 Nr. 100* 1756–1762
Korrespondenz zwischen dem Konsulenten der ortenauischen Ritterschaft, Christian Friedrich Sahler, und Reichskammergerichtsrat Dr. Weylach

Bestellsignatur: *127 Nr. 431* 1756–1786
Reichskammergerichtsvisitationen und Verhältnis zwischen Reichskammergericht und Ritterschaft
Darin: Dekret Kaiser Josefs II. (Druck)

Bestellsignatur: *127 Nr. 737* 1757–1758
Archiv des Reichskammergerichts

Bestellsignatur: *127 Nr. 408* 1765–1783
Agentur in Wetzlar
Enthält auch: Prozessakten

Bestellsignatur: *127 Nr. 114* 1769–1777
Besoldung und Pensionierung des Hofrats Tabor, ritterschaftlichen Abgeordneten bei der Reichskammergerichtsvisitation

Bestellsignatur: *127 Nr. 734* 1770–1771
Agenten der Schwäbischen Reichsritterschaft am Reichskammergericht und am Wiener Hof

Bestellsignatur: *127 Nr. 433* 1771–1773
Beizug der freien Ritterschaft zum Unterhalt des Reichkammergerichts
Enthält auch: Ernennung des Reichskammergerichtspräsidenten; Kompatibilität dieser Stellung mit der eines Reichshauptmanns

2.1.2.3 Reichshofrat

Bestellsignatur: *127 Nr. 89 (a-e)* 1672–1801
Korrespondenz der Schwäbischen Reichsritterschaft mit dem Reichshofrat

Bestellsignatur: *127 Nr. 108* 1730–1792
Besoldung des Reichshofratspräsidenten
Enthält auch: Promotionen beim Reichshofrat

Bestellsignatur: *127 Nr. 612* 1776–1784
Beschlüsse des Reichshofrats
Darin: Verordnung Kaiser Josefs II. zur Einführung der Zivilehe (1780, Druck)

Bestellsignatur: *127 Nr. 104* 1780–1798
Korrespondenz mit dem Reichshofratsagenten von Blumenfeld
Enthält auch: Protokollauszüge von ritterschaftlichen Konventen

Bestellsignatur: *127 Nr. 728* 1786
Geschäftsvorschriften für Agenten am Reichshofrat

Bestellsignatur: *127 Nr. 107* 1786–1787
Errichtung einer Witwenkasse für die Reichshofratsagenten

2.1.3 Reichslehen

Bestellsignatur: *1354 Nr. 291* 1649–1754
Reichslehen Bühl

Bestellsignatur: *69 von Türckheim-3 Nr. 356* 18. Jh.
Untersuchung der Begründung der Lehensgerichtsbarkeit

Bestellsignatur: *127 Nr. 744* 1743
Investitur mit Reichslehen

Bestellsignatur: *169 Nr. 118* 1764–1765
Reichsunmittelbarkeit des ehemaligen von bodeckischen Rebhofs zu Korberg

Bestellsignatur: *69 von Türckheim-3 Nr. 350* 1770
Abhandlung des Konsulenten Christian Friedrich Sahler zum Ursprung der Lehengerichtsbarkeit im Reich

Bestellsignatur: *169 Nr. 117* (1427–) 1771
Reichsunmittelbarkeit der neuensteinischen Güter zu Hubacker und Fernach
Enthält u. a.: Burgfrieden 1427, 1506 (Neuenstein, Ulman Böcklin von Böcklinsau, Caspar Wolf von Renchen, Stoffel Roeder von Rodeck); Wald bei Neuenstein (1556)

Bestellsignatur: *229 Nr. 11647* 1772
Immedietät der Rittergüter im Amt Staufenberg

Bestellsignatur: *127 Nr. 436* 1774
Vom Reich zu Lehen gehende ritterschaftliche Blutbänne

Bestellsignatur: *72 Nr. 9577* 1787
Politischer Status des von Baden lehnbaren Ritterguts Grol
Enthält: Beschwerden der Freiherren Zorn von Bulach an den Kaiser über die markgräfliche Regierung und das Amt Staufenberg wegen Missachtung der Reichsunmittelbarkeit des Guts

Bestellsignatur: *229 Nr. 11627* 1794
Beweis der Reichsunmittelbarkeit des Ritterguts Bosenstein
Druck

Bestellsignatur: *229 Nr. 11628* 1794
Urkundenbeilage zum Beweis der Reichsunmittelbarkeit des Ritterguts Bosenstein
Druck

2.1.4 Reichsprivilegien

Bestellsignatur: *127 Nr. 749* 1559
Privilegien der Schwäbischen Ritterschaft bei Leibeigenen, Wildfuhren und Zöllen
Enthält v. a.: Verordnung Kaiser Ferdinands I.

Bestellsignatur: *127 Nr. 357* 1561–1623
Kaiserliche Privilegien
Enthält: Register

Bestellsignatur: *127 Nr. 352* 1566–1749
Kaiserliche Privilegien
Enthält: Zölle; Wildfuhr; Juden; Leibeigene; Güterveränderung

Bestellsignatur: *127 Nr. 756* 1593–1726
Kaiserliche Privilegien und Mandate
Enthält u. a.: Vasallen von Kurmainz und Kurpfalz

Bestellsignatur: *127 Nr. 353* 1601
Privilegien Kaiser Rudolfs II. für die Reichsritterschaft in Schwaben über die einmalige Besteuerung ihrer Güter

Bestellsignatur: *31 Nr. 38* 1601.10.01
Rudolf II. bestätigt das Privileg Ferdinands I. von 1559 August 1 für die Reichsritterschaft und erweitert es dahin, dass Juden in ritterschaftlichen Gebieten zwar keinen Geld-, aber Warenhandel treiben dürfen.
Abschr. des Notars Georg Jung zu Esslingen, Pergament

Bestellsignatur: *31 Nr. 36+37* 1601.10.01
Rudolf II. bestätigt das Privileg Ferdinands I. von 1559 August 9 für die Reichsritterschaft
3 Abschriften (1 Pergament)

Bestellsignatur: *31 Nr. 57* 1601.10.01
Rudolf II. bestätigt das Privileg Ferdinands I. von 1559 August 9 für die Ritterschaft in Schwaben des Viertels am Neckar und Schwarzwald zu den Rechten über Leibeigene
Abschr. des Notars Georg Jung zu Esslingen

Bestellsignatur: *31 Nr. 106+107* 1601.10.01
Rudolf II. bestätigt das Privileg Maximilians II. für den reichsunmittelbaren Adel von 1566 Mai 25 über die Steuerpflichtigkeit ritterschaftlicher Güter
3 Abschriften (1 Pergament)

Bestellsignatur: *127 Nr. 354* 1631
Rechts- und Pflichtbelehrung für den Ritterstand in Ansehung seiner Gerichtsprivilegien

Bestellsignatur: *127 Nr. 355* 1652–1664
Verhandlungen über ritterschaftliche Privilegien
Enthält: Relation über die Reise einer Delegation der Schwäbischen Ritterschaft nach Wien

Bestellsignatur: *127 Nr. 356* 1654, 1725–1726
Verleihung des Prädikates Wohl- und Edelgeboren an die Ritterschaftsmitglieder

Bestellsignatur: *69 von Türckheim-3 Nr. 655* 1688
Bestätigung der Rechte und Privilegien der Schwäbischen Reichsritterschaft durch Kaiser Leopold I.
Druck

Bestellsignatur: *127 Nr. 361* 1733
Verhaftung des Freiherrn Reichlin von Meldegg in Frankfurt

Bestellsignatur: *127 Nr. 362* 1737–1762
Recht des Reichsadels mit Ausschließung der westfälischen Adels auf die Präbenden des Domstifts Mainz

Bestellsignatur: *127 Nr. 363* 1738–1740
Beschwerden der Ritterschaft gegen die Grafschaft Nassau-Saarbrücken-Usingen, Herrschaft - insbesondere Oberamt - Lahr, wegen Privilegienbeschränkung

Bestellsignatur: *127 Nr. 364* 1741–1742
Verhandlungen der Reichsritterschaft bei der Wahlkapitulation Kaiser Karls VII. wegen Privilegien
Enthält auch: Entsendung des Freiherrn Knebel von Katzenelnbogen

Bestellsignatur: *127 Nr. 365* 1745
Verhandlungen der Reichsritterschaft bei der Wahl Kaiser Franz' I. wegen Privilegien

Bestellsignatur: *127 Nr. 366* 1754
Gültigkeit von Mündigkeitsgesetzen für Ritterschaftsmitglieder

Bestellsignatur: *127 Nr. 367* 1763–1764
Verhandlungen der Reichsritterschaft bei der Wahl Kaisers Josefs II. wegen Privilegien

Bestellsignatur: *127 Nr. 719* 1775–1777
Persönliche Immedietät der Reichsritterglieder

Bestellsignatur: *127 Nr. 371* 1775–1780
Privilegientaxen
Enthält: Korrespondenz zwischen Ritterkantonen

Bestellsignatur: *127 Nr. 372* 1777
Reichsunmittelbarkeit des Ritterstandes
Enthält: Promemoria

Bestellsignatur: *127 Nr. 716* 1787–1793
Eindringen des Mediat-Adels in Hochstifte

Bestellsignatur: *127 Nr. 373* 1791–1793

Titulatur der ritterschaftlichen Abgesandten bei der Krönung Kaiser Leopolds II.

2.1.5 Reichskriege

2.1.5.1 Kriege des 15. und 16. Jahrhunderts

Bestellsignatur: *D 970a* 1492 Juni 4

Kaiser Friedrich III. fordert die Ritterschaft in der Ortenau zur Hilfe gegen Frankreich auf. König Karl habe die Gemahlin Maximilians, die Herzogin [Anna] der Bretagne, in seine Gewalt gebracht. Mit der Besetzung von Lüttich, Oberburgund und Geldern drohe Erzherzog Philipp der Verlust seines Landes. Frankreich wolle den Zugang zum Rhein und den deutschen Landen und erstrebe die Kaiserkrone. Dies bedeute für die deutsche Nation unerhörte Schmach; er, der Kaiser, wolle lieber sterben als einen unehrenhaften Frieden schließen. Er befiehlt der Ritterschaft, sich bewaffnet am 2. August zu Rat und Tat in Metz einzufinden.

Kanzleivermerk: *Ad mandatum domini imperatoris in consilio.*- Pap., Siegel hinten aufgedr.

Bestellsignatur: *31 Nr. 43* 1493 März 25

Mandat König Maximilians I. an die Reichsstände zur Hilfeleistung gegen Frankreich und die Türken.

Druck, Siegel des Ausstellers auf der Rückseite

Bestellsignatur: *D 1004a* 1494 Mai 9

König Maximilian I. befiehlt der Ritterschaft in der Ortenau, sich mit Wagen, Geschütz u. a. am 8. Juni bei ihm als dem alleinigen Herrn über Krieg und Frieden in Speyer einzufinden, um eine drohende Fehde zwischen Erzbischof Berthold von Mainz und Pfalzgraf Philipp zu verhindern.

Kanzleivermerk: Ad *mandatum domini regis proprium.* Pap., Siegel hinten aufgedr., abg.

Bestellsignatur: *31 Nr. 48* 1542.11.27

Der Ausschuss der Ritterschaft vom Neckar-Schwarzwald bestätigt dem Ausschuss der Ritterschaft in der Ortenau die Ablieferung seines Anteils an der 3jährigen Türkenhilfe und verspricht, ihm bei der Wahrung seiner Rechte zu helfen.

Abschr. Aufgesetzt von anderer Hand: Anlage der Türkenhilfe ...: Jeder ohne Ausnahme soll von Hab und Gut geben: von 100 fl 1/8 fl, von 1000 fl 5 fl. Wer weniger als 100 fl (besitzt), soll von je 20 fl 6 Kreuzer geben, wer unter 20 fl besitzt, soll 4 Kreuzer geben usw.

Bestellsignatur: *31 Nr. 49* 1552.05.20

Kurfürst Moritz von Sachsen, Ott Heinrich, Pfalzgraf bei Rhein, Johann Albrecht, Herzog zu Mecklenburg, und Wilhelm, Landgraf zu Hessen, fordern die Ritterschaft des Viertels am Schwarzwald auf, ihrem Bund beizutreten und den Tag von Augsburg [7. Juni] zu beschicken, widrigenfalls sie als Feinde behandelt werden würden.

Druck, Siegel fehlt

2.1.5.2 30jähriger Krieg

Bestellsignatur: *127 Nr. 195* 1632
Kriegsleistungen (Fourage)

Bestellsignatur: *127 Nr. 196* 1635
Patent für die schwäbische Ritterschaft wegen der Annahme des Prager Friedens

Bestellsignatur: *127 Nr. 197* 1640–1650
Kriegskontributionen

Bestellsignatur: *127 Nr. 198* 1640–1650
Kriegskontributionen
Enthält: Beiakten (3 Sammelfaszikel)

2.1.5.3 Oberrheinische Kriege des 17. und 18. Jahrhunderts

Bestellsignatur: *127 Nr. 286* 1652–1669
Kriegsleistungen

Bestellsignatur: *127 Nr. 199* 1680
Beitrag zur französischen Kriegskontribution
Enthält: Verhandlungen mit der Landvogtei Ortenau

Bestellsignatur: *127 Nr. 200* 1688–1700
Kriegskontributionen an die französische Armee

Bestellsignatur: *127 Nr. 201* 1689–1700
Kriegsleistungen
Enthält: Quittungen und Verteilungszettel

Bestellsignatur: *127 Nr. 202* 1697–1715
Kriegslieferungen
Enthält auch: Rechnungen

Bestellsignatur: *127 Nr. 203* 1698–1739
Kriegsleistungen für die Festung Kehl

Bestellsignatur: *229 Nr. 90556* 1699
Durchmarsch-Schäden der Dörfer Rust und Wittenweier durch die Kehler Garnisonstruppen
Enthält: Bitte der Ortsherren um Aufteilung der Marschrouten zur Verschonung der Dörfer

Bestellsignatur: *127 Nr. 204* 1701–1746
Kriegsleistungen an das Reich
Enthält: Berechnung und Nachweis

Bestellsignatur: *127 Nr. 205* 1703–1713
Kriegsleistungen an Frankreich
Enthält: Verhandlungen mit französischen Kommissaren

Bestellsignatur: *127 Nr. 206* 1706–1712
Exemption der ortenauischen Ritterschaft von französischen Kriegslasten
Enthält: Korrespondenz mit dem Kaiser

Bestellsignatur: *127 Nr. 142* 1714
Berücksichtigung der Ritterschaft beim Friedensschluss von Baden im Aargau
Enthält: Eingabe der Ritterschaften an die kaiserliche Gesandschaft

Bestellsignatur: *127 Nr. 207* 1720–1784
Kriegsleistungen des Ritterkantons Ortenau an das Reich
Enthält: Einquartierungen; Vorspannleistungen; Regulierung der Marschrouten

Bestellsignatur: *127 Nr. 209* 1722–1736
Kriegsleistungen an Frankreich
Enthält: Verhandlungen mit französischen Kommissaren

Bestellsignatur: *127 Nr. 208* 1722–1739,1766–1783
Militärische Marschrouten
Enthält: Verhandlungen mit Österreich

Bestellsignatur: *127 Nr. 210* 1735–1747
Fourage und sonstige Kriegsleistungen
Enthält auch: Rechnungen

Bestellsignatur: *127 Nr. 143* 1736–1740
Aufnahme der Ritterschaft in den zwischen Frankreich und dem Reich zu schliessenden Frieden

Bestellsignatur: *127 Nr. 287* 1739
Stellung von 450 Mann für den Türkenkrieg durch den Schwäbischen Kreis

Bestellsignatur: *127 Nr. 269* 1740
Lehensabgaben zum Festungsbau in Mannheim
Enthält: Verhandlungen zwischen Kurpfalz und den Ritterschaftskantonen

Bestellsignatur: *127 Nr. 211* 1744
Französische Requisitionsbescheinigungen

Bestellsignatur: *127 Nr. 212* 1744–1745
Kriegsleistungen an die französiche Armee

Bestellsignatur: *127 Nr. 213* 1746–1747
Kriegskontributionen und Einquartierungen
Enthält: Verhandlungen mit dem Hochstift Straßburg

Bestellsignatur: *127 Nr. 214* 1751–1763
Truppenmärsche, Einquartierungen und Kriegsleistungen

Bestellsignatur: *127 Nr. 215* 1755–1762
Lieferungen an die französische Armee

Bestellsignatur: *127 Nr. 216* 1756–1762
Aufnahme der Ritterschaft in Reichsfriedenschlüsse
Enthält auch: Krieg zwischen Preußen und Österreich
Darin: 2 Dekrete Kaiser Franz' I. (gedruckt)

Bestellsignatur: *127 Nr. 434* 1756–1763
Kriegsleistungen an Kurbrandenburg
Enthält: Siebenjähriger Krieg; Mandat Kaiser Franz' I.

Bestellsignatur: *127 Nr. 217* 1757
Rechnungen über die Verteilung von Kriegslasten

Bestellsignatur: *127 Nr. 288* 1759
Stellung von Rekruten für die kaiserlich-österreichischen Regimenter durch die schwäbische Ritterschaft

Bestellsignatur: *127 Nr. 645* 1761–1762
Wahrung der Interessen der Reichsritterschaft beim Friedensschluss nach dem Siebenjährigen Krieg

Bestellsignatur: *127 Nr. 290* 1766–1767
Stellung des Kontingents der Reichsritterschaft in der Ortenau zu den kaiserlichen Truppen

Bestellsignatur: *127 Nr. 289* 1766–1767
Stellung von Rekruten für die kaiserlich-österreichischen Regimenter durch die schwäbische Ritterschaft

Bestellsignatur: *127 Nr. 218* 1774–1792
Leistungen für durchmarschierende Truppen und Festsetzung der Marschrouten

Bestellsignatur: *229 Nr. 74909* 1786
Kosten der Truppendurchzüge durch Niederschopfheim

Bestellsignatur: *127 Nr. 292* 1787–1788
Anwerbung von Soldaten durch den preußischen General von Lengefeld aus ritterschaftlichen Territorien

Bestellsignatur: *69 von Türckheim-3 Nr. 509* 1788
Marschroute

2.1.5.4 Koalitionskriege

2.1.5.4.1 Leistungen, Lasten

Bestellsignatur: *127 Nr. 219* (1744–1755) 1790–1792
Entschädigung für Fourageleistungen an die französische Armee
Enthält auch: Rechnungen

Bestellsignatur: *127 Nr. 220* 1791–1800
Kriegsleistungen der Reichsritterschaft, insbesondere des Kantons Ortenau, in den Kriegen gegen Frankreich

Bestellsignatur: *127 Nr. 158* 1792
Aufnahme französicher Flüchtlinge im ritterschaftlichen Teil der Ortenau
Enthält: Verhandlung mit der Bürgerschaft in Straßburg; Aufenthalt des Prinzen Condé in Rust

Bestellsignatur: *127 Nr. 221* 1792–1794
Beiträge der Ritterkantone zu den Kriegskosten gegen Frankreich

Bestellsignatur: *127 Nr. 222* 1793
Kaiserliches Patent über das Verhalten der Mitglieder der Ritterschaft gegenüber dem revolutionären Frankreich
Darin: 3 Dekrete Kaiser Franz' II. (gedruckt)

Bestellsignatur: *127 Nr. 223* 1793
Aushebungsliste der ortenauischen Orte für den Krieg gegen Frankreich

Bestellsignatur: *127 Nr. 224* 1793–1801
Verpflegung und Unterbringung von Truppen, Kostenerstattungen

Bestellsignatur: *127 Nr. 225* 1794
Fahndung nach Deserteuren aus dem Regiment Rohan bei Stollhofen

***Bestellsignatur:** 127 Nr. 226* 1794
Einquartierungen, Durchzug und Verpflegung der Mirabeau'schen sowie kaiserlichen Truppen

***Bestellsignatur:** 127 Nr. 227* 1794
Einquartierungen, Durchzug und Verpflegung der Mirabeau'schen sowie kaiserlichen Truppen

***Bestellsignatur:** 127 Nr. 228* 1794
Einquartierungen, Durchzug und Verpflegung der Mirabeau'schen sowie kaiserlichen Truppen

***Bestellsignatur:** 229 Nr. 90557* 1794
Forderung von Anton Schwörer, Bürger zu Rust, an die Gemeinde Rust wegen Brennholzlieferung für kaiserliche Piquets

***Bestellsignatur:** 127 Nr. 628* 1794–1795
Krieglieferungen an Frankreich

***Bestellsignatur:** 69 von Türckheim-3 Nr. 489* 1794–1795
Marschroute

***Bestellsignatur:** 229 Nr. 90555* 1794–1795
Forderungen von Fischern zu Rust wegen Überfahrtsleistungen für kaiserliche Piquets

***Bestellsignatur:** 69 von Türckheim-3 Nr. 550* 1795
Kreiskontingente
Enthält u. a.: Einnahmen und Ausgaben des Fränkischen leichten Infanteriecorps, Januar - März 1795.

***Bestellsignatur:** 127 Nr. 294* 1795
Verhandlungen der fränkischen Ritterschaft mit dem Wiener Hof wegen der Stellung von Rekruten

***Bestellsignatur:** 127 Nr. 293* 1795
Verhandlungen der rheinischen Ritterschaft mit dem Wiener Hof wegen der Stellung von Rekruten

***Bestellsignatur:** 127 Nr. 295* 1795–1796
Verhandlungen der Reichsritterschaft mit dem Wiener Hof wegen der Stellung von Rekruten und Ablösung durch eine Geldsumme

***Bestellsignatur:** 127 Nr. 229* 1796
Kriegsprästationen
Enthält auch: Waffenstillstand zwischen der österreichen Armee und dem Schwäbischen Kreis

Bestellsignatur: *127 Nr. 631* 1796–1797
Schanzarbeiten bei Kehl
Enthält auch: Kriegslieferungen

Bestellsignatur: *127 Nr. 629* 1796–1797
Lieferung von Proviant und Materialien an die kaiserliche Armee während der Belagerung von Kehl

Bestellsignatur: *127 Nr. 630* 1796–1797
Schanzarbeiten bei Kehl
Enthält auch: Kriegslieferungen (Tabellen)

Bestellsignatur: *127 Nr. 718* 1796, 1799
Schanzarbeiten bei Kehl, Festungsbau

Bestellsignatur: *127 Nr. 230* 1799
Dislokationsliste der deutschen Landesmiliz in der Ortenau und ihrer Vorgesetzten

Bestellsignatur: *127 Nr. 626* 1799–1807
Kriegslieferungen
Enthält u. a.: Schanzarbeiten bei Kehl; Einsendung von Charitativsubsidien nach Wien; Entschädigung für einzelne Aufwendungen

Bestellsignatur: *127 Nr. 625* 1799–1807
Kriegslieferungen
Enthält u. a.: Schanzarbeiten bei Kehl; Einsendung von Charitativsubsidien nach Wien; Entschädigung

Bestellsignatur: *229 Nr. 90558* 1800–1801
Beiziehung der Gemeinde Rust zur Kriegskontribution durch Kloster Ettenheimmünster
Enthält: Beschwerde der Ortsherrschaft und der Gemeinde

2.1.5.4.2 Entschädigungen, Friedensschlüsse

Bestellsignatur: *127 Nr. 182* 1792
Verzeichnis des den ritterschaftlichen Familien an ihren elsässischen Gütern durch die Beschlüsse des französischen Nationalkonvents zugefügten Schadens

Bestellsignatur: *127 Nr. 144* 1792
Verzeichnis der an Frankreich verlorengegangenen linksrheinischen ritterschaftlichen Besitzungen und deren Beschreibung als Grundlage für Reklamationen
Darin: Gedruckte Sammlung von Dokumenten über die Reichsunmittelbarkeit der lothringischen Herrschaften des Freiherrn Pleikart Maximilian Augustin von Helmstatt, dt. und frz.

***Bestellsignatur:** 69 von Türckheim-3 Nr. 352* 1792–1802
Verlust von Rittergütern links des Rheins

***Bestellsignatur:** 127 Nr. 145* 1793–1796
Entschädigung der ortenauischen Ritterschaft für die linksrheinischen Verluste

***Bestellsignatur:** 72 Nr. 7149* 1795–1797
Die straßburgischen (?) Lehen der Familie von Rotenburg in Mühlhausen, Uttweiler u. a. Orten
Enthält nur:: Korrespondenz mit einem ritterschaftlichen Syndikus (Ortenau?) über die in den Revolutionswirren verlorenen linksrheinischen Lehnsgüter.
Darin: Stammtafel von Rotenburg

***Bestellsignatur:** 127 Nr. 147* 1795–1798
Verluste der ortenauischen Ritterschaft am linken Rheinufer durch die Revolutionskriege und Entschädigungsfrage

***Bestellsignatur:** 127 Nr. 148* 1796–1801
Beteiligung der ortenauischen Ritterschaft an den Friedensverhandlungen und Schritte bei den mit dem Abschluss des Friedensvertrags beauftragten Gesandten

***Bestellsignatur:** 127 Nr. 149* 1797–1798
Berichte des gemeinschaftlichen ritterschaftlichen Gesandten beim Rastatter Friedenskongress an das Generaldirektorium

***Bestellsignatur:** 69 von Türckheim-3 Nr. 347* um 1800
Entwurf eines Schreibens an den Kaiser wegen besetzter Rittergüter in Frankreich

***Bestellsignatur:** 127 Nr. 150* 1800–1801
Stellung der ortenauischen Ritterschaft zu den Friedensverhandlungen und zur Bedrohung der Stellung und Rechte der linksrheinischen Familien

2.2 Reichsritterschaft

***Bestellsignatur:** 127 Nr. 745* 1655
Bündnis der Reichsritterschaft mit den Erzstiften Mainz und Trier

***Bestellsignatur:** 127 Nr. 345* 18. Jh.
Innere Angelegenheiten der Ritterschaft

***Bestellsignatur:** 69 von Türckheim-3 Nr. 421* 18. Jh.
Abhandlungen zu Geschichte, Struktur und Rechten der Reichsritterschaft

Bestellsignatur: *69 von Türckheim-3 Nr. 411* 18. Jh.
Exzerpte und Notizen zu ritterschaftlichen Rechten

Bestellsignatur: *69 von Türckheim-3 Nr. 357* 18. Jh.
Auszüge aus einer Abhandlung zur Reichsunmittelbarkeit

Bestellsignatur: *69 von Türckheim-3 Nr. 354* 1722
Gutachten des Tübinger Professors Gabriel Schweder zur Reichsritterschaft

Bestellsignatur: *69 von Türckheim-3 Nr. 360* 1723
Jurisdiktion von Landesherren über reichsritterschaftliche Güter (Abhandlung)

Bestellsignatur: *127 Nr. 444* 1732–1747
Differenzen der Reichsritterschaft mit anderen Reichsständen wegen hoheitlicher Rechte

Bestellsignatur: *127 Nr. 246* 1749–1753
Verhältnis der Reichsritterschaft zum Reich und zu den Landesfürsten
Enthält v. a.: Stellung zu Württemberg; Appellation an Kaiser und Reichstag zum Erlass einer Verordnung; Memoriale

Bestellsignatur: *127 Nr. 448* 1750
Verhältnisse und Rechte der Ritterschaft (Denkschrift)
Enthält v. a.: Beziehungen zu Württemberg

Bestellsignatur: *127 Nr. 577* 1755
Fideicommisse bei ritterschaftlichen Gütern in landesfürstlichen Territorien

Bestellsignatur: *127 Nr. 332* 1771–1772
Entwurf einer verbesserten Einrichtung der ritterschaftlichen Verfassung, verfasst von J. H. Tabor, Syndikus der mittelrheinischen Ritterschaft

Bestellsignatur: *127 Nr. 451* 1772–1792
Rechtliche Sicherung der Reichsritterschaft
Darin: Promemoria des Freiherrn von Gemmingen

Bestellsignatur: *127 Nr. 341* 1790
Verzeichnis der Diäten der Ritterschaftsmitglieder bei Besuchen von Konventen und anderen Veranstaltungen

Bestellsignatur: *127 Nr. 259* 1792
Politische Lage der Ritterschaft
Enthält: Promemoria des nach Wien abgeordneten Ritterrats Freiherrn von Hornstein

Bestellsignatur: *69 von Türckheim-3 Nr. 342* 1800
Einladung der Reichsritterschaft an eines ihrer Mitglieder zu einer Konferenz wegen der Kriegsentwicklung

2.3 Reichsritterschaft in Schwaben

2.3.1 Allgemein

Bestellsignatur: *31 Nr. 41+42* 1489.02.03
Marquart von Kürseck, Ritterhauptmann des St. Jörgenschilds, Viertels Hegau-Bodensee, und Veit von Surgenstein versprechen Stefan Mollenkopf, der sich der Fehde wider die mit der Ritterschaft verbündete Stadt Ravensburg entschlagen hat, das Vergangene nicht weiter nachzutragen.
Ausfertigung, Pergament, Siegel der Aussteller

Bestellsignatur: *127 Nr. 305* 1560
Ritterordnung für den Schwäbischen Kreis (Druck)

Bestellsignatur: *127 Nr. 308* 1652
Schwäbische Ritterordnung und deren kaiserliche Bestätigung

Bestellsignatur: *127 Nr. 712* 1666
Ausschreibung von Rittertagen
Enthält: Mandat der Reichsritterschaft in Schwaben (Druck)

Bestellsignatur: *127 Nr. 313* 1669–1671
Hauptdirektorium
Enthält: Korrespondenz zwischen den Ritterkantonen Donau, Hegau, Neckar-Schwarzwald, Kocher und Kraichgau

Bestellsignatur: *127 Nr. 510* 1685–1731
Forderungen der schwäbischen Ritterschaft an den Bischof von Eichstätt wegen Kapitalschulden

Bestellsignatur: *127 Nr. 315* 1700–1749
Reunionsvergleiche zwischen den Kantonen Hegau und Allgäu-Bodensee (1700) sowie Neckar-Schwarzwald und Ortenau (1749, dreifach)

Bestellsignatur: *127 Nr. 317* 1723
Wahlberechtigte Ritterschaftsmitglieder des Kantons Hegau bei der Direktorialwahl

Bestellsignatur: *127 Nr. 360* 1732–1738
Verhandlungen der schwäbischen Reichsritterschaft mit der Deutschordenskanzlei der Balleien Elsass und Burgund über Privilegien

Bestellsignatur: *127 Nr. 582* 1733–1741
Streitigkeiten der Schwäbischen Ritterschaft mit benachbarten Ländern

Bestellsignatur: *127 Nr. 321* 1738–1739, 1777–1778, 1790
Korrespondenz des Generaldirektoriums

Bestellsignatur: *127 Nr. 323* 1740–1754
Ausstand des Kantons Ortenau zur allgemeinen Ritterkasse (mit Beilagen)

Bestellsignatur: *127 Nr. 324* 1743
Protest des Freiherrn von Hornstein-Weiterdingen gegen die Wahl des Freiherrn von Beroldingen zum Ritterhauptmann

Bestellsignatur: *127 Nr. 112* 1763–1790
Anstellung und Tod von Generalsyndici des Schwäbischen Ritterkreises

Bestellsignatur: *127 Nr. 329* 1765–1781
Tilgung der Kassenrückstände des Ritterkantons Ortenau gegenüber der Generalritterkasse

Bestellsignatur: *127 Nr. 330* 1765–1794
Wahl der Mitglieder des Generaldirektoriums

Bestellsignatur: *127 Nr. 369* 1769–1770
Verhandlungen zwischen Ritterorten über den Titel ›Rat‹

Bestellsignatur: *127 Nr. 115* 1770–1796
Besetzung der Stelle des Generalkassiers des Schwäbischen Ritterkreises in Ulm durch von Kraft und dessen Korrespondenz

Bestellsignatur: *127 Nr. 335* 1780
Entwurf einer Ritterordnung für die fünf Kantone der schwäbischen Reichsritterschaft
Enthält auch: Beilagen

Bestellsignatur: *127 Nr. 336* 1780–1795
Entwurf und die Abänderungen der neuen Ritterordnung
Enthält: Korrespondenz zwischen den schwäbischen Ritterkantonen

Bestellsignatur: *127 Nr. 455* 1784–1786
Wappen im Schwäbischen Ritterschaftskalender 1784–1785
Enthält auch: Korrespondenz mit den Gebrüdern Klauber, Augsburger Kupferstecher
Darin: Wappen von Ritterschaftsräten in den Kantonen Kocher, Neckar-Schwarzwald, Hegau, Unterelsass und Ortenau (Kupferstiche, fehlen 2013! Vorhanden nur Wappen Waldner von Freundstein)

Bestellsignatur: *127 Nr. 721* 1791, 1794
Ritterschaftliche Wahlen (Formulare)

Bestellsignatur: *127 Nr. 343* 1794
Wahl eines Direktorialrats und eines Zugeordneten

2.3.2 Kanton Neckar-Schwarzwald

Bestellsignatur: *31 Nr. 46+47* 1542.07.07
Die zu Straßburg versammelte Ortenauer Ritterschaft schickt der Ritterschaft von Neckar und Schwarzwald den Abschied ihres Tages über Fürstenhilfe und Freiheiten der Ritterschaft und bittet um Bestimmung eines gemeinsamen Beratungsortes und -tages.
Ausfertigung, Papier. Abschr.

Bestellsignatur: *127 Nr. 306* 1649–1731
Verhandlungen zwischen den Ritterkantonen Neckar-Schwarzwald und Ortenau wegen Beitragsleistungen

Bestellsignatur: *127 Nr. 578* 1700–1739
Streitigkeiten zwischen Ritterkanton Neckar-Schwarzwald und Bezirk Ortenau

Bestellsignatur: *127 Nr. 442* 1727–1732
Vorverhandlungen für eine vom Ritterkanton Ortenau mit dem Kanton Neckar-Schwarzwald abzuschließende Übereinkunft

Bestellsignatur: *127 Nr. 445* (1701,1738) 1739
Reise des Konsulenten Sahler nach Tübingen wegen Abschluss einer Übereinkunft zwischen den Ritterkantonen Ortenau und Neckar-Schwarzwald
Darin: ReunionsRezess zwischen den Ritterkantonen Hegau und Allgäu-Bodensee, 1700/01 (Druck von 1738)

Bestellsignatur: *127 Nr. 322* 1739–1748
Verhandlungen zwischen dem Ritterkanton Ortenau und dem Kanton Neckar-Schwarzwald wegen Beitragspflicht

Bestellsignatur: *127 Nr. 446* 1745–1748
Streitigkeiten zwischen den Ritterkantonen Ortenau und Neckar-Schwarzwald wegen Verletzung von Abkommen

Bestellsignatur: *127 Nr. 589* 1749
Streitigkeiten in Organisationsangelegenheiten und Vergleich zwischen dem Kanton Neckar-Schwarzwald und dem Bezirk Ortenau

Bestellsignatur: *69 von Türckheim-3 Nr. 410* 1749
Reunion der Kantone Neckar-Schwarzwald und Ortenau

Bestellsignatur: *127 Nr. 106* 1751
Christian David Schickert, Sekretär des Kantons Neckar-Schwarzwald, ritterschaftlicher Rat

Bestellsignatur: *127 Nr. 325* 1758–1795
Verwaltung der gemeinsamen Kasse der Kantone
Enthält v. a.: Abrechnungen

Bestellsignatur: *127 Nr. 326* 1760
Wahl des Ritterhauptmanns im Kanton Neckar-Schwarzwald-Ortenau

Bestellsignatur: *127 Nr. 334* 1778
Wahl des Ritterhauptmanns im Kanton Neckar-Schwarzwald

Bestellsignatur: *127 Nr. 344* 1795
Korrespondenz über die Wahl des Ritterhauptmanns im Kanton Neckar-Schwarzwald

2.3.3 Andere Kantone

Bestellsignatur: *127 Nr. 739* 1567
Achterklärung Wilhelms von Grumbach

Bestellsignatur: *127 Nr. 309* 1652
Ritterratssatzung der ober- und niederrheinischen Ritterschaft

Bestellsignatur: *127 Nr. 188* 1671–1672
Streitigkeiten zwischen der niederelsässischen Ritterschaft und dem Freiherrn von Neuenstein wegen des Rechts der freien Hatz

Bestellsignatur: *127 Nr. 711* 1700–1778
Streitigkeiten in anderen Ritterkantonen

Bestellsignatur: *127 Nr. 173* 1735–1736
Streitigkeiten des schwäbischen Ritterkantons Kocher mt Württemberg wegen verkaufter Güter

Bestellsignatur: *127 Nr. 174* 1736
Prozess des Barons von Gültlingen gegen Württemberg um die Sukzession in den Gütern in Pfäffingen und Teufringen
Enthält: Mitteilung des Ritterkantons Donau an den Ritterkanton Neckar-Schwarzwald

Bestellsignatur: *69 von Türckheim-3 Nr. 537* 1751
Obsignationsrecht des Kantons Hegau

Bestellsignatur: *127 Nr. 249* 1769–1770
Streitigkeiten zwischen der Familie von Bodmann und dem österreichischen Oberamt Nellenburg wegen Blutbann- und anderen Rechten

Bestellsignatur: *127 Nr. 450* 1770–1774
Verhandlungen zwischen den Ritterkantonen über die Entschädigung für das der Familie von Sickingen enteignete Gut Ebernburg in der Grafschaft Sponheim
Darin: Rezess über die Ebernburgische Kollektation (Druck, 1770)

Bestellsignatur: *127 Nr. 252* 1773
Rechte der niederrheinischen Ritterschaft in Gundersweiler (Gondersweiler)
Enthält: Eingabe an den Kaiser wegen Beeinträchtigung der Untertanen durch Pfalz-Zweibrücken

Bestellsignatur: *127 Nr. 291* 1774–1781
Streitigkeit zwischen dem Ritterkanton Allgäu-Bodensee und den Grafen von Montfort wegen Soldatenaushebung

Bestellsignatur: *69 von Türckheim-3 Nr. 412* 1783
Schriftwechsel mit dem Kanton Odenwald als Generaldirektorium der Ritterschaft wegen der Rezeption der Grafen von Castell

Bestellsignatur: *127 Nr. 338* 1784–1785
Niederlassung von Ritterkantonen in fremden Territorien

Bestellsignatur: *127 Nr. 500* 1785–1790
Streitigkeit zwischen Ritterkanton Hegau und Schwäbischem Kreis wegen Beizugs zum Kammerzieler

Bestellsignatur: *127 Nr. 751* 1788
Wahl des Freiherren von Enzberg zum Direktor des Kantons Hegau

Bestellsignatur: *127 Nr. 342* 1790–1791
Beziehungen der ortenauischen zur niedersächsischen Ritterschaft
Enthält: Mitgliederverzeichnis der beiden Ritterschaften

Bestellsignatur: *127 Nr. 261* 1794–1797
Beeinträchtigung der ritterschaftlichen Rechte der fränkischen Ritterschaft, insbesondere des Kantons Altmühl, durch die preußische Regierung
Darin: 2 Drucksachen: 1. Schluss des fränkischen Reichskreises über die Auseinandersetzungen zwischen den preußischen Fürstentümern Brandenburg-Ansbach und Brandenburg-Bayreuth mit den benachhbarten Kreisständen und der dortigen Reichsritterschaft; 2. Geschichte der fränkischen Reichsritterschaft, insbesondere des Kantons Altmühl und dessen Mitgliedern und Untertanen

2.4 Andere Ritterkreise und Adelsgruppen

Bestellsignatur: *69 von Türckheim-3 Nr. 528* 1695
Ostfriesische Bittschrift an den Kaiser in Sachen Franz Adolf zu Rittberg (Druck)

Bestellsignatur: *69 von Türckheim-3 Nr. 413* 18. Jh.
Vermerk zur Geschichte der vorderösterreichischen Ritterschaft

Bestellsignatur: *69 von Türckheim-3 Nr. 190* 1713
Adelige Ritterordnung des Unterelsass
Zweisprachiger Druck.

Bestellsignatur: *69 von Türckheim-3 Nr. 444* 1756
Gedruckte Ritterordnung des Ritterstands im Breisgau von 1666

Bestellsignatur: *69 von Türckheim-3 Nr. 654* 1765
Auszug aus dem Direktorialprotokoll der Reichsritterschaft des Unteren Elsass

Bestellsignatur: *69 von Türckheim-3 Nr. 409* 1772–1773
Auseinandersetzung der Ritterkantone Odenwald und Baunach wegen des Generaldirektoriums der drei Ritterkreise

Bestellsignatur: *69 von Türckheim-3 Nr. 542* 1792–1797
Ritterschaft im Elsass

Bestellsignatur: *69 von Türckheim-3 Nr. 543* 1796–1815
Ritterschaft im Elsass

Bestellsignatur: *69 von Türckheim-3 Nr. 541* Ende 18. Jh.
Ritterschaft im Elsass

2.5 Ritterbezirk Ortenau

2.5.1 Geschichte, Rechtsstellung

Bestellsignatur: *69 von Türckheim-3 Nr. 328* 18. Jh.
Entwurf zu einer lateinischen Geschichte der Reichsritterschaft

Bestellsignatur: *69 von Türckheim-3 Nr. 353* 18. Jh.
Geschichte der Reichsritterschaft
Enthält: Notizen und Exzerpte

Bestellsignatur: *69 von Türckheim-3 Nr. 282* 18. Jh.
Geschichte und Verfassung der Reichsritterschaft der Ortenau
Enthält: Notizen und Exzerpte

Bestellsignatur: *69 von Türckheim-3 Nr. 194* 18. Jh.
Beiträge zu einer geschichtlichen Beschreibung des Ortenauischen Reichsritterbezirkes und seiner Verfassung
Handschriftliche Abhandlung

Bestellsignatur: *69 von Türckheim-3 Nr. 195* 18. Jh.
Depuis les Cantons des Suisses jusqu'à Kehl
Handschriftliche Beschreibung der Topographie der Ortenau.

Bestellsignatur: *69 von Türckheim-3 Nr. 349* 1790
Abhandlung zu Geschichte und Verfassung des Direktoriums der Reichsritterschaft der Ortenau

Bestellsignatur: *69 von Türckheim-3 Nr. 488* um 1800
Geschichte der Ortenau
Enthält: Notizen

2.5.2 Organisation

2.5.2.1 Verfassung, Direktorium

Bestellsignatur: *127 Nr. 440* 14.-15. Jh.
Verträge über die ortenauische Reichsritterschaft (Abschriften)

Bestellsignatur: *69 von Türckheim-3 Nr. 213* 1474 Juli 28
Einung der Ritterschaft der Ortenau und Markgraf Karls I. von Baden
Pergamenturkunde mit 26 anhängenden Siegeln.
Darin: Edition der Urkunde: »Druck einer Originalurkunde des freiherrl. von Türckheimischen Archivs« [1885]

Bestellsignatur: *127 Nr. 623* (1474) 18. Jh.
Einung der Ritterschaft der Ortenau und Markgraf Karls I. von Baden von 1474 (Abschrift)

Bestellsignatur: *69 von Türckheim-3 Nr. 214* (1474) 18. Jh.
Einung der Ritterschaft der Ortenau und Markgraf Karls I. von Baden von 1474 (Abschrift)

Bestellsignatur: *61 Nr. 8671* 1474–1668
Kopialbuch
Enthält: 1) Veträge und Privilegien (1474–1668) 2) Missiven (1595–1599) mit Register

Bestellsignatur: *31 Nr. 2* 1490.01.13

Reinhard, Friedrich, Melchior und Philipp von Schauenburg, Egenolf, Hans und Ludwig Roeder von Diersburg, Dietrich d. Ä. und d. J. und Daniel Roeder von Rodeck, Diebold, Arnold und Melchior Pfau, Dietrich Hummel, Kaspar Stoll von Staufenberg, Reinhard, Jakob und Reinhard d. J. von Windeck, Konrad von Bach, Konrad von Stein, Hans und Jakob von Brunnbach, Egenolf von Walstein und Hans Mollenkopf vom Ries schließen auf 7 Jahre unter gen. Bedingungen eine Einung, wählen einen Hauptmann und setzen die Leistungen der Mitglieder für den Kriegsfall fest.

Ausfertigung, Pergament, Siegel der Aussteller

Bestellsignatur: *31 Nr. 3+4* 1490.01.14

Jakob von Schauenburg, Antonin Roeder, Melchior Wiedergrün von Staufenberg und Stefan Mollenkopf vom Ries schließen sich der Einung der Ortenauer Ritterschaft an.

Ausfertigung, Pergament, Siegel der Aussteller. Abschr.

Bestellsignatur: *31 Nr. 5+6* 1490.03.06

Jakob Wiedergrün von Staufenberg und Hans von Neuenstein treten der Einung der Ortenauer Ritterschaft bei.

Ausfertigung, Pergament, Siegel der Aussteller. Abschr.

Bestellsignatur: *31 Nr. 7* 1494.02.24

Hans Jakob von Stahl tritt der Einung der Ortenauer Ritterschaft bei.

Ausfertigung, Pergament, Siegel des Ausstellers

Bestellsignatur: *31 Nr. 8+9* 1497.07.28

Reinhard von Windeck, Melchior von Schauenburg, Vogt in der Pflege Ortenberg, Jakob und Hans von Schauenburg, die Brüder Hans und Ludwig Roeder von Diersburg, Wilhelm von Bach, Jakob von Brunnbach, Egenolf von Walstein und Antonin Wiedergrün von Staufenberg schließen eine Eingung auf 4 Jahre, wählen einen Hauptmann und setzen die Leistungen für den Kriegsfall fest.

Ausfertigung, Pergament, Siegel der Aussteller. Abschr.

Bestellsignatur: *31 Nr. 10* 1508.07.27

Entwurf einer Einung auf 10 Jahre von Philipp von Seldeneck.

Papier, angeschlossen Einleitung

Bestellsignatur: *31 Nr. 11+12* 1508.08.28

Melchior von Schauenburg, Amtmann, Philipp von Seldeneck, Wilhelm von Bach, Jörg von Bach, Hans Roeder von Diersburg, Arnold Pfau, Wilhelm Hummel, Dietrich Roeder, Dietrich Hummel, Jakob von Schauenburg, Bernhard von Schauenburg und Hans von Neuenstein schließen eine Einung auf 5 Jahre.

Ausfertigung, Pergament, Siegel der Aussteller. Abschr.

Bestellsignatur: *31 Nr. 13+14* 1510.07.16

Jörg von Enzberg tritt der Einung der Ortenauer Ritterschaft bei.

Ausfertigung, Pergament, Siegel des Ausstellers. Abschr.

Bestellsignatur: *31 Nr. 15+16* 1545 o.T.

Einung zwischen Graf Wilhelm von Fürstenberg, Gangolf d.Ä.. zu Hohengeroldseck, Walter zu Hohengeroldseck, Hans von Seldeneck, Hartmann von Kronberg, Jost Münch von Rosenberg, Andreas Roeder von Diersburg, Thomas von Endingen, Hans von Hornberg, Eberhard Roeder von Rodeck, Samson von Stein und Reichenstein u.v.a. Die Ritterschaft soll bestehen, »bis man sieht, was die Ritterschaft und Adel am Neckar und Schwarzwald« beim Kaiser auf dem Reichstag ausrichtet, und darauf soll sich die Ritterschaft versammeln.

Abschr.

Bestellsignatur: *69 von Türckheim-3 Nr. 197* 1556–1680

Organisation der Reichsritterschaft in der Ortenau

Bestellsignatur: *127 Nr. 310* 1652

Satzung der Reichsritterschaft am Ober- und Niederrhein und in der Ortenau

Bestellsignatur: *127 Nr. 311* 1652–1791

Festsatzungen (Statuten) für die ortenauische Ritterschaft

Enthält v.a.: Titulatur; Stimmrecht; Erbfolge; Fideikommisse; Ritterkonvente

Bestellsignatur: *127 Nr. 312* 1661–1784

Wahl der Direktorial- und Ausschussmitglieder

Enthält u.a.: Wahlgrundsätze; Übersicht

Bestellsignatur: *127 Nr. 579* 1715–1774

Streitigkeiten zwischen Ritterschaftsmitgliedern und ihrem Direktorium bzw. Konsulenten

Enthält nur: Streitigkeiten zwischen dem Freiherrn Göler von Ravensburg und dem Konsulenten Salzmann

Darin: Edikt Kaiser Karls VI. (1715); Reichshofratsbeschluss (1739)

Bestellsignatur: *127 Nr. 36* 1729–1766

Bestimmung der Stadt Kehl als Ort der ritterschaftlichen Tage

Bestellsignatur: *69 von Türckheim-3 Nr. 284* 1736

Vorschlag zur künftigen Organisation der Geschäfte der Reichsritterschaft der Ortenau

Bestellsignatur: *69 von Türckheim-3 Nr. 218* 1740

Auszug aus einem Ortenauer ritterschaftlichen Direktorialrezess zum Treueschwur der Mitglieder

Bestellsignatur: *72 Nr. 2710* 1757–1758
Wahl des Franz Friedrich von Neuenstein und des Obersten von Bernhold zu Straßburg zu Vizeausschüssen des Ortenauer Ritterviertels

Bestellsignatur: *69 von Türckheim-3 Nr. 281* 1801
Kurzer Bericht über die Verfassung des Ortenauischen Reichsritterbezirks

Bestellsignatur: *69 von Türckheim-3 Nr. 287* 1802
Gedrucktes Rundschreiben der Reichsritterschaft wegen einer unbesetzten Direktorialratsstelle

2.5.2.2 Kanzlei und Archiv

2.5.2.2.1 Personal

Bestellsignatur: *127 Nr. 743* 1631–1668
Johann Michael Schärer, Kassier und Sekretär

Bestellsignatur: *127 Nr. 109* 1731–1793
Besoldung der ritterschaftlichen Konsulenten Theobald Friedrich Sahler, Lazarus Sahler, Theobald Friedrich Schoell und Christian Friedrich Sahler

Bestellsignatur: *127 Nr. 110* 1740–1754
Johannes Semmelbauer, Knebel'scher Amtmann und ritterschaftlicher Kassier (unvollständig)

Bestellsignatur: *127 Nr. 111* 1746–1801
Besetzung von ritterschaftlichen Kanzleistellen, Dienstinstruktionen

Bestellsignatur: *127 Nr. 347* 1754–1768
Nachlass des von Knebel'schen Amtmanns und ritterschaftlichen Kassiers Semmelbauer
Enthält u. a.: Ansprüche an den Freiherrn Knebel von Katzenelnbogen und die Ritterschaft

Bestellsignatur: *127 Nr. 368* 1766
Rechtsstellung der ritterschaftlichen Konsulenten in Heilbronn und Kehl

Bestellsignatur: *127 Nr. 113* 1768–1797
Niederlassung des ritterschaftlichen Konsulenten in Offenburg

Bestellsignatur: *127 Nr. 116* 1794–1800
Besetzung der Stelle des Syndicus beim Ritterkanton Ortenau

Bestellsignatur: *127 Nr. 107 a* 1801–1802
Zurruhesetzung des Konsulenten Christian Friedrich Sahler und Bestallung des Hofrats Krippendorf aus Lahr zum Konsulenten

Bestellsignatur: *69 von Türckheim-3 Nr. 288* 1801–1802
Schreiben der Reichsritterschaft an Freiherrn Johann V. von Türckheim wegen verschiedener Stellenbesetzungen

2.5.2.2.2 Unterbringung, Gechäftsgang

Bestellsignatur: *127 Nr. 1 c* 1664
Verbringung des ritterschaftlichen Archivs aus dem Haus des Freiherrn von Neveu in Offenburg in jenes des Freiherrn von Stein in Straßburg

Bestellsignatur: *69 von Türckheim-3 Nr. 199* 18. Jh.
Verzeichnis von Gebühren der reichsritterschaftlichen Kanzlei

Bestellsignatur: *127 Nr. 1 b* 1700–1701
Verbringung des ritterschaftlichen Archivs von Straßburg nach Offenburg nach dem Anfall Straßburgs an Frankreich durch den Frieden von Rijswijk

Bestellsignatur: *127 Nr. 1 h* 1702
Verweigerung der Herausgabe des Archivs durch Philibert von Stein wegen Forderungen an die Ritterschaftskasse

Bestellsignatur: *127 Nr. 1 f* 1712–1714
Flüchtung des Archivs nach Allerheiligen; Auffindung einer Kiste mit ritterschaftlichen Akten

Bestellsignatur: *127 Nr. 1 e* 1715–1786
Transferierungen des ritterschaftlichen Archivs

Bestellsignatur: *127 Nr. 16* 1731–1793
Einrichtung einer ritterschaftlichen Bibliothek
Enthält u. a.: Prospekte von Neuerscheinungen; Bücherverzeichnisse

Bestellsignatur: *127 Nr. 337* 1784
Errichtung eines Ritterhauses in Kehl oder Offenburg

Bestellsignatur: *127 Nr. 339* 1784–1793
Bau bzw. Miete eines Ritterhauses
Enthält auch: Protokollauszüge
Darin: 2 Grundrisse

Bestellsignatur: *127 Nr. 1 g* 1790
Überführung des ritterschaftlichen Archivs von Straßburg nach Kehl infolge der französischen Revolution

Bestellsignatur: *127 Nr. 7* 1791–1792
Unterbringung bzw. Flüchtung des ritterschaftlichen Archivs wegen der von Frankreich drohenden Kriegsgefahr
Enthält auch: Korrespondenz über ritterschaftliche Angelegenheiten unter Einfluss der allgemeinen politischen Verhältnisse

Bestellsignatur: *127 Nr. 3* 1792–1794
Verhandlungen über Flüchtung des Archivs nach Hornberg und Radolfzell; Unterbringung in Offenburg in verschiedenen Häusern

Bestellsignatur: *127 Nr. 263* 1796
Anbringung einer ritterschaftlichen Tafel am Oberamtsgebäude in Oberkirch
Enthält: Protest des bischöflich straßburgischen Amts Oberkirch

Bestellsignatur: *69 von Türckheim-3 Nr. 580* 18. Jh.-Anfang 19. Jh.
Aktenumschläge

2.5.2.2.3 Verzeichnisse

Bestellsignatur: *127 Nr. 430* 15.-17. Jh.
Aktenverzeichnisse

Bestellsignatur: *127 Nr. 190* 16./17. Jh.
Verzeichnisse über Präsenz auf Versammlungen, Briefsendungen
Enthält auch: Steuerrückstände

Bestellsignatur: *69 von Türckheim-3 Nr. 324* 17. Jh.
Verzeichnis der Speyerer und Pfälzer Akten

Bestellsignatur: *127 Nr. 8* 18. Jh.
Registraturverzeichnisse des Ortenauer Ritterschaftsarchivs
Enthält auch: Akten in Gewahrsam einzelner Mitglieder

Bestellsignatur: *127 Nr. 9* 18. Jh.
Registraturverzeichnis

Bestellsignatur: *127 Nr. 4* 1727–1747
Aktenverzeichnisse und Spezifikationen

Bestellsignatur: *127 Nr. 1 a* 1728–1746
Notizen über die ritterschaftliche Registratur
Enthält: Aktenverzeichnis; Eingang, Versendung und Lagerung ritterschaftlicher Akten

Bestellsignatur: *69 von Türckheim-3 Nr. 198* 1731
Registraturverzeichnis der Reichsritterschaft der Ortenau

Bestellsignatur: *127 Nr. 2* 1731
Verzeichnis älterer ortenauischer Ritterschaftsakten
Enthält u. a.: geschichtliche Notizen über Ortenau

Bestellsignatur: *65 Nr. 1140* 1739
Buchanschaffungen
Enthält: Protokollauszüge, wohl der Ortenauer Ritterkanzlei [in Sammelband zur Geschichte von Speyer]

Bestellsignatur: *127 Nr. 6* 1772
Aktenverzeichnis des Ritterschaftsarchivs, von Syndikus Schöll

Bestellsignatur: *127 Nr. 1 d* 1780–1785
Verzeichnisse von der Ritterschaft Ortenau gehörigen Schriften, Büchern und Hausrat

2.5.2.4 Konvente

Bestellsignatur: *31 Nr. 110* 1728.02.14
Karl VI. bestätigt einen Ritterschaftsrezess, nach dem ein Kapital von 500 fl fest angelegt und seine Zinsen zur Finanzierung der Ritterschafts- und Ausschusstage gebraucht werden sollen.
Ausfertigung, Pergament, Libell in rotem Samt

Bestellsignatur: *127 Nr. 320* 1731–1732
Stimmrecht auf den ortenauischen Rittertagen
Enthält: Verhandlungen mit der baden-badischen Regierung in Rastatt

Bestellsignatur: *69 von Türckheim-3 Nr. 285* 1740
Bechluss des Direktorialkonvents zu einem Generalkonvent

Bestellsignatur: *69 von Türckheim-3 Nr. 286* 1789
Beschluss des Direktorialkonvents wegen eines Generalkonvents zur Neuwahl eines Direktors nach dem Tod des Grafen Franz Ludwig Waldner von Freundstein

2.5.2.5 Orden

Bestellsignatur: *127 Nr. 300* 1732–1784
Einführung eines Ritterzeichens (Orden)

Bestellsignatur: *127 Nr. 301* 1770–1794
Einführung einer Ritteruniform und eines ritterschaftlichen Ordensabzeichens

Bestellsignatur: *127 Nr. 302* 1782
Einführung eines Ritterzeichens

Bestellsignatur: *127 Nr. 303* 1782–1783
Bezug von ritterschaftlichen Abzeichen
Enthält: Korrespondenz mit einzelnen Mitgliedern

Bestellsignatur: *69 von Türckheim-3 Nr. 334* 1790–1803
Aufnahme der Freiherren von Leykam in den Ritterorden

Bestellsignatur: *69 von Türckheim-3 Nr. 329* 1793
Reskript Kaiser Franz II. wegen der Einrichtung eines ritterschaftlichen Ordens

Bestellsignatur: *69 von Türckheim-3 Nr. 492* 1793
Reskript Kaiser Franz II. wegen der Einrichtung eines ritterschaftlichen Ordens

Bestellsignatur: *69 von Türckheim-3 Nr. 435* 1793
Reskript Kaiser Franz II. wegen der Einrichtung eines ritterschaftlichen Ordens

Bestellsignatur: *69 von Türckheim-3 Nr. 498* 1794
Schreiben an den Konsulenten Christian Friedrich Sahler wegen der Ordenseinrichtung

Bestellsignatur: *69 von Türckheim-3 Nr. 330* 1794
Protokoll des reichsritterschaftlichen Ordenskapitels der Ortenau

Bestellsignatur: *69 von Türckheim-3 Nr. 331* 1795
Entwurf eines Protokolls des reichsritterschaftlichen Ordenskapitels der Ortenau

Bestellsignatur: *69 von Türckheim-3 Nr. 335* 1799
Bericht über Ordenssachen 1795 bis 1799
Mit angeheftetem Schriftwechsel.

Bestellsignatur: *69 von Türckheim-3 Nr. 333* 1799–1806
Aufnahme von Mitgliedern in den Ritterorden
Enthält: Anton Josef Franz Zorn von Bulach, Karl von Schauenburg, Franz Josef Wilhelm von Schauenburg, Franz Karl von Weitersheim, Friedrich Wurmser von Vendenheim, Franz Friedrich Sigmund Böcklin von Böcklinsau, Ludwig Matthäus von Serpes, Josef Karl von Neuenstein, Franz Karl von Berkheim, Christian Ernst Roeder von Diersburg, Christian Ludwig von Berkheim, Ludwig Renatus Zorn von Bulach, August von Ritz, Karl Ludwig von Branca, Graf Philipp Anton von Hunolstein, Franz Ludwig von Bodeck, Ferdinand Maria von Ritz.

***Bestellsignatur:** 69 von Türckheim-3 Nr. 493* Ende 18. Jh.
Vordrucke zur Aufnahme von Ordensmitgliedern

2.5.3 Ortsherrschaft

2.5.3.1 allgemein

***Bestellsignatur:** 31 Nr. 281* 15. Jh.
Ordnung der Kuh- und Schweinehirten zu Rust
Ausfertigung, Pergament

***Bestellsignatur:** 31 Nr. 244* 1494.05.30
Vergleich zwischen Nonnenweier und Rheinau im Elsass über das Waidrecht in der Rossau und die Nutzung der Rheinfähre von Rheinau
Abschrift

***Bestellsignatur:** 127 Nr. 117* 16–18 Jh.
Zirkulare, Mandate und Erlasse (Drucke)

***Bestellsignatur:** 31 Nr. 297* 1503.03.22
Der päpstliche Legast Raymundus bestätigt die Stiftung einer Kapelle in Schmieheim, Filialort von Kippenheim, durch die *nobiles* Friedrich Jakob und Johannes Bock, *milites.*
Abschr.

***Bestellsignatur:** 31 Nr. 298* 1573.10.10
Markgraf Philipp von Baden und Graf Albrecht von Nassau [in anderem Text: die Brüder Albrecht und Philipp von Nassau] versprechen, dem Urteil des Reichskammergerichts Folge zu leisten, nach dem Georg Böcklin die hohe Gerichtsbarkeit in Schmieheim zusteht
Abschr.

***Bestellsignatur:** 31 Nr. 163* 1616.01.28
Instrumentum reparationis über einen veruntreuten Schieds- und Waldordnungsbrief für den Bellenberg zwischen den Gemeinden Zunsweier und Berghaupten
Ausfertigung, Pergamentlibell, Notariatsintrument

***Bestellsignatur:** 229 Nr. 95368* 1649–1650
Kirchenbau zu Schutterwald

***Bestellsignatur:** 69 von Türckheim-3 Nr. 311* 1666–1667
Obrigkeit der Grafen von Wurmser in Meißenheim

***Bestellsignatur:** 31 Nr. 303* 1667
Dalbergische Gerichtsbarkeit und Bannordnung in Schutterwald
Ausfertigung, Pergament, 9 Siegel

Bestellsignatur: *229 Nr. 1946* 1700–1793
Ausübung der Gerichtsbarkeit und sonstiger Hoheitsrechte auf dem Rittergut Rohrburg

Bestellsignatur: *229 Nr. 1951* 1744–1781
Ausübung der Gerichtsbarkeit und sonstiger Hoheitsrechte auf dem Rittergut Rohrburg

Bestellsignatur: *229 Nr. 1947* 1742–1775
Ausübung der Gerichtsbarkeit und sonstiger Hoheitsrechte auf dem Rittergut Rohrburg

Bestellsignatur: *229 Nr. 1948* 1767–1792
Ausübung der Gerichtsbarkeit und sonstiger Hoheitsrechte auf dem Rittergut Rohrburg

Bestellsignatur: *229 Nr. 1949* 1780–1782
Ausübung der Gerichtsbarkeit und sonstiger Hoheitsrechte auf dem Rittergut Rohrburg

Bestellsignatur: *127 Nr. 121* 1734–1793
Abhandlungen über das ius rectractus
Enthält v. a.: Korrespondenzen des Ritterkantons Ortenau mit anderen Kantonen

Bestellsignatur: *229 Nr. 31216* 1754–(1814)
[Beschwerden der Gemeinde Gaisbach]
Enthält u. a.: Forderungen des Klosters Allerheiligen; Kriegslasten der Gemeinde (1793); Nachlass Heuberger (1794)

Bestellsignatur: *229 Nr. 80781* 1773
Peinliche Gerichtsbarkeit der von Brandenstein in Orschweier

Bestellsignatur: *229 Nr. 93499* 1773
Herrschaft der von Waldner in Schmieheim

Bestellsignatur: *127 Nr. 191* 1782
Gesuch der Gemeinde Altdorf an den Ritterkanton Ortenau um Beihilfe zum Kirchenbau

Bestellsignatur: *229 Nr. 90539* 1791
Stellung der Heimburgenrechnung zu Rust

Bestellsignatur: *127 Nr. 193* 1792
Streitigkeiten wegen Läutens der Kirchenglocken in Rust beim Tode Kaiser Josefs II.

2.5.3.2 Polizei

Bestellsignatur: *229 Nr. 66461* 1561
Untersuchung gegen Marzolf Kern von Meißenheim wegen Unterschlagung von Kirchengeldern

Bestellsignatur: *229 Nr. 66462* 1565
Untersuchung gegen Moritz Fischer [von Meißenheim] wegen Diebstahls

Bestellsignatur: *69 von Türckheim-3 Nr. 517* 17. Jh.
Druck mit Abbildungen Schweizer Münzen

Bestellsignatur: *127 Nr. 614* 1620–1670
Mitteilungen von Behörden über Verbrechen
Enthält auch: Bekenntnisprotokolle

Bestellsignatur: *69 von Türckheim-3 Nr. 469* 1725–1728
Kriminalermittlungen gegen Anton Christoph Cleven, Oberfaktor der Braunschweig-Blankenburger Eisenhütten

Bestellsignatur: *127 Nr. 615* 1728
Anklage des Johann Rammstein aus Wallburg wegen Mordes

Bestellsignatur: *127 Nr. 725* 1728–1792
Mitteilungen benachbarter Reichsstände über Fahndungen u. a.

Bestellsignatur: *69 von Türckheim-3 Nr. 371* 1731
Reichsordnung zur Abstellung von Missbräuchen im Handwerk
Enthält: Zwei Exemplare der gedruckten Ordnung und 21 gedruckte kaiserliche Publikationsmandate für die Reichsritterschaft in Schwaben.

Bestellsignatur: *229 Nr. 66463* 1732
Untersuchung gegen Joseph Marx und Hans Arnd [von Meißenheim] wegen Diebstahls

Bestellsignatur: *127 Nr. 616* 1738–1740
Diebstahl im Schloss Remoncourt
Enthält: Untersuchungen; Rechnungen; Protokolle

Bestellsignatur: *127 Nr. 618* 1759
Gefangennahme des markgräflich baden-badischen Vogts Dürrfeld in Offenburg durch ortenauische Bauern
Darin: Carlsruher privilegirte Zeitung vom 2. Februar 1759 mit Berichterstattungen aus dem Ausland

Bestellsignatur: *229 Nr. 93523* 1761
Gewitterschaden zu Schmieheim und Altdorf

Bestellsignatur: *229 Nr. 90578* 1764
Rebellion und Aufruhr in Rust

Bestellsignatur: *127 Nr. 619* 1775
Untersuchung gegen Felix Wild, Bürger in Rust, wegen Notzucht und Ehebruch

Bestellsignatur: *127 Nr. 284* 1777
Ausbruch der Pest in Vollheim (Schwaben)

Bestellsignatur: *229 Nr. 90560* 1783
Jahrmarkt des Marktfleckens Rust

Bestellsignatur: *229 Nr. 90573* 1784
Entschädigung der Gemeinde Rust wegen Eisgang- und Überschwemmungsschäden und Rheinuferbefestigung

Bestellsignatur: *127 Nr. 15* 1784–1785
Entwurf einer ritterschaftlichen Brandversicherung

Bestellsignatur: *127 Nr. 621* 1789
Unruhen in den Gemeinden bei Offenburg und Maßnahmen der vorderösterreichischen Regierung in der Landvogtei Ortenau
Darin: Dekret Markgraf Karl Friedrichs von Baden zur Aufrechterhaltung der öffentlichen Ordnung (1789)

Bestellsignatur: *127 Nr. 717* 1798
Versteigerung von Textilien des Klosters Schuttern

Bestellsignatur: *127 Nr. 285* 1798
Absperrungsmaßregeln bei Viehseuchen

Bestellsignatur: *69 von Türckheim-3 Nr. 534* 1804
Mandat Kaisers Franz II. zu Unruhen von reichsritterschaftlichen Untertanen

2.5.3.3 Straßenbau

Bestellsignatur: *127 Nr. 638* 1732–1770
Beteiligung an Herstellung und Reparatur des ritterschaftlichen Anteils an Landstraßen

Bestellsignatur: *127 Nr. 637* 1738–1797
Beteiligung an Herstellung und Reparatur des ritterschaftlichen Anteils an Landstraßen

Bestellsignatur: *127 Nr. 640* 1750–1787
Beteiligung an Herstellung und Reparatur des ritterschaftlichen Anteils an Landstraßen
Enthält v. a.: Verhandlungen mit Nachbarterritorien, Schwäbischem Kreis und Kaiser; 2 Kanalisationspläne; Längenprofile

Bestellsignatur: *127 Nr. 639* 1750–1789
Beteiligung an Herstellung und Reparatur des ritterschaftlichen Anteils an Landstraßen

2.5.3.4 Religion, Konfession

***Bestellsignatur:** 69 von Türckheim-3 Nr. 212* 1628–1774
Religionssachen im Amt Lahr und Mahlberg

***Bestellsignatur:** 127 Nr. 733* 1658
Kirchenhoheit in Rust

***Bestellsignatur:** 229 Nr. 18646* 1754
Evangelisches Religions-Exercitium zu Diersburg
Enthält auch: Einpfarrung der Diersburger nach Oberschopfheim

***Bestellsignatur:** 69 von Türckheim-3 Nr. 245* 1773–1774
Aufhebung des Jesuitenordens
Enthält: Abschrift des Votums des Reichshofrats an den Kaiser wegen der päpstlichen Bulle zur Aufhebung des Jesuitenordens, o. D. Abschriften von Protokollen und Vermerken der Reichsritterschaft der Ortenau zu Besitzungen der Jesuiten in der Ortenau, 1773/1774. Abschrift eines Schreibens an den Kaiser, o. D.

***Bestellsignatur:** 69 von Türckheim-3 Nr. 325* 1795
Evangelische Untertanen der Grafen von Helmstatt

2.5.4 Untertanen

2.5.4.1 allgemein

***Bestellsignatur:** 31 Nr. 299* 1599.04.11
Schultheiß und Richter zu Schmieheim bestellen Hilarius Grampp zum Vormund von Veronika Hirner
Ausfertigung

***Bestellsignatur:** 69 von Türckheim-3 Nr. 310* 1666
Verzeichnis der Mahlberger Tagelöhner

***Bestellsignatur:** 69 von Türckheim-3 Nr. 315* 1666–1667
Erstellung einer Statistik der ritterschaftlichen Untertanen

***Bestellsignatur:** 72 Nr. 3417* 1674–1783
Differenzen Heinrich Jakob von Fleckensteins zu Straßburg und seines Kellers in Fleckenstein mit Wolf Friedrich Eckbrecht von Dürckheim wegen dessen Forderung von Kontributionen der fleckensteinischen Bedienten und Untertanen

Bestellsignatur: *72 Nr. 7073* 1726–1740

Beschwerden der Untertanen zu Diersburg über die ihnen von Susanne Veronica de Remoncourt geb. Roeder von Diersburg und ihrem Ehemann Julius Eberhard La Chaume de Remoncourt zugefügten Drangsale und Belästigungen

Enthält v. a.: Protokoll der Untersuchung eines durch mehrere Diersburger Untertanen gegen das Ehepaar de Remoncourt am 10. Mai 1738 verübten gewaltsamen Diebstahls und mörderischen Tractaments

Bestellsignatur: *127 Nr. 175* 1740

Ortstabellen (Einwohnerzahl, Wohnstätten usw.) von Rust und Altzenhof

Bestellsignatur: *69 von Türckheim-3 Nr. 204* 1740–1800

Ritterschaftliche Dörfer

Enthält: Niederweier, Kehl, Sundheim, Diersburg, Reichenbach, Eckartsweier, Ottenweier und Müllen.

Bestellsignatur: *127 Nr. 622* 1774–1778

Verschuldeter Nachlass des Josef Möhringer aus Altdorf

Bestellsignatur: *127 Nr. 151* 1779

Rechnungsabhör der Gemeinde Altdorf

Enthält: Protokoll

Bestellsignatur: *69 von Türckheim-3 Nr. 316* 1794

Verzeichnis der Bevölkerung und des Viehbestandes in den ritterschaftlichen Dörfern

Bestellsignatur: *127 Nr. 720* 1798

Entmündigung des Johann Daniel Maurer in Hugsweier

2.5.4.2 Gemeinden A–Z
Protokolle der freiwilligen Gerichtsbarkeit

Bestellsignatur: *61 Nr. 14088* 1778–1813

Allmannsweier (von Berckheim u. a.)

Enthält: Kauf, Tausch, Schenkungen, Eheberedungen, Testamente. 381 Bl., Register

Bestellsignatur: *61 Nr. 5113* 1756–1791

Berghaupten (von der Schleiß)

Enthält: Eheberedungen. Ca. 250 Bl., mit Register, nicht gebunden

Bestellsignatur: *61 Nr. 14108* 1725–1826

Diersburg (Roeder von Diersburg)

Enthält: Eheberedungen, Testamente. Ca. 500 Bl., Register

Bestellsignatur: *61 Nr. 13569* 1730–1819
Diersburg (Roeder von Diersburg)
Enthält: Verpfändungen. Ca. 350 Bl., Register

Bestellsignatur: *61 Nr. 14109* 1747–1759
Diersburg (Roeder von Diersburg)
Enthält: Kontrakte. Ca. 350 Bl.

Bestellsignatur: *61 Nr. 13567* 1759–1777
Diersburg (Roeder von Diersburg)
Enthält: Kontrakte. Ca. 450 Bl.

Bestellsignatur: *61 Nr. 13493* 1796–1809
Gaisbach (von Schauenburg)
Enthält: Eheberedungen. Ca. 400 Bl.

Bestellsignatur: *61 Nr. 13589* 1746–1811
Hofweier (von Frankenstein)
Enthält: Kontrakte

Bestellsignatur: *61 Nr. 13593* 1764–1795(?)
Hofweier (von Frankenstein)
Enthält: Eheberedungen

Bestellsignatur: *61 Nr. 13592* 1767–1805
Hofweier (von Frankenstein)
Enthält: Obligationen. Mit Register

Bestellsignatur: *61 Nr. 13594* 1793 (?) - 1804
Hofweier (von Frankenstein)
Enthält: Eheberedungen

Bestellsignatur: *61 Nr. 8503* 1694–1742
Niederschopfheim (von Dalberg, von Bettendorf, von Frankenstein)
Enthält: Kontrakte

Bestellsignatur: *61 Nr. 8504* 1748–1755
Niederschopfheim (von Dalberg, von Bettendorf, von Frankenstein)
Enthält: Kontrakte

Bestellsignatur: *61 Nr. 13606* 1751–1781
Niederschopfheim (von Dalberg, von Bettendorf, von Frankenstein)
Enthält: Eheberedungen. Mit Register

Bestellsignatur: *61 Nr. 13607* 1768–1789
Niederschopfheim (von Dalberg, von Bettendorf, von Frankenstein)
Enthält: Eheberedungen. Mit Register

Bestellsignatur: *61 Nr. 13603* 1790–1813
Niederschopfheim (von Dalberg, von Bettendorf, von Frankenstein)
Enthält: Kontrakte. Mit Register, mit Beilagen von 1815–1816

Bestellsignatur: *61 Nr. 13608* 1804–1813
Niederschopfheim (von Dalberg, von Bettendorf, von Frankenstein)
Enthält: Eheberedungen. Mit Register

Bestellsignatur: *61 Nr. 14090* 1797–1803
Nonnenweier (von Montprison)
Enthält: Eheberedung, Kauf, Tausch, Schenkung. Mit Register

Bestellsignatur: *61 Nr. 14091* 1804–1811
Nonnenweier (von Montprison)
Enthält: Eheberedung, Kauf, Tausch, Schenkung. Mit losem Register

Bestellsignatur: *61 Nr. 10492* 1752–1763
Rust (Böcklin von Böcklinsau)
Enthält: Kontrakte. Mit Register

Bestellsignatur: *61 Nr. 10493* 1795–1809
Rust (Böckling von Böcklinsau)
Enthält: Kontrakte. Mit Register

2.6 Beziehungen zu anderen Herrschaften

2.6.1 Baden

Bestellsignatur: *127 Nr. 753* 1629–1659
Gravamina gegen Baden

Bestellsignatur: *127 Nr. 508* 1652–1724
Streitigkeiten zwischen Nassau-Saarbrücken und Baden-Durlach wegen Forderungen aus dem Erwerb der Herrschaft Lahr

Bestellsignatur: *69 von Türckheim-3 Nr. 210* Anfang 18. Jh.
Zusammenstellung von Befehlen des Markgrafen von Baden an das Amt Mahlberg

Bestellsignatur: *127 Nr. 506* 18. Jh.
Besteuerungsrecht ehemaliger Rittergüter auf badischem Territorium
Enthält: Beiakten

Bestellsignatur: *69 von Türckheim-3 Nr. 215* 18. Jh.
Verzeichnis der in Baden liegenden Güter, die nicht im Besitz des Markgrafen sind

Bestellsignatur: *127 Nr. 469* 1711–1715
Prozess der ortenauischen Ritterschaft gegen Markgraf Karl III. Wilhelm von Baden-Durlach vor dem Reichshofrat wegen eines strittigen ius collectandi an Gütern bei Lahr

Bestellsignatur: *127 Nr. 472* 1717–1745
Streitigkeiten mit der Markgrafschaft Baden-Baden wegen Besteuerung

Bestellsignatur: *127 Nr. 474* 1722–1732
Steuererhebung von Gütern im badischen Territorium

Bestellsignatur: *69 von Türckheim-3 Nr. 244* 1722–1773
Beitritt Baden-Durlachs zum Vergleich der Reichsritterschaft der Ortenau mit Baden-Baden

Bestellsignatur: *31 Nr. 126* 1722.09.26
Vergleich zwischen Markgräfin Augusta von Baden und der ortenauischen Ritterschaft, vertreten durch Junker Samson von Ratsamhausen, über die Zahlung der rückständigen Rittersteuer von gen. Rittergütern im badischen Besitz
Ausfertigung, Siegel

Bestellsignatur: *127 Nr. 513* 1723–1726
Schuldforderung der Ritterschaft Ortenau an Markgräfin Augusta Sibylla von Baden und deren Beitreibung

Bestellsignatur: *127 Nr. 475* 1725–1731
Besteuerungsrecht von Rittergütern im badischen Gebiet
Enthält auch: Steuertabellen

Bestellsignatur: *127 Nr. 17* 1727–1798
Austausch von Glückwunsch- und Beileidschreiben mit den Markgrafen von Baden

Bestellsignatur: *127 Nr. 713* 1732, 1792
Badische Lehen der von Neuenstein und von Schauenburg

Bestellsignatur: *229 Nr. 80787* 1733–1764
Beschwerde des Freiherren von Brandenstein gegen die Markgrafschaft Baden wegen Eingriffs in die Jagdberechtigung in Orschweier

Bestellsignatur: *127 Nr. 641* 1734–1746
Forderungen an das Haus Baden-Baden wegen rückständiger Steuer von Rittergütern

Bestellsignatur: *127 Nr. 245* 1744–1748
Jurisdiktionsrechte auf dem Rohrburger Schloss der Freiherrn Roeder von Diersburg
Enthält: Prozess des Ritterschaft Ortenau gegen Markgraf Ludwig von Baden-Baden

Bestellsignatur: *127 Nr. 484* 1749–1755
Vergleich mit der Markgrafschaft Baden-Baden

Bestellsignatur: *127 Nr. 483* 1749–1755
Besteuerungsrecht der Rittergüter in badischem Gebiet

Bestellsignatur: *31 Nr. 127* 1755.04.18
Vergleich zwischen Markgraf Ludwig Georg von Baden und der ortenauischen Ritterschaft über die Steuerpflicht ritteschaftlicher Güter in badischem Besitz, die Vertretung Badens bei Ritterkonventen, ritterschaftliche Zollfreiheit, jus retractus u. a.
Darin: Liste von Rittergütern im badischen Territorium

Bestellsignatur: *69 von Türckheim-3 Nr. 216* 1755
Auszüge aus Deklarationen des Markgrafen von Baden-Baden an die Reichsritterschaft der Ortenau zu deren Rechtsstellung

Bestellsignatur: *69 von Türckheim-3 Nr. 235* 1755
Auszüge aus dem Vergleich mit Baden-Baden

Bestellsignatur: *69 von Türckheim-3 Nr. 223* 1755
Bestätigung des Vergleiches mit Baden-Baden durch Franz Ludwig Waldner von Freundstein als Direktor der Reichritterschaft der Ortenau

Bestellsignatur: *69 von Türckheim-3 Nr. 219* nach 1755
Rechtfertigung des Vergleichs zwischen dem Markgrafen Ludwig Georg Simpert von Baden-Baden und der Ritterschaft der Ortenau 1755

Bestellsignatur: *69 von Türckheim-3 Nr. 234* nach 1755
Beschlagnahmungen im Vergleich von 1755

Bestellsignatur: *69 von Türckheim-3 Nr. 229* nach 1755
Begründung eines Vergleichs mit Baden-Durlach parallel zum Vergleich mit Baden-Baden 1755

Bestellsignatur: *127 Nr. 487* 1755–1772
Kaiserliche Bestätigung des Vertrags mit Baden-Baden von 1755 über die Besteuerung der Rittergüter

Bestellsignatur: *127 Nr. 449* 1755–1772
Vergleich mit Baden-Baden von 1755
Enthält u. a.: Prozesse; Beitritt Baden-Durlachs

Bestellsignatur: *69 von Türckheim-3 Nr. 230* 1765
Bericht des Syndikus Theobald Friedrich Schöll über den Plan eines Vergleichs mit Baden-Durlach

Bestellsignatur: *127 Nr. 493* 1765–1772
Vergleich mit Baden-Baden von 1755
Enthält auch: Verhandlungen mit der Markgrafschaft Baden-Baden, Vertretung der markgräflichen Regierung bei den Ritterkonventen; Verhandlungen mit Baden-Durlach wegen Anerkennung des Vergleichs bei Sukzession

Bestellsignatur: *69 von Türckheim-3 Nr. 227* 1766
Vorbereitung eines Vergleichs zwischen der Reichsritterschaft der Ortenau und der Markgrafschaft Baden[-Durlach]

Bestellsignatur: *69 von Türckheim-3 Nr. 228* 1767
Vorbereitung eines Vergleichs zwischen der Reichsritterschaft der Ortenau und der Markgrafschaft Baden[-Durlach]

Bestellsignatur: *69 von Türckheim-3 Nr. 226* 1767
Auswirkungen der Baden-Durlacher Erbfolge in Baden-Baden auf die Reichsritterschaft

Bestellsignatur: *31 Nr. 91* 1767.04.18
Rezess eines Kehler Direktorialkonvents zum Beitritt Baden-Durlachs in den Vergleich der Ritterschaft mit Baden-Baden
Ausfertigung, 1 Siegel

Bestellsignatur: *69 von Türckheim-3 Nr. 231* 1768
Vermerk über ein Schreiben Baden-Durlachs wegen eines Vergleichs

Bestellsignatur: *31 Nr. 93* 1769.04.17
Rezess eines Kehler Direktorialkonvents zum Beitritt Baden-Durlachs in den Vergleich der Ritterschaft mit Baden-Baden
Ausfertigung, Pergament, 7 Siegel

Bestellsignatur: *127 Nr. 495* 1769–1776
Vertrag mit Baden von 1776 wegen Besteuerungsrecht und anderen Rechten

Bestellsignatur: *127 Nr. 297* 1770–1773
Durchführung der badischen Münzedikte bei der Ritterschaft
Enthält u. a.: Einführung der Kupfermünzen

Bestellsignatur: *69 von Türckheim-3 Nr. 233* 1772
Vergleich mit Baden

Bestellsignatur: *69 von Türckheim-3 Nr. 232* 1772
Vergleich mit Baden

Bestellsignatur: *127 Nr. 559* 1772
Forderung der ortenauischen Ritterschaft an Baden

Bestellsignatur: *127 Nr. 497* 1775–1776
Besteuerungsrecht ortenauischer Rittergüter im badischer Territorium
Enthält: Abschluss der Vergleichsverhandlungen

Bestellsignatur: *69 von Türckheim-3 Nr. 217* 1776
Auszug aus einem Vergleich des Markgrafen von Baden-Baden mit der Reichsritterschaft der Ortenau zu ritterschaftlichen Gütern

Bestellsignatur: *69 von Türckheim-3 Nr. 221* 1776
Bestätigung des Vergleichs der Reichsritterschaft mit der Markgrafschaft Baden-Baden durch Markgraf Karl Friedrich

Bestellsignatur: *69 von Türckheim-3 Nr. 240* 1776
Vergleich mit Markgraf Karl Friedrich von Baden

Bestellsignatur: *69 von Türckheim-3 Nr. 242* 1776
Inhaltliche Zusammenfassung des Vergleichs mit Baden von 1776

Bestellsignatur: *127 Nr. 498* 1776–1786
Kaiserliche Bestätigung des Vertrags der ortenauischen Ritterschaft mit der Markgrafschaft Baden von 1776

Bestellsignatur: *127 Nr. 452* 1776–1803
Bestätigung der von Baden-Baden mit der ortenauischen Ritterschaft geschlossenen Verträge durch die vereinigte Markgrafschaft Baden
Darin: Dekret Markgraf Karl Friedrichs von Baden

Bestellsignatur: *127 Nr. 499* 1776–1804
Berichtigung der Verzeichnisse der Rittergüter im Vergleich mit Baden von 1776

Bestellsignatur: *69 von Türckheim-3 Nr. 546* 1783
Auseinandersetzung des Freiherrn von Knebel und der Markgrafschaft Baden wegen des Normativs der reichsritterschaftlichen Matrikel (Deduktion)

Bestellsignatur: *127 Nr. 256* 1785–1790
Badische Landsässigkeit der Güter Mühlhausen und Lehningen
Enthält: Streitigkeiten zwischen der Markgrafen von Baden und der Familie von Gemmingen-Steinegg
Darin: Gedruckte Darstellung der Reichsunmittelbarkeit der Freiherrn von Gemmingen-Steinegg im Hagenschieß

Bestellsignatur: *127 Nr. 1* 1785–1794
Verhandlungen mit Baden über Abzugsrecht und Nachlass des Abzugs
Enthält auch: Aufhebung des Judenzolls zwischen den beiden Territorien

Bestellsignatur: *69 von Türckheim-3 Nr. 241* nach 1785
Vermerk zu den Vergleichen mit Baden

Bestellsignatur: *69 von Türckheim-3 Nr. 547* 1788–1799
Korrespondenz mit der Markgrafschaft Baden
Enthält v. a.: Korrespondenz mit [Karl Friedrich] Seubert.

Bestellsignatur: *69 von Türckheim-3 Nr. 548* 1789–1803
Verhältnis der Reichsritterschaft vor allem zur Markgrafschaft Baden

Bestellsignatur: *127 Nr. 501* 1790–1793
Auszahlung eines Beitrags durch die Markgrafschaft Baden an die ortenauische Ritterschaft

Bestellsignatur: *69 von Türckheim-3 Nr. 238* 1792
Gedanken zum Vergleich mit Baden vom 27. April 1792

Bestellsignatur: *69 von Türckheim-3 Nr. 651* 1792
Geheimrat Friedrich Brauer, Historische und rechtliche Darstellung der Territorial- und Immediats-Verhältnisse der Ortenauischen Reichsritterschaft gegen das hochfürstliche Haus Baden im Ganzen und in Bezug auf die einzelnen Güter, welche gedachte Ritterschaft in dem Vertrag mit ihr vom Jahr 1776 als ihrer Jurisdiktion und Kollektation unterstellt, angegeben hat

Bestellsignatur: *127 Nr. 262* 1795
Verpflichtung der ortenauischen Ritterschaft zur Stellung von Wachen in Staufenberg
Enthält: Schreiben des badischen Obervogts

Bestellsignatur: *127 Nr. 298* 1797
Verlobung des Erbprinzen Karl Ludwig von Baden mit Friederike Dorothee von Schweden

Bestellsignatur: *69 von Türckheim-3 Nr. 239* 1797
Vergleich mit Baden

Bestellsignatur: *69 von Türckheim-3 Nr. 224* 1803
Rundschreiben der Reichsritterschaft der Ortenau zur kurbadischen Landeshoheit (Druck)

Bestellsignatur: *69 von Türckheim-3 Nr. 225* 1803
Reskript des Kurfürsten Karl Friedrich von Baden wegen des Sitzes des ritterschaftlichen Direktoriums und der Kanzlei in Offenburg (Druck)

Bestellsignatur: *69 von Türckheim-3 Nr. 236* 1803
Vergleiche mit Baden

Bestellsignatur: *69 von Türckheim-3 Nr. 237* 1803
Rundschreiben der Reichsritterschaft der Ortenau zur kurbadischen Landeshoheit (Druck)

Bestellsignatur: *69 von Türckheim-3 Nr. 243* 1803–1804
Schriftwechsel mit dem Kurfürstentum Baden wegen der Rittergüter der Ortenau

Bestellsignatur: *127 Nr. 187* 1803–1804
Verhandlungen mit Markgraf Karl Friedrich von Baden über die Erlaubnis zur Niederlassung in einem Haus in Offenburg und Erwerbung des von Rieneck'schen Hauses in der Hundsgasse

Bestellsignatur: *69 von Türckheim-3 Nr. 222* 1805–1806
Besetzung des ritterschaftlichen Territoriums durch Kurbaden

2.6.2 Vorderösterreich

Bestellsignatur: *127 Nr. 742* 1567–1622
Verhandlungen mit Vorderösterreich
Darin: Vorderösterreichischer Landtagsabschied 1567

Bestellsignatur: *127 Nr. 194* 1580–1610
Landesbeziehungen im Elsass und Breisgau; Verhandlungen zwischen den einzelnen Territorien

Bestellsignatur: *127 Nr. 467* 1663–1685
Österreichische Ansprüche auf Steuererhebung von Gütern der ortenauischen Ritterschaft

Bestellsignatur: *69 von Türckheim-3 Nr. 144* 1663–1792
Landvogtei Ortenau
Enthält: Erneuerung der Varnbühler Lehen in der Landvogtei Ortenau, 18. November 1663. Rittergüter in der Ortenau. Beschwerden der Reichsritterschaft der Ortenau gegen das Oberamt der Landvogtei Ortenau. Auseinandersetzungen der Reichsritterschaft mit vorderösterreichischen Stellen.

***Bestellsignatur:** 69 von Türckheim-3 Nr. 147* 18. Jh.
Landvogtei Ortenau
Enthält: Beschreibungen der Landvogtei Ortenau, des Klosters Gengenbach und des Klosters Schuttern.

***Bestellsignatur:** 127 Nr. 358* 1730
Beschwerde des Ritterbezirks Hegau gegen das vorderösterreichische Amt Nellenburg wegen Beschränkung von Privilegien

***Bestellsignatur:** 69 von Türckheim-3 Nr. 146* 1752
Landvogtei Ortenau
Enthält nur: Beschreibung des Hofguts Bechlen in Bottenau von Johann Daniel Richshofer.

***Bestellsignatur:** 69 von Türckheim-3 Nr. 471* 1756
Gutachten von Jakob Friedrich Müller über die Ausnahme der Grafschaft Falkenstein aus der Jurisdiktion des Reichs

***Bestellsignatur:** 69 von Türckheim-3 Nr. 473* 1757
Gutachten von Jakob Friedrich Müller über einen 1733 zwischen der Kurpfalz und der Grafschaft Falkenstein geschlossenen Vertrag

***Bestellsignatur:** 69 von Türckheim-3 Nr. 474* 1757
Gutachten von Jakob Friedrich Müller über einen 1733 zwischen der Kurpfalz und der Grafschaft Falkenstein geschlossenen Vertrag

***Bestellsignatur:** 69 von Türckheim-3 Nr. 472* 1757
Gutachten von Jakob Friedrich Müller über das Keßlerische Lehen in der Grafschaft Falkenstein

***Bestellsignatur:** 127 Nr. 247* 1766
Streitigkeiten zwischen dem vorderösterreichischen Oberamt Weingarten und der Familie Reichlin von Meldegg

***Bestellsignatur:** 127 Nr. 248* 1766–1773
Beschränkung ritterschaftlicher Rechte und Privilegien durch das Haus Österreich
Enthält: Korrespondenz mit Ritterschaftskantonen, Eingabe an den Kaiser

***Bestellsignatur:** 127 Nr. 724* 1771–1772
Dienstantritt des Freiherrn von Axter als Landvogt der Ortenau

***Bestellsignatur:** 127 Nr. 251* 1772–1777
Immediatrecht in der Landgrafschaft Nellenburg
Enthält: Streitigkeiten der schwäbischen Ritterschaft mit Vorderösterreich

Bestellsignatur: *127 Nr. 253* 1776
Beschränkung der reichsritterschaftlichen Rechte in der Grafschaft Burgau durch das Haus Österreich
Enthält: Promemoria, Anlagen

Bestellsignatur: *69 von Türckheim-3 Nr. 145* 1780
Kolorierte Karte der Landvogtei Ortenau

Bestellsignatur: *127 Nr. 457* 1791
Streitigkeiten zwischen der Reichsritterschaft und Vorderösterreich bzw. Kaiser Leopold II.

2.6.3 Hochstift Straßburg

Bestellsignatur: *69 von Türckheim-3 Nr. 544* 1564–1764
Auseinandersetzungen mit dem Hochstift Straßburg wegen Altdorf

Bestellsignatur: *229 Nr. 90559* 1663
Anspruch des Hochstifts Straßburg auf Landeshoheit über die Gemeinde Rust

Bestellsignatur: *229 Nr. 90546* 1664–1666
Anspruch des Hochstifts Straßburg auf Fischerei und Jagdrecht in der Gemarkung Rust

Bestellsignatur: *69 von Türckheim-3 Nr. 545* 1710–1733
Auseinandersetzung mit der bischöflichen Regierung Straßburg wegen der Familie Olisy in Ettenheimmünster

Bestellsignatur: *127 Nr. 234* 1722–1801
Beziehungen der Ritterschaft Ortenau zum Stift Straßburg
Enthält: Streitigkeiten und Verträge

Bestellsignatur: *127 Nr. 236* 1729–1757
Jurisdiktionsverhältnisse in Oberkirch
Enthält: Streitigkeiten mit den Beamten des Hochstifts Straßburg

Bestellsignatur: *127 Nr. 241* 1740
Jurisdiktionsverhältnisse in Ettenheim
Enthält: Streitigkeiten mit dem Hochstift Straßburg

Bestellsignatur: *127 Nr. 268* 1751
Streitigkeiten der Böcklin von Böcklinsau mit dem fürstlich straßburgischen Lehenhof
Enthält: Bericht der kaiserlichen Kommission

Bestellsignatur: *127 Nr. 255* 1784–1785

Erhebung von Zöllen in Ettenheim

Enthält: Streitigkeiten mit dem Domstift Straßburg

Bestellsignatur: *72 Nr. 8460* (1794) 1801

Streitigkeiten mit dem Hochstift Straßburg um das Besteuerungsrecht auf dem Rittergut Bosenstein

Darin: *Beweiß Der Reichs-Unmittelbarkeit des Dem Ortenauischen Ritterbezirk einverleibten dem Freyherrn von Tuerkheim zustaendigen Ritterguts Bosenstein im Kappler Thal. Mit Urkunden belegt*, Druck, o. O., 1794

2.6.4 Kloster Gengenbach

Bestellsignatur: *229 Nr. 28140* 1729–1775

Auseinandersetzungen mit Kloster Gengenbach über die Reichsunmittelbarkeit des Rießhofs [in Fessenbach]

Enthält v. a.: Wiedereinlösungsrecht des Ritterkantons

Bestellsignatur: *229 Nr. 28141* 1767–1774

Prozess gegen Kloster Gengenbach vor dem Reichshofrat wegen des Wiedereinlösungsrechts am Rießhof [in Fessenbach]

Bestellsignatur: *229 Nr. 28142* 1774

Prozess gegen Kloster Gengenbach vor dem Reichshofrat wegen des Wiedereinlösungsrechts am Rießhof [in Fessenbach]

Bestellsignatur: *229 Nr. 281278b* (1763-) 1791

Auseinandersetzungen mit Kloster Gengenbach wegen der Reichsunmittelbarkeit des Rießhofs [in Fessenbach]

2.6.5 Frankreich

Bestellsignatur: *127 Nr. 129* 1767–1768

Aufhebung des Ius albinagii (droit d'aubaine) in Frankreich

Bestellsignatur: *127 Nr. 130* 1767–1769

Aufhebung des Ius albinagii (droit d'aubaine)

Enthält: Korrespondenz mit anderen Ritterkreisen

Darin: Dekret König Ludwigs XV. von Frankreich über die Aufhebung des Ius albinagii (Drucksache)

Bestellsignatur: *127 Nr. 131* 1768

Aufhebung des Ius albinagii (droit d'aubaine)

Enthält: Memoire und Korrespondenz der Ritterschaft mit Frankreich (frz.)

Bestellsignatur: *127 Nr. 132* 1768–1769
Aufhebung des Ius albinagii (droit d'aubaine)
Enthält: Korrepondenz des Kantons Ortenau mit dem Kanton Altmühl

Bestellsignatur: *127 Nr. 133* 1768–1770
Aufhebung des Ius albinagii (droit d'aubaine)
Enthält auch: Übereinkunft mit Frankreich, Verhandlungen mit anderen Kantonen

Bestellsignatur: *31 Nr. 58* 1769.02
Ludwig XV. hebt für die Untertanen der Ritterschaft das Ius albinagii/droit d'aubaine in Frankreich auf
Abschr., Pergament

Bestellsignatur: *31 Nr. 59* 1769.05.02
Ausschuss und Direktoren aller drei ritterschaftlichen Reichskreise geben die Aufhebung des Jus albinagii/droit d'aubaine für ritterschaftliche Untertanen in Frankreich bekannt
Abschr., Pergament, 1 Siegel

Bestellsignatur: *69 von Türckheim-3 Nr. 494* 1769
Reskript der Reichsritterschaft zum französischen Erbrecht

Bestellsignatur: *69 von Türckheim-3 Nr. 277* 1769
Rundschreiben der Reichsritterschaft wegen einer Änderung des französischen Erbrechts (Druck)

Bestellsignatur: *127 Nr. 157* 1771–1782
Verhandlungen der Ritterschaft Ortenau und des Reichs mit der Krone Frankreichs über die Rheingrenze bei Nonnenweier und Wittenweier
Darin: 2 Pergamenturkunden König Ludwigs XVI. von Frankreich (1774/1777)

Bestellsignatur: *69 von Türckheim-3 Nr. 320* 1790–1791
Erklärung der ritterschaftlichen Gesandten vor der französischen Nationalversammlung

Bestellsignatur: *69 von Türckheim-3 Nr. 343* 1792
Berichte des Konsulenten Christian Friedrich Sahler über die Auswirkungen der Französischen Revolution auf die Reichsritterschaft im Elsass

2.6.6 Kurpfalz

Bestellsignatur: *127 Nr. 738* 1600
Streitigkeiten mit Kurpfalz wegen des Wildfangrechts

Bestellsignatur: *127 Nr. 265* 1664–1666
Streitigkeiten zwischen Kurpfalz und Reichsständen wegen Wildfangrecht und Leibeigenschaft
Darin: Vertrag zwischen Kurpfalz und Kurmainz über die gemeinschaftliche Stadt Ladenburg (1665)

Bestellsignatur: *127 Nr. 266* 1665
Streitigkeiten zwischen den geeinten Ständen und der Kurpfalz wegen Wildfangs
Enthält auch: Rechnungen

Bestellsignatur: *127 Nr. 600* 1771–1772
Ritterschaftsgravamina gegen Kurpfalz

2.6.7 Württemberg

Bestellsignatur: *69 von Türckheim-3 Nr. 290* 18. Jh.
Landsässigkeit des württembergischen Adels (Denkschrift)

Bestellsignatur: *127 Nr. 741* 1724
Aufnahme ortenauischer Kavaliere in die württembergische Ritterschule der Solitude

Bestellsignatur: *127 Nr. 238* 1731
Territorialübergriffe von Württemberg
Enthält: Beschwerde der Schwäbischen Reichsritterschaft

Bestellsignatur: *127 Nr. 267* 1735–1736
Streitigkeiten der Schwäbischen Reichsritterschaft mit Württemberg wegen Lehendiensten
Darin: Schreiben Kaiser Karls VI. (Kopie)

Bestellsignatur: *69 von Türckheim-3 Nr. 289* 1750
Monita und Notata der Reichsritterschaft der Ortenau gegen die württembergische Beschwerde über ritterschaftliche Irrungen von 1749

Bestellsignatur: *127 Nr. 327* 1761–1767
Rückständige Kosten aus der Rekurssache gegen Württemberg
Enthält: Korrespondenz zwischen den Kantonen Ortenau, Donau und Neckar-Schwarzwald

Bestellsignatur: *127 Nr. 250* 1770
Rezess zwischen der Schwäbischen Ritterschaft und Herzog Karl Eugen von Württemberg

2.6.8 Andere Herrschaften

Bestellsignatur: *127 Nr. 747* 1525
Streitigkeiten mit der Stadt Straßburg
Enthält: Vorschlag eines gütlichen Tages

Bestellsignatur: *127 Nr. 459* 1542–1657
Streitigkeiten mit Straßburg wegen der Besteuerung von Einzelpersonen

Bestellsignatur: *69 von Türckheim-3 Nr. 529* 1706
Mandat Kaiser Josephs I. gegen Bayern

Bestellsignatur: *127 Nr. 235* 1723–1724
Verletzung der Hoheitsrechte in Lichtenau und Willstätt
Enthält: Streitigkeiten mit den Grafen von Hanau-Lichtenberg

Bestellsignatur: *127 Nr. 634* 1723–1748
Territorialhoheit in Lichtenau und Willstätt
Enthält: Klage der Grafen von Hanau-Lichtenberg gegen die ortenauische Ritterschaft vor dem Reichshofrat wegen Verletzung der Besteuerungs- und Jurisdiktionsrechte, hier: Beilagen

Bestellsignatur: *127 Nr. 633* 1723–1748
Territorialhoheit in Lichtenau und Willstätt
Enthält: Klage der Grafen von Hanau-Lichtenberg gegen die ortenauische Ritterschaft vor dem Reichshofrat wegen Verletzung der Besteuerungs- und Jurisdiktionsrechte

Bestellsignatur: *69 von Türckheim-3 Nr. 283* 1729–1731
Schriftwechsel mit dem Fürstin Charlotte Amalie von Nassau-Usingen wegen der Herrschaft Lahr

Bestellsignatur: *127 Nr. 740* 1729–1732
Gratulationen an geistliche Reichsfürsten bei Regierungsantritt
Enthält: Mainz, Würzburg

Bestellsignatur: *127 Nr. 242* 1740–1746
Streitigkeiten mit Nachbarn
Enthält u. a.: Reichsunmittelbarkeit; Besteuerungsrecht

Bestellsignatur: *69 von Türckheim-3 Nr. 470* 1756
Gutachten von Jakob Friedrich Müller über die Landesobrigkeit des Grafen Christian Karl Reinhard von Leiningen-Heidesheim

Bestellsignatur: *69 von Türckheim-3 Nr. 476* 1758
Gutachten von Jakob Friedrich Müller über die Landeshoheit der Grafschaft Leiningen-Heidesheim und das Oberamt Winnweiler

***Bestellsignatur:** 216 Nr. 122* 1758–1792
Gesuche ritterschaftlicher Beamter um Aufnahme in die Stadt Offenburg
Enthält u. a.: Verzicht auf Ausübung von Jurisdiktionshandlungen

***Bestellsignatur:** 216 Nr. 302* 1776–1797
Übereinkunft mit der Stadt Offenburg über die Behandlung der Verlassenschaften ritterlicher, im Stadtbezirk Offenburg verstorbener Personen

***Bestellsignatur:** 216 Nr. 381* 1778
Verhältnis der Reichsstädte zu den dort ansässigen Mitgliedern der Ritterschaft

***Bestellsignatur:** 69 von Türckheim-3 Nr. 305* nach 1792
Notizen über den Schriftwechsel der Reichsritterschaft mit den Domkapiteln Würzburg und Mainz 1771–1792

***Bestellsignatur:** 127 Nr. 576* 1792
Einverleibung der Fürstentümer Brandenburg-Ansbach und Brandenburg-Bayreuth durch Preußen

***Bestellsignatur:** 69 von Türckheim-3 Nr. 361* 1795
Vermerk über die Reichsstandschaft des Ritterstifts Odenheim

3 [Cameralia] Finanzen

3.1 Allgemein

Bestellsignatur: *127 Nr. 307* 1649–1654, 1671
Rechnungsrezesse der schwäbischen Ritterschaft

Bestellsignatur: *127 Nr. 316* 1712–1748
Rechnungsrezesse der Schwäbischen Ritterschaft

Bestellsignatur: *69 von Türckheim-3 Nr. 312* 1740
Einrichtung einer Landkasse

3.2 Reichsabgaben

Bestellsignatur: *D 1037a* 1497.01.30
Mandat König Maximilians I. an die Ritterschaft in der Ortenau, beim Gemeinen Pfennig, der auf dem Reichstag in Lindau beschlossen wurde, den auf sie entfallenden Anteil des Anlehens von 150.000 fl unverzüglich in Straßburg zu bezahlen, damit der Romzug vonstatten gehen kann.
Druck, Pap., Siegel des Ausstellers auf der Rückseite

Bestellsignatur: *127 Nr. 461* 1553–1570
Beitrag der Stadt Offenburg und der zugehörigen Gerichte zu den Reichsmatrikeln

Bestellsignatur: *72 Nr. 3098* 1596
Gravamina gegen die Türkenhilfe
Enthält: Blockierung des auf einem ortenauischen Rittertag in Oberkirch verhandelten kaiserlichen Begehrens nach weiteren Türkenhilfen durch Hans Wilhelm von Botzheim und Hans Philipp von Nippenburg

Bestellsignatur: *127 Nr. 468* 17. Jh.
Verteilung von Umlagen auf die schwäbische Ritterschaft
Enthält nur: 2 Tabellen

Bestellsignatur: *127 Nr. 466* 1631–1722
Kaiserliche Mandate über Kollekten (Drucke)

Bestellsignatur: *127 Nr. 735* 1649
Rückständige Friedensgelder

Bestellsignatur: *127 Nr. 470 a* 1714–1718
Verhandlungen über Charitativsubsidien

Bestellsignatur: *127 Nr. 470 b* 1732–1745
Verhandlungen über Charitativsubsidien

Bestellsignatur: *127 Nr. 750* 1739
Beizug von Rittergütern zur Türkensteuer
Enthält v. a.: Niederrheinische Ritterschaft

Bestellsignatur: *127 Nr. 481* 1746–1758
Charitativsubsidien der Ritterkreise

Bestellsignatur: *127 Nr. 435* 1749–1770
Erhebung der Reichslehentaxe
Enthält auch: Lehenabgaben; Extension des kaiserlichen Expektanzrechts auf heimgefallene Lehen

Bestellsignatur: *127 Nr. 488* 1757–1769
Charitativsubsidien
Enthält: Korrespondenz mit dem Markgrafen von Baden-Baden

Bestellsignatur: *127 Nr. 490* 1759–1762
Charitativsubsidien der Ritterkantone

Bestellsignatur: *127 Nr. 492* 1764–1766
Verhandlungen zwischen den Bürgermeistern von Offenburg und von Nördlingen wegen übertriebener Reichssteuerforderungen

Bestellsignatur: *127 Nr. 627* 1791–1797
Charitativsubsidien des schwäbischen Ritterkreises an den Kaiser für die Kriege gegen Frankreich

Bestellsignatur: *127 Nr. 504* 1793
Zahlung fälliger Charitativsubsidien
Enthält: Korrespondenz des Ritterkantons Donau mit dem Kanton Ortenau

Bestellsignatur: *127 Nr. 727* 1793
Charitativsubsidien

Bestellsignatur: *69 von Türckheim-3 Nr. 416* 1794
Ausschreibung von Charitativsubsidien

3.3 Gütermatrikel

Bestellsignatur: *127 Nr. 270* 1474–1789
Matrikel
Enthält nur: unvollständige Matrikelhefte und Konzepte

Bestellsignatur: *127 Nr. 276* 1664
Güterstandsmartikel

Bestellsignatur: *127 Nr. 275* 1664
Güterstandsmartikel

Bestellsignatur: *127 Nr. 274* 1664
Güterstandsmartikel

Bestellsignatur: *127 Nr. 277* 1699
Güterstandsmartikel
Enthält auch: Renovation (nicht ganz ausgearbeitet)

Bestellsignatur: *127 Nr. 723* 18. Jh.
Matrikelbeiträge zur Schwäbischen Reichsritterschaft seit 1521

Bestellsignatur: *127 Nr. 278* (1491) 1713
Renovation der Matrikel
Enthält: Verzeichnisse ab 1491

Bestellsignatur: *127 Nr. 279* 1717
Güterstandsmartikel

Bestellsignatur: *67 Nr. 772* 1717 (1748)
Renovation der Personal- und Gütermatrikel von 1699 durch Johann Ernst Krieg
Begl. Abschrift des Notars Theobald Friedrich Schöll von 1748. Pergamenteinband, Rücken stark beschädigt. 225 Blatt. Bl. 10–25: Teilnehmer der Rittertage 1491–1699; Bl. 55–65: Orte; Bl. 68–180: Güter in den Herrschaften Eberstein, Lahr, Mahlberg, der Stadt Offenburg, den Ämtern Staufenberg und Oberkirch, der Landvogtei Ortenau, den Ämtern Bühl und Steinbach, der Grafschaft Hanau mit den Ämtern Lichtenau und Willstätt, der Ritterschaft Ortenau, in Stadt und Herrschaft Gengenbach und im Kinzigertal; Bl. 181–185: Abgängige Güter; Bl. 187–225: Index

Bestellsignatur: *127 Nr. 476* 1730
Matrikeltabelle

Bestellsignatur: *127 Nr. 170* 1731
Renovation der Matrikel (fragmentarisch)

***Bestellsignatur:** 127 Nr. 479* 1740–1764

Renovation der Gütermatrikel

Enthält: einzelne Güter; historische Begründung des ritterschaftlichen Steuererhebungsrechts

***Bestellsignatur:** 66 Nr. 10257* 1751

Extractus omnium actorum Equestrium sive collectanea chronologica zu der reichsritterschafltich Ortenau'schen im Jahr 1751 revidierten Real Matricul. Band 1, Dörfer

Enthält: (1) Rust, (2) Niederschopfheim, (3) Hofweier, (4) Meissenheim, (5+13) Allmannsweier und Wittenweier, (6) Schmieheim, (7) Berghaupten, (8) Nonnenweier, (9) Diersburg, (10+12) Altdorf und Walburg, (11) Orschweier, (14) Gaisbach, (15) Schutterwald, (16) Reichenbach.

289 Blatt, Halbfranz, Rücken leicht beschädigt

***Bestellsignatur:** 66 Nr. 10256* 1751

Index chronologicus über die Extractus omnium actorum Equestrium, anzeigend aller Ortenauischer ritterschaftlicher Dörfer und Güter Besizere zwischen 1474 und 1745, ingleichen, was jeder Possessor in jedem Jahr für Güter besßen habe, und ist dieser Index eingerichtet, so wie die gedachten Extractus collociret und in der Ordnung des Rechnungs Corpus de anno 1745. Verfertigt anno 1751

Enthält: Bl. 1–300 A-Z (Orte, Personen, Güternamen), Bl. 301–342 Ritterschaftssteuern 1474–1750, chronologisch), Bl. 343–358 Matrikel 1664, Rechnungs Corpus (Personenverzeichnis), Bl. 359–368 Badische Schulden an die Ritterschaftskasse bis 1720, Bl. 369–374 Verzeichnis der auf der Ritterschaft contribuablen Dörfer und Güter ausgeschriebenene Steuer-Simplorum 1667–1750 (chronologisch), Bl. 375–491 Untersuchung der Ritterschafts-Veranlagung anhand von Vereinen, Rezessen und Rechnungen 1474–1750.

498 Blatt, Halbfranz, Rücken stark beschädigt

***Bestellsignatur:** 127 Nr. 282* 1751

Revision des Güterstandsverzeichnisses von 1751 (Corpus I–V)

***Bestellsignatur:** 127 Nr. 281* (16. Jh.-) 1751

Güterstandsmatrikel

Enthält: Renovation von 1751 (mit Angaben ab dem 16. Jh.)

***Bestellsignatur:** 127 Nr. 280* 1751

Realmartikel

Enthält: Angaben über Besitzstand, Erwerb und Verlust der liegenden Güter

***Bestellsignatur:** 69 von Türckheim-3 Nr. 272* 1754–1756

Verzeichnis der rittersteuerschuldigen Rittergutsbesitzer der Ortenau

3.4 Steuern

3.4.1 Allgemein

Bestellsignatur: *127 Nr. 460* 1545–1575
Bezahlung der Rittersteuern
Enthält: Quittungen und Eingaben

Bestellsignatur: *31 Nr. 104+105* 1566.05.25
Kaiser Maximilian II. bestimmt auf Bitten des reichsunmittelbaren Adels, dass alle Erwerber ritterschaftlicher Güter auch Steuern der Reichsritterschaft mittragen sollen
3 Abschriften

Bestellsignatur: *127 Nr. 462* 1575–1580
Bezahlung der Rittersteuer
Enthält: Quittungen und Eingaben

Bestellsignatur: *127 Nr. 159* (1336) 1578–1672
Gülten und Abgaben von ritterschaftlichen Gütern
Enthält auch: Kaufbriefe

Bestellsignatur: *127 Nr. 463* 1581–1600
Bezahlung der Rittersteuer
Enthält: Quittungen und Eingaben

Bestellsignatur: *69 von Türckheim-3 Nr. 341* 17. Jh.
Ritterschaftliche Steuern

Bestellsignatur: *127 Nr. 464* 1600–1609
Bezahlung der Rittersteuer
Enthält: Quittungen und Eingaben

Bestellsignatur: *127 Nr. 465* 1610–1686
Bezahlung der Rittersteuer

Bestellsignatur: *69 von Türckheim-3 Nr. 340* 1652
Mandat Kaiser Ferdinands III. zu Rittersteuern

Bestellsignatur: *69 von Türckheim-3 Nr. 317* 1655–1661
Erhebung von Steuern auf Rittergüter im Niederelsass

Bestellsignatur: *127 Nr. 505* 18. Jh.
Güterverzeichnisse und Steuerbarkeit der Ortenau

Bestellsignatur: *127 Nr. 471* 1716–1731
Steuererhebungsrecht
Enthält: Korrespondenz mit der baden-badischen Regierung in Rastatt

Bestellsignatur: *127 Nr. 473* 1720
Verzeichnis der der ritterschaftlichen Steuer unterliegenden ortenauischen Güter

Bestellsignatur: *69 von Türckheim-3 Nr. 278* 1722
Rundschreiben der Reichsritterschaft wegen der Steuerpflichtigkeit der Rittergüter (Druck)

Bestellsignatur: *69 von Türckheim-3 Nr. 495* 1722
Rundschreiben der Reichsritterschaft wegen der Steuerpflichtigkeit der Rittergüter (Druck)

Bestellsignatur: *127 Nr. 732* 1730
Brandsteuer

Bestellsignatur: *127 Nr. 477* 1732–1749
Erhebung der Steuern von Rittergütern

Bestellsignatur: *69 von Türckheim-3 Nr. 336* 1735–1750
Steuerfuß der Reichsritterschaft

Bestellsignatur: *69 von Türckheim-3 Nr. 338* 1736–1747
Steuerfuß der Reichsritterschaft

Bestellsignatur: *127 Nr. 478* 1740–1745
Promemoria und Rechnungen über die ortenauischen Rittersteuer

Bestellsignatur: *127 Nr. 480* 1740–1784
Festsetzung des ritterschaftlichen Steuerfußes
Enthält auch: Allgemeine Bestimmungen und Formulare für die Erhebung der Steuer

Bestellsignatur: *69 von Türckheim-3 Nr. 395* 1744–1751
Steuermanuale

Bestellsignatur: *127 Nr. 646* 1747–1749
Besteuerung der ritterschaftlichen Domänial- und Tafelgüter

Bestellsignatur: *127 Nr. 642* 1747–1775
Besteuerung der ritterschaftlichen Domänial- oder Tafelgüter
Enthält nur: Erbgüter der Familie von der Schleiß (Erbhof in Gaisbach, Erbhof auf dem Maisenbühl, Reichslehen und Wasserhaus in Achern)

Bestellsignatur: *69 von Türckheim-3 Nr. 337* 1748
Bericht über den Steuerfuß der Reichsritterschaft

Bestellsignatur: *69 von Türckheim-3 Nr. 394* 1748–1752
Steuermanuale

Bestellsignatur: *127 Nr. 482* 1748–1784
Steuererhebung des Ritterkantons Ortenau
Enthält auch: Güterverzeichnisse; Instruktionen; Protokolle

Bestellsignatur: *127 Nr. 485* 1749–1756
Besteuerungsrecht von Rittergütern
Enthält auch: Abschriften älterer Akten

Bestellsignatur: *127 Nr. 486* 1750
Festsetzung des Steuerfußes und der Abrechnungen

Bestellsignatur: *69 von Türckheim-3 Nr. 393* 1752–1758
Steuermanuale

Bestellsignatur: *69 von Türckheim-3 Nr. 339* 1756–1775
Rückständige Rittersteuern

Bestellsignatur: *127 Nr. 489* 1757–1762
Gesuche ritterschaftlicher Gemeinden um Steuernachlässe

Bestellsignatur: *69 von Türckheim-3 Nr. 645* 1758–1792
Steuer-Colligende

Bestellsignatur: *69 von Türckheim-3 Nr. 192* 1771–1812
Verzeichnis der Steuern der Ritterschaft der Ortenau

Bestellsignatur: *127 Nr. 496* 1774–1789
Kauf der österreichischen Dominikalsteuer
Enthält: Verhandlungen der Kantone

Bestellsignatur: *69 von Türckheim-3 Nr. 346* 1789
Schreiben und Notizen zu ritterschaftlichen Steuern

Bestellsignatur: *127 Nr. 502* 1791
Besteuerungsrecht an Gütern in der Ortenau
Enthält: Beschwerde der Reichsritterschaft Ortenau gegen die Landvogtei Ortenau

Bestellsignatur: *69 von Türckheim-3 Nr. 490* 1799
Schreiben des Konsulenten Christian Friedrich Sahler in Finanzangelegenheiten

3.4.2 Einzelfälle

Bestellsignatur: *229 Nr. 31215* 1662–1686
Beschwerde der Gemeinde Gaisbach über den Beitrag zur Ritterkasse

Bestellsignatur: *207 Nr. 854* 1671–1676
Gesuch Kehls um Nachlass der Rittersteuer

Bestellsignatur: *229 Nr. 90543* 1711–1747
Anspruch der Gemeinde Rust auf Steuer-Beiträge benachbarter Orte aus Gütern auf Ruster Bann

Bestellsignatur: *72 Nr. 8229* 1740–1747
Ausstehende Rittersteuern des verstorbenen Barons Philibert von Stein von Reichenstein auf Bosenstein

Bestellsignatur: *229 Nr. 74503* 1740, 1756–1772
Schatzungsanlage der Neuweierer adligen Güter

Bestellsignatur: *69 von Türckheim-3 Nr. 196* 1746–1764
Ritterschaftliche Steuern der Freiherren von Frankenstein und von Neuenstein

Bestellsignatur: *229 Nr. 98189* 1747–1754
Ritterschaftliche Besteuerung des von Kloster Lichtenthal besessenen Schlosses Tiefenau

Bestellsignatur: *127 Nr. 491* 1762–1792
Erhebung der Rittersteuer vom Hinderer'schen Gut

Bestellsignatur: *127 Nr. 643* 1763
Beiziehung des früher dem Freiherrn von der Schleiss gehörenden Rebguts Maisenbühl zur Rittersteuer

Bestellsignatur: *127 Nr. 494* 1768
Streitigkeiten wegen der vom Freiherrn von Ratsamhausen zu entrichtenden Rittersteuer vom Kanofsky'schen Gut in Nonnenweier

Bestellsignatur: *229 Nr. 93518* 1773–1780
Nachlass der Rittersteuer für die Gemeinde Schmieheim

Bestellsignatur: *69 von Türckheim-3 Nr. 326* 1785
Rente des Freiherrn Georg Michael von Wittinghoff

Bestellsignatur: *229 Nr. 20667* 1788–1791
Beitrag der Rittergüter im Amt Staufenberg zum Durbacher Kirchenneubau

Bestellsignatur: *127 Nr. 503* 1791
Besteuerung von Liegenschaften in Steinbach

Bestellsignatur: *69 von Türckheim-3 Nr. 12* 1799–1800
Steuerfreiheit der Familie Schmidt von Brandenstein in Orschweier

Bestellsignatur: *127 Nr. 264* 1800
Beizug zweier ritterschaftlicher Güterbesitzer in Oberkirch zu Kriegssteuern
Enthält: Streitigkeiten mit dem badischen Amt Mahlberg

3.5 Rechnungen

3.5.1 Ritterschaft

3.5.1.2 Allgemein

Bestellsignatur: *69 von Türckheim-3 Nr. 500* 1598–1701
Auszüge aus ritterschaftlichen Rechnungen über verschiedene Einnahmen

Bestellsignatur: *69 von Türckheim-3 Nr. 514* 1664
Auflistung im Namen der Reichsritterschaft entgegengenommener Gelder von Hermann Dietrich von Neuenstein

Bestellsignatur: *69 von Türckheim-3 Nr. 362* 18. Jh.
Notizen über verschiedene Einkünfte und Verkäufe

Bestellsignatur: *69 von Türckheim-3 Nr. 501* 18. Jh.
Rechnungsfragmente

Bestellsignatur: *69 von Türckheim-3 Nr. 319* 1702–1703
Kriegsrechnung

Bestellsignatur: *127 Nr. 428* 1723–1741
Einzugsregister der Ritterschaft Ortenau

Bestellsignatur: *69 von Türckheim-3 Nr. 327* 1795
Schreiben an Freiherrn Johann V. von Türckheim in Rechnungsangelegenheiten

Bestellsignatur: *69 von Türckheim-3 Nr. 497* 1802
Berechnung verschiedener von der Reichsritterschaft zu bezahlender Rechnungen

3.5.1.2 Jahresrechnungen

Bestellsignatur: *69 von Türckheim-3 Nr. 373* 1650
Jahresrechnung
Rechner: Friedrich vom Stein

Bestellsignatur: *69 von Türckheim-3 Nr. 374* 1651
Jahresrechnung

Bestellsignatur: *69 von Türckheim-3 Nr. 375* 1652
Jahresrechnung
Rechner: Friedrich vom Stein

Bestellsignatur: *69 von Türckheim-3 Nr. 376* 1653
Jahresrechnung
Rechner: Friedrich vom Stein

Bestellsignatur: *69 von Türckheim-3 Nr. 418* 1654
Bericht über eine ritterschaftliche Rechnung

Bestellsignatur: *69 von Türckheim-3 Nr. 377* 1654
Jahresrechnung

Bestellsignatur: *69 von Türckheim-3 Nr. 378* 1655
Jahresrechnung

Bestellsignatur: *69 von Türckheim-3 Nr. 379* 1656
Jahresrechnung

Bestellsignatur: *69 von Türckheim-3 Nr. 380* 1657
Jahresrechnung

Bestellsignatur: *69 von Türckheim-3 Nr. 381* 1658
Jahresrechnung

Bestellsignatur: *69 von Türckheim-3 Nr. 382* 1659
Jahresrechnung

Bestellsignatur: *69 von Türckheim-3 Nr. 384* 1660
Jahresrechnung

Bestellsignatur: *69 von Türckheim-3 Nr. 383* 1660
Jahresrechnung
Rechner: Syndikus Ernst Friedrich Wollinger

Bestellsignatur: *69 von Türckheim-3 Nr. 385* 1661
Jahresrechnung

Bestellsignatur: *69 von Türckheim-3 Nr. 386* 1662
Jahresrechnung

Bestellsignatur: *69 von Türckheim-3 Nr. 387* 1663
Jahresrechnung

Bestellsignatur: *69 von Türckheim-3 Nr. 388* 1664
Jahresrechnung

Bestellsignatur: *69 von Türckheim-3 Nr. 389* 1665
Jahresrechnung
Rechner: Johann Kaspar Bitsch aus Lahr

Bestellsignatur: *69 von Türckheim-3 Nr. 390* 1666
Jahresrechnung
Rechner: ritterschaftlicher Einnehmer Leo Varnbüler

Bestellsignatur: *69 von Türckheim-3 Nr. 391* 1667
Jahresrechnung
Rechner: ritterschaftlicher Einnehmer Leo Varnbüler

Bestellsignatur: *69 von Türckheim-3 Nr. 392* 1668
Jahresrechnung
Rechner: ritterschaftlicher Einnehmer Leo Varnbüler

Bestellsignatur: *69 von Türckheim-3 Nr. 246* 1669
Jahresrechnung
Rechner: ritterschaftlicher Einnehmer Leo Varnbüler

Bestellsignatur: *69 von Türckheim-3 Nr. 247* 1670
Jahresrechnung
Rechner: ritterschaftlicher Einnehmer Leo Varnbüler

Bestellsignatur: *69 von Türckheim-3 Nr. 248* 1671
Jahresrechnung
Rechner: ritterschaftlicher Einnehmer Leo Varnbüler

Bestellsignatur: *69 von Türckheim-3 Nr. 249* 1672
Jahresrechnung
Rechner: ritterschaftlicher Einnehmer Leo Varnbüler

Bestellsignatur: *69 von Türckheim-3 Nr. 250* 1673
Jahresrechnung
Rechner: ritterschaftlicher Einnehmer Leo Varnbüler

Bestellsignatur: *69 von Türckheim-3 Nr. 510* 1673
Jahresrechnung
Fragment der Rechnung des Schultheißen Hans Hausen

Bestellsignatur: *69 von Türckheim-3 Nr. 251* 1674
Jahresrechnung
Rechner: ritterschaftlicher Einnehmer Leo Varnbüler

Bestellsignatur: *69 von Türckheim-3 Nr. 252* 1675
Jahresrechnung
Rechner: ritterschaftlicher Einnehmer Leo Varnbüler

Bestellsignatur: *69 von Türckheim-3 Nr. 512* 1677
Jahresrechnung (Fragment)
Rechner: ritterschaftlicher Einnehmer Leo Varnbüler

Bestellsignatur: *69 von Türckheim-3 Nr. 276* 18. Jh.
Fragment einer Jahresrechnung

Bestellsignatur: *69 von Türckheim-3 Nr. 662* 1700
Jahresrechnung
Rechner: ritterschaftlicher Einnehmer Johann Ernst Krieg

Bestellsignatur: *127 Nr. 427* 1700–1710
Ritterrechnungen von 1700, 1705, 1709 und 1710

Bestellsignatur: *69 von Türckheim-3 Nr. 407* 1711
Jahresrechnung
Rechner: ritterschaftlicher Einnehmer Johann Ernst Krieg

Bestellsignatur: *69 von Türckheim-3 Nr. 402* 1712
Jahresrechnung
Rechner: ritterschaftlicher Einnehmer Johann Ernst Krieg

Bestellsignatur: *62 Nr. 7898* 1713
Rechnung 1712
Rechner: Johann Ernst Krieger, Syndicus und Kassier.
26 Blatt, Pappeinband. Schlussvermerk: 1754 von Baden-Durlach bei der Übergabe der Burg Sternenberg mit anderen Dokumenten übergeben.

Bestellsignatur: *69 von Türckheim-3 Nr. 400* 1713
Jahresrechnung
Rechner: ritterschaftlicher Einnehmer Johann Ernst Krieg

Bestellsignatur: *69 von Türckheim-3 Nr. 403* 1714
Jahresrechnung
Rechner: ritterschaftlicher Einnehmer Johann Ernst Krieg

Bestellsignatur: *69 von Türckheim-3 Nr. 401* 1714
Jahresrechnung
Rechner: ritterschaftlicher Einnehmer Johann Ernst Krieg

Bestellsignatur: *69 von Türckheim-3 Nr. 404* 1715
Jahresrechnung
Rechner: ritterschaftlicher Einnehmer Johann Ernst Krieg

Bestellsignatur: *69 von Türckheim-3 Nr. 253* 1715–1718
Jahresrechnungen

Bestellsignatur: *69 von Türckheim-3 Nr. 254* 1716
Jahresrechnung

Bestellsignatur: *69 von Türckheim-3 Nr. 255* 1718
Jahresrechnung

Bestellsignatur: *69 von Türckheim-3 Nr. 256* 1719
Jahresrechnung

Bestellsignatur: *69 von Türckheim-3 Nr. 257* 1720
Jahresrechnung

Bestellsignatur: *69 von Türckheim-3 Nr. 258* 1721
Jahresrechnung

Bestellsignatur: *69 von Türckheim-3 Nr. 274* 1722
Jahresrechnung

Bestellsignatur: *69 von Türckheim-3 Nr. 259* 1722
Jahresrechnung

Bestellsignatur: *69 von Türckheim-3 Nr. 260* 1723
Jahresrechnung

Bestellsignatur: *69 von Türckheim-3 Nr. 261* 1724
Jahresrechnung

Bestellsignatur: *69 von Türckheim-3 Nr. 262* 1725
Jahresrechnung

Bestellsignatur: *69 von Türckheim-3 Nr. 263* 1726
Jahresrechnung

Bestellsignatur: *69 von Türckheim-3 Nr. 264* 1727
Jahresrechnung

Bestellsignatur: *69 von Türckheim-3 Nr. 265* 1728
Jahresrechnung

Bestellsignatur: *69 von Türckheim-3 Nr. 266* 1730
Jahresrechnung

Bestellsignatur: *69 von Türckheim-3 Nr. 637* 1780–1782
Kassenrechnung

Bestellsignatur: *69 von Türckheim-3 Nr. 638* 1783–1785
Kassenrechnung

Bestellsignatur: *62 Nr. 10701* 1784
Rechnung 1783 »für 5 ungelegte Simpla« [Steuersätze]
Rechner: Franz Josef Stoll, Sekretär und Kassier. 65 Blatt, Halbfranz

Bestellsignatur: *62 Nr. 10702* 1785
Rechnung 1784 »für 5 ungelegte Simpla« [Steuersätze]
Rechner: Franz Josef Stoll, Sekretär und Kassier. 66 Blatt, Halbfranz

Bestellsignatur: *62 Nr. 10703* 1786
Rechnung 1785 »für 5 ungelegte Simpla« [Steuersätze]
Rechner: Franz Josef Stoll, Sekretär und Kassier. 63 Blatt, Halbfranz

Bestellsignatur: *69 von Türckheim-3 Nr. 639* 1786–1788
Kassenrechnung

Bestellsignatur: *69 von Türckheim-3 Nr. 640* 1789–1791
Kassenrechnung

Bestellsignatur: *69 von Türckheim-3 Nr. 641* 1792–1794
Kassenrechnung

Bestellsignatur: *69 von Türckheim-3 Nr. 642* 1795, 1796, 1798
Kassenrechnung

Bestellsignatur: *69 von Türckheim-3 Nr. 643* 1799–1800
Kassenrechnung

Bestellsignatur: *69 von Türckheim-3 Nr. 644* 1801–1804
Kassenrechnung

3.5.1.3 Beilagen

Bestellsignatur: *69 von Türckheim-3 Nr. 518* 1722
Rechnungsbeilagen

Bestellsignatur: *69 von Türckheim-3 Nr. 519* 1781–1788
Verschiedene Rechnungen und Quittungen

Bestellsignatur: *69 von Türckheim-3 Nr. 503* 1788
Rechnungsbeilagen

Bestellsignatur: *69 von Türckheim-3 Nr. 504* 1789
Rechnungsbeilagen

Bestellsignatur: *69 von Türckheim-3 Nr. 505* 1790
Rechnungsbeilagen

Bestellsignatur: *69 von Türckheim-3 Nr. 506* 1792
Rechnungsbeilagen

Bestellsignatur: *69 von Türckheim-3 Nr. 507* 1793
Rechnungsbeilagen

Bestellsignatur: *69 von Türckheim-3 Nr. 366* 1794
Rechnungsbeilagen

Bestellsignatur: *69 von Türckheim-3 Nr. 399* 1795
Rechnungsbeilagen

Bestellsignatur: *69 von Türckheim-3 Nr. 367* 1795
Rechnungsbeilagen

Bestellsignatur: *69 von Türckheim-3 Nr. 398* 1796
Rechnungsbeilagen

Bestellsignatur: *69 von Türckheim-3 Nr. 397* 1797
Rechnungsbeilagen

Bestellsignatur: *69 von Türckheim-3 Nr. 663* 1800
Rechnungsbeilagen

Bestellsignatur: *69 von Türckheim-3 Nr. 405* 1801
Rechnungsbeilagen

Bestellsignatur: *69 von Türckheim-3 Nr. 406* 1802
Rechnungsbeilagen

Bestellsignatur: *69 von Türckheim-3 Nr. 408* 1803
Rechnungsbeilagen

3.5.1.4 Ausstände

Bestellsignatur: *69 von Türckheim-3 Nr. 267* 1716–1718
Verzeichnis der ausstehenden Beiträge

Bestellsignatur: *69 von Türckheim-3 Nr. 268* 1722
Verzeichnis der ausstehenden Beiträge

Bestellsignatur: *69 von Türckheim-3 Nr. 269* 1755
Verzeichnis der ausstehenden Beiträge

Bestellsignatur: *69 von Türckheim-3 Nr. 270* 1759
Verzeichnis der ausstehenden Beiträge

Bestellsignatur: *69 von Türckheim-3 Nr. 499* 1759–1785
Verzeichnis der ausstehenden Beiträge

Bestellsignatur: *69 von Türckheim-3 Nr. 271* 1761
Verzeichnis der ausstehenden Beiträge

3.5.1.5 Reisekosten

Bestellsignatur: *69 von Türckheim-3 Nr. 49* 1637
Rechnungsbuch über Einnahmen und Ausgaben, u. a. in Lauda, Marbach, Distelhausen und Messelhausen
Schmalfolio, in Pergamenthandschrift gebunden

Bestellsignatur: *69 von Türckheim-3 Nr. 515* 1664
Verzehrkosten auf einer Reise nach Geislingen

Bestellsignatur: *69 von Türckheim-3 Nr. 513* 1664
Kostenverzeichnis einer Reise nach Regensburg

Bestellsignatur: *69 von Türckheim-3 Nr. 516* 1670
Schreiben des ritterschaftlichen Einnehmers Leo Varnbüler an die Reichsritterschaft wegen der Verzehrkosten des Freiherrn Karl Roeder von Diersburg auf einer Reise nach Oberkirch

3.5. Familien (alphabetisch)

Bestellsignatur: *69 von Türckheim-3 Nr. 308* 1762–1765
Abrechnung mit dem Ruster Jäger Joseph Herr **[Böcklin von Böcklinsau]**

Bestellsignatur: *69 von Türckheim-3 Nr. 653* 1763–1769
Protokollauszüge zu den Rechnungen des Freiherrn Philipp von Berstett als **Böcklinischer** Vormund

Bestellsignatur: *69 von Türckheim-3 Nr. 659* 1766
Admodiationsrechung aus allen Lehen der Freiherren **Böcklin von Böcklinsau**
Aufgestellt vom ritterschaftlichen Amtsschreiber Franz Anton Zäpfel

Bestellsignatur: *69 von Türckheim-3 Nr. 657* 1767
Admodiationsrechung aus allen Lehen der Freiherren **Böcklin von Böcklinsau**
Aufgestellt vom ritterschaftlichen Amtsschreiber Franz Anton Zäpfel

Bestellsignatur: *69 von Türckheim-3 Nr. 658* 1768
Admodiationsrechung aus allen Lehen der Freiherren **Böcklin von Böcklinsau**
Aufgestellt vom ritterschaftlichen Amtsschreiber Franz Anton Zäpfel

Bestellsignatur: *69 von Türckheim-3 Nr. 656* 1769
Admodiationsrechung aus allen Lehen der Freiherren **Böcklin von Böcklinsau**
Aufgestellt vom ritterschaftlichen Amtsschreiber Franz Anton Zäpfel

Bestellsignatur: *69 von Türckheim-3 Nr. 661* 1769–1770
Beilagen und Notizen vom ritterschaftlichen Amtsschreiber Franz Anton Zäpfel zu den Admodiationsrechungen der Freiherren **Böcklin von Böcklinsau**

Bestellsignatur: *69 von Türckheim-3 Nr. 660* 1770
Auszug aus dem reichsritterschaftliche Protokoll zu den Admodiationsrechungen der Freiherren **Böcklin von Böcklinsau**

Bestellsignatur: *69 von Türckheim-3 Nr. 46* 1714–1715
Rechnung über die Renchener Einkünfte und Ausgaben der Freifrau Maria Katharina von **Fleckenstein** von Friedrich Theobald Sahler

Bestellsignatur: *69 von Türckheim-3 Nr. 275* 1725–1730
Rechnungsabhöre des Freiherrn Samson von **Rathsamhausen**

Bestellsignatur: *72 Nr. 8109* 1604
Rechnung des **wiedergrünischen** Bugvogts zu Staufenberg

3.6 Schulden

3.6.1 Allgemein

Bestellsignatur: *229 Nr. 44860* 1652
Differenzen zwischen Hauptmann Franziskus Cathani und der Gemeinde Hofweier wegen einer Schuldforderung

Bestellsignatur: *69 von Türckheim-3 Nr. 511* 1657
Schulden Hoffmanns bei der Reichsritterschaft
Auszüge aus der ritterschaftlichen Jahresrechnung

Bestellsignatur: *69 von Türckheim-3 Nr. 440* (1608) 1716
Abschrift einer Schuldverschreibung zwischen der Reichsstadt Hagenau und dem Reichskammergerichtsadvokaten Heinrich Stemler von 1608

Bestellsignatur: *72 Nr. 9488* 1731–1738
Schuldforderungen des Handelsmanns Jakob Brucetto in Wolfach gegen Leopold Wilhelm Würtz von Rudenz, Hauptmann im fürstenbergischen Kreisregiment

Bestellsignatur: *69 von Türckheim-3 Nr. 496* 1745
Eingabe an die Reichsritterschaft in einer Schuldsache in Rohrburg

Bestellsignatur: *69 von Türckheim-3 Nr. 322* 1787
Abhandlung zur Entstehung der Schulden der Freiherren von Frankenstein

Bestellsignatur: *69 von Türckheim-3 Nr. 323* 1790
Vermerk über die finanzielle Lage der Truchsessen von Kirchberg

3.6.2 Auffenberg

Bestellsignatur: *72 Nr. 2505* 1772–1778
Schulden des Obersten von Auffenberg zu Altdorf
Enthält nur: Korrespondenz des von Auffenberg mit dem ritterschaftlichen Konsulenten Sahler in Offenburg

Bestellsignatur: *72 Nr. 2502* 1778
Schulden der Freiherren von Auffenberg

3.6.3 Bernhold

Bestellsignatur: *72 Nr. 2699* 1691

Schuldforderung der Familie von Bernhold (der Stättmeisterin von Bernhold zu Straßburg namens ihres namentlich nicht genannten Sohnes) gegen Johann Reinhard von Schauenburg zu Paris

Bestellsignatur: *72 Nr. 2700* 1731

Forderung der Anna Dorothea von Manteuffel geb. Wagner gegen Charlotte Elisabeth von Bernhold geb. von Rathsamhausen nach Rückzahlung eines Darlehens von 1200 Gulden bzw. nach dessen gerichtlicher Verschreibung und Versicherung

Bestellsignatur: *72 Nr. 2705* 1742–1746

Schulden Oberst Philipp Gottfrieds von Bernhold

Enthält v. a.: Korrespondenz mit dem ritterschaftlichen Syndikus Sahler in Straßburg

Bestellsignatur: *72 Nr. 2708* 1742–1747

Schulden Oberst Philipp Gottfrieds von Bernhold

Enthält: Debitmassenverwaltung und Schuldenliquidation

Bestellsignatur: *72 Nr. 2706* 1744–1746

Schulden Oberst Philipp Gottfrieds von Bernhold

Enthält nur: Verwaltertätigkeit des bernholdischen Schultheißen Johann Peter zu Westhausen (Verzinsungen, Rückzahlungen)

Bestellsignatur: *72 Nr. 2707* 1747–1748

Schulden Oberst Philipp Gottfrieds von Bernhold

Enthält: Debitmassenverwaltung, Schuldenliquidation per Versteigerung (sehr ausführliche Inventare)

3.6.4 Bodeck von Elgau

Bestellsignatur: *72 Nr. 3009* 1727–1763

Konkurs des Philipp von Bodeck zu Elgau, Amtmanns in Oberkirch

Bestellsignatur: *72 Nr. 3007* 1727–1778

Konkurs des Philipp von Bodeck zu Elgau, Amtmanns in Oberkirch

Enthält v. a.: Schuldforderungen (1500 Gulden) der Maria Magdalena Weiß, Witwe des ehemaligen Amtmanns Bartholomäus Ihlin zu Steinbach, Verfahren vor der Regierung in Elsasszabern, Versuche gerichtlicher Beitreibung, Rechtsstreit (vor dem Reichshofrat) zwischen dem Ritterkanton Ortenau und dem Hochstift wegen von diesem veranlaßter Versteigerung der von bodeckischen, vor dem Unteren Tor in Oberkirch gelegenen und angeblich der Ritterschaft inkorporierten Güter, Konkurs des von Bodeck, Liquidation seiner Schulden

***Bestellsignatur:** 72 Nr. 3008* 1733–1744

Konkurs des Philipp von Bodeck zu Elgau, Amtmanns in Oberkirch

Enthält u. a.: Verzeichnisse der Schulden, Zahlungen und Gerichtskosten, Auszug aus einem Gutachten der Freiburger Juristenfakultät, einzelne Forderungen

***Bestellsignatur:** 72 Nr. 3011* 1753–1778

Konkurs des Philipp von Bodeck zu Elgau, Amtmanns in Oberkirch

***Bestellsignatur:** 72 Nr. 3010* 1760–1764

Konkurs des Philipp von Bodeck zu Elgau, Amtmanns in Oberkirch

3.6.5 Gail
siehe auch 4.6.2

***Bestellsignatur:** 72 Nr. 4086* 1725–1742

Schuldforderungen gegen Ludwig Ignatius von Gail sowie den Lautenbacher Kanoniker Joseph Egon von Gail

Enthält auch: Forderungen des Joseph Egon gegen seine Brüder hinsichtlich deren Beteiligung am Unterhalt ihrer kranken und bedürftigen Mutter

***Bestellsignatur:** 72 Nr. 4080* 1734–1741

Unterhaltskosten und Vermögensverwaltung Friedrich Rudolf von Gails, Kanonikers in Zabern

3.6.6 Mairhofen

***Bestellsignatur:** 72 Nr. 5299* 1777–1783

Schuldforderungen des Ludwig Wagner von Frommenhausen, markgräflich badischen Hofgerichtsrats und Amtmanns in Rodalben, gegen die verwitwete Maria Anna von Mairhofen zu Gröbern und deren Söhne

***Bestellsignatur:** 72 Nr. 6297* 1777–1783

Schuldforderungen des Ludwig Wagner von Frommenhausen, markgräflich badischen Hofgerichtsrats und Amtmanns in Rodalben, gegen die verwitwete Maria Anna von Mairhofen zu Gröbern und deren Söhne

***Bestellsignatur:** 72 Nr. 5298* 1777–1783

Schuldforderungen des Ludwig Wagner von Frommenhausen, markgräflich badischen Hofgerichtsrats und Amtmanns in Rodalben, gegen die verwitwete Maria Anna von Mairhofen zu Gröbern und deren Söhne

3.6.7 Neuenstein

***Bestellsignatur:** 69 von Türckheim-3 Nr. 348* 1784

Schulden der Freiherren von Neuenstein

Bestellsignatur: *69 von Türckheim-3 Nr. 166* 1798–1805
Schulden des Freiherrn Karl von Neuenstein

3.6.8 Roeder von Diersburg

Bestellsignatur: *72 Nr. 7056* 1729–1730
Schulden des Philipp Ludwig Roeder von Diersburg zu Rohrburg

Bestellsignatur: *72 Nr. 7055* 1729–1731
Schulden des Ernst Ludwig Roeder von Diersburg

Bestellsignatur: *72 Nr. 7068* (1648–1716) 1738–1751
Schuldforderungen der Susanne Veronica de Remoncourt geb. Roeder von Diersburg bzw. ihres Nachlaßverwalters, des Straßburger Stadtadvokaten und Prokurators Dr. Johann Martin Pastorius, gegen die von Volz'schen Erbsinteressenten

Bestellsignatur: *72 Nr. 7067* 1738–1751
Schuldforderungen der Susanne Veronica de Remoncourt geb. Roeder von Diersburg bzw. ihres Nachlaßverwalters, des Straßburger Stadtadvokaten und Prokurators Dr. (Johann Martin) Pastorius, gegen die Erben des Egenolf Friedrich Roeder von Diersburg
Enthält auch: Klagen wegen Beleidigung und Diffamierung, Verletzung von Eigentumsrechten, unrechtmäßigem Güterverkauf etc.

Bestellsignatur: *72 Nr. 7069* 1738–1751
Schuldforderungen der Susanne Veronica de Remoncourt geb. Roeder von Diersburg bzw. ihres Nachlaßverwalters, des Straßburger Stadtadvokaten und Prokurators Dr. Johann Martin Pastorius, gegen die von Volz'schen Erbsinteressenten

Bestellsignatur: *72 Nr. 7070* 1738–1752
Schuldforderungen der Susanne Veronica de Remoncourt geb. Roeder von Diersburg bzw. ihres Nachlaßverwalters, des Straßburger Stadtadvokaten und Prokurators Dr. Johann Martin Pastorius, gegen die von Volz'schen Erbsinteressenten

Bestellsignatur: *72 Nr. 7062* 1739–1743
Schuldforderungen der Susanne Veronica de Remoncourt geb. Roeder von Diersburg gegen Hans Jakob Reitter, Bürger zu Diersburg

Bestellsignatur: *72 Nr. 7060* 1739–1750
Schulden des Philipp Ludwig Roeder von Diersburg zu Rohrburg
Enthält: Forderungen der Susanne Veronica de Remoncourt geb. Roeder von Diersburg

Bestellsignatur: *72 Nr. 7059* 1739–1750
Schulden des Philipp Ludwig Roeder von Diersburg zu Rohrburg
Enthält: Forderungen der Susanne Veronica de Remoncourt geb. Roeder von Diersburg

Bestellsignatur: *72 Nr. 7065* 1739–1752

Schuldforderungen der Susanne Veronica de Remoncourt geb. Roeder von Diersburg bzw. ihres Nachlaßverwalters, des Straßburger Stadtadvokaten und Prokurators Dr. (Johann Martin) Pastorius, gegen die Erben des Egenolf Friedrich Roeder von Diersburg

Enthält auch: Klagen wegen Beleidigung und Diffamierung, Verletzung von Eigentumsrechten, unrechtmäßigem Güterverkauf etc.

Bestellsignatur: *72 Nr. 7066* 1739–1752

Schuldforderungen der Susanne Veronica de Remoncourt geb. Roeder von Diersburg bzw. ihres Nachlaßverwalters, des Straßburger Stadtadvokaten und Prokurators Dr. (Johann Martin) Pastorius, gegen die Erben des Egenolf Friedrich Roeder von Diersburg

Enthält auch: Klagen wegen Beleidigung und Diffamierung, Verletzung von Eigentumsrechten, unrechtmäßigem Güterverkauf etc.

Bestellsignatur: *72 Nr. 7063* 1740–1741

Schuldforderungen der Susanna Veronica de Remoncourt geb. Roeder von Diersburg gegen Hans Jakob Störk, Meier auf dem Rebhof Burggraben

Bestellsignatur: *72 Nr. 7058* 1740–1742

Schulden des Philipp Ludwig Roeder von Diersburg zu Rohrburg

Bestellsignatur: *72 Nr. 7057* 1742–1743

Schulden des Philipp Ludwig Roeder von Diersburg zu Rohrburg

Bestellsignatur: *72 Nr. 7061* 1742–1752

Schuldforderungen der Susanne Veronica de Remoncourt geb. Roeder von Diersburg gegen die Erben Egenolfs Roeder von Diersburg und Philipp Friedrich, den ehemaligen Meier auf dem Rebhof Burggraben

Bestellsignatur: *72 Nr. 7076* 1757–1767

Konkurs der Söhne des verstorbenen Egenolf Friedrich Roeder von Diersburg, Franz Ludwig und Friedrich Adolf

Enthält: Gantmassenverwaltung (mit Rechnungen)

Bestellsignatur: *72 Nr. 7081* 1765–1777

Konkurs der Brüder Franz Ludwig und Friedrich Adolf Roeder von Diersburg

Enthält v. a.: Masseverwaltung, Rechnungsabhör

Bestellsignatur: *72 Nr. 7077* 1768–1776

Konkurs der Brüder Franz Ludwig (†) und Friedrich Adolf Roeder von Diersburg

Enthält: Streitigkeiten des Obristleutnants Friedrich Adolf Roeder mit dem ehemaligen Masseverwalter, Stadtschreiber Johann Ludwig Deimling zu Lahr, um die Akkuratesse von dessen Abrechnungen

Bestellsignatur: *72 Nr. 7078* 1770–1776
Konkurs der Brüder Franz Ludwig und Friedrich Adolf Roeder von Diersburg
Enthält: Streitigkeiten des Obristleutnants Friedrich Adolf Roeder mit dem ehemaligen Masseverwalter, Stadtschreiber Johann Ludwig Deimling zu Lahr, um die Akkuratesse von dessen Abrechnungen

Bestellsignatur: *127 Nr. 350* 1770–1772
Forderung des Franz Josef Buhl in Altbreisach wegen Verpflegung von Söhnen der Familie Roeder von Diersburg

Bestellsignatur: *127 Nr. 565* 1776–1778
Konkurs des Freiherrn Adolf Roeder von Diersburg

Bestellsignatur: *127 Nr. 569* 1777–1792
Konkurs des Freiherrn Adolf Roeder von Diersburg

Bestellsignatur: *72 Nr. 7044* (1752–1753) 1790
Schuldforderungen des Lothar Franz von Erthal gegen die Konkursmasse der verstorbenen Franz Ludwig und Friedrich Adolf Roeder von Diersburg

Bestellsignatur: *72 Nr. 7043* (1769–1786) 1790
Schuldforderungen des Lothar Franz von Erthal gegen die Konkursmasse der verstorbenen Franz Ludwig und Friedrich Adolf Roeder von Diersburg

4 [Familiae] Mitglieder

4.1 allgemein (Familien A-Z)

Bestellsignatur: *72 Nr. 2695* 1741–1747

Korrespondenz der Familie von **Bernhold** über ihre elsässischen Lehen

Enthält u. a.: Belehnung, Jurisdiktion und Prozeßkosten in Rodern

Bestellsignatur: *72 Nr. 2695* 1741–1747

Korrespondenz der Familie von **Bernhold** über ihre elsässischen Lehen

Enthält u. a.: Belehnung, Jurisdiktion und Prozeßkosten in Rodern

Bestellsignatur: *72 Nr. 2709* 1752

Familiensachen und Herrschaftsrechte der von **Bernhold**

Enthält: Selbstauskunft zu Herkommen, Genealogie und Familiengeschichte für Schöpflins elsässische Geschichte, Herrschaftsrechte (Jurisdiktion) in Rodern

Bestellsignatur: *127 Nr. 698* 1642

Inventar der »Nahrung« (Eigentum) von Susanna Ursula **Bock von Bläsheim**, geb. Roeder von Diersburg

Darin: Schuldablösungsvermerk 1662

Bestellsignatur: *72 Nr. 4073* 1773

Betreibung der überfälligen Ausfertigung des Lehnsbriefs über das badische Viertel des Orts Altdorf durch den Mandatar der Familie von **Gail**

Bestellsignatur: *127 Nr. 180* 1786

Streitigkeiten zwischen Heinrich Franz von **Gail** in Altdorf und Franz Ludwig Abbé von Gail wegen der Administration des Gutes in Altdorf

Bestellsignatur: *31 Nr. 211* 1411.10.26

Burkhard **Hummel von Staufenberg,** Ritter, und seine Frau Katharina verheiraten ihren Sohn Burkhard mit Else, Tochter des Edelknechts Dietrich Roeser d. Ä. von Tiefenau, und verschreiben ihr als Ehesteuer 1000 fl unter Verweisung auf Gefälle in Hofweier, Diersburg, Berghaupten und Reichenbach

Ausfertigung, Pergament, Siegel der Aussteller, ihres Schwiegervaters Siegfried Pfau von Rüppurr und des Hans Erhard von Staufenberg

Bestellsignatur: *31 Nr. 212* 1412.10.21

Burkhard **Hummel von Staufenberg** d.J., Ritter, verschreibt seiner Frau Else Roeder 150 fl als Morgengabe und verweist sie auf ein Viertel der Veste Diersburg und den Zehnten zu Hofweier

Ausfertigung, Pergament, Siegel des Ausstellers, seines Vaters Burkhard d.Ä. und seines Bruders Wilhelm

Bestellsignatur: *31 Nr. 213* 1438.10.16

Burkhard **Hummel von Staufenberg** d.J., Ritter, verschreibt und verpfändet seiner Frau Else Roeder anstelle seiner Morgengabe - seinem Anteil an der Veste Diersburg - seine Burg zu Hofweier

Ausfertigung, Pergament, Siegel des Ausstellers, seiner Brüder Wilhelm und Hans Engelhard, Rudolfs von Schnellingen und Peters Wiedergrün von Staufenberg

Bestellsignatur: *31 Nr. 214* 1438.10.18

Burkhard **Hummel von Staufenberg** d.J., Ritter, versichert seiner Frau Else Roeder 1000 fl, die früher auf Diersburg, Hofweier u.a. versichert waren, auf Schloss und gen. Güter zu Hofweier

Ausfertigung, Pergament, Siegel des Ausstellers, seiner Brüder Wilhelm und Hans Engelhard, Rudolfs von Schnellingen und Peters Wiedergrün von Staufenberg

Bestellsignatur: *31 Nr. 215* 1438.10.18

Burkhard **Hummel von Staufenberg** d.J., Ritter, widerlegt 1000 fl Mitgift seiner Frau Else durch seinen Anteil an den Dörfern Hofweier und Schutterwald, nachdem sie vorher durch die um sie verpfändeten Teile des Dorfes und Gerichts von Berghaupten (durch Diebold von Hohengeroldseck) widerlegt waren

Ausfertigung, Pergament, Siegel des Ausstellers, seiner Brüder Wilhelm und Hans Engelhard, Rudolfs von Schnellingen und Peters Wiedergrün von Staufenberg abg.

Bestellsignatur: *127 Nr. 260* 1793

Immediatrechte des Freiherrn von **Ichtrazheim**

Enthält: Streitigkeiten mit dem Hochstift Straßburg

Bestellsignatur: *72 Nr. 6646* 1662–1665

Korrespondenz der Brüder Georg Wilhelm und Jakob Heinrich von **Neuenstein** mit der ortenauischen Ritterschaft

Enthält nur: Fragmente

Bestellsignatur: *127 Nr. 396* 1731

Streitigkeiten der Ortenauer Ritterschaft mit Freiherrn von **Remoncourt**

Bestellsignatur: *72 Nr. 7054* 1668

Beschwerde des Georg Heinrich von Müllenheim und der Maria Margarethe von Müllenheim geb. von Oberkirch über Ernst Ludwig **Roeder von Diersburg** wegen Drohungen, verbaler und tätlicher Injurien gegen ihre beiden Schloßmeier zu Rohrburg

Bestellsignatur: *127 Nr. 397* 1733
Streitigkeiten der Ortenauer Ritterschaft mit Freiherrn **Roeder von Diersburg**

Bestellsignatur: *127 Nr. 156* 1779
Bittgesuch des Kapitäns Freiherr **Schertel von Burtenbach** an die Ritterschaft Ortenau

Bestellsignatur: *127 Nr. 730* 1772
Ebernburger Vergleich mit von **Sickingen**

Bestellsignatur: *72 Nr. 8889* 1764–1777
Lehen und sonstiger Besitz der Familie **Waldner von Freundstein** (Illfurth, Schmieheim etc.)
Enthält v. a.: Strittige Vermögensdispositionen (Testamente, Fideikommisse), beabsichtigte Lösung eines Teils der zum Stammgut gehörenden Herrschaft Schmieheim durch Franz Ludwig Waldner, Mitgliedschaften, Ehrungen und Auszeichnungen

Bestellsignatur: *229 Nr. 93519* 1780
Schenkung von 1000 fl durch Franz Ludwig **Waldner von Freundstein** an seine Tochter Henrica Ludovica, Gemahlin von Carl Siegfried von Oberkirch

4.2 Aufnahme

4.2.1 Allgemein

Bestellsignatur: *72 Nr. 5397* 1663–1671
Aufnahme des Johann Sigmund von Götzen ins Unterviertel Ortenau des Ritterkantons Neckar-Schwarzwald

Bestellsignatur: *69 von Türckheim-3 Nr. 302* 18. Jh.
Fragment eines Stammbaums

Bestellsignatur: *72 Nr. 8802* (1652-) 1717–1718
Gesuch des Fähnrichs Johann Jakob Vinther um Aufnahme als ordentliches Mitglied mit Sitz und Stimme in die ortenauische Reichsritterschaft

Bestellsignatur: *127 Nr. 443* 1729–1756
Aufnahme der Familie von Gail in Zabern in die ortenauischen Reichsritterschaft
Darin: Adelsbrief der Familie von Gail

Bestellsignatur: *72 Nr. 3571* 1741
Gesuch des Michael von Elvert, Herrn zu Burscheid und Zielingen, um Aufnahme in die ortenauische Ritterschaft
Enthält u. a.:Genehmigung des Verkaufs inkorporierter Güter durch Franz Valentin Sartori, Fiskal zu Ettenheim

Bestellsignatur: *69 von Türckheim-3 Nr. 304* 1750
Heilbronner Rezeptionsstatut

Bestellsignatur: *69 von Türckheim-3 Nr. 417* 1750
Heilbronner Rezeptionsstatut

Bestellsignatur: *69 von Türckheim-3 Nr. 332* 1750
Heilbronner Rezeptionsstatut

Bestellsignatur: *72 Nr. 2942* 1751–1780
Aufnahme des Franz Karl Bock von Bläsheim in den Kanton Ortenau der Reichsritterschaft

Bestellsignatur: *72 Nr. 8812* 1756–1766
Aufnahme des Grafen Joseph Anton Georg von Walcourt-Rochefort auf Schloß Martinsburg bei Colmar in das ortenauische Viertel der Reichsritterschaft
Darin: Stammbaum mit farbigen Wappenzeichnungen sowie eine Darstellung des Familienwappens von Walcourt-Rochefort mit genealogischen Erläuterungen, Auszüge aus Taufbüchern, Heiratsverträgen etc.

Bestellsignatur: *127 Nr. 328* 1762–1791
Verhandlungen und Statuten der Ritterkreise über die Aufnahme neuer Mitglieder

Bestellsignatur: *72 Nr. 9395* 1766
Aufnahme des kurpfälzischen Geheimen Rats Ernst Wilhelm von Wrede in den Kanton Ortenau der Reichsritterschaft aufgrund des Erbanfalls eines Drittels des Dorfs Wittenweier an seine Ehefrau Maria Louisa geb. Wurmser von Vendenheim

Bestellsignatur: *127 Nr. 453* 1778–1779
Aufnahme von anderen Kantonen angehörigen Familien in die ortenauische Ritterschaft

Bestellsignatur: *169 Nr. 209* 1788–1798
Aufnahme des herzoglich zweibrückenschen Leutnants Friedrich von Botzheim in die Ortenauer Ritterschaft
Enthält u. a.: Nachrichten über das Geschlecht, Güterverzeichnis in der Ortenau

4.2.2 Schmidt von Brandenstein

Bestellsignatur: *69 von Türckheim-3 Nr. 3* 1725–1733
Material zur Abstammung der Freiherren Schmidt von Brandenstein

Bestellsignatur: *69 von Türckheim-3 Nr. 2* 1740
Bericht an das Direktorium zur Rezeption der Schmidt von Brandenstein
Darin: Beglaubigte Abschrift des Adelsdiploms der Familie von Helbling, 4. April 1650.

Bestellsignatur: *69 von Türckheim-3 Nr. 5* 1744
Bericht des Konsulenten Theodor Friedrich Sahler über die Aufnahme der Freiherren Schmidt von Brandenstein in die Ortenauer Ritterschaft
Mit umfassenden Beilagen.

Bestellsignatur: *69 von Türckheim-3 Nr. 4* 1744–1769
Schriftwechsel des Konsulenten Theodor Friedrich Sahler wegen der Aufnahme der Freiherren Schmidt von Brandenstein in die Ortenauer Ritterschaft

Bestellsignatur: *69 von Türckheim-3 Nr. 10* 1748
Tragen des Ritterzeichens durch die Schmidt von Brandenstein

Bestellsignatur: *69 von Türckheim-3 Nr. 11* 1752–1779
Bescheinigungen über Herkommen und Adel der Familie Schmidt von Brandenstein

Bestellsignatur: *69 von Türckheim-3 Nr. 9* 1761–1762
Zulassung der Freiherren Thaddäus und Wilhelm Schmidt von Brandenstein mit Sitz und Stimme in die Reichsritterschaft der Ortenau

Bestellsignatur: *69 von Türckheim-3 Nr. 8* 1766
Vermählung des Freiherrn Thaddäus Schmidt von Brandenstein mit der Freiin Maria Anna von Summeraw

Bestellsignatur: *69 von Türckheim-3 Nr. 6* 1773–1775
Erlangung des Freiherrentitels durch die Schmidt von Brandenstein

Bestellsignatur: *69 von Türckheim-3 Nr. 1* 1783–1801
Abschriften von Urkunden zur Ahnentafel der Freiherren Schmidt von Brandenstein

4.3 Personenmatrikel Ortenau

Bestellsignatur: *127 Nr. 271* 1474–1795
Personalmatrikel
Enthält: Mitgliederfamilien, Teilnehmer an Rittertagen

Bestellsignatur: *127 Nr. 441* 1500–1700
Verzeichnis der Mitglieder der schwäbischen Reichsritterschaft in den Kantonen Ortenau und Neckar-Schwarzwald

Bestellsignatur: *127 Nr. 272* 1547–1663
Personalmatrikel
Enthält auch: Teilnehmerverzeichnisse von Rittertagen

Bestellsignatur: *127 Nr. 273* 1603–1650
Matrikel und Verzeichnis der zu den Rittertagen einzuberufenden bzw. erschienenen Mitglieder

Bestellsignatur: *69 von Türckheim-3 Nr. 527* 1664
Rittermatrikel der Ortenau

Bestellsignatur: *69 von Türckheim-3 Nr. 306* 1666
Rittermatrikel der Ortenau

Bestellsignatur: *69 von Türckheim-3 Nr. 307* 1717
Rittermatrikel der Ortenau
Darin: Abschriften der Matrikel ab 1495.

Bestellsignatur: *127 Nr. 283* 1760–1794
Personalmartikel

Bestellsignatur: *69 von Türckheim-3 Nr. 532* 1772, 1796
Verzeichnis der Mitglieder der Ritterschaft der Ortenau
Darin: Memoire der vertriebenen französischen Adligen

Bestellsignatur: *127 Nr. 456* 1790
Verzeichnis der evangelischen Mitglieder der ortenauischen Ritterschaft

Bestellsignatur: *69 von Türckheim-3 Nr. 453* 1790–1802
Verzeichnisse der reichsritterschaftlichen Familien im Kanton Ortenau

4.4 Personenverzeichnisse andere Kantone

Bestellsignatur: *69 von Türckheim-3 Nr. 78* 1614–1819
Familien aus dem Breisgau

Bestellsignatur: *69 von Türckheim-3 Nr. 508* 1680
Verzeichnis der reichsritterschaftlichen Familien des Unterelsass

Bestellsignatur: *69 von Türckheim-3 Nr. 464* 18. Jh.
Verzeichnis der reichsritterschaftlichen Familien im Kanton Oberrhein

Bestellsignatur: *69 von Türckheim-3 Nr. 463* 1732–1778 (–1856)
Verzeichnisse reichsritterschaftlicher Familien im Kanton Hegau

Bestellsignatur: *69 von Türckheim-3 Nr. 441* 1767
Verzeichnisse der reichsritterschaftlichen Familien im Kanton Donau

Bestellsignatur: *69 von Türckheim-3 Nr. 446* 1770–1802
Verzeichnisse der reichsritterschaftlichen Familien im Kanton Kocher

Bestellsignatur: *69 von Türckheim-3 Nr. 455* 1778
Verzeichnis der reichsritterschaftlichen Familien im Kanton Neckar-Schwarzwald

Bestellsignatur: *69 von Türckheim-3 Nr. 459* 1778
Verzeichnis der reichsritterschaftlichen Familien im Kanton Neckar-Schwarzwald

Bestellsignatur: *69 von Türckheim-3 Nr. 448* 1781
Verzeichnis der reichsritterschaftlichen Familien im Kanton Odenwald

Bestellsignatur: *69 von Türckheim-3 Nr. 451* 1781–1805
Verzeichnisse der reichsritterschaftlichen Familien im Kanton Odenwald

Bestellsignatur: *69 von Türckheim-3 Nr. 454* 1789
Verzeichnisse der reichsritterschaftlichen Familien im Kanton Kraichgau

Bestellsignatur: *69 von Türckheim-3 Nr. 449* 1790
Verzeichnis der reichsritterschaftlichen Familien im Kanton Rhön-Werra

Bestellsignatur: *69 von Türckheim-3 Nr. 442* 1790
Verzeichnis der reichsritterschaftlichen Familien im Kanton Hegau-Allgäu-Bodensee

Bestellsignatur: *69 von Türckheim-3 Nr. 450* 1790
Verzeichnis der reichsritterschaftlichen Familien im Kanton Gebürg

Bestellsignatur: *69 von Türckheim-3 Nr. 460* 1790
Verzeichnis der reichsritterschaftlichen Familien im Kanton Neckar-Schwarzwald

Bestellsignatur: *69 von Türckheim-3 Nr. 220* 1791
Verzeichnis adliger Familien im Unterelsass

Bestellsignatur: *69 von Türckheim-3 Nr. 462* 1792
Verzeichnis der reichsritterschaftlichen Familien im Kanton Baunach

Bestellsignatur: *69 von Türckheim-3 Nr. 447* 1802
Verzeichnis der reichsritterschaftlichen Familien im Kanton Neckar-Schwarzwald

4.5 Nachlässe und Teilungen

4.5.1 Allgemein

Bestellsignatur: *72 Nr. 8888* 1. Hälfte 17. Jh.
Teilung des Nachlasses Wolf Waldners von Freundstein durch dessen Witwe geb. von Pfirt und Melchior von Bärenfels als Ehemann der Margaretha geb. von Schauenburg

Bestellsignatur: *72 Nr. 8310* (1631–1646) 1649–1654
Erbstreitigkeiten zwischen dem Obristleutnant Matthias Hirsch als Vertreter seiner Ehefrau Susanna von Mettenburg geb. Streiff von Lauenstein einerseits und den Erben des Philipp Streiff von Lauenstein andererseits

Bestellsignatur: *127 Nr. 118* 1692–1706
Teilung und Verpfändung der Erbschaft des Freiherrn Johann Friedrich von Bödigheim

Bestellsignatur: *69 von Türckheim-3 Nr. 355* 18. Jh.
Abhandlung zur Regredienterbschaft

Bestellsignatur: *229 Nr. 11630* 18. Jh.
Verlassenschaft Philiberts von Stein

Bestellsignatur: *69 von Türckheim-3 Nr. 358* 18. Jh.
Verlassenschaft der Freiherren Philipp Jakob und Franz Jakob von Mundolsheim
Enthält: Prozessgutachten

Bestellsignatur: *72 Nr. 2719* 1732–1765
Vermögen und Nachlaß der Freifrau von Pelcke zu Durlach

Bestellsignatur: *127 Nr. 122* 1736–1781
Nachlass des Freiherrn Philipp Theobald von Mühlenthal

Bestellsignatur: *69 von Türckheim-3 Nr. 61* 1742–1800
Erbschaft der Charlotte von Fargel für die Familien Roeder und Dungern

Bestellsignatur: *229 Nr. 70740* 1751
Darstellung und Schätzung des von Geheimen Rat Hinderer hinterlassenen Guts auf Nägelsfirst

Bestellsignatur: *72 Nr. 8230* 1751–1752
Schuldforderungen gegen den Nachlaß des ehemaligen ortenauischen Ritterrats Philibert von Stein von Reichenstein auf Bosenstein bzw. gegen dessen Söhne und Erben Ludwig Friedrich und August Wilhelm

Bestellsignatur: *127 Nr. 714* 1757
Nachlässe von Deutschordenskomturen

4.5.2 Bernhold

Bestellsignatur: *72 Nr. 2702* 1740–1743
Verlassenschaft des Feldmarschalls Siegfried von Bernhold

Bestellsignatur: *72 Nr. 2715* 1741–1761
Letztwillige Verfügungen der Eleonora Hedwig Sibylla von Bernhold

Bestellsignatur: *72 Nr. 2704* 1742–1746
Verkauf von Gütern aus dem Nachlaß des Feldmarschalls von Bernhold zur Begleichung von Schulden

Bestellsignatur: *72 Nr. 2703* 1742–1749
Tod des Obersts Philipp Gottfried von Bernhold in Zweibrücken
Enthält v. a.: Befriedigung von dessen Gläubigern

Bestellsignatur: *72 Nr. 2713* 1754–1758
Verlassenschaft der Barbara Christina Reichsgräfin von Bernhold, Gräfin von und zu Eschau

Bestellsignatur: *72 Nr. 2714* 1756–1764
Verlassenschaft der Barbara Christina Reichsgräfin von Bernhold, Gräfin von und zu Eschau
Enthält v. a.: Erbschaftsanteil der Schwester Dorothea Friederike von Pelcke in Durlach, Inventar

4.5.3 Dungern

Bestellsignatur: *69 von Türckheim-3 Nr. 55* 1731–1764
Angelegenheiten des Oberamtmanns Freiherrn Friedrich Wilhelm von Dungern

Bestellsignatur: *69 von Türckheim-3 Nr. 54* 1739–1741
Klagen aus Straßburg gegen Freiherrn Friedrich Wilhelm von Dungern wegen Schulden

Bestellsignatur: *69 von Türckheim-3 Nr. 51* 1749
Bericht des Kuppenheimer Notars Mader wegen der Lahrer Verlassenschaft des Freiherrn von Dungern

Bestellsignatur: *69 von Türckheim-3 Nr. 53* 1749–1753
Verlassenschaft des Oberamtmanns Friedrich Wilhelm von Dungern

Bestellsignatur: *69 von Türckheim-3 Nr. 58* 1760–1766
Tod des Generals Karl Ludwig von Dungern

Bestellsignatur: *69 von Türckheim-3 Nr. 56* 1769–1778
Vermischte Korrespondenz mit dem Lahrer Oberamtmann Friedrich Wilhelm von Dungern

Bestellsignatur: *69 von Türckheim-3 Nr. 57* 1772
Zurücknahme des bei der Ritterschaft deponierten Testaments des Freiherr Friedrich Wilhelm von Dungern

Bestellsignatur: *69 von Türckheim-3 Nr. 59* 1772
Verkauf von Gütern der Familie von Dungern an das Kloster Allerheiligen

Bestellsignatur: *127 Nr. 257* 1788–1794
Inventarisierung der Erbschaft der verstorbenen Frau des Generals von Dungern
Enthält: Streitigkeiten mit dem nassauischen Oberamt Lahr

4.5.4 Gail

Bestellsignatur: *72 Nr. 4084* 1649–1654
Letztwillige Verfügungen des Heinrich Andreas von Gail, Rats und Syndikus des Straßburger Domkapitels, und seiner zweiten Ehefrau Margarethe geb. Brouch
Enthält auch: Teilungsurkunde

Bestellsignatur: *72 Nr. 4085* 1704–1719
Erbschaftsstreitigkeiten zwischen den Nachkommen des Heinrich Andreas von Gail (+ 1651), Rats und Syndikus des Straßburger Domkapitels, und seiner zweiten Ehefrau Margarethe geb. Brouch

Bestellsignatur: *72 Nr. 4081* 1737 (1749)
Testament des Andreas Franz Karl Egon von Gail

Bestellsignatur: *127 Nr. 123* 1741
Nachlass der Maria Theresia von Gail
Enthält v.a.: Wahrnehmung der ritterschaftlichen Kompetenz

4.5.5 Herda

Bestellsignatur: *72 Nr. 5716* 1660–1668
Vergleichung der Streitigkeiten des Johann Balthasar von Herda, Amtmanns zu Ettenheim, mit dessen Tochter aus erster Ehe, Maria Anna Barbara, um deren Anteil am Erbe ihrer Mutter Maria Magdalena Wurmser von Vendenheim
Enthält auch: Teilung des Nachlasses des Johann Balthasar von Herda

Bestellsignatur: *72 Nr. 5717* (1641–1645) 1668
Befriedigung einer Schuldforderung des Franz Wilhelm von Reinach gegen den Nachlaß des Johann Balthasar von Herda

4.5.6 Olisy

Bestellsignatur: *127 Nr. 125* 1758–1760
Nachlass und Gültigkeit des Testaments des in Straßburg verstorbenen Leopold Hermann Josef von Olisy

Bestellsignatur: *127 Nr. 126* 1759–1762
Prozess des Hofrats Becker von Netzen gegen Schwetzinger und Genossen wegen der Olisy'schen Erbschaft
Enthält auch: Teilung und Verkauf der Erbschaft

4.5.7 Roeder von Diersburg

Bestellsignatur: *229 Nr. 18625* 1729–1754
Remoncourtsche Verlassenschaft
Enthält: Rittergut Burggraben [Diersburg]

Bestellsignatur: *72 Nr. 7074* 1751
Nachlaßinventare der Susanne Veronica de Remoncourt geb. Roeder von Diersburg und ihres Ehemanns Julius Eberhard La Chaume de Remoncourt

Bestellsignatur: *72 Nr. 7064* 1751–1753
Verwaltung des Nachlasses der Susanne Veronica de Remoncourt geb. Roeder von Diersburg durch den Straßburger Stadtadvokaten und Prokurator Dr. Johann Martin Pastorius

Bestellsignatur: *127 Nr. 124* 1751–1754
Nachlass der Veronika von Remoncourt geb. Roeder von Diersburg

4.5.8 Wiedergrün von Staufenberg

Bestellsignatur: *72 Nr. 8189* 1537
Teilung des Nachlasses des Hans Friedrich Wiedergrün von Staufenberg durch dessen Kinder

Bestellsignatur: *72 Nr. 8195* 1540
Teilung des Nachlasses der Beatrix Wiedergrün von Staufenberg geb. von Berckheim, Witwe Hans Friedrich von Staufenbergs

Bestellsignatur: *72 Nr. 8193* 1547
Erbteil des minderjährigen Melchior Wiedergrün von Staufenberg aus dem Nachlaß seines Vaters Gervasius

Bestellsignatur: *72 Nr. 8190* 1592
Teilung des Nachlasses des Melchior Wiedergrün von Staufenberg und seiner Gemahlin Maria geb. von Rathsamhausen

Bestellsignatur: *72 Nr. 8192* 1592
Teilung des Nachlasses des Melchior Wiedergrün von Staufenberg und seiner Gemahlin Maria geb. von Rathsamhausen

Bestellsignatur: *72 Nr. 8191* 1592
Teilung des Nachlasses des Melchior Wiedergrün von Staufenberg und seiner Gemahlin Maria geb. von Rathsamhausen

Bestellsignatur: *72 Nr. 8194* 1605
Nachlaß des Philipp Wiedergrün von Staufenberg

Bestellsignatur: *72:8196* 1611
Nachlaß des Melchior Wiedergrün von Staufenberg und seiner Gemahlin Maria geb. von Rathsamhausen
Einband Fragment einer liturgischen Handschrift, 15. Jh.

Bestellsignatur: *72 Nr. 8197* ca. 1605
Teilung des Nachlasses des Philipp Wiedergrün von Staufenberg

4.5.9 Windeck

Bestellsignatur: *72 Nr. 9039* 1542
Inventar der von Wolf von Windeck und seiner Ehefrau Johanna geb. von Tann hinterlassenen lehnbaren und allodialen Güter, Häuser, Höfe, Nutzungen, Gefälle und Gerechtigkeiten

Bestellsignatur: *72 Nr. 9046* 1618
Teilung der von windeckischen allodialen Güter

4.6 Vormundschaften, Entmündigungen

4.6.1 Allgemein

Bestellsignatur: *72 Nr. 5718* 1662–1669
Entbindung des Jakob Heinrich von Neuenstein von seinen Pflichten als Vormund der Marianne Bärbel von Herda aufgrund der Eheschließung des Mündels
Enthält auch: Vormundschaft über die Kinder des Johann Balthasar von Herda

Bestellsignatur: *127 Nr. 299* 1699–1701
Minderjährigkeit Georg Friedrichs von Venningen
Enthält: Beschwerden bei der Ritterschaft Kraichgau wegen schlechter Verwaltung

Bestellsignatur: *127 Nr. 351* 1772–1790
Bestellung von Vormundschaften durch die Reichsritterschaft und deren Aufsicht

Bestellsignatur: *69 von Türckheim-3 Nr. 60* 1783–1788
Vormundschaft über die Kinder des verstorbenen Darmstädter Oberhofmarschalls Karl Friedrich von Dungern
Enthält auch: Inventar über die Verlassenschaft, 2. September 1783. Inventar der Bibliothek des Freiherrn von Dungern, 2. September 1783.

Bestellsignatur: *69 von Türckheim-3 Nr. 363* 1790–1791
Vormundschaft des Freiherrn Johann V. von Türckheim über die Kinder seiner Schwester Marie von Franck

4.6.2 Gail

Bestellsignatur: *72 Nr. 4082* 1734–1760
Debitwesen des Sebastian Anton von Gail

Bestellsignatur: *127 Nr. 531* 1749–1755
Schulden und Konkurs des Anton Sebastian von Gail aus Altdorf

Bestellsignatur: *127 Nr. 538* 1754–1755
Entmündigung des Freiherrn Sebastian Anton von Gail in Altorf wegen Verschwendung und Konkursverfahren

Bestellsignatur: *127 Nr. 537* 1754–1755
Schuld- und Entmündigungsklage gegen Freiherrn Sebastian Anton von Gail aus Altorf

Bestellsignatur: *127 Nr. 539* 1754–1756
Entmündigung des Freiherrn von Gail wegen Verschwendung
Enthält: Verhandlungen vor dem Reichskammergericht und dem Appellationsgericht in Rastatt

Bestellsignatur: *127 Nr. 590* 1754–1764
Streitigkeiten der Familie von Gail und Freiherrn Sebastian Anton von Gail wegen der Führung der Gutsverwaltung
Enthält: Protokoll

Bestellsignatur: *127 Nr. 542* 1755
Kaiserlicher Haftbrief gegen Sebastian Anton von Gail wegen Prodigalität

Bestellsignatur: *127 Nr. 543* 1755–1763
Einschreiten der Reichsritterschaft in Schwaben gegen Freiherrn Sebastian Anton von Gail wegen Verschwendung
Enthält: Beschwerde des Freiherrn von Gail an den Kaiser wegen Gefangensetzung und Alimentation

Bestellsignatur: *72 Nr. 4077* 1755–1774
Rechnungslegung über Einnahmen und Ausgaben im Flecken Altdorf durch die Pfleger des geschäftsuntüchtigen Sebastian Anton von Gail

Bestellsignatur: *127 Nr. 617* 1756
Verhörprotokoll des wegen Vergehen, Vermögenszerfall und Schulden in Schuldhaft gesetzten Freiherrn Anton von Gail

Bestellsignatur: *72 Nr. 4095* 1773
Verwaltung der von Sebastian Anton von Gail nachgelassenen Gantmasse
Enthält u. a.: Unterhaltsansprüche der Witwe Maria Theresia geb. von Olisy

Bestellsignatur: *127 Nr. 566* 1777
Schulden des Freiherrn Sebastian Anton von Gail

4.6.3 Neuenstein

Bestellsignatur: *69 Neuenstein Nr. 402* 1715–1727
Vormundschaft über Reinhard Friedrich von Neuenstein
Enthält: Korrespondenz, Abrechnungen, Stammbaum, Familienverträge, Erbteilungen, Testamente

Bestellsignatur: *69 Neuenstein Nr. 403* 1716–1731
Vormundschaft über Reinhard Friedrich von Neuenstein
Enthält: Korrespondenz Philipps von Bodeck und neuensteinischer Diener mir Syndikus Sahler

Bestellsignatur: *69 Neuenstein Nr. 405* 1718–1723
Vormundschaft über Reinhard Friedrich von Neuenstein
Enthält: Korrespondenz des Syndikus Sahler mit dem vorderösterreichischen Regierungspräsidenten von Rost

Bestellsignatur: *69 Neuenstein Nr. 429* 1719–1732
Abrechnungen des Syndikus Sahler für die Vormundschaft Reinhard Friedrichs von Neuenstein

Bestellsignatur: *69 Neuenstein Nr. 407* 1720–1722
Vormundschaft über Reinhard Friedrich von Neuenstein
Enthält: Untersuchung der Vormundschaftsführung durch Philipp von Bodeck

Bestellsignatur: *69 Neuenstein Nr. 406* 1720–1723
Vormundschaft über Reinhard Friedrich von Neuenstein
Enthält: Untersuchung der Vormundschaftsführung durch Philipp von Bodeck

4.6.4 Roeder von Diersburg

Bestellsignatur: *72 Nr. 7045* 1757–1759
Bestellung eines Pflegers für die verwitwete Marianne Roeder von Diersburg geb. von Olisy und von Vormündern für ihre Kinder
Enthält u. a.: Auszüge aus den Pflegschafts- und Vormundschaftsrechnungen

Bestellsignatur: *127 Nr. 554* 1762–1774
Rechnungslegung des Christian Wilhelm Gutjahr aus Straßburg als Administrator der Erblehen des verstorbenen Franz Ludwig Roeder von Diersburg

Bestellsignatur: *72 Nr. 7046* 1764
Bestellung eines Pflegers für die verwitwete Marianne Roeder von Diersburg geb. von Olisy und von Vormündern für ihre Kinder

Bestellsignatur: *127 Nr. 557* 1769–1772
Gesuch des Oberleutnants Adolf Roeder von Diersberg um Erhöhung seiner jährlichen Bezüge aus seinen für die Gläubiger seines Vaters verwalteten Vermögen

Bestellsignatur: *127 Nr. 558* 1771–1776
Konkurs des Christian Wilhelm Gutjahr, Goldarbeiter in Straßburg, als Massenverwalter der Freiherrn Franz Ludwig und Friedrich Adolf Roeder von Diersburg

4.7 Attestate

4.7.1 Allgemein

Bestellsignatur: *72 Nr. 5159* 1656–1783
Ritterbürtigkeit und Stiftsfähigkeit der Familie von Glaubitz

Bestellsignatur: *69 von Türckheim-2 Nr. 131* 1658 August 3
Kaiser Leopold I. erhebt Johann Christoph von Schmidtburg in den Reichsfreiherrenstand
Ausfertigung, Pergament, Siegel des Ausstellers

Bestellsignatur: *72 Nr. 8547* 1692–1693
Gesuch des hanauischen Kanzlers Johann Ernst Varnbüler um Bestätigung der seit dem 16. Jahrhundert bestehenden ordentlichen Mitgliedschaft seiner Familie im ortenauischen Viertel der Reichsritterschaft
Enthält: Familiengeschichtliche Schrift mit genealogischem Schema Varnbüler

Bestellsignatur: *72 Nr. 8311* 1700–1757
Attestate rittermäßigen Adels und uneingeschränkter Stiftsfähigkeit für die Familien Streiff von Lauenstein und Volmar von Bernshofen

Bestellsignatur: *127 Nr. 665* 1714–1743
O'Cahan von Bolsenheim
Enthält: Abt. II: Lehen Bolsenheim (Korrespondenz, auch von Friedrich Theobald Sahler)

Bestellsignatur: *72 Nr. 5714* 1736–1737 (1747)
Attestierung der Ritterbürtigkeit der Familie von Herda

Bestellsignatur: *127 Nr. 10* 1741
Zorn von Bulach
Darin: Briefbogen mit farbig gezeichnetem Wappen der Familie

Bestellsignatur: *69 von Türckheim-2 Nr. 125* 1748 November 9
Die freie Reichsritterschaft am Oberen Rheinstrom nimmt Ernst Wilhelm Freiherr von Wrede, pfalz-zweibrückscher Minister und Präsident aller fürstlichen Kollegien, und alle seine ehelichen Nachkommen mit allen Rechten und Pflichten als Mitglied auf
Ausfertigung, Pergament, Siegel der Aussteller

Bestellsignatur: *72 Nr. 3521* 1749–1750
Bestätigung des alten adligen Herkommens und der Stiftsfähigkeit der vormals dem Ortenauer Bezirk inkorporierten Familie von Ebold auf Ersuchen der Maria Franziska von Freyberg zu Wellendingen

Bestellsignatur: *72 Nr. 5856* (1627–1744) 1750
Bestätigung der Ritterbürtigkeit und Stiftsfähigkeit der altadligen Familie von Ingold zu Straßburg
Enthält u. a.: Familiengeschichtliche und genealogische Notizen; Korrespondenz (Fragmente)

Bestellsignatur: *72 Nr. 2711* 1752–1769
Bestätigung der Mitgliedschaft der Familie von Bernhold im ortenauischen Bezirk des Ritterkantons Neckar-Schwarzwald seit 1610
Darin: Attestate

Bestellsignatur: *72 Nr. 6481* 1761–1783
Attestate zu Stand, Besitz und Verwandtschaft der Familie von Müllenheim, zu Diensten und Funktionen einzelner Angehöriger etc. (Abschriften)

Bestellsignatur: *127 Nr. 331* 1770
Ausstellung von Attestaten

Bestellsignatur: *127 Nr. 664* 1773
von Landsberg
Enthält: Attestat-Korrespondenz (als Beilage zu Protokoll)

Bestellsignatur: *229 Nr. 93490* 1780
Attestat für Karl Siegfried von Oberkirch

Bestellsignatur: *72 Nr. 8203* 1780
Wappen, Ritterbürtigkeit, Turniermäßigkeit und Stiftsfähigkeit der Familien Wiedergrün von Staufenberg und von Baumann
Enthält nur: Zwei Gutachten des Konsulenten Christian Friedrich Sahler für den königlich französischen Hauptmann Franz Jakob Ferdinand von Müllenheim, eines Nachfahren o. g. Familien

Bestellsignatur: *72 Nr. 2712* 1781
Bestätigung der Ritterbürtigkeit und Stiftsfähigkeit der Familie von Bernhold

Bestellsignatur: *72 Nr. 8940* 1797–1798
Erstellung einer Ahnenprobe für Karl August Freiherrn von Weitersheim

Bestellsignatur: *127 Nr. 722* 18. Jh.
Nachweis der Zugehörigkeit der Familie von Endingen zum Ritterschaftsbezirk Ortenau

Bestellsignatur: *127 Nr. 11* 1802–1804
Ahnenprobe für Hortensia Gräfin Marschall geb. Waldner von Freundstein
Darin: Aufschwörungstafel; Bestätigung der Genealogie der Familie von Kandersleben (Kopie)

Bestellsignatur: *72 Nr. 2978* (1627–1779) 1804
Erstellung einer Stammtafel des mit den hochstift-straßburgischen Lehen begabt gewesenen Zweigs der Freiherren Böcklin von Böcklinsau durch den Konsulenten Sahler in Offenburg

4.7.2 Bock von Bläsheim

Bestellsignatur: *127 Nr. 666* 18. Jh.
Bock von Bläsheim
Enthält: Abt. I: Die Familie überhaupt (Materialien)

Bestellsignatur: *127 Nr. 667* 18. Jh.
Bock von Bläsheim
Enthält: Abt. I, Bund B: Lehen-Sachen, Heft 1: Reichs- bzw. französische Lehen
Darin: Belehnung durch Friedrich III. (1442); weitere Deckblätter

Bestellsignatur: *127 Nr. 668* 1730
Bock von Bläsheim
Enthält: Abt. I, Bund B: Lehen-Sachen, Heft 2: Bischöflich Straßburgische Lehen

Bestellsignatur: *127 Nr. 669* 1730–1742
Bock von Bläsheim
Enthält: Abt. I, Bund B: Lehen-Sachen, Heft 3: Hanau-Lichtenbergische Lehen

Bestellsignatur: *127 Nr. 670* 1736
Bock von Bläsheim
Enthält: Abt. I, Bund B: Lehen-Sachen, Heft 4: Rappoltsteinische Lehen

Bestellsignatur: *127 Nr. 671* (1700) 1729–1758
Bock von Bläsheim
Enthält: Abt. I, Bund B: Lehen-Sachen, Heft 5: Lahr-Mahlbergische Lehen

Bestellsignatur: *127 Nr. 672* 1757–1801
Bock von Bläsheim
Enthält: Abt. I, Bund B: Lehen-Sachen, Heft 6: Stift Andlauische Lehen

Bestellsignatur: *127 Nr. 673* 1742
Bock von Bläsheim
Enthält: Abt. I, Bund C: Testament Stephan Bocks, Fideicommiss

Bestellsignatur: *127 Nr. 675* 1735–1770
Bock von Bläsheim
Enthält: Abt. II: Besondere Glieder der Familie, Bund A: Franz Karl Bock von Bläsheim, Stättmeister zu Straßburg, württembergischer Oberhofmarschall, ortenauischer Ritterrat

Bestellsignatur: *127 Nr. 674* 1757
Bock von Bläsheim
Enthält: Abt. II: Besondere Glieder der Familie, Bund B: Eheberedung Friedrich Heinrich Bocks von Bläsheim mit Eleonora von Landsberg

4.7.3 Gallahan

Bestellsignatur: *127 Nr. 651* 1793–1794
von Gallahan
Enthält: Korrespondenz

Bestellsignatur: *127 Nr. 654* 1794
von Gallahan
Enthält: Ehepakten von Hornstein/Gallahan

Bestellsignatur: *127 Nr. 653* 18. Jh.
von Gallahan
Enthält: Ahnentafeln, Nachfahrentafeln

Bestellsignatur: *127 Nr. 652* 18. Jh.
von Gallahan
Enthält: Anlagen A-U

4.7.4 Müllenheim

Bestellsignatur: *127 Nr. 676* 18. Jh.
Müllenheim
Enthält: Abt. I Bund A: Personalia (Materialien, Korrespondenz)

Bestellsignatur: *127 Nr. 678* 1780
Müllenheim
Enthält: Abt. II: Franz Jakob Ferdinand von Müllenheim, Adelsprobe zur Aufnahme in den kurtrierischen St. Georgs-Orden (Korrespondenz)

Bestellsignatur: *127 Nr. 677* 1779–1780
Müllenheim
Enthält: Abt. II: Franz Jakob Ferdinand von Müllenheim, Adelsprobe zur Aufnahme in den kurtrierischen St. Georgs-Orden (Materialien)

Bestellsignatur: *127 Nr. 679* 18. Jh.
Müllenheim
Enthält: Abt. II: Franz Jakob Ferdinand von Müllenheim, Adelsprobe zur Aufnahme in den kurtrierischen St. Georgs-Orden (Filiationsbeweise 1–17)

Bestellsignatur: *127 Nr. 680* 18. Jh.
Müllenheim
Enthält: Abt. II: Franz Jakob Ferdinand von Müllenheim, Adelsprobe zur Aufnahme in den kurtrierischen St. Georgs-Orden (Filiationsbeweise 18–39)

Bestellsignatur: *127 Nr. 682* 18. Jh.
Müllenheim-Glaubitzsche Ahnenprobe
Enthält: Beweisurkunden 1–16

Bestellsignatur: *127 Nr. 684* 18. Jh.
Müllenheim-Glaubitzsche Ahnenprobe
Enthält: Beweisurkunden Glaubitz A-N

Bestellsignatur: *127 Nr. 683* 18. Jh.
Müllenheim-Glaubitzsche Ahnenprobe
Enthält: Beweisurkunden Müllenheim A-Q

Bestellsignatur: *127 Nr. 681* 18. Jh.
Müllenheim-Glaubitzsche Ahnenprobe
Enthält: Konzepte

4.8 Familienkundliche Sammlungen A–Z

Bestellsignatur: *69 von Türckheim-3 Nr. 428* 1716–1747
Albertini von Ichtrazheim

Bestellsignatur: *69 von Türckheim-3 Nr. 427* 1717–1745
Albertini von Ichtrazheim

Bestellsignatur: *69 von Türckheim-3 Nr. 432* 1720–1731
Albertini von Ichtrazheim

Bestellsignatur: *69 von Türckheim-3 Nr. 434* 1735–1747
Albertini von Ichtrazheim

Bestellsignatur: *69 von Türckheim-3 Nr. 433* 1738–1742
Albertini von Ichtrazheim

Bestellsignatur: *69 von Türckheim-3 Nr. 429* 1738–1744
Albertini von Ichtrazheim

Bestellsignatur: *69 von Türckheim-3 Nr. 425* 1739–1744
Albertini von Ichtrazheim

Bestellsignatur: *69 von Türckheim-3 Nr. 554* 1747–1810
Albertini von Ichtrazheim

Bestellsignatur: *69 von Türckheim-3 Nr. 62*
Allen

Bestellsignatur: *69 von Türckheim-3 Nr. 91* 1744
Grafen von Andlern

Bestellsignatur: *69 von Türckheim-3 Nr. 64*
Barilli

Bestellsignatur: *69 von Türckheim-3 Nr. 77*
Baden

Bestellsignatur: *69 von Türckheim-3 Nr. 26* 1667
Baratin de Peschery
Enthält: Testament des Heinrich Reding von Biberegg, Herr von Staffelfelden, zugunsten seiner Tochter Maria Anna, Ehefrau des Jakob Baratin de Peschery

Bestellsignatur: *69 von Türckheim-3 Nr. 14* 1681–1721
Baratin de Peschery

Bestellsignatur: *69 von Türckheim-3 Nr. 15* 1755
Baratin de Peschery
Enthält: Beurkundung der Abstammung der Maria Anna Reding von Biberegg, Witwe des Jakob Baratin de Peschery

Bestellsignatur: *69 von Türckheim-3 Nr. 63* 1723
Reichsgrafenerhebung der Brüder Friedrich und Karl Leopold von Bärenfeld (Abschr.)

Bestellsignatur: *69 von Türckheim-3 Nr. 68* 1789
Battincour

Bestellsignatur: *69 von Türckheim-3 Nr. 31* 1780
Baumann

Bestellsignatur: *69 von Türckheim-3 Nr. 32* 1780
Baumann

Bestellsignatur: *69 von Türckheim-3 Nr. 65* 1791
Beer

Bestellsignatur: *69 von Türckheim-3 Nr. 33* 1785–1820
Berkheim

Bestellsignatur: *69 von Türckheim-3 Nr. 431* 1742–1746
Bernhold

Bestellsignatur: *69 von Türckheim-3 Nr. 430* 1776
Bernhold

Bestellsignatur: *69 von Türckheim-3 Nr. 34* Ende 18. Jh.
Berstett

Bestellsignatur: *69 von Türckheim-3 Nr. 36* 1780
Bettendorff

Bestellsignatur: *69 von Türckheim-3 Nr. 66* 1791–1792
Bettschart

Bestellsignatur: *69 von Türckheim-3 Nr. 70* 1800
Biberegg

Bestellsignatur: *69 von Türckheim-3 Nr. 35* 1788
Bibra

Bestellsignatur: *127 Nr. 649* 1716–1800
Birkenwald

Bestellsignatur: *69 von Türckheim-3 Nr. 67* 1758
Bisantz

Bestellsignatur: *69 von Türckheim-3 Nr. 69* 1735
Blarer von Wartensee

Bestellsignatur: *69 von Türckheim-3 Nr. 552* 1722–1782
Blittersdorf

Bestellsignatur: *69 von Türckheim-3 Nr. 73* 18. Jh.
Bobenhausen

Bestellsignatur: *69 von Türckheim-3 Nr. 37* 1787–1797
Bock

Bestellsignatur: *69 von Türckheim-3 Nr. 74* 1761–1764
Bodman

Bestellsignatur: *72 Nr. 3099* 1625–1733
Familiengeschichte der von Botzheim

Bestellsignatur: *69 von Türckheim-3 Nr. 30* 1736–1798
Botzheim

Bestellsignatur: *69 von Türckheim-3 Nr. 38* 1804–1805
Branca

Bestellsignatur: *69 von Türckheim-3 Nr. 20* 1748
Bruch
(leerer Umschlag)

Bestellsignatur: *69 von Türckheim-3 Nr. 79* 1787–1788
Buirette von Öhlefeld

Bestellsignatur: *69 von Türckheim-3 Nr. 80* 18. Jh.
Buwinghausen

Bestellsignatur: *69 von Türckheim-3 Nr. 95* 18. Jh.
Chanovsky von Langendorf

Bestellsignatur: *69 von Türckheim-3 Nr. 82* 1786–1791
Grafen von Chasteler

Bestellsignatur: *69 von Türckheim-3 Nr. 18* 1723–1751
Comtet

Bestellsignatur: *69 von Türckheim-3 Nr. 83* 1783
Coudenhove

Bestellsignatur: *69 von Türckheim-3 Nr. 84* 1757
Cramm

Bestellsignatur: *69 von Türckheim-3 Nr. 29* 1666–1667
Dalberg

Bestellsignatur: *69 von Türckheim-3 Nr. 85* 1752
Grafen von Degenfeld

Bestellsignatur: *127 Nr. 650* 1796–1803
Cäcilia von Dettlingen
Enthält u. a.: colorierte Ahnentafel

Bestellsignatur: *69 von Türckheim-3 Nr. 423* 1743
Deuring

Bestellsignatur: *69 von Türckheim-3 Nr. 19* 1679–1736
Diedenheim

Bestellsignatur: *69 von Türckheim-3 Nr. 86* 1778
Drachsdorf

Bestellsignatur: *69 von Türckheim-3 Nr. 50* 1699–1787
Dungern

Bestellsignatur: *69 von Türckheim-3 Nr. 87* 1769–1773
Ebing

Bestellsignatur: *69 von Türckheim-3 Nr. 88* 1785
Eckart

Bestellsignatur: *69 von Türckheim-3 Nr. 40* 1774–1784
Grafen Eckbrecht von Dürckheim

Bestellsignatur: *69 von Türckheim-3 Nr. 41* 1784–1795
Grafen Eckbrecht von Dürckheim

Bestellsignatur: *69 von Türckheim-3 Nr. 90* 1756
Eltz

Bestellsignatur: *69 von Türckheim-3 Nr. 89* 1746
Enzberg

Bestellsignatur: *69 von Türckheim-3 Nr. 71* 1780–1785
Etzdorf

Bestellsignatur: *69 von Türckheim-3 Nr. 72* 18. Jh.
Eyhs

Bestellsignatur: *69 von Türckheim-3 Nr. 137* 1792–1795
Fahnenberg

Bestellsignatur: *69 von Türckheim-3 Nr. 42* 1747–1777
Falkenhayn

Bestellsignatur: *69 von Türckheim-3 Nr. 43* 1759–1760
Falkenhayn

Bestellsignatur: *69 von Türckheim-3 Nr. 76* 1721
Falkenstein

Bestellsignatur: *69 von Türckheim-3 Nr. 138* 1766–1775
Fechenbach

Bestellsignatur: *69 von Türckheim-3 Nr. 27* 1715–1787
Grafen von Fillain

Bestellsignatur: *69 von Türckheim-3 Nr. 44* 1802
Flachslanden

Bestellsignatur: *69 von Türckheim-3 Nr. 45* 18. Jh.
Fleckenstein

Bestellsignatur: *69 von Türckheim-3 Nr. 47* 1729
Fleckenstein

Bestellsignatur: *69 von Türckheim-3 Nr. 48* 1777–1789
Forstner von Dambenoy

***Bestellsignatur:** 69 von Türckheim-3 Nr. 140* 1782–1785
Franck

***Bestellsignatur:** 69 von Türckheim-3 Nr. 141* 1797
Freyberg

***Bestellsignatur:** 69 von Türckheim-3 Nr. 25* 1644–1744
Gail

***Bestellsignatur:** 69 von Türckheim-3 Nr. 24* 1653–1788
Gail
Enthält: Wiederzulassung der Familie von Gail zur Ritterschaft der Ortenau

***Bestellsignatur:** 69 von Türckheim-3 Nr. 28* 1684–1785
Gail

***Bestellsignatur:** 69 von Türckheim-3 Nr. 23* 1709–1771
Gail
Enthält auch: von Sombreuil, von Comtet und Baratin de Peschery.

***Bestellsignatur:** 72 Nr. 4078* (1576) 18. Jh.
Gail
Darin: Stammtafeln (Entwürfe, Fragmente)

***Bestellsignatur:** 69 von Türckheim-3 Nr. 21* 1748
Wanger und Gail
(leerer Umschlag)

***Bestellsignatur:** 69 von Türckheim-3 Nr. 22* 1759
Adelsprobe des Jacques André Francois Egon von Gail

***Bestellsignatur:** 72 Nr. 4079* 1775
Stammtafel der Familie von Gail

***Bestellsignatur:** 127 Nr. 656* 1779–1795
Gelb

***Bestellsignatur:** 69 von Türckheim-3 Nr. 142* 1751–1787
Gelderich von Sigmarshofen

***Bestellsignatur:** 69 von Türckheim-3 Nr. 143* 1749–1777
Gemmingen

***Bestellsignatur:** 69 von Türckheim-3 Nr. 129* 18. Jh.
Geyer von Schweppenburg

Bestellsignatur: *69 von Türckheim-3 Nr. 75* 18. Jh.
Girardi

Bestellsignatur: *127 Nr. 655* 1783–1789
Glaubitz

Bestellsignatur: *69 von Türckheim-3 Nr. 424* 1749
Goeler von Ravensburg

Bestellsignatur: *69 von Türckheim-3 Nr. 125* 1770
Grafen von Goltstein

Bestellsignatur: *69 von Türckheim-3 Nr. 124* 1778
Günderrode

Bestellsignatur: *127 Nr. 658* 18. Jh.
Haffner
Enthält nur: Notiz zur Ersterwähnung 1209

Bestellsignatur: *69 von Türckheim-3 Nr. 126* 1793
Hahn

Bestellsignatur: *127 Nr. 659* 1791
Haindel

Bestellsignatur: *69 von Türckheim-3 Nr. 127* 1779
Harling

Bestellsignatur: *69 von Türckheim-3 Nr. 128* 18. Jh.
Grafen von Helmstatt

Bestellsignatur: *69 von Türckheim-3 Nr. 136* 1770–1802
Grafen von Hennin

Bestellsignatur: *69 von Türckheim-3 Nr. 135* 18. Jh.
Höcklin von Steineck

Bestellsignatur: *69 von Türckheim-3 Nr. 130* 1783
Höffer von Löwenfeld

Bestellsignatur: *69 von Türckheim-3 Nr. 131* 1798
Holzing

Bestellsignatur: *69 von Türckheim-3 Nr. 134* 1770–1772
Holtzschuher

Bestellsignatur: *69 von Türckheim-3 Nr. 132* 1769–1770
Hopfer

Bestellsignatur: *69 von Türckheim-3 Nr. 133* (1764)
Grafen von Hoym

Bestellsignatur: *69 von Türckheim-3 Nr. 553* 1769–1770
Hunolstein

Bestellsignatur: *69 von Türckheim-3 Nr. 93* 1784–1785
Jenhof

Bestellsignatur: *69 von Türckheim-3 Nr. 92* 18. Jh.
Joset

Bestellsignatur: *69 von Türckheim-3 Nr. 94* 1788
Kalb

Bestellsignatur: *69 von Türckheim-3 Nr. 96* 1761
Kaysersfeld

Bestellsignatur: *69 von Türckheim-3 Nr. 97* 18. Jh.
Kendell

Bestellsignatur: *69 von Türckheim-3 Nr. 98* 18. Jh.
Kesselring

Bestellsignatur: *69 von Türckheim-3 Nr. 100* 1774–1782
Kieningen

Bestellsignatur: *127 Nr. 660* 1791
Kirchheim
Enthält nur: Notizen, Ahnentafelfragment

Bestellsignatur: *127 Nr. 661* (1571) 18. Jh.
Klinglin
Enthält: Exzerpte, Materialien

Bestellsignatur: *127 Nr. 657* 1741–1743
Kremp von Freudenstein
Enthält: Lehen der Grafschaft Hanau-Lichtenberg

Bestellsignatur: *69 von Türckheim-3 Nr. 39* 1657–1667
Grafen von Kronberg

Bestellsignatur: *69 von Türckheim-3 Nr. 99* 18. Jh.
Grafen von Kurtzrock

Bestellsignatur: *127 Nr. 662* 18. Jh.
Landenberg (Breitenlandenberg)
Enthält: Exzerpte, Materialien

Bestellsignatur: *127 Nr. 663* 18. Jh.
Landsberg
Enthält u. a.: Zeittafel 10.-16. Jh.

Bestellsignatur: *69 von Türckheim-3 Nr. 101* 1766
Lasser

Bestellsignatur: *69 von Türckheim-3 Nr. 16* 1744
Laube

Bestellsignatur: *69 von Türckheim-3 Nr. 103* um 1800
Ledebur

Bestellsignatur: *69 von Türckheim-3 Nr. 139* 1765–1769
Le Fort

Bestellsignatur: *69 von Türckheim-3 Nr. 365* 1803–1805
Leiningen
Enthält: Druckschriften des Regensburger Reichstags zur Entschädigung des Grafen Wilhelm von Leiningen

Bestellsignatur: *69 von Türckheim-3 Nr. 104* 1806
Leonhardi

Bestellsignatur: *69 von Türckheim-3 Nr. 102* 1787
Grafen von Lerchenfeld

Bestellsignatur: *69 von Türckheim-3 Nr. 106* 18. Jh.
Liebenstein

Bestellsignatur: *69 von Türckheim-3 Nr. 105* 18. Jh.
Ligers

Bestellsignatur: *69 von Türckheim-3 Nr. 107* 1770
Löhr

Bestellsignatur: *69 von Türckheim-3 Nr. 108* 1781
Lösch

Bestellsignatur: *69 von Türckheim-3 Nr. 555* 1787
Lützelburg

Bestellsignatur: *69 von Türckheim-3 Nr. 109* 1788
Lützow

Bestellsignatur: *69 von Türckheim-3 Nr. 114* 1788
Malapert-Neufville

Bestellsignatur: *69 von Türckheim-3 Nr. 17* 1748
Mars
(leerer Umschlag)

Bestellsignatur: *69 von Türckheim-3 Nr. 110* 1802
Marschall von Ostheim

Bestellsignatur: *69 von Türckheim-3 Nr. 111* 1774–1782
Massenbach

Bestellsignatur: *69 von Türckheim-3 Nr. 112* 1789
Münch

Bestellsignatur: *69 von Türckheim-3 Nr. 113* 1773
Nehmen

Bestellsignatur: *69 von Türckheim-3 Nr. 167* 1799–1803
Neveu

Bestellsignatur: *69 von Türckheim-3 Nr. 115* 1788
Oberndorf

Bestellsignatur: *69 von Türckheim-3 Nr. 116* 1761
Oetinger

Bestellsignatur: *69 von Türckheim-3 Nr. 117* 1757–1778
Ortmann

Bestellsignatur: *69 von Türckheim-3 Nr. 118* 18. Jh.
Paumgarten

Bestellsignatur: *69 von Türckheim-3 Nr. 121* 1764–1796
Pfeil

Bestellsignatur: *69 von Türckheim-3 Nr. 122* 18. Jh.
Pfirt

Bestellsignatur: *69 von Türckheim-3 Nr. 123* 1778
Pistoris

Bestellsignatur: *69 von Türckheim-3 Nr. 119* 1784
Pöllnitz

Bestellsignatur: *69 von Türckheim-3 Nr. 120* 1788
Preuschen

Bestellsignatur: *69 von Türckheim-3 Nr. 556* 1733–1762
Rathsamhausen

Bestellsignatur: *69 von Türckheim-3 Nr. 148* 1789–1791
Rauch von Winnenden

Bestellsignatur: *69 von Türckheim-3 Nr. 149* 1788–1792
Reibeld

Bestellsignatur: *69 von Türckheim-3 Nr. 150* 1752
Remchingen

Bestellsignatur: *69 von Türckheim-3 Nr. 151* 1794
Reutner

Bestellsignatur: *69 von Türckheim-3 Nr. 152* 1793
Rhode

Bestellsignatur: *69 von Türckheim-3 Nr. 557* 1691–1793
Roeder von Diersburg

Bestellsignatur: *69 von Türckheim-3 Nr. 153* 1780
Rosetti

Bestellsignatur: *69 von Türckheim-3 Nr. 154* 1762
Roth von Rohrbach

Bestellsignatur: *69 von Türckheim-3 Nr. 558* 1767–1775
Rottenstein

Bestellsignatur: *69 von Türckheim-3 Nr. 155* 1783
Rumerskirch

Bestellsignatur: *69 von Türckheim-3 Nr. 156* 18. Jh.
Sandersleben

Bestellsignatur: *69 von Türckheim-3 Nr. 157* 1795
Sandizell

Bestellsignatur: *69 von Türckheim-3 Nr. 170* 1541–1822
Schaumburg

Bestellsignatur: *69 von Türckheim-3 Nr. 81* 18. Jh.
Schenck von Castell

Bestellsignatur: *69 von Türckheim-3 Nr. 168* 1773–1777
Schleyss

Bestellsignatur: *69 von Türckheim-3 Nr. 160* 1766–1769
Schulten von Thalheim

Bestellsignatur: *69 von Türckheim-3 Nr. 158* 1768–1781
Seckendorff

Bestellsignatur: *69 von Türckheim-3 Nr. 159* 1783
Seglière

Bestellsignatur: *69 von Türckheim-3 Nr. 180* 1786
Serpes de la Fage

Bestellsignatur: *69 von Türckheim-3 Nr. 161* 1785
Soden

Bestellsignatur: *69 von Türckheim-3 Nr. 162* 1748–1792
Speckbach

Bestellsignatur: *69 von Türckheim-3 Nr. 163* 1778
Speth von Zwiefalten

Bestellsignatur: *69 von Türckheim-3 Nr. 164* 1781–1792
Grafen von Sponeck

Bestellsignatur: *69 von Türckheim-3 Nr. 181* 1609–1698
Stain

Bestellsignatur: *69 von Türckheim-3 Nr. 165* 1778
Stingelheim

Bestellsignatur: *69 von Türckheim-3 Nr. 559* 1771–1773
Thurn und Valsassina

Bestellsignatur: *69 von Türckheim-3 Nr. 560* 1771–1789
Thurn und Valsassina

Bestellsignatur: *69 von Türckheim-3 Nr. 561* 1605–1703
Ulm

Bestellsignatur: *69 von Türckheim-3 Nr. 562* 1788
Üxküll

Bestellsignatur: *69 von Türckheim-3 Nr. 563* 1765
Vichter

Bestellsignatur: *69 von Türckheim-3 Nr. 564* 1748–1776
Grafen von Vieregg

Bestellsignatur: *69 von Türckheim-3 Nr. 565* 1792
Vietinghoff

Bestellsignatur: *69 von Türckheim-3 Nr. 567* 1749–1787
Vitzthum von Egersberg

Bestellsignatur: *69 von Türckheim-3 Nr. 566* 1703–1768
Grafen Voit von Rieneck

Bestellsignatur: *69 von Türckheim-3 Nr. 169* 1717–1731
Volz von Altenau

Bestellsignatur: *69 von Türckheim-3 Nr. 178* 1749
Wacholz

Bestellsignatur: *69 von Türckheim-3 Nr. 568* 1763
Wachtendonck

Bestellsignatur: *69 von Türckheim-3 Nr. 437* 1671–1757
Grafen von Walcourt

Bestellsignatur: *69 von Türckheim-3 Nr. 171* 1770–1800
Waldner von Freundstein

Bestellsignatur: *69 von Türckheim-3 Nr. 569* 1788
Grafen Waldner von Freundstein

Bestellsignatur: *69 von Türckheim-3 Nr. 172* 1791–1800
Wangen

Bestellsignatur: *69 von Türckheim-3 Nr. 426* 1657–1658
Weikersheim

Bestellsignatur: *69 von Türckheim-3 Nr. 173* 1791–1798
Weitersheim

Bestellsignatur: *69 von Türckheim-3 Nr. 570* 1730
Welden

Bestellsignatur: *69 von Türckheim-3 Nr. 571* 1767
Wendt

Bestellsignatur: *69 von Türckheim-3 Nr. 572* 1790
Werneck

Bestellsignatur: *69 von Türckheim-3 Nr. 573* 1763
Westerholt

Bestellsignatur: *69 von Türckheim-3 Nr. 574* 1761
Widmann

Bestellsignatur: *69 von Türckheim-3 Nr. 175* 1746
Wiedergrün von Stauffenberg

Bestellsignatur: *69 von Türckheim-3 Nr. 576* 1783
Wiltberg

Bestellsignatur: *69 von Türckheim-3 Nr. 174* 1749–1770
Wimpffen

Bestellsignatur: *69 von Türckheim-3 Nr. 575* 1786
Grafen von Wiser

Bestellsignatur: *69 von Türckheim-3 Nr. 577* 1732
Wöllwarth

Bestellsignatur: *69 von Türckheim-3 Nr. 177* 1769–1771
Wrede

Bestellsignatur: *69 von Türckheim-3 Nr. 176* 1750–1789
Wurmser

Bestellsignatur: *69 von Türckheim-3 Nr. 439* 1736–1737
Zedlitz

Bestellsignatur: *69 von Türckheim-3 Nr. 438* 17. Jh.?
Zint

Bestellsignatur: *69 von Türckheim-3 Nr. 578* 1788
Zobel von Giebelstadt

Bestellsignatur: *69 von Türckheim-3 Nr. 179* 1688–1705
Zorn von Bulach

Bestellsignatur: *69 von Türckheim-3 Nr. 436* 1733–1737
Zuckmantel

Bestellsignatur: *69 von Türckheim-3 Nr. 579* 1782–1784
Zwierlein

5 [Bonae] Güter

5.1 Ortenau

5.1.1 Allgemein

Bestellsignatur: *216 Nr. 455* 1410
Waidgang der Hummel von Staufenberg im Offenburger Stadtwald

Bestellsignatur: *31 Nr. 164* 1472.05.03
Hans Völsch und Adam Hummel von Staufenberg verkaufen Bernhard von Bach Haus und Schlösslein Binzburg und die halben Dörfer Hofweier, Schutterwald und Höfen um 1400 fl.
Abschrift

Bestellsignatur: *31 Nr. 225* 1561.07.08
Dietrich von Landsberg, seine Söhne und Anna, geb. von Wilsberg, Witwe Georgs von Landsberg, verbeistandet durch Ritter Georg Zorn von Bulach, verkaufen Sebastian von Landsberg, Stiftsherr zu Straßburg, und Hartmut von Kronberg als Vormünder der Kinder des verstorbenen Philipp von Kronberg ihre Hälfte an den Dörfern Hofweier, Schutterwald, Höfen und Langshurst, wie sie jetzt Ernst Kaspar Wolf von Renchen als Widdum nutzt, um 6000 fl
3 Abschriften

Bestellsignatur: *127 Nr. 165* 17./18. Jh.
Besitzverhältnisse und Ertrag der von Hinderer'schen Güter
Enthält: Rebgut Umweg bei Steinbach; Brombach'sches Gut

Bestellsignatur: *31 Nr. 153* 1601.04.05
Graf Philipp von Eberstein verkauft seinem Vogt Johann Christoph Standen seinen Rebhof gen. »Im Aspach« (Aspich) im Gericht Achern und ein Gültgut zu Ebersweier
Begl. Abschr.

Bestellsignatur: *127 Nr. 163* 1650–1690
Besitz und Verkauf von Rittergütern in der Ortenau

Bestellsignatur: *72 Nr. 3214* (1611–1620) 1651–1658 (1723–1732)
Beschwerden von Hartmut und Johann Daniel von Cronberg über Kraft Adolf Otto Grafen von Cronberg und Hohengeroldseck, ihren Agnaten, wegen gewalttätiger Eingriffe in Verwaltung, Rechtsprechung, Personalangelegenheiten und Religionsausübung auf ihren gemeinschaftlichen Gütern Niederschopfheim und Orschweier

Bestellsignatur: *169 Nr. 110* 1652
Güter der von Eltz, später von Dalberg im Bann Oberkirch

Bestellsignatur: *69 von Türckheim-3 Nr. 189* 1664–1794
Rittergüter im Besitz von Baden und Allerheiligen

Bestellsignatur: *127 Nr. 185* 18. Jh.
Geschichtliche Beschreibungen ortenauischer Rittergüter: Ritterschaftliche Güter in fremden Herrschaften

Bestellsignatur: *127 Nr. 186* 18. Jh.
Geschichtliche Beschreibungen ortenauischer Rittergüter: Ritterschaftliche Güter in fremden Herrschaften

Bestellsignatur: *69 von Türckheim-3 Nr. 530* 1717–1777
Rittergüter im Oberamt Ettenheim

Bestellsignatur: *69 von Türckheim-3 Nr. 273* 1720
Verzeichnis der Rittergüter im Besitz des Hauses Baden

Bestellsignatur: *127 Nr. 359* 1731–1792
Veräußerung von ritterschaftlichen Gütern

Bestellsignatur: *127 Nr. 172* 1735
Gräflich Warb'sche Güter
Enthält: Schreiben des Herzogs Karl Alexander von Württemberg an die schwäbische Ritterschaft

Bestellsignatur: *127 Nr. 176* 1740–1741
Verzeichnis ritterschaftlicher Güter und ihrer Verbindungsrouten

Bestellsignatur: *127 Nr. 184* 1747
Geschichtliche Beschreibungen ortenauischer Rittergüter: Ritterschaftliche Dörfer

Bestellsignatur: *69 von Türckheim-3 Nr. 313* 1749
Entwurf einer Abhandlung zur Reichsunmittelbarkeit der Ortenauer Rittergüter

Bestellsignatur: *127 Nr. 177* ca. 1750
Tabellen der von der Reichsritterschaft abgängigen Güter mit Aufzeichnung der früheren Besitzer

Bestellsignatur: *69 von Türckheim-3 Nr. 188* 1751–1768
Güter und Rechte in verschiedenen Orten der Ortenau
Enthält: Mörsberg, Gaisbach, Waldsteg, Burggraben, Staufenberg und Merburg.

Bestellsignatur: *69 von Türckheim-3 Nr. 183* 1752–1795
Güter und Rechte im Amt Ettenheim und Oberkirch
Enthält: Schloss Fürsteneck, Rodeck, Pfaffenbach, Sasbach, Illenbach und Ringelbach.

Bestellsignatur: *31 Nr. 138* 1768
Güter der von Bolzheim in der Ortenau
Enthält: Waltersweier, Ortenberg, Neuweier, Tiergarten, Allmannsweier, Wittenweier, Ullenburg, Lichtenau

Bestellsignatur: *69 von Türckheim-3 Nr. 208* 1768–1790
Straßburger Höfe in der Ortenau

Bestellsignatur: *169 Nr. 123* 1775
Schauenburgische Güter im Amt Oberkirch

Bestellsignatur: *127 Nr. 296* 1782–1785
Verkauf der sogenannten ortenauischen Mühlen
Enthält: Verhandlungen zwischen dem Magistrat der Stadt Offenburg und dem hochbergischen Landvogt

Bestellsignatur: *69 von Türckheim-3 Nr. 486* 1789–1804
Verzeichnisse von Rittergütern mit finanziellen Schwierigkeiten

Bestellsignatur: *31 Nr. 34+35* 1791.05.04
Verbot der Entfremdung von Gütern der Ortenauer Ritterschaft
2 Ausfertigungen, viele Siegel (z. T. angebrannt)

Bestellsignatur: *69 von Türckheim-3 Nr. 345* 18. Jh.
Listen von Rittergütern in der Ortenau und in Baden

Bestellsignatur: *169 Nr. 57* 1762
Erblehen der Freiherren von Stein
Enthält nur: Schreiben des Konsulenten Sahler

5.1.2 Orte A-Z

Bestellsignatur: *169 Nr. 125* 1785
Der ritterschaftliche, sog. Luxenburgische Rebhof in ***Aldersbach***

Bestellsignatur: *31 Nr. 137* (1688, 1709) 1729
Verkauf des Blarerschen Anteils an Wittenweier und ***Allmannsweier*** durch Johann Baptist Blarer von Wartensee an Franz Jakob Wurmser aus Vendenheim
Enthält u. a.: Gründung eines Familienfideicommiss durch Johann Jakob Ignaz Blarer von Wartensee (1688); Blarerscher Erbschaftsvergleich (1709)

Bestellsignatur: *31 Nr. 141* 1729
Verkauf von Gütern und Gerechtigkeiten zu **Allmannsweier** durch Johann Baptist Blarer von Wartensee an Franz Jakob Wurmser aus Vendenheim
Enthält: Quittung über den Erhalt von 8700 fl von der Kaufsumme von 11000 f

Bestellsignatur: *31 Nr. 139* 1729
Verkauf von Gütern und Gerechtigkeiten zu **Allmannsweier** durch Johann Baptist Blarer von Wartensee an Franz Jakob Wurmser aus Vendenheim
Enthält: Zustimmung des Bischofs Johann Konrad von Basel als Obervormund Franz Josef Blarers

Bestellsignatur: *31 Nr. 136* 1729
Verkauf von Gütern und Gerechtigkeiten zu **Allmannsweier** durch Johann Baptist Blarer von Wartensee an Franz Jakob Wurmser aus Vendenheim
Enthält: Vollmacht der Mitbesitzer des Blarerschen Fideicommiss

Bestellsignatur: *31 Nr. 140* 1729.04.28
Franz Jakob Wurmser von Vendenheim verkauft Philipp Friedrich von Bergheim den vierten Teil an den Dörfer Wittenweier und **Allmannsweier**, den zuvor die Blarer besessen hatten
Abschr., Pergament

Bestellsignatur: *127 Nr. 160* 1759
Gefälle der Gebrüder von Gail auf **Altdorfer** Bann

Bestellsignatur: *229 Nr. 2588* 18. Jh.
Bechlerhof zu **Appenweier**

Bestellsignatur: *31 Nr. 154* 1643
Zugehörigkeit des Guts zu **Aspich** in die Adelsmatrikel der Ortenau
Enthält: Bestätigung für Hans Wolf Hormuss, Amtmann auf Staufenberg, für das durch dessen Frau, geb. Standen, eingebrachte Gut

Bestellsignatur: *229 Nr. 58899a* 1793–1794
Das ritterschaftliche Gut zu **Aspich**

Bestellsignatur: *69 von Türckheim-3 Nr. 206* 1738–1739
Gerechtsame in **Berghaupten**

Bestellsignatur: *69 von Türckheim-3 Nr. 205* 1755
Untersuchung der Beschaffenheit des Fleckens, Thales und Bannes ***Berghaupten*** *und in letzterem gelegenen Berges und Waldes Bellenberg in Ansehung der freyherrlichen Familie von der Schleuß daselbst habender Herrlichkeiten, Rechten, Gerechtsamen und Besitzungen*
Druck

Bestellsignatur: 31 Nr. 156 1485.10.08
Die Brüder Hans Jakob von Bodman, Ritter, und Eitelhans von Bodman verkaufen Graf Heinrich von Werdenberg ihr Schlösschen **Berghaupten**, wie sie es von ihrem Schwager Balthasar von Wartenberg gen. von Wildenstein und seinem Sohn Wilhelm geerbt haben, um 280 fl.
Ausfertigung, Pergament, Siegel der Aussteller

Bestellsignatur: 31 Nr. 157 1488.02.13
Graf Heinrich von Werdenberg, Domherr zu Straßburg, verkauft sein Wasserschloss **Berghaupten** an Jakob von Schauenburg um 280 fl, wie er es von Wilhelm von Wartenberg gen. von Wildenstein gekauft hat
Ausfertigung, Pergament, Siegel des Ausstellers abg.

Bestellsignatur: 31 Nr. 161 1512.08.23
Vögte und Gericht zu **Berghaupten** befreien Junker Jakob von Schauenburg von der Steuer für Kirche und Kapelle in Berghaupten, nachdem er dafür ein Kapital gestiftet hat
Ausfertigung, Pergament, Siegel

Bestellsignatur: 31 Nr. 155 1575.08.29
Bastian Wild und seine Frau Katharina verkaufen Junker Jost Holdermann von Holderstein 1/2 Juchert Reben im **Berghauptener** Bann
Ausfertigung, Pergament, Siegel abg.

Bestellsignatur: 31 Nr. 162 1578.04.24
Peter Ruoff und seine Frau Madlen verkaufen Johann Prunnenmeister, Schaffner des Seelgeräts in der Pfarrkirche zu Offenburg, eine jährliche Gült von 5 fl Straßburger Währung [aus **Berghaupten**?]
Ausfertigung, Pergament, Offenburger Stadtsiegel stark besch.

Bestellsignatur: 229 Nr. 6798 1612–1654
Gut **Berghaupten**

Bestellsignatur: 31 Nr. 158 1622.03.26
Klaus Ludwig Holdermann von Holderstein und seine Frau Ursula geb. Böcklin von Böcklinsau, verbeistandet durch Hans Ludwig Böcklin von Böcklinsau, Stättmeister zu Straßburg, und seinen Bruder Wolf Friedrich, verkaufen Arnold von Bodeck zu Frankfurt das freiadlige Schlösschen **Berghaupten**, wie es der Verkäufer von seinem Vater ererbt hat.
Ausfertigung, Pergament, 3 Siegel (2 abg.)

Bestellsignatur: 31 Nr. 159 1624.01.30
Hans Friedrich von Botzheim, Meister und Rat zu Straßburg, bestätigt den Verkauf von Hofstatt und Garten am Schloss durch Mathis Müller von **Berghaupten** an Junker Arnold von Bodeck um 57 Pfund 10 Schilling
Ausfertigung, Pergament, Siegel abg., stark besch.

Bestellsignatur: 31 Nr. 160 1697.12.14
Maximilian Jakob von Renesse und seine Frau Susanna Gertrud geb. von Bodeck, Johann Adolf von Lersner zu Frankfurt und Johann Bonaventura von Bodeck verkaufen Tobias Ernst von und zu der Schleiß das von Arnold von Bodeck ererbte Schlösschen **Berghaupten** um 5500 fl. Sollte Ferdinand Mayer von Greifenberg seinen Prozess vor dem Reichshofrat um Berghaupten wieder aufnehmen und gewinnen, müssen die Verkäufer alles zurückerstatten.
Ausfertigung, Pergament, Siegel abg.

Bestellsignatur: 229 Nr. 11622 1560–1778
Bosensteinische Jagdgerechtigkeit

Bestellsignatur: 61 Nr. 13490 1594–1671
Bosensteiner Gefälleverzeichnis (Stein von Reichenstein)
ca. 150 Bl.

Bestellsignatur: 229 Nr. 11623 1615–1669
Jagden zu **Bosenstein**

Bestellsignatur: 229 Nr. 11635 18. Jh.
Vergleich zwischen von Türckheim und dem Hochstift Straßburg [über **Bosenstein**]

Bestellsignatur: 229 Nr. 11634 18. Jh.
Gütererwerb zu **Bosenstein**

Bestellsignatur: 229 Nr. 11636 18. Jh.
Verhandlungen des Freiherren von Türckheim wegen Schloss und Gütern **Bosenstein**

Bestellsignatur: 229 Nr. 11629 1715
Verkauf **Bosensteins** vom Hochstift Straßburg an von Türckheim

Bestellsignatur: 229 Nr. 11613 1724–1790
Retaxation der **Bosensteiner** Gefälle

Bestellsignatur: 229 Nr. 11640 1741-(1812)
Bosensteiner Wald und Güter in der Legelsau

Bestellsignatur: 229 Nr. 11608 1768–1791
Erbbelehnung des Klosters Allerheiligen mit den **Bosensteiner** Waldungen im Kappler Tal

Bestellsignatur: 229 Nr. 11612 1794
Beschreibung und Größe des zwischen dem Wiedenbächlein und Falkenbuch oder Gottschläg gelegenen Stück Landes
Enthält auch: Verzeichnis der **Bosensteiner** Güter

***Bestellsignatur:** 31 Nr. 167* 1553.03.01
Mathis Schlapp, Bürger zu Straßburg, reversiert Melchior Wiedergrün von Staufenberg über die Belehnung mit **Bottenauer** Zinsen als Mannlehen
Ausfertigung, Pergament, Siegel des Ausstellers

***Bestellsignatur:** 31 Nr. 168* 1556.03.04
Melchior Wiedergrün von Staufenberg belehnt nach dem Tod des Mathis Schlapp aus Straßburg seinen Schaffner Hans Jost Vogel mit **Bottenauer** Zinsen
Ausfertigung, Pergament, Siegel abg.

***Bestellsignatur:** 127 Nr. 244* 1740–1791
Rechts- und Besitzverhältnisse des Weidenhofs in **Bottenau** bei Durbach

***Bestellsignatur:** 31 Nr. 169* 1576.06.14
Rurman Ruoff in Bottenbach und seine Frau Magdalena, sesshaft zu Berghaupten, verkaufen Junker Eberhard Holdermann von Holderstein ein Stück Wald in **Bottenbach** um 34 Pfund 10 Schilling Straßburger Währung
Ausfertigung, Pergament, Siegel abg.

***Bestellsignatur:** 229 Nr. 15131* 1693–1725
Ritergüter zu **Bühl**

***Bestellsignatur:** 127 Nr. 167* 1726–1798
Bodemer'sches, später Jäger'sches Gut in **Bühl**

***Bestellsignatur:** 31 Nr. 171* 1504.11.30
Arnold Pfau von Rüppurr gibt als Vormund der Kinder des verstorbenen Diebold Pfau von Rüppurr Schultheiß Hans aus dem **Durbach** Güter zu Erblehen
Ausfertigung, Pergament, Siegel abg.

***Bestellsignatur:** 229 Nr. 20601* 1650–1657
Das Weiler Hofgut zu **Durbach**

***Bestellsignatur:** 229 Nr. 20606* 1762
Der von der Schleiß'sche Rebhof in **Durbach** in dem Weiler

***Bestellsignatur:** 229 Nr. 20608* 1767
Verpfändung und Beschreibung des Gutes Weiler in **Durbach** des Obristlieutenants von Ried

***Bestellsignatur:** 127 Nr. 254* 1779–1787
Ritterschaftliches Gut Groll (*Grahle*) bei **Durbach**
Enthält: Streitigkeiten zwischen der Familie Zorn von Bulach und der Markgrafschaft Baden wegen Eingriffen des Amts Staufenberg

Bestellsignatur: *127 Nr. 179* 1786
Rebhof im Stürtzelbach bei **Durbach**

Bestellsignatur: *229 Nr. 80986* 1786
Die von Neveu'schen Güter zu Ortenberg und **Durbach**

Bestellsignatur: *229 Nr. 27097* 1542–1745
Das Würtz'sche Gut, der sog. Rödelberg, das Ostein'sche Haus und Gut und das Andlau'sche Gut und Haus zu **Ettenheim**

Bestellsignatur: *229 Nr. 27098* 1653–1749
Ostein'sche, früher Sandizell'sche Haus und Güter zu **Ettenheim**

Bestellsignatur: *229 Nr. 27099* 1666
Güter der Edlen von Endingen zu **Ettenheim**

Bestellsignatur: *229 Nr. 27101* 1692–1793
Verkauf des Maillot'schen, früher Olisy'schen, früher Würtz'schen Ritterguts Rödelsberg [zu **Ettenheim**]

Bestellsignatur: *229 Nr. 27104* 1766–1786
Verkauf der Olisy'schen Güter und des Hauses zu **Ettenheim**

Bestellsignatur: *229 Nr. 27105* 1786
Verkauf der Ichtratzheim'schen Güter zu **Ettenheim**

Bestellsignatur: *169 Nr. 120* 1772
Verzeichnis der bodeckischen, nun neuensteinischen Rittergüter zu **Fernach** und im Korberg
Enthält auch: Abschriften der Kaufbriefe

Bestellsignatur: *169 Nr. 121–122* 1773
Das bodeckische, nun neuensteinische Rittergut im **Fernach** und dessen Verpfändung

Bestellsignatur: *229 Nr. 28128* 1659–1663
Verkauf des Rießhofs [in **Fessenbach**] durch Marie Cultans an Heinrich von Neuenstein
Enthält auch: Differenzen wegen der Auslieferung von Dokumenten

Bestellsignatur: *229 Nr. 29584* 1540–1782
Kaufbriefe und Beschreibungen des freiadligen Kück'schen Gutes zu **Freistett**
Enthält auch: Besitzerliste

Bestellsignatur: *127 Nr. 758* (1594)-1804
Immedietät des Ritterguts **Freistett**
Enthält u.a.: 1594–1610 Ebold; 1616–1687 von Hüffel; 1687–1753 von Mundolsheim; 1753–1801 von Dungern; 1801 von Ritz

Bestellsignatur: *229 Nr. 30217* 1709–1748
Ziegelhof zu **Friesenheim**

Bestellsignatur: *31 Nr. 180* 1518.09.06
Das Gericht zu Oppenau beurkundet einen Untergang zwischen den von Neuenstein'schen und den Schauenburg'schen Gütern in **Gaisbach**
Begl. Abschr.

Bestellsignatur: *229 Nr. 31208* 1650–1656
Gült und Rebhöfe der Zorn von Plobsheim zu **Gaisbach,** nachher schauenburgischer Herrschaft

Bestellsignatur: *229 Nr. 31212* 1763–1771
Kauf und Verkauf von Gütern der Bastian Erben [zu **Gaisbach**]

Bestellsignatur: *229 Nr. 31213* 1771–1772
Kauf eines Anteils des ehemaligen Schleissischen Rebhofs [zu **Gaisbach**] und desssen Bestätigung

Bestellsignatur: *69 von Türckheim-3 Nr. 187* 18. Jh.
Güter und Rechte in Stadt und Herrschaft **Gengenbach**

Bestellsignatur: *69 von Türckheim-3 Nr. 359* nach 1768
Abhandlung zum ritterschaftlichen Losungsrecht zu dem an das Kloster **Gengenbach** veräußerten Rittergut Rießhof

Bestellsignatur: *127 Nr. 169* 1730–1733
Verhandlungen zwischen dem Markgrafen von Baden-Baden und dem Freiherrn von Würtz und Rudentz wegen einen Matte in **Goldscheuer**

Bestellsignatur: *31 Nr. 197+198* 1340.03.16
Heinrich von Müllenheim, Ritter, gibt Heinz Busemann von **Griesheim** die dortige Mühle zu Erblehen
Ausfertigung, Pergament, Siegel des Ausstellers

Bestellsignatur: *31 Nr. 190* 1602.03.06
Eberhard Kämmerer von Worms gen. von Dalberg belehnt nach dem Tod seines Vaters David Tedinger, Stettmeister zu Offenburg, mit gen. Gütern im **Griesheimer** Bann
Abschrift

Bestellsignatur: *31 Nr. 199* 1629.10.25
Vogt und Zwölfer des Gerichts zu **Griesheim** erneuern das Gültgut des Junkers Eberhard von Eltz zu Griesheim, das zur Zeit Bernhard Widman von Griesheim gegen einen Zins von 5 Viertel Roggen, 1 Viertel 1/2 Sester Weizen und 1 Viertel 1 Sester und 3 Vierling Hafer zu Erblehen innehat
Ausfertigung, Pergamentlibell, Siegel abg-

Bestellsignatur: *31 Nr. 192* 1664.04.20
Hermann Dietrich von Neuenstein belehnt Christoph Breithaupt in **Griesheim** mit einem dortigen Gültgut als Erblehen
Ausfertigung, Pergament, Siegel abg.

Bestellsignatur: *127 Nr. 232* 1709–1791
Hohheitsrechte des Rebhofs **Hespengrund**

Bestellsignatur: *127 Nr. 233* 1722–1794
Hoheitsrechte beim Bauerlinhof in **Hespengrund**
Enthält: Verhandlungen mit der Markgrafschaft (Baden-)Baden

Bestellsignatur: *69 von Türckheim-3 Nr. 186* 18. Jh.
Güter und Rechte in der Herrschaft **Hofweier**

Bestellsignatur: *229 Nr. 51414* (1589) 1747–1752
Die von Neuenstein'sche Mühle zu **Kappelrodeck**

Bestellsignatur: *229 Nr. 51458* 1710–1711
Verkauf [von Gütern zu **Kappelwindeck**] durch Krebs von Bach an Hauptmann Zahn, von dessen Erben an Hauptmann Katzenstein

Bestellsignatur: *69 von Türckheim-3 Nr. 531* 1741
Verzeichnis der ritterschaftlichen Akten über die von Steinschen Güter im **Kapplertal**

Bestellsignatur: *229 Nr. 11626* 1792–1794
Von Türckheimischer Eingriff in die Territorialrechte des Oberamts im **Kappler Tal**

Bestellsignatur: *69 von Türckheim-3 Nr. 185* 1748–1785
Güter und Rechte im **Kinzigtal**

Bestellsignatur: *69 von Türckheim-3 Nr. 182* 1494–1790
Güter und Rechte im Amt **Lahr-Mahlberg**
Enthält: Reichsritterschaftliche Dörfer Nonnenweier, Wittenweier, Allmannsweier und Niederhausen.

Bestellsignatur: *69 von Türckheim-3 Nr. 211* 18. Jh.
Verzeichnis der Lehen in der Herrschaft **Lahr** und **Mahlberg**

Bestellsignatur: *229 Nr. 66465* 1595–1677
Zehnt-Renovation und Blutbann zu **Meißenheim** und Vendenheim

Bestellsignatur: *127 Nr. 171* 1731–1732
Verkauf des Fleckens **Mühlingen** durch die Familie Ebinger von der Burg an die Freiherrn von Buol

Bestellsignatur: *229 Nr. 70737* 1753
Nägelsfirsthof (Fragmente)

Bestellsignatur: *229 Nr. 74425* 1666–1735
Die von Botzheim-Küstenschen Güter zu **Neuweier** und Steinbach

Bestellsignatur: *229 Nr. 74436* 1798
Verkauf des Stift Murischen Rebhofs in der Halden bei **Neuweier**

Bestellsignatur: *229 Nr. 74889* 1665
Niederschopfheimer Gült

Bestellsignatur: *229 Nr. 74892* 1715
Gültgut zu **Niederschopfheim**

Bestellsignatur: *127 Nr. 580* 1715
Streitigkeiten zwischen Freiherr Roeder von Diersburg und Syndikus Krieg wegen eines Gültguts in **Niederschopfheim**

Bestellsignatur: *229 Nr. 74893* 1715–1718
Gültgut zu **Niederschopfheim**

Bestellsignatur: *229 Nr. 74885* 1776–1777
Umsteinung des **Niederschopfheimer** Banns

Bestellsignatur: *127 Nr. 644* 1577–1685
Gut und Wasserhaus in **Oberachern**

Bestellsignatur: *229 Nr. 78556* 1488–1780
Kauf des sog. Rebstockguts zu **Oberschopfheim** durch Kloster Schuttern von Frau von Gail

Bestellsignatur: *69 von Türckheim-3 Nr. 314* 1719
Schreiben des **Offenburger** Stadtmeisters Lichtenauer wegen des Kaufes von Rebhöfen des Freiherrn von Wangen

Bestellsignatur: *69 von Türckheim-3 Nr. 13* 1776–1799
Vertrag der Familie Schmidt von Brandenstein wegen der Errichtung eines Fideikommisses in **Orschweier**

Bestellsignatur: *69 von Türckheim-3 Nr. 201* 1800–1839
Rittergut **Orschweier**

Bestellsignatur: *229 Nr. 80784* 1790–1795
Güter und Häuser der von Brandenstein in **Orschweier**

Bestellsignatur: *229 Nr. 80981* 1770
Das von Botzheim'sche Gut zu **Ortenberg**

Bestellsignatur: *229 Nr. 80986* 1786
Die von Neveu'schen Güter zu **Ortenberg** und Durbach

Bestellsignatur: *127 Nr. 243* 1740–1791
Rechts- und Besitzverhältnisse des **Ottenweierhofes** bei Lahr

Bestellsignatur: *127 Nr. 258* 1791
Besitz- und hoheitsrechtliche Verhältnisse des **Ottenweierhofs** bei Lahr

Bestellsignatur: *229 Nr. 84900* 1619–1667, 1733
Rebhof zu **Pfaffenbach**
Darin: Baupläne

Bestellsignatur: *229 Nr. 84901* 1747–1780
Streitigkeiten zwischen Kloster Schwarzach und von Knebel um den ritterschaftlichen Rebhof gen. **Pfaffenbach**

Bestellsignatur: *127 Nr. 636* 1742–1745
Verkauf des Gutes **Ramsteinweiler** bei Haslach wegen Verschuldung der Familie von Pleuer
Enthält u. a.: Streitsache der ortenauischen Ritterschaft und der Fürsten von Fürstenberg wegen Immedietät dieses Gutes

Bestellsignatur: *127 Nr. 635* 1742–1751
Verkauf des Gutes **Ramsteinweiler** bei Haslach wegen Verschuldung der Familie von Pleuer

Bestellsignatur: *69 von Türckheim-3 Nr. 209* 1738–1799
Einkünfte aus dem **Roederwald**

Bestellsignatur: *69 von Türckheim-3 Nr. 207* 1740–1756
Roederwald und Erblehen der Freiherren von Stein

Bestellsignatur: *229 Nr. 1938* 1489, 1659
Registratur brieflicher Dokumente zu **Rohrburg**

Bestellsignatur: *69 von Türckheim-3 Nr. 203* 1544–1745
Rittergut **Rohrburg**

Bestellsignatur: *229 Nr. 1958* 1741–1744
Jagd auf dem Rittergut **Rohrburg**

Bestellsignatur: *69 von Türckheim-3 Nr. 193* 1744–1785
Besitzerwechsel im Rittergut **Rohrburg**

Bestellsignatur: *72 Nr. 8462* 1745–1773
Verkauf des Ritterguts **Rohrburg** durch die Roeder von Diersburg und von Wimpfen
Enthält auch: Verpfändung des Guts für 18 000 Gulden durch den Obristen Carl Philipp von Bibourg an den Bankier Johann von Türckheim zu Straßburg

Bestellsignatur: *229 Nr. 1985* 1766–1786
Einlösung des Hofguts **Rohrburg**

Bestellsignatur: *229 Nr. 1986* 1767–1769
Einlösung des Hofguts **Rohrburg**

Bestellsignatur: *229 Nr. 1987* 1771–1785
Das reichsritterschaftliche Hofgut **Rohrburg**

Bestellsignatur: *229 Nr. 1938a* 1779
Erbleihbrief über einen Teil des **Rohrburger** freiadligen Guts an den Bürger und Einwohner Hans Georg Rinckel zu Altenheim

Bestellsignatur: *229 Nr. 1963* 1799–1801
Rittergut **Rohrburg**

Bestellsignatur: *31 Nr. 286* 1752.01.04
Schultheiß und Gericht zu **Rust** leihen von der St. Gallischen Stiftung zu Freiburg 750 fl zu 5% und verpfänden dafür gen. Güter
Ausfertigung, Pergament, Siegel des Amtmanns Wild zu Rust

Bestellsignatur: *229 Nr. 91734* 1752–1784
Schloss zu **Sasbach** und Zubehör

Bestellsignatur: *229 Nr. 91757* 1784
Umsteinung des von Gail'schen Gültguts zu **Sasbach**

Bestellsignatur: *31 Nr. 301* 1367.01.26
Heinrich von Geroldseck, Herr zu Lahr, und seine Frau Adelheid von Lichtenberg überlassen Else von Geroldseck und ihrem Mann, Ritter Eppo von Hattstat, das Dorf **Schmieheim** sowie 9 Pfund Pfennige und 40 Kapaune Gült von den Rütematten. Else verzichtet auf ihre Rechte an den Dörfern Friesenheim, Oberschopfheim, Oberweiler und Heiligenzell
Ausfertigung, Pergament, Siegel der Aussteller sowie von Johann Blenkelin, Kunz Blatter, Kunz Beck und Werner Sturm von Straßburg

Bestellsignatur: *31 Nr. 294* 1625.09.12
Laux Ringler von Schmieheim verleiht Hans von Schmieheim ein Stück Land in **Schmieheim** als Erblehen gegen ein Sester Landortfrucht
Ausfertigung, Pergament, Siegel abg.

Bestellsignatur: *69 von Türckheim-3 Nr. 202* 1780–1807
Rittergut **Schmieheim**

Bestellsignatur: *31 Nr. 296* 1439.07.03
Vor Schultheiß und Rat zu Offenburg verkaufen Junker Arthur von Hattstatt von Weiler und seine Frau Ursula von Gundelfingen das Dorf **Schmieheim** mit Zwing und Bann an Ulrich und Hans Bock um 2000 fl
Abschr.

Bestellsignatur: *229 Nr. 93505* 1761
Verkauf eines Viertels von Dorf und Schloss **Schmieheim** durch den Deutschordensritter Waldner von Freundstein an seinen Bruder

Bestellsignatur: *229 Nr. 93507* 1800–1801
Kaufangebot des Waldnerschen Anteils von **Schmieheim** an die Markgrafschaft Baden

Bestellsignatur: *69 von Türckheim-3 Nr. 184* 1610–1800
Güter und Rechte in der Herrschaft **Staufenberg**

Bestellsignatur: *229 Nr. 74425* 1666–1735
Die von Botzheim-Küstenschen Güter zu Neuweier und **Steinbach**

Bestellsignatur: *69 von Türckheim-3 Nr. 475* 1757
Gutachten von Jakob Friedrich Müller über das Dorf **Steinbach**

Bestellsignatur: *127 Nr. 166* 1726–1795
Besitzverhältnisse des Rebhofs in **Waldmatt**

Bestellsignatur: *229 Nr. 110086–110089* 1404–1800
Freigut zu **Waltersweier**

Bestellsignatur: *169 Nr. 119* 1764–1793
Rebhof an der Roedelshalden des Michael Ziegler von **Waldulm**

Bestellsignatur: *69 von Türckheim-3 Nr. 191* 1688–1721
Wiedereinlösung der **Windecker** Jagdgerechtigkeit

Bestellsignatur: *31 Nr. 315* 1631.04.16
Vor Schultheiß und altem Rat zu Offenburg tauschen Hauptmann Blasius von Müllenheim und Hauptmann Hans Philipp von Schauenburg ein Gültgut zu **Windschläg** und Gülten zu Huttenheim-Rossfeld bei Benfeld
Ausfertigung, Pergament, Siegel abg.

Bestellsignatur: *31 Nr. 316* 1570.11.13
Melchior von Schauenburg belehnt Georg Bürck zu Winterbach mit einem bez. Rebgut mit Haus, Hof und Gütern zu **Winterbach** gegen ein Erbpacht von 2 Pfund 5 Schilling 10 Pfennig, 1 Kapaun, 1 Henne und 2 Ernhühner
Abschr.

Bestellsignatur: *31 Nr. 140* 1729.04.28
Franz Jakob Wurmser von Vendenheim verkauft Philipp Friedrich von Bergheim den vierten Teil an den Dörfer **Wittenweier** und Allmannsweier, den zuvor die Blarer besessen hatten
Abschr., Pergament

5.2 außerhab der Ortenau

5.2.1 Rechtsrheinisch (Orte A-Z)

Bestellsignatur: *127 Nr. 178* 1783–1789
Ius retractus an dem von Freiherr Forstmeister von Gelnhausen an Kurmainz verkauften Gut **Auffenau**

Bestellsignatur: *69 von Türckheim-3 Nr. 478* 1794–1798
Kapitalanschläge des Ritterguts **Bächingen** an der Brenz

Bestellsignatur: *69 von Türckheim-3 Nr. 477* 1798
Übersicht über die Meliorationen am Rittergut **Bächingen** an der Brenz

Bestellsignatur: *69 von Türckheim-3 Nr. 468* 18. Jh.
Einkünfte und Besitzungen im Dorf **Bittelschieß**

Bestellsignatur: *72 Nr. 2716* 1760–1763
Verleihung des Guts **Ellingerode** auf Lebenszeit an Dorothea Friederike von Pelcke geb. von Bernhold und deren zwei Schwestern durch Landgraf Friedrich von Hessen-Kassel

Bestellsignatur: *127 Nr. 164* 1658–1725
Zustand ritterschaftlicher Anwesen in **Ettlingen**, Durlach u. a..

Bestellsignatur: *127 Nr. 239* 1732
Ritterschaftliche Rechte in **Gondelsheim**
Enthält: Beschwerde des Ritterkantons Kraichgau beim Kaiser gegen Kurpfalz

Bestellsignatur: *69 von Türckheim-3 Nr. 200* 1790
Allodialgut **Gondelsheim** der Freiherren von Mentzingen

Bestellsignatur: *127 Nr. 237* 1730
Hoheitsrechte in den Dörfern **Haselfurt** und Breitfurt
Enthält: Beschluss des Reichshofrats in der Streitsache der Familie von und zu Schorrenberg gegen Kurpfalz

Bestellsignatur: *69 von Türckheim-3 Nr. 484* 1530
Kaufbrief über Schloss und Dorf **Justingen**

Bestellsignatur: *127 Nr. 181* 1789
Verkauf der Herrschaft **Kellmünz** durch von Rechberg an von Schwarzenberg

Bestellsignatur: *69 von Türckheim-3 Nr. 480* 1535
Urteil gegen Hans Max von Bubenhofen wegen des Ritterguts **Leinstetten**

Bestellsignatur: *69 von Türckheim-3 Nr. 483* 1630
Beschreibung des Ritterguts **Leinstetten**

Bestellsignatur: *69 von Türckheim-3 Nr. 481* 1764
Beschreibung der württembergischen Lehengüter in Lichtenfels und **Leinstetten**

Bestellsignatur: *69 von Türckheim-3 Nr. 482* 1772–1782
Auszug aus den **Leinstettener** Rechnungen

Bestellsignatur: *69 von Türckheim-3 Nr. 364* 1790
Verkauf des Ritterguts **Leinstetten** durch Marie von Franck an den Grafen Ludwig Friedrich Eberhard von Sponeck

Bestellsignatur: *69 von Türckheim-3 Nr. 456* 1806
Verzeichnis der ritterschaftlichen Güter im Kanton **Odenwald** und ihrer Besitzer

Bestellsignatur: *69 von Türckheim-3 Nr. 301* 1612–1727
Herren von Streit und deren österreichisches Lehen in **Opfingen**
Darin: Lehenrevers über die Opfinger Mühle auf Pergament mit anhängendem Siegel in Holzkapsel, 1666.

Bestellsignatur: *69 von Türckheim-3 Nr. 485* 1666

Lehenbrief Herzog Eberhards III. von Württemberg über Schloss **Sterneck**

Bestellsignatur: *127 Nr. 240* 1735–1741

Fuggersche Rechte in **Stettenfels**

Enthält: Streitigkeiten des Grafen Fugger mit Württemberg

Bestellsignatur: *69 von Türckheim-3 Nr. 487* 1781

Beschreibung des Reichsritterdorfes **Wilhermsdorf**

5.2.2 Elsass

5.2.2.1 Allgemein

Bestellsignatur: *72 Nr. 8314* 1652–1654

Streitigkeiten zwischen Friedrich Philipp Streiff von Lauenstein und dem baden-badischen Kanzler Johann Adolf Krebs von Bach um den von Baden lehnbaren halben Zehnt in Diebolsheim

Bestellsignatur: *72 Nr. 4071* 1716–1772

Die straßburgischen Lehen der Familie von Gail

Enthält u. a.: Lehnsbriefe (Abschriften) über einen Anteil an Altdorf, das Dorf Rust, Höfe und Güter, Nutzungen und Gefälle in Altdorf, Bischofsheim, Dorlisheim, Ettenheim, Lachenfeld, Vendenheim und Weiler bei dem Heilbad, 4 Pfund jährliches Manngeld auf dem Schultheißenamt in Mutzig

Bestellsignatur: *72 Nr. 5501* 1748

Mutung des Lehens Bläsheim durch die Familie von Hammerer

Bestellsignatur: *72 Nr. 5497* 1774

Mutung des Lehens Bläsheim durch die Familie von Hammerer

Enthält: Korrespondenz (französisch) zwischen Jean Georges Schertz, dem Geschäftsträger der Familie von Hammerer in Straßburg, und dem ritterschaftlichen Syndikus Sahler in Offenburg

5.2.2.2 Wurmser von Vendenheim

Bestellsignatur: *72 Nr. 9428* 1380–1771

Das der Familie Wurmser von Vendenheim zustehende, von Baden lehnbare Schloß Illburg samt Zubehör

Enthält u. a.: Kopialbuch (spätes 17. Jh.) mit Leihe-, Pacht- u. sonstigen Verträgen zu den Gütern in Illkirch (1380–1519), eingebunden in ein Mandat des Hofgerichts Rottweil von 1555, Pergament; weitere Leihe- und Pachtbriefe, Güterverzeichnisse und -beschreibungen über Illkirch und Graffenstaden

Bestellsignatur: *72 Nr. 9446* 1431

Rodel über Güter in Illkirch

Bestellsignatur: *72 Nr. 9452* 1461
Untergang der Fischereigerechtigkeiten des Mühlwassers bei Illkirch und Graffenstaden

Bestellsignatur: *72 Nr. 9447* 1481
Untergang der Güter in Illkirch
Notariatsinstrument, Ausfertigung, Pergament

Bestellsignatur: *72 Nr. 9485* 15. Jh.-16. Jh.
Verzeichnisse der den Wurmser von Vendenheim bzw. ihren Besitzvorgängern Zorn von Bulach gehörenden allodialen und baden-badischen Lehnsgüter in Illkirch und Graffenstaden

Bestellsignatur: *72 Nr. 9450* 1554
Urbar über die Inseln der Ill auf den Gemarkungen von Graffenstaden, Illkirch und (Ill-) Wickersheim
Abschrift

Bestellsignatur: *72 Nr. 9449* 1554
Urbar über die Inseln der Ill auf den Gemarkungen von Graffenstaden, Illkirch und (Ill-) Wickersheim

Bestellsignatur: *72 Nr. 9429* 1554–1570
Rechnungen und Register über die den Wurmser von Vendenheim aus Illkirch und Graffenstaden zufließenden lehnbaren Naturalgefälle

Bestellsignatur: *72 Nr. 9431* 1559–1659
Bauliche Instandhaltung des Schlosses Illburg sowie der Ökonomiegebäude in Illkirch durch die Wurmser von Vendenheim
Enthält u. a.: Kostenverzeichnisse, Korrespondenzen, Auseinandersetzungen der Familienmitglieder über die Verteilung der Baulast, betr. v. a. die langwierigen Streitigkeiten des Balthasar, dann des Bernhard Wurmser mit den Agnaten

Bestellsignatur: *72 Nr. 9484* 1565–1763
Mutung der baden-badischen Lehen in Illkirch und Graffenstaden durch die Wurmser von Vendenheim
Enthält auch: Anspruch des Markgrafen Karl zu Pforzheim auf Zuständigkeit für die Belehnung (1565)

Bestellsignatur: *72 Nr. 9455* 1581
Urbar über die Inseln und Bäume in Illkirch

Bestellsignatur: *72 Nr. 9454* 1581
Urbar über die drei Gültgüter in Illkirch und Graffenstaden

Bestellsignatur: *72 Nr. 9456* 1581
Urbar über die Bodenzinse, Inseln und Bäume in (Ill-)Wickersheim

Bestellsignatur: 72 Nr. 9453 1581
Urbar über das von Baden lehnbare Schloß Illburg samt Zubehör (die bei dem Schloß gelegene Mühle samt zugehöriger Fischereirechte, Güter in Illkirch und Graffenstaden)

Bestellsignatur: 72 Nr. 9464 1583–1677
Auszüge aus den Amtsprotokollen von Illkirch und Graffenstaden

Bestellsignatur: 72 Nr. 9457 1589
Urbar über das von Jakob Klein bewirtschaftete Gültgut in (Ill-)Wickersheim

Bestellsignatur: 229 Nr. 66465 1595–1677
Zehnt-Renovation und Blutbann zu Meißenheim und Vendenheim

Bestellsignatur: 72 Nr. 9486 1609–1630
Fideikommisse und Erbeinungen der Wurmser von Vendenheim
Enthält u. a.: Ordnung des Dorfs Vendenheim (1609), Einband Handschriftfragment, Pergament

Bestellsignatur: 72 Nr. 9448 (1481) 1616
Untergang der Güter in Illkirch
Notariatsinstrument, Abschrift

Bestellsignatur: 72 Nr. 9458 1627
Urbar über die wurmserischen Gültgüter in Illkirch
Ausfertigung, Pergamenteinband, Siegel anhängend

Bestellsignatur: 31 Nr. 283 1628.01.02
Hans Kaspar Hammann von Hagenbach verkauft Hans Jakob Wurmser von Vendenheim zu Sundhausen, württembergischem Rat und Hofmeister zu Mömpelgart, gen. Gülten zu Rust, Molsheim, Mutzig, Ernolsheim, Goxweiler, Willgottheim, Achenheim, Küttolsheim und Niederehnheim um 3955 fl
Ausfertigung, Pergament, Siegel des Ausstellers

Bestellsignatur: 72 Nr. 9463 1655
Lehnbare Hoheitsrechte, Gerechtsame und Güter der Wurmser von Vendenheim in Sundhausen, Vendenheim, Meißenheim, Illkirch und Schönau
Enthält nur: Summarisches Verzeichnis (Lehen des Reiches, von Baden-Baden, Hochstift Straßburg und der württembergischen Herrschaft Horburg)

Bestellsignatur: 72 Nr. 9469 1681
Verzeichnis der bei der Illkircher Güterteilung von 1681 dem elsässischen Ritterrat und Ausschuß Dagobert Wurmser von Vendenheim zu Sundhausen durch das Los zugefallenen Anteile

Bestellsignatur: *72 Nr. 9468* 1681
Verzeichnis der Philipp Ludwig, Otto Reinhard und Ernst Friedrich Wurmser von Vendenheim im August 1681 von der Gesamtfamilie zugeteilten Liegenschaften im Illkircher Bann

Bestellsignatur: *72 Nr. 9470* 1681
Verzeichnis der bei der Illkircher Güterteilung von 1681 dem elsässischen Ritterrat und Ausschuß Dagobert Wurmser von Vendenheim zu Sundhausen durch das Los zugefallenen Anteile

Bestellsignatur: *72 Nr. 9467* 1681
Teilung der auf Gemarkung Illkirch gelegenen lehnbaren Güter unter die drei Linien der Freiherren Wurmser von Vendenheim

Bestellsignatur: *72 Nr. 9451* (1554) 1695–1710
Urbar über die Inseln der Ill auf den Gemarkungen von Graffenstaden, Illkirch und (Ill-) Wickersheim
Abschrift, fortgeführt

Bestellsignatur: *72 Nr. 9471* 1696
Erstmalige Bestandsaufnahme und urbarmäßige Beschreibung der baden-badischen Lehnsgehölze der Freiherren Wurmser von Vendenheim auf den Gemarkungen Illkirch und Graffenstaden

Bestellsignatur: *72 Nr. 9472* 1709
Bestandsaufnahme und Beschreibung der Holz-Wörthe in der Ill auf den Gemarkungen Illkirch und Graffenstaden

Bestellsignatur: *72 Nr. 9477* 1715
Urbar über die von Baden-Durlach lehnbaren Güter des Straßburger Stettmeisters Johann Jakob Wurmser von Vendenheim in Meistratzheim, Ober- und Niederehnheim

Bestellsignatur: *72 Nr. 9473* 1731
Erneuerung des Urbars über die von Baden-Baden lehnbaren Gültgüter des Johann Ludwig Wurmser von Vendenheim, Stettmeisters und Dreizehners der Stadt Straßburg, in Illkirch und Graffenstaden

Bestellsignatur: *72 Nr. 9475* 1739
Beschreibung der Güter, Rechte und Gefälle der Freiherren Wurmser von Vendenheim in Illkirch und Graffenstaden

Bestellsignatur: *72 Nr. 9476* 1748
Erneuerung des Urbars über die von Baden-Baden lehnbaren Gefälle des Franz Dagobert Wurmser von Vendenheim in (Ill-)Wickersheim

Bestellsignatur: *72 Nr. 9483* 1751
Urbar über die Güter, Gerechtigkeiten und Gefälle der Freiherren Wurmser von Vendenheim in Illkirch

Bestellsignatur: *72 Nr. 9474* 1751
Erneuerung des Urbars über die Güter, Rechte und Gefälle der Freiherren Wurmser von Vendenheim in Illkirch

Bestellsignatur: *72 Nr. 9478* 1753
Urbar über die von Baden-Durlach lehnbaren Güter des Brigadiers Christian Ludwig sowie des Jakob Reinhard Wurmser von Vendenheim in Niederehnheim

Bestellsignatur: *72 Nr. 9480* (1749) 1773
Extrakt aus dem Bannbuch von Illkirch und Graffenstaden von 1749

Bestellsignatur: *72 Nr. 9481* (1749) 1773
Extrakt aus dem Bannbuch von Illkirch und Graffenstaden von 1749

Bestellsignatur: *72 Nr. 9479* (1749) 1773
Extrakt aus dem Bannbuch von Illkirch und Graffenstaden von 1749

6 [Iudicialia] Prozesse

6.1 Allgemein

6.1.1 Verfahrensordnungen

Bestellsignatur: *31 Nr. 24* 1652.05.17
Gerichts- und Prozessordnung für den schwäbischen Adel
Abschr.

Bestellsignatur: *127 Nr. 729* 1667
Terminfestsetzung von Ritterverhören

Bestellsignatur: *127 Nr. 748* 1693
Strafgerichtsbarkeit gegenüber Ritterschaftsgliedern
Enthält v. a.: Mandat Kaiser Leopolds

Bestellsignatur: *127 Nr. 374* 18. Jh.
Errichtung eines Gerichts als I. Instanz durch die Ritterschaft
Enthält: Promemoria

Bestellsignatur: *127 Nr. 370* 1774
Ritterschaftliche Jurisdiktion
Enthält: Prozess des Freiherrn von Gail gegen Melchior Kupfer und Genossen in Altdorf

Bestellsignatur: *127 Nr. 340* 1786
Parteienkosten bei Streitigkeiten

Bestellsignatur: *69 von Türckheim-3 Nr. 344* 1795
Bericht des Freiherrn Johann V. von Türckheim über Probleme in der ritterschaftlichen Gerichtsbarkeit

Bestellsignatur: *127 Nr. 624* 1803
Jurisdiktionsverhältnisse der ritterschaftlichen Güter in der Ortenau in ihren Verhältnissen zur Markgrafschaft Baden
Darin: Gutachten des Freiherrn von Türckheim

6.1.2 Sammelakten

Bestellsignatur: *127 Nr. 424* 18. Jh.
Kleinere Prozesse und Fragmente

Bestellsignatur: *127 Nr. 752* 1742–1785

Gutachten in Zivilprozessen

Enthält u. a.: Gutachten der Juristenfakultät Freiburg in einem Prozess zwischen Schmieheimer Bürgern (1742); Appellation gegen ein Urteil im Prozess Gerard Danjehoul gegen Amtmann Stuber an eines der höchsten Reichsgerichte (1762)

Bestellsignatur: *127 Nr. 426* 1739–1765

Kleinere Prozesse

Enthält: Muro in Rust gegen Muro (1765); Boll gegen Lehmann (1756); Kürtz gegen Maria (1739); Metzger gegen Metzger (1759); Olisy gegen Olisy (1759)

Bestellsignatur: *127 Nr. 425* 1750–1801

Kleinere Prozesse

Enthält: Becker von Netzen gegen Schweizer (1758); Herbstreit gegen Schulz (1789); Rossmann gegen Schiesslin (1784); von Gail gegen von Hinderer (1750); Bastian gegen Foltz (1766); Samuel Levi gegen von Türckheim (1801)

6.2 Adel gegen Adel

6.2.1 Allgemein

Bestellsignatur: *229 Nr. 31207* 1577–1704

Prozess von Schauenburg gegen von Bödigheim u. a. wegen Gütern in Gaisbach

Bestellsignatur: *229 Nr. 90532* 1601

Prozess Friedrich von *Müllenen* [Müllenheim?] zu Castell gegen drei Gebrüder von Rust wegen der Erbschaft Helenes von Rust

Bestellsignatur: *72 Nr. 8310* (1631–1646) 1649–1654

Erbstreitigkeiten zwischen dem Obristleutnant Matthias Hirsch als Vertreter seiner Ehefrau Susanna von Mettenburg geb. Streiff von Lauenstein einerseits und den Erben des Philipp Streiff von Lauenstein andererseits

Enthält auch: Injurienklage des Friedrich Philipp Streiff von Lauenstein gegen Hirsch

Bestellsignatur: *72 Nr. 7693* (1598–1631) 1651–1666

Klage der Erben des Feldmarschalls Franz von Mercy gegen Claus und sodann gegen Philipp Hannibal von Schauenburg auf Bezahlung des noch ausstehenden restlichen Kaufpreises für das adlige Haus gen. Hasenburg in Reitweiler

Bestellsignatur: *69 von Türckheim-3 Nr. 581* 1666–1676

Auseinandersetzung zwischen Georg von Windeck und Wolf Dietrich von Brantscheit

Bestellsignatur: *127 Nr. 119* 1718–1742
Klage der Maria Helene von Wimpfen gegen Witwe und Kinder des Johann Christoph von Wimpfen wegen Erbschaftsansprüchen

Bestellsignatur: *69 von Türckheim-3 Nr. 52* 1720–1756
Auseinandersetzung zwischen Friedrich Wilhelm von Dungern und Ludwig Karl Friedrich von Roeder zu Diersburg wegen Schulden

Bestellsignatur: *127 Nr. 168* 1727–1738
Prozess von Stein und Genossen gegen die Gebrüder Knebel von Katzenelnbogen wegen Kauf des Gutes Neuweier
Enthält v. a.: Korrespondenz mit dem Reichshofgerichtsagenten von Schwann

Bestellsignatur: *127 Nr. 581* 1728–1733
Anspruch der Marie Hildegard Antonie von Klimberg geb. von Neuenstein auf Bezüge aus Lehen der Familie von Neuenstein

Bestellsignatur: *72 Nr. 2701* 1731–1739
Ehescheidungsprozeß der Charlotte Elisabeth von Bernhold geb. von Rathsamhausen gegen den königlich französischen Feldmarschall Siegfried von Bernhold

Bestellsignatur: *127 Nr. 403* 1748
Streitigkeiten von Knebel gegen die von Henel'schen Erben wegen einer jährlichen Abgabe

Bestellsignatur: *229 Nr. 74890* 1742
Prozess von Stein gegen von Frankenstein wegen einer Brombacherschen Gült

Bestellsignatur: *229 Nr. 6368* 1755
Prozess von der Schleiß gegen von der Leyen um Berghaupten und Berg und Wald Bellenberg
Enthält nur: Prozessschrift (Druck) [Provenienz unklar]

Bestellsignatur: *127 Nr. 13* 1762–1764
Prozess zwischen dem pfalz-zweibrückischen Geheimen Rat von Bayer in Straßburg und der frankensteinischen Herrschaft in Niederschopfheim wegen des Eisen-Schürfrechts

Bestellsignatur: *127 Nr. 14* 1762–1764
Prozess zwischen dem pfalz-zweibrückischen Geheimen Rats von Bayer in Straßburg und der frankensteinischen Herrschaft wegen des Besitzes des Bergwerks in Niederschopfheim

Bestellsignatur: *127 Nr. 552* 1762–1766
Forderungsklage des Freiherrn von Auffenberg gegen seine Schwiegermutter Frau von Reich aus Altorf

Bestellsignatur: *127 Nr. 555* 1767–1771
Forderungsklage Antons von Bernhold gegen Knebel von Katzenelnbogen

Bestellsignatur: *127 Nr. 134* 1771–1776
Prozess der verwitweten Freifrau Tertii von Kronenthal gegen die verwitwete Freifrau von Hinsberg wegen Forderungen aus Legat

Bestellsignatur: *72 Nr. 2954* 1775–1777
Prozess des Philipp Reinhard von Berstett als Testaments-Erbe Wolfgang Sigmunds Böcklin von Böcklinsau gegen Franz Sigmund Friedrich August Böcklin von Böcklinsau wegen einer mit dem Stammschloß und Gut Rust versicherten Schuldforderung

Bestellsignatur: *72 Nr. 8887* 1776–1778
Klage des Christian Waldner von Freundstein zu Sierentz gegen die restliche Familie Waldner auf Teilung der gemeinschaftlich besessenen Herrschaft Schmieheim

Bestellsignatur: *229 Nr. 80785* 1792
Prozess von Türckheim gegen von Brandenstein wegen des Verkaufs von Orschweier und der Halbscheide von Niederschopfheim
Enthält u. a.: Reservierung des Freiguts in Orschweier für den Verkäufer von Brandenstein, Gutachten des Appellationsrates Prof. Jelenz

6.2.2 Bodeck von Elgau, Dungern

Bestellsignatur: *127 Nr. 512* 1713–1738
Prozess von Dungern gegen von Bodeck wegen Forderungen

Bestellsignatur: *127 Nr. 754* 1726–1728
Prozess von Bodeck gegen von Dungern
Enthält nur: Briefe an Friedrich Theobald Sahler

6.2.3 Erthal, Roeder von Diersburg

Bestellsignatur: *229 Nr. 1953* 1768
Prozess der Gebrüder Christian Ernst, Ferdinand August und Karl Wilhelm Roeder von Diersburg gegen den Präsidenten Johann Philipp Wilhelm Roeder von Diersburg wegen des Einstandsrechts auf Rohrburg

Bestellsignatur: *229 Nr. 1954* 1769–1772
Prozess der Gebrüder Christian Ernst, Ferdinand August und Karl Wilhelm Roeder von Diersburg gegen den Präsidenten Johann Philipp Wilhelm Roeder von Diersburg wegen des Einstandsrechts auf Rohrburg

Bestellsignatur: *229 Nr. 18655* 1798
Prozess des Freiherrn von Erthal gegen den *contradictorem* des von Roederschen Konkurses und Konsorten
Enthält v. a.: Kommissionsbericht, Protokoll

Bestellsignatur: *72 Nr. 7050* 1752–1766
Schuldklage des kurmainzischen Geheimen Rats Lothar Franz von Erthal gegen die Roeder'sche Konkursmasse bzw. gegen die verwitwete Marianne Roeder von Diersburg und die Vormünder ihrer Kinder

Bestellsignatur: *72 Nr. 7051* 1760–1770
Schuldklage des kurmainzischen Geheimen Rats Lothar Franz von Erthal gegen die Roeder'sche Konkursmasse bzw. gegen die verwitwete Marianne Roeder von Diersburg und die Vormünder ihrer Kinder

Bestellsignatur: *72 Nr. 7048* 1762
Schuldklage des kurmainzischen Geheimen Rats Lothar Franz von Erthal gegen die Roeder'sche Konkursmasse bzw. gegen die verwitwete Marianne Roeder von Diersburg und die Vormünder ihrer Kinder
Enthält nur: Abschriften von Reichskammergerichts-Prozeßakten

Bestellsignatur: *72 Nr. 7049* 1762
Schuldklage des kurmainzischen Geheimen Rats Lothar Franz von Erthal gegen die Roeder'sche Konkursmasse bzw. gegen die verwitwete Marianne Roeder von Diersburg und die Vormünder ihrer Kinder
Enthält nur: Abschriften von Reichskammergerichts-Prozeßakten

Bestellsignatur: *72 Nr. 7052* 1769–1770
Schuldklage des kurmainzischen Geheimen Rats Lothar Franz von Erthal gegen die Roeder'sche Konkursmasse bzw. gegen die verwitwete Marianne Roeder von Diersburg und die Vormünder ihrer Kinder

Bestellsignatur: *72 Nr. 7053* 1770–1771
Schuldklage des kurmainzischen Geheimen Rats Lothar Franz von Erthal gegen die Roeder'sche Konkursmasse bzw. gegen die verwitwete Marianne Roeder von Diersburg und die Vormünder ihrer Kinder

Bestellsignatur: *127 Nr. 563* 1775–1788
Prozess Franz Lothars von Erthal gegen den Verwalter der Roeder'schen Konkursmasse und die Witwe des Franz Ludwig Roeder von Diersburg

Bestellsignatur: 127 Nr. 564 1776
Klage Franz Lothars von Erthal gegen den Konkursverwalter des Franz Ludwig Roeder von Diersburg
vgl. auch Nr. 563

6.2.4 Gail, Olisy

Bestellsignatur: 72 Nr. 4083 1654–1739
Rechtsstreit zwischen Walter Joseph von Gail, Stadtschultheißen in Hagenau, und Johann Andreas von Gail zu Oberehnheim (bzw. zwischen deren jeweiligen Nachkommen) um den Nachlaß des Dr. Heinrich Andreas Gail, Syndikus des Straßburger Bistums und Domkapitels, und dessen Ehefrau Margarethe geb. Brouch

Bestellsignatur: 72 Nr. 9856 1738–1740
Reichskammergerichtsprozess des Hauptmanns Leopold von Olisy (Beklagter 1. Instanz und Appellant) gegen seine Schwestern Maria Katharina, vertreten durch ihren Ehemann Felix Anton von Maillot, Maria Barbara und Maria Theresia um die Teilung des Liegenschaftsvermögens in Ettenheim

Bestellsignatur: 72 Nr. 9856 1738–1740
Reichskammergerichtsprozess des Hauptmanns Leopold von Olisy (Beklagter 1. Instanz und Appellant) gegen seine Schwestern Maria Katharina, vertreten durch ihren Ehemann Felix Anton von Maillot, Maria Barbara und Maria Theresia um die Teilung des geerbten Immobiliarvermögens in Ettenheim

Bestellsignatur: 72 Nr. 3012 1738–1741
Prozess zwischen Hauptmann Leopold von Olisy (Beklagter 1. Instanz und Appellant) und seinen Schwestern Maria Katharina, vertreten durch ihren Ehemann Felix Anton von Maillot, Maria Barbara und Maria Theresia vor dem Ritterdirektorium bzw. dem Reichskammergericht um die Teilung des geerbten Immobiliarvermögens in Ettenheim

Bestellsignatur: 127 Nr. 398 1740–1760
Forderung des Heinrich von Olisy gegen Maria Theresia von Gail geb. Olisy

Bestellsignatur: 127 Nr. 532 1750–1766
Schuldforderungsklage des Leopold Ernst von Olisy gegen Freifrau Roeder von Diersburg geb. Olisy

Bestellsignatur: 72 Nr. 4092 1753
Klage der verwitweten Maria Theresia von Gail geb. von Olisy gegen die gesamte Familie Roeder von Diersburg wegen widerrechtlicher Beschlagnahme von Teilen ihres Vermögens

Bestellsignatur: 127 Nr. 536 1753–1754
Forderungsklage der Freifrau von Gail gegen ihren Gemahl Sebastian Anton von Gail

Bestellsignatur: *127 Nr. 545* 1758–1760
Prozess der Maria Magdalene von Reich geb. Olisy gegen Leopolds von Olisy Erben wegen Vollstreckung

Bestellsignatur: *72 Nr. 4091* (1737–1756) 1759–1764
Klage der verwitweten Maria Theresia von Gail geb. von Olisy gegen Friedrich Rudolf von Gail, Kirchenrektor zu Bettenhofen, und Ivo von Gail zu Oberehnheim auf Zahlung von Zuschüssen zu ihren Unterhaltskosten

Bestellsignatur: *127 Nr. 549* 1760–1761
Prozess Roeder von Diersburg gegen von Olisy (Beiakten)

Bestellsignatur: *127 Nr. 561* 1774–1778
Klage der Witwe Anton Sebastians von Gail gegen die Reichsritterschaft des Kantons Ortenau

Bestellsignatur: *127 Nr. 570* 1780
Klage von Gail und Genossen gegen Freifrau Maria Theresia von Gail

6.2.5 Neuenstein

Bestellsignatur: *229 Nr. 95386* 1664–1742
Streitigkeiten zwischen von Neuenstein und Böcklin von Böcklinsau wegen des Mörburger Hofs

Bestellsignatur: *69 Neuenstein Nr. 422* 1666–1723
Prozess von Neuenstein gegen Maria Susanna von Neuenstein, geb. von Landsberg, um das Erbe Hermann Dietrichs von Neuenstein
Darin: Ehevertrag zwischen Hermann Dietrich von Neuenstein und Maria Susanna von Landsberg (1666 Nov. 25)

Bestellsignatur: *229 Nr. 106024* 1669–1672
Prozess des Heinrich Dietrich Voltz von Altenau gegen Hermann Dietrich von Neuenstein wegen Trotthaus und Kelter im Oberkircher Bann und des Neuenstein'schen Lehenhofs im String

Bestellsignatur: *169 Nr. 115* 1700
Prozess Jakob Christophs von Wangen gegen von Neuenstein wegen der Wangenschen Rebhöfe

Bestellsignatur: *69 Neuenstein Nr. 424* 1717–1721
Prozess von Neuenstein gegen von Flachslanden um das Erbe Hermann Dietrichs von Neuenstein

Bestellsignatur: *69 Neuenstein Nr. 425* 1731–1733
Prozess von Neuenstein gegen Maria Hildegard Antonia von Klimberg, geb. von Neuenstein, wegen Gütern in Hixheim und Osthofen

6.2.6 Roeder von Diersburg

Bestellsignatur: *72 Nr. 7075* 1738–1741
Schuldklage der Susanne Veronica de Remoncourt geb. Roeder von Diersburg gegen Louisa Margarethe Roeder zu Rohrburg

Bestellsignatur: *72 Nr. 7072* 1738–1747
Klage der Susanne Veronica de Remoncourt geb. Roeder von Diersburg gegen ihren Bruder Egenolf Friedrich und dessen Nachkommen auf Rückerstattung der ihrem Bruder Georg Reinhard in dessen Todesjahr 1720 zugeflossenen Lehnserträge

Bestellsignatur: *72 Nr. 7071* 1738–1752
Prozess der Susanne Veronica de Remoncourt geb. Roeder von Diersburg gegen ihren Bruder Egenolf Friedrich und dessen Nachkommen um die Herausgabe von Besitzdokumenten und Wertpapieren
Enthält auch: Streitigkeiten um das Erbe des Bruders Georg Reinhard, Weiterführung des Prozesses durch den Remoncourt'schen Nachlaßverwalter Dr. Johann Martin Pastorius

6.3 Adel gegen Dritte
vgl. auch Prozesse gegen die Markgrafschaft Baden (2.6.1), Kloster Gengenbach (2.6.4), Grafschaft Hanau-Lichtenberg (2.6.8)

6.3.1 Allgemein

6.3.1.1 Klöster, Ämter, Gemeinden

Bestellsignatur: *31 Nr. 304* 1447.11.13
Jörg von Bach, Stephan Mollenkopf vom Ries, Schaffner der Pflege Ortenberg, und Heinrich Hüßeler, Schaffner zu Renchen, vermitteln zwischen Obrecht, Jörg und Friedrich Wiedergrün von Staufenberg, Vorstehern des Staufenberger Hardts, und den Dörfern Appenweier, Nussbach, Erlach, Nesselried und Zussenhofen als Waldgenossen über die Waldnutzung
Ausfertigung, Pergament, Siegel

Bestellsignatur: *229 Nr. 30195* 1483–1514
Prozess der Gemeinde Friesenheim gegen Hans und Ludwig Roeder wegen des Waidgangs im Friesenheimer Wald

***Bestellsignatur:** 31 Nr. 287* 1492.05.21
Jörg von Landeck, Propst zu St. Margareten zu Waldkirch, und gen. Teidingsleute vermitteln zwischen den Brüdern Anton und Bastian von Landeck und der Gemeinde Rust im Streit um ein Wehr in der Elz
Ausfertigung, Pergament, Siegel von Jörg, Anton und Bastian von Landeck und der Brüder Weirich und Balthasar Böcklin

***Bestellsignatur:** 229 Nr. 34659* 1596–1790
Prozess von Mairhofen gegen die Stadt Zell am Harmersbach um Eigentumsrechte am Gut Gröbern

***Bestellsignatur:** 229 Nr. 85705* 1747–1752
Prozess der Ratsamhausen-Fleckenstein'schen Erben gegen Kloster Schwarzach wegen Gütern zu Renchen

***Bestellsignatur:** 229 Nr. 85761* 1753–1782
Prozess des Klosters Schwarzach gegen die Ratsamhausen'schen Erben wegen Gütern zu Renchen

***Bestellsignatur:** 127 Nr. 592* 1761–1765
Streitigkeiten von Mairhofen gegen die Stadt Zell am Harmersbach wegen Lochung des Guts Gröbern u. a.

***Bestellsignatur:** 127 Nr. 192* 1768–1769
Prozess des Klosters Schwarzach gegen Knebel von Katzenelnbogen über einen Rebhof in Pfaffenbach

***Bestellsignatur:** 229 Nr. 85706* 1770–1784
Prozess der Ratsamhausen'schen Erben gegen Kloster Schwarzach wegen des Auslösungsrechts ritterschaftlicher, an tote Hände veräußerter Güter

***Bestellsignatur:** 127 Nr. 161* 1778
Streitsache des Klosters Gengenbach gegen von Ratsamhausen wegen widerrechtlich verzeichneter Gülten in Nonnenweier

***Bestellsignatur:** 229 Nr. 80780* 1782
Klage der Gemeinde Orschweier gegen den Grundherren von Brandenstein und umgekehrt
Enthält: Vergleich von 1728 über Fronschuldigkeit, Forstrecht, Waidgang, Wirtschaften und Zehntfreiheit; tumultuarischer Ungehorsam

***Bestellsignatur:** 127 Nr. 715* 1791
Streitigkeiten der von Türckheim mit dem bischöflich straßburgischen Oberamt Ettenheim wegen Freizügigkeit von Untertanen u. a.

Bestellsignatur: *127 Nr. 422* 1793
Klage von Leyden gegen den Prälaten zum hl. Kreuz in Augsburg wegen des Ritterguts Schliessheim

6.3.1.2 Einzelpersonen

Bestellsignatur: *127 Nr. 509* 1665
Streitigkeiten des Freiherrn Orscelar von Staufenberg gegen Herrn Wildthausen aus Au wegen Forderung eines geliehenen Kapitals

Bestellsignatur: *229 Nr. 31210* 1701–1714
Prozess zwischen Hauptmann von Grimmelshausen und dem Schauenburgischen Schultheißen Hans Georg Meyer um die sog. Spitalhöfe [zu Gaisbach]

Bestellsignatur: *127 Nr. 511* 1706–1708
Streitigkeiten zwischen Johann Michael Schlecht und Philibert von Stein wegen Forderungen

Bestellsignatur: *127 Nr. 395* 1722–1740
Klage Johann Wolfgang Spindlers gegen Karl von Schauenburg und Genossen wegen Kapitalforderung

Bestellsignatur: *229 Nr. 66444* 1724–1768
Prozess Wolfgangs von Ratsamhausen gegen Valentin Fischer, Schultheiß zu Meißenheim, wegen eines ritterschaftlichen Guts

Bestellsignatur: *69 von Türckheim-3 Nr. 7* 1732
Klage der Erben Zanckel in Lahr gegen Schmidt von Brandenstein wegen Schulden

Bestellsignatur: *72 Nr. 3868* 1736
Appellation des Dr. Philipp Jakob Schmautz, Rektors der Pfarrei Hofweier, gegen den Ortsherrn Friedrich von Franckenstein wegen Auferlegung harter Bußen und wegen der Forderung nach unentgeltlicher Abtretung eines Hühnergartens

Bestellsignatur: *127 Nr. 526* 1746–1747
Schuldforderungsklage des Bürgers Christian Keller aus Heiligenzell gegen Freifrau von der Schleiss

Bestellsignatur: *72 Nr. 2501* 1757–1762
Schuldklage des Alexander Haggenthaler, Schutzjuden zu Schmieheim, gegen Philipp Jakob Ignatius von Reich und dessen Gemahlin Maria Barbara, beide zu Altdorf

Bestellsignatur: *127 Nr. 407* 1758
Prozess des Christian Roll und Genossen aus Nonnenweier gegen den von Ratsamhausen wegen eines Schatzfundes

Bestellsignatur: *127 Nr. 546* 1758–1759
Forderung des ortenauischen Ritterschaftsdirektoriums an den Bürger Josef Friedrich aus Altdorf

Bestellsignatur: *127 Nr. 591* 1759–1760
Beleidigungsklage des Direktoriums der Ortenauer Ritterschaft gegen Pfarrer Leonhard Resch in Prechthal

Bestellsignatur: *127 Nr. 551* 1761
Forderungsklage [Franz Lothars] von Erthal aus Mainz gegen seinen früheren Amtmann Danjouls aus Binzburg

Bestellsignatur: *69 von Türckheim-3 Nr. 368* 1761–1767
Prozess des Kappeler Bürgers Matthias Maurer gegen Philipp Reinhard von Berstett

Bestellsignatur: *69 von Türckheim-3 Nr. 370* 1767–1768
Prozess Christian Samsons von Rathsamhausen gegen verschiedene Meier in Meißenheim

Bestellsignatur: *127 Nr. 409* 1770–1773
Klage Bartholomäus Schwabs aus Altorf gegen die Schwäbische Ritterschaft wegen Justizverweigerung

Bestellsignatur: *229 Nr. 20609* 1772
Prozess Johannes Lemps zu Straßburg gegen von Ried wegen eines schuldigen Kaufschillingrests und Zinses vom Rebhof im Hespengrund

Bestellsignatur: *229 Nr. 115263,1* 1772–1776
Prozess zwischen dem Rentmeister zu Hardkirchen in Vertretung der Erben der Rosina Magdalena Schulmeister gegen die Ortsherrschaft von Wittenweier wegen Abzuggelds

Bestellsignatur: *127 Nr. 567* 1777
Forderungsklage des Handelsmanns Guerra in Offenburg gegen die von der Schleiss'sche Vermögensverwaltung

Bestellsignatur: *127 Nr. 568* 1777–1780
Forderungsklage des Schneiders Johann Georg Häffner aus Straßburg gegen Hofrat von Dyhlin aus Sternenberg aus einer Lieferung

Bestellsignatur: *127 Nr. 571* 1782–1783
Schuldforderungsklage des Sebastian Reutiger aus Ottenweier gegen den Geheimen Rat von Dyhlin

Bestellsignatur: *127 Nr. 417* 1783–1789
Streitigkeiten des Grafen von Weilnau und dessen Beamten in Rohrburg mit Friedrich Anselm und Michel Dürr aus Altenheim wegen Forderung

Bestellsignatur: *229 Nr. 11610* 1790–1791
Prozess von Türckheim gegen Andreas Blust wegen des Vorkaufsrechts beim Erblehenverkauf des Murrhofs [Bosenstein]

Bestellsignatur: *69 von Türckheim-3 Nr. 369* 1801
Prozess Katharinas von Dürr gegen den Schauenburger Verwalter Goll Gaisbacher wegen einer Geldforderung

6.3.2 Auffenberg

Bestellsignatur: *127 Nr. 540* 1754–1762
Forderungsklage des Notars Martin Bergmann gegen von Auffenberg und Genossen in Altdorf

Bestellsignatur: *127 Nr. 541* 1755
Schuldforderungsprozess des Notars Martin Bergmann in Mahlberg gegen Oberst von Auffenberg und Genossen in Altdorf

Bestellsignatur: *72 Nr. 2504* 1772–1776
Schuldforderungen jüdischer Kreditoren gegen den Nachlaß des alten Herrn von Reich zu Altdorf
Enthält v. a.: Korrespondenz des Obersten von Auffenberg, des Schwiegersohns des Verstorbenen, mit dem ritterschaftlichen Konsulenten Sahler in Offenburg

Bestellsignatur: *127 Nr. 413* 1777–1783
Prozess der Judenschaft Altdorf gegen die von Auffenberg'schen Erben wegen Forderung

Bestellsignatur: *72 Nr. 2503* 1778
Schuldklage des Juden Hirz Levi zu Ettenheim gegen Oberst von Auffenberg zu Altdorf
5 Schreiben

Bestellsignatur: *72 Nr. 2506* (1751) 1779–1780
Schuldklage des Verwalters des Nachlasses Alexander Haggenthalers, Schutzjuden zu Schmieheim, gegen die Witwe und sonstige Erben des Oberst Alexander Erasmus von Auffenberg

Bestellsignatur: *72 Nr. 2507* 1780–1794
Schuldklage des Verwalters des Nachlasses Alexander Haggenthalers, Schutzjuden zu Schmieheim, gegen die Witwe und sonstige Erben des Oberst Alexander Erasmus von Auffenberg

Bestellsignatur: *127 Nr. 572* 1783
Forderungsklage des von Gail'schen Amtsschreibers Simonaire gegen die Witwe des Oberst von Auffenberg

Bestellsignatur: *127 Nr. 573* 1783–1784
Arrestklage des Schutzjuden Herschel Weil aus Kippenheim gegen die Witwe des Oberst von Auffenberg aus Altdorf

Bestellsignatur: *127 Nr. 574* 1784–1790
Prozess des Schutzjuden Haggenthaler, Schmieheim, gegen Oberst von Auffenberg wegen einer Forderung von 150 Gulden

Bestellsignatur: *72 Nr. 2508* 1784–1790
Schuldklage des Verwalters des Nachlasses Alexander Haggenthalers, Schutzjuden zu Schmieheim, gegen die Witwe und sonstige Erben des Oberst Alexander Erasmus von Auffenberg

Bestellsignatur: *72 Nr. 2509* 1790–1792
Schuldklage des Verwalters des Nachlasses Alexander Haggenthalers, Schutzjuden zu Schmieheim, gegen die Witwe und sonstige Erben des Oberst Alexander Erasmus von Auffenberg

Bestellsignatur: *127 Nr. 421* 1791–1792
Klage Josefs von Auffenberg gegen den Amtmann der Herrschaft Schmieheim, Storr, wegen Ersatzforderung

6.3.3 Böcklin von Böcklinsau

6.3.3.1 Gemeinde Rust

Bestellsignatur: *127 Nr. 583* 1747
Streitigkeiten zwischen Böcklin von Böcklinsau und der Gemeinde Rust wegen Hoheits- und anderen Rechten

Bestellsignatur: *127 Nr. 584* 1747–1749
Streitigkeiten zwischen Böcklin von Böcklinsau und der Gemeinde Rust wegen Hoheits- und anderen Rechten

Bestellsignatur: *127 Nr. 585* 1747–1751
Streitigkeiten zwischen Böcklin von Böcklinsau und der Gemeinde Rust wegen Hoheits- und anderen Rechten

Bestellsignatur: *127 Nr. 586* 1747–1751
Streitigkeiten zwischen Böcklin von Böcklinsau und der Gemeinde Rust wegen Hoheits- und anderen Rechten

Enthält: Protokolle der Ritterschaft und der kaiserlichen Kommission

Bestellsignatur: *127 Nr. 587* 1748
Rekurs Böcklin von Böcklinsau an den Kaiser im Prozess gegen den bischöflich straßburgischen Lehenhof, den Oberamtsverweser Thomas zu Ettenheim und die Gemeinde Rust wegen Hoheits- und anderen Rechten

Bestellsignatur: *127 Nr. 588* 1748–1774
Streitigkeiten zwischen der Gemeinde Rust und Böcklin von Böcklinsau wegen Hoheits- und anderen Rechten
Enthält auch: Rechnungen

Bestellsignatur: *229 Nr. 90534* 1751–1774
Prozess der Gemeinde Rust gegen die Ortsherrschaft von Böcklin wegen Störung des Marktrechts

Bestellsignatur: *229 Nr. 90575–90577* 1762–1765
Prozess Michel Otts von Rust gegen den Böcklinschen Kommissarfiskal Weizenegger wegen fiskalischer Forderungen

Bestellsignatur: *127 Nr. 410* 1771–1774
Klage von Böcklin gegen die Gemeinde Rust wegen verschiedener Beschwerden

Bestellsignatur: *229 Nr. 90535* 1772
Prozess der Gemeinde Rust gegen die Ortsherrschaft von Böcklin wegen eigenmächtiger Holzabfuhr

Bestellsignatur: *229 Nr. 90538* 1773
Prozess der Gemeinde Rust gegen die Ortsherrschaft von Böcklin wegen der Dorfwache

Bestellsignatur: *127 Nr. 596* 1774–1789
Streitigkeiten zwischen Böcklin von Böcklinsau und der Gemeinde Rust wegen Hoheits- und anderen Rechten

Bestellsignatur: *127 Nr. 598* 1778–1802
Streitigkeiten zwischen Böcklin von Böcklinsau und der Gemeinde Rust wegen Hoheits- und anderen Rechten
Enthält auch: Übergriffe

Bestellsignatur: *127 Nr. 597* 1787–1792
Streitigkeiten zwischen Böcklin von Böcklinsau und der Gemeinde Rust wegen Hoheits- und anderen Rechten

Bestellsignatur: *127 Nr. 419* 1788–1790
Prozess von Böcklin gegen die Gemeinde Rust wegen verschiedener Streitigkeiten
Enthält: Protokolle

Bestellsignatur: *229 Nr. 90566* 1788–1796
Prozess Böcklin von Böcklinsau gegen die Ruster Gemeinde-Deputierten Engelmann und Schwarz sowie den früheren Heimburger Johannes Erne wegen eines Gericht-Rezesses

Bestellsignatur: *229 Nr. 90540* 1790
Prozess der Gemeinde Rust gegen die Ortsherrschaft von Böcklin wegen des Schwörtags und der Heimburgerwahl

Bestellsignatur: *127 Nr. 599* 1798–1801
Streitigkeiten zwischen der Gemeinde Rust und Böcklin von Böcklinsau wegen Beitrag zu den Gemeindelasten und Duldung von Gesindel seitens des Gutsherrn

6.3.3.2 Andere

Bestellsignatur: *229 Nr. 29589* 1738
Prozess von Böcklin gegen Braun wegen des sog. Wimp'schen freiadligen Gutes zu Freistett

Bestellsignatur: *127 Nr. 405* 1755
Streitigkeiten zwischen Johann Georg Wild und Franz Jakob von Böcklin aus Rust

Bestellsignatur: *127 Nr. 349* 1769
Klage der Böcklin'schen Gläubiger gegen Reinhard von Berstett, Böcklin'scher Vormund (gebunden)
Enthält: Relation

Bestellsignatur: *229 Nr. 90591* 1787–1794
Prozess des Klosters Ettenheimmünster und der Pfarrei Rust gegen Böcklin von Böcklinsau wegen des Neubruchzehnten zu Rust

Bestellsignatur: *229 Nr. 90590* 1787–1803
Streit zwischen Kloster Ettenheimmünster und Böcklin von Böcklinsau wegen des Neubruchzehnten zu Rust

Bestellsignatur: *127 Nr. 162* 1798
Streitsache zwischen den Kloster Ettenheimmünster und von Böcklin wegen des Neubruchzehnten in Rust

6.3.4 Gail

Bestellsignatur: *127 Nr. 399* 1742
Annullierungsklage des Schultheißen Schaub aus Orschweier gegen Anton von Gail

Bestellsignatur: *127 Nr. 404* 1748–1749
Klage des Advokaten der Ritterschaft in der Ortenau, Schöll, gegen Sebastian Anton von Gail wegen Honorarforderung

Bestellsignatur: *127 Nr. 535* 1753
Schundforderungsklage des Schultheißen und Posthalters Moser aus Friesenheim gegen Sebastian Anton von Gail

Bestellsignatur: *72 Nr. 4072* 1761–1762
Gerichtsstand der von Gail zu Altdorf, Ettenheim und Mühlhausen
Enthält nur: Fragmente (überwiegend abschriftlich) zu bei der ortenauischen Ritterschaft bzw. dem Hochstift Straßburg anhängigen Klagen

Bestellsignatur: *72 Nr. 4087* 1770
Prozess zwischen Friedrich Breitenstein namens seiner Ehefrau und Andreas von Gail um Besitz und/oder Nutzung eines vom Hochstift Straßburg lehnbaren Hofs zu Ettenheim und um eine Korngült zu Weiler bei dem Heilbad
Enthält nur: Fragmente, hauptsächlich die kopiale Triplik eines beim Reichskammergericht anhängigen Appellationsverfahrens

Bestellsignatur: *72 Nr. 4094* (1761) 1773
Klage der verwitweten Maria Theresia von Gail geb. von Olisy gegen den Gefälleinnehmer Schultheiß Johannes Geiger zu Altdorf auf Rückerstattung ihres in die Ehe eingebrachten Vermögens und vor allem auf Auszahlung des ihr gerichtlich zuerkannten Nahrungsgehalts

Bestellsignatur: *72 Nr. 4090* 1773
Klage der verwitweten Maria Theresia von Gail geb. von Olisy gegen den Gefälleinnehmer und Schultheiß Johannes Geiger zu Altdorf wegen frevelhafter Kürzung ihres monatlichen Nahrungsgehalts

Bestellsignatur: *72 Nr. 4088* 1773
Klage der Maria Theresia von Gail geb. von Olisy, Witwe des Sebastian Anton von Gail, gegen dessen Gläubiger und insbesondere gegen den Gantmassen- und Gefällverwalter Schultheiß Johannes Geiger zu Altdorf auf Berücksichtigung ihres (Ehe-) Einbringens und Erhöhung ihrer Apanage

Bestellsignatur: *72 Nr. 4089* 1773–1774
Klage der Gläubiger des verstorbenen Sebastian Anton von Gail gegen das ortenauische Ritterdirektorium und den Gantmassen- und Gefällverwalter Schultheiß Johannes Gei-

ger zu Altdorf auf Befriedigung ihrer gerichtlich anerkannten Forderungen und auf Vorlage der Sequestrationsrechnungen

Bestellsignatur: *72 Nr. 4093* 1773–1774
Klage der verwitweten Maria Theresia von Gail geb. von Olisy gegen die Gläubiger ihres verstorbenen Mannes Sebastian Anton auf Vollzug des erstinstanzlichen Urteils, insbesondere auf Rückerstattung ihres in die Ehe eingebrachten Vermögens

6.3.5 Knebel von Katzenelnbogen

Bestellsignatur: *127 Nr. 516* 1728–1735
Prozess von Johann Müller, Handelsmann in Basel, gegen Knebel von Katzenelenbogen wegen Rückforderung eines Darlehens

Bestellsignatur: *127 Nr. 406* 1755–1777
Prozess des Verwalters der Semmelbaur'schen Erben gegen Knebel von Katzenelnbogen wegen Forderungen

Bestellsignatur: *127 Nr. 544* 1756–1758
Exekution in Sachen des Friedrich Wolf, Handelsmann aus Stuttgart, gegen Franz Knebel von Katzenelnbogen

Bestellsignatur: *127 Nr. 556* 1768–1782
Schuldforderungsklage der Semmelbauer'schen Erben in Rastatt gegen Knebel von Katzenelnbogen

6.3.6 Reich

Bestellsignatur: *127 Nr. 534* 1752
Forderungsklage des Handelsmanns Ludwig Imlin aus Straßburg gegen Philipp Jakob von Reich wegen Auslieferung von Schmuckwaren

Bestellsignatur: *127 Nr. 547* 1758–1760
Forderungsklage des Schutzjuden Lazarus in Oberehnheim gegen Philipp Ignatius von Reich

Bestellsignatur: *127 Nr. 548* 1760–1761
Forderungsklage des Bürgers Bastian Conigliano aus Straßburg gegen Frau von Reich aus Altdorf

Bestellsignatur: *127 Nr. 560* 1773–1774
Forderungsklage des Isaak Lehmann in Bisch[ofs]heim gegen die Witwe des Philipp von Reich (geb. von Olisy)

6.3.7 Remiremont - Roeder von Diersburg

Bestellsignatur: *229 Nr. 18651* 1716–1740
Prozess der Freifrau von Remoncourt gegn die Gemeinde Diersburg und die sog. Älteren Debitores

Bestellsignatur: *127 Nr. 519* 1733–1740
Forderung der Susanna Veronika von Remoncourt an die Gemeinde Diersburg

Bestellsignatur: *127 Nr. 522* 1738–1740
Forderungsklage der Veronika von Remoncourt geb. Roeder von Diersburg gegen die Gemeinde Diersburg

Bestellsignatur: *127 Nr. 523* 1738–1752
Forderungsklage der Veronika von Remoncourt geb. Roeder von Diersburg gegen die Gemeinde Diersburg und einzelne Schuldner

Bestellsignatur: *127 Nr. 524* 1739
Forderungsklage des Eberhard von Remoncourt gegen Georg Sahr in Niederschopfheim

Bestellsignatur: *127 Nr. 533* 1752–1758
Forderungsklage der Elisabeth Schmid gegen Johann Philipp Wilhelm Roeder von Diersburg

Bestellsignatur: *229 Nr. 66467* 1758–1760
Prozess der Witwe Anna Roeder gegen Christmann Fischer wegen des Roederschen Zehnten

Bestellsignatur: *127 Nr. 553* 1762–1776
Schuldforderungen gegen die verwitwete Freifrau Roeder von Diersburg und Beitreibung

Bestellsignatur: *127 Nr. 348* 1763–1773
Klage gegen die Vormundschaft der Kinder der Freifrau Roeder von Diersburg geb. von Olisy

6.3.8 Würtz von Rudentz

Bestellsignatur: *127 Nr. 514* 1725–1731
Forderungen der Solati'schen Erben an Hauptmann von Würtz und Rudentz in Straßburg wegen dessen Schulden bei Herrn Brucetto in Wolfach

Bestellsignatur: *127 Nr. 517* 1730–1748
Prozess des Handelsmanns Emmerich in Straßburg gegen Major von Würtz und Rudentz wegen Schuldforderung

Bestellsignatur: *127 Nr. 518* 1732–1748
Klage der Erben des Jakob Schmitt gegen Leopold Wilhelm von Würtz und Rudentz wegen Forderung

Bestellsignatur: *127 Nr. 520* 1733–1748
Konkurs des Hauptmanns von Würtz und Rudentz
Enthält auch: Prozessakten einzelner Gläubiger

Bestellsignatur: *127 Nr. 521* 1734
Forderung der Erben des Stadtmeisters Lichtenauer an die Witwe des Leopold Wilhelm von Würtz u. Rudentz

Bestellsignatur: *127 Nr. 525* 1740
Forderungsklage der Gläubiger gegen Hauptmann von Würtz und Rudentz

Bestellsignatur: *127 Nr. 528* 1747–1749
Forderungsklage der Emmerich'schen und Grettler'schen Erben gegen Freifrau Maria Theresia von Würtz und Rudentz

Bestellsignatur: *127 Nr. 529* 1748–1750
Klage der Stettmeister Lichtenauer'schen Erben gegen die Erben der Freifrau von Würtz und Rudentz wegen Erneuerung eines Prozesses

6.4 Dritte gegen Dritte

6.4.1 Sammelakten

Bestellsignatur: *127 Nr. 402* 1746–1773
Streitigkeiten zwischen Privatpersonen

6.4.2 Gemeinden gegen Gemeinden

Bestellsignatur: *31 Nr. 288* 1454.09.29
Schultheiß und Gericht zu Herbolzheim entscheiden einen Streit zwischen den Gemeinden Rust und Kappel um Weideland
Ausfertigung, Pergament, Siegel des Junkers Peter Rebstock, Vogt zu Ettenheim, abg.

Bestellsignatur: *31 Nr. 282* 1658.10.24
Vergleich zwischen den Gemeinden Rust und Ringsheim über Banngrenzen
Ausfertigung, Pergament, Siegel von Wolf Jakob und Jakob Christoph Böcklin abg.

Bestellsignatur: 229 Nr. 80795 1708
Streitigkeiten zwischen der Gemeinde Orschweier und der Heiligenadministration zu Mahlberg wegen des Bezugs des Zehnten zu Orschweier

Bestellsignatur: 229 Nr. 90570 1744
Prozess der Gemeinde Rust gegen die Gemeinde Altdorf wegen des Beitrags zur Unterhaltung der Landstraßen

Bestellsignatur: 229 Nr. 80797 1778–1779
Prozess der Gemeinde Orschweier gegen die Gemeinde Altdorf wegen Säuberung der Bäche

6.4.3 Kläger/ Beklagte (Orte A–Z)

Bestellsignatur: 127 Nr. 400 1742–1746
Forderung des Joseph Obergfäll aus **Altdorf** gegen Josef Friedrich Obergfäll

Bestellsignatur: 127 Nr. 401 1742–1748
Prozess des Bürgers Caspar Seeger aus **Altdorf** gegen Johannes Jäger wegen Besitz des Rosenberger Guts

Bestellsignatur: 127 Nr. 527 1747
Prozess des M. Brogli aus **Altdorf** gegen Jacob Halterer und Martin Meyer

Bestellsignatur: 127 Nr. 530 1748–1750
Forderungsklage der Chavann'schen Erben aus Ettenheim gegen den Schutzjuden Leib Lazar aus **Altdorf**

Bestellsignatur: 127 Nr. 415 1781
Klage des Johann Schaub aus Orschweier gegen den Schutzjuden Samuel Weil aus **Altdorf** wegen Pferdeverkaufs
Darin: Dekret der Kaiserin Maria Theresia über die Bekämpfung von Viehseuchen

Bestellsignatur: 127 Nr. 136 1773
Klage der Witwe des Schulmeisters in **Bischofsheim** gegen die Erben ihres Ehegatten wegen eines Wittums

Bestellsignatur: 127 Nr. 412 1774–1775
Klage des Advokaten Johann Ludwig d'Antel gegen Franz Anton Simonaire zu **Ettenheim** wegen rückständigen Honorars

Bestellsignatur: 127 Nr. 550 1761
Forderung des Schutzjuden Samuel Weil an den Pfarrer Rösch aus **Feldberg**

Bestellsignatur: *127 Nr. 120* 1720
Erbschaftsklage Agathe Christophs aus **Gaisbach** bei Oberkirch gegen Jakob Ebner, Trarbach

Bestellsignatur: *127 Nr. 127* 1764–1766
Forderungen des Bastian'schen Erben in **Gaisbach** gegen Lammwirt Josef Voltz

Bestellsignatur: *127 Nr. 128* 1764–1768
Forderungen des Bastian'schen Erben in **Gaisbach** gegen Lammwirt Josef Voltz

Bestellsignatur: *229 Nr. 44856* 1788
Prozess des württembergischen Kirchenrats gegen Matthias Schindler zu **Hofweier** wegen eines Erblehens

Bestellsignatur: *169 Nr. 124* 1780
Prozess des Sebastian Stöckle, Besitzer des freiadligen Gutes **Hubacker**, gegen das Oberamt Oberkirch wegen Beeinträchtigung

Bestellsignatur: *229 Nr. 51424a* 1762–1774
Prozess der Witwe des Mathis Zink gegen Georg Roth um den Hübschberg-Wald zu **Kappelrodeck**

Bestellsignatur: *229 Nr. 70736* 1743
Prozess Kraft gegen Sartorius in Kehl wegen des **Nägelsfirsthofs**

Bestellsignatur: *127 Nr. 515* 1727–1729
Forderung von Johann Müller in Wittenweier an Jakob Wertheimer in **Nonnenweier**

Bestellsignatur: *127 Nr. 135* 1772–1773
Klage des Philipp Jakob Rost aus Lahr gegen Simon Schneider, Bürger in **Nonnenweier** wegen Erbteilung

Bestellsignatur: *127 Nr. 411* 1773
Klage des Andreas Schlager aus **Nonnenweier** wegen Entmündigung und Verschwendung

Bestellsignatur: *127 Nr. 138* 1778–1785
Klage des Simon Schneider, Bürger in **Nonnenweier**, gegen Barbara Rost in Lahr wegen Erbteilung

Bestellsignatur: *127 Nr. 418* 1786
Streitigkeiten des Philipp Rost aus Lahr mit Simon Schneider aus **Nonnenweier**

Bestellsignatur: *127 Nr. 575* 1800–1801
Forderungsklage des Isaak Dreifuß aus **Nonnenweier** gegen Christian Beumann

***Bestellsignatur:** 229 Nr. 80805* 1706
Prozess des Amtschreibers Hornus zu Mahlberg gegen die Gemeinde **Orschweier** wegen des Zehntbezugs der geistlichen Verwaltung zu Mahlberg in Orschweier

***Bestellsignatur:** 31 Nr. 284* 1426.02.25
Erhard Mörli, Bürger zu Kenzingen, und Hans Muser, Müller zu Lahr, vermitteln zwischen der Gemeinde **Rust** und Martin Treff von Kappel zur Beilegung ihrer Streitigkeiten wegen einer Treff gehörigen Pleuelmühle und der Anlage eines Wehrs
Ausfertigung, Pergament, Siegel des Junkers Jörg Krauch, Vogts zu Ettenheim, abg.

***Bestellsignatur:** 31 Nr. 285* 1470.10.26
Mathis Zindt von Rust vergleicht sich mit der Gemeinde **Rust** über die von ihm erbaute Pleuelmühle. Vermittler sind Bürgermeister und Rat zu Endingen
Ausfertigung, Pergament, Siegel der Stadt Endingen

***Bestellsignatur:** 69 von Türckheim-3 Nr. 309* 1765
Kosten des Prozesses von Karl Weizenecker gegen Michel Ott in **Rust**

***Bestellsignatur:** 127 Nr. 593* 1773
Forderung des Martin Bub aus **Rust** gegen Amtsschreiber Zäpfel und seine Nachfolger aus rückständigen Strafen
Enthält: ProzessProtokolle

***Bestellsignatur:** 127 Nr. 594* 1773–1776
Prozess des Martin Bub, ehemaliger Fiskal in **Rust**, gegen Franz Anton Simonaire aus Rust wegen Herausgabe von Urkunden

***Bestellsignatur:** 127 Nr. 595* 1773–1777
Prozess der Gemeinde **Rust** gegen Johannes Anton Matheus Schmidt und Anton Schwerer wegen strittigen Dengelkorns

***Bestellsignatur:** 127 Nr. 620* 1775–1776
Klage der Bürger Josef Koch und Michel Bruckler aus **Rust** gegen Michel Ott und Jakob Metzger wegen Beleidigung und Gewalttätigkeit

***Bestellsignatur:** 127 Nr. 414* 1778–1781
Prozess des Clemens Wahler aus **Rust** gegen Franz Josef Baumann wegen Beleidigung

***Bestellsignatur:** 127 Nr. 137* 1778–1781
Prozess des Josef Schwarz aus **Rust** gegen Anna Marie Schwarz wegen Erbteilung

***Bestellsignatur:** 127 Nr. 139* 1779
Klage der Erben des Pfarrers von **Rust**, Donat Schlecht, gegen Benedikt Bachmann und Genossen in Rust wegen Erbschaftsforderungen

***Bestellsignatur:** 127 Nr. 420* 1789
Prozess der Gemeide **Rust** gegen Johann Baumann wegen Zahlung eines Hatschiers

***Bestellsignatur:** 127 Nr. 141* 1796–1798
Prozess von Josef und Jakob Baumann gegen die Harlach'schen Erben in **Rust**
Enthält u. a.: Anschlag einer Hofraite

***Bestellsignatur:** 127 Nr. 346* 1740–1742
Vormundschaftsklage der Susanne Schandelmayer gegen Sebastian Stultz und Konsorten in **Schmieheim**

***Bestellsignatur:** 229 Nr. 93504* 1777–1779
Prozess des Samuel Levi, früherer Judenschultheiß zu Schmieheim, gegen Meier Bloch, Josua Uffenheimer und alle Schirmjuden zu **Schmieheim**

***Bestellsignatur:** 69 von Türckheim-3 Nr. 525* 1778–1784
Prozess des Lahrer Handelsmanns Georg Friedrich Pannifex gegen den **Schmieheimer** Juden Josef Salomon
Enthält: Beilagen zum Originalexhibitum.

***Bestellsignatur:** 69 von Türckheim-3 Nr. 522* 1779–1784
Prozess des Lahrer Handelsmanns Georg Friedrich Pannifex gegen den **Schmieheimer** Juden Josef Salomon
Enthält: Beilagen zur Klage des Handelsmanns Pannifex.

***Bestellsignatur:** 69 von Türckheim-3 Nr. 524* 1780–1785
Prozess des Lahrer Handelsmanns Georg Friedrich Pannifex gegen den **Schmieheimer** Juden Josef Salomon
Enthält: Juristische Gutachten der Universität Tübingen.

***Bestellsignatur:** 69 von Türckheim-3 Nr. 523* 1786–1788
Prozess des Lahrer Handelsmanns Georg Friedrich Pannifex gegen den **Schmieheimer** Juden Josef Salomon
Enthält: GerichtsProtokolle und Berichte an die Reichsritterschaft.

***Bestellsignatur:** 69 von Türckheim-3 Nr. 520* 1786–1794
Prozess des Lahrer Handelsmanns Georg Friedrich Pannifex gegen den **Schmieheimer** Juden Josef Salomon
Enthält: GerichtsProtokolle und Berichte an die Reichsritterschaft.

***Bestellsignatur:** 69 von Türckheim-3 Nr. 521* 1790
Prozess des Lahrer Handelsmanns Georg Friedrich Pannifex gegen den **Schmieheimer** Juden Josef Salomon
Enthält: Juristisches Gutachten der Universität Mainz.

Bestellsignatur: *127 Nr. 140* 1779
Streitsache der Gambs'schen Erben in Herrenhut gegen die Arnthor'schen Eheleute in **Schmieheim** wegen des Nachlasses des Daniel Gambs

Bestellsignatur: *127 Nr. 416* 1783–1784
Klage des Susanna Baumann in **Schmieheim** gegen das dortige Amt wegen Aufhebung einer Entscheidung

Bestellsignatur: *127 Nr. 562* 1775–1780
Forderungsklage des Klosters Gengenbach gegen die Witwe Eva Spengler in **Wittenweier**

Bestellsignatur: *127 Nr. 183* 1796–1798
Prozess des Friedrich Carl aus Nonnenweier gegen Jakob Schiff aus **Wittenweier** wegen eines Ackers in der Schifflach in Nonnenweier

Bestellsignatur: *127 Nr. 423* 1797–1798
Prozess des Christmann Lässle aus **Wittenweier** gegen Jakob Wegemann wegen Währschaft

Orts- und Personenregister

Mitarbeiterverzeichnis

Andermann, Prof. Dr. Kurt, Archivdirektor, Karlsruhe (Landesarchiv Baden-Württemberg, Generallandesarchiv Karlsruhe)

Brüser, Dr. Joachim, Archivleiter, Kirchheim unter Teck (Stadtarchiv)

Furtwängler, Dr. Martin, Wiss. Mitarbeiter, Karlsruhe (Kommission für geschichtliche Landeskunde Baden-Württemberg)

Gall, Dr. Wolfgang M., Archivleiter, Offenburg (Stadtarchiv)

Krimm, Prof. Dr. Konrad, Archivdirektor i.R., Karlsruhe

Menning, Dr. Daniel, Wiss. Mitarbeiter, Tübingen (Universität Tübingen, Seminar für Neuere Geschichte)

Volle, Henning, Freiburger Münzkabinett KG